Lateinamerika anders denken
Literatur – Macht – Raum

düsseldorf university press

d|u|p

Vittoria Borsò

Lateinamerika anders denken
Literatur – Macht – Raum

Mit einem Vorwort von
Dieter Ingenschay

Herausgegeben von
Vera Elisabeth Gerling, Santiago Navarro,
Yasmin Temelli und Karolin Viseneber

düsseldorf university press

d|u|p

**Bibliografische Information
der Deutschen Nationalbibliothek**
Die Deutsche Nationalbibliothek verzeichnet diese Publikation in der
Deutschen Nationalbibliografie; detaillierte bibliografische Daten sind
im Internet über http://dnb.dnb.de abrufbar.

© düsseldorf university press, Düsseldorf 2015
http://www.dupress.de
Umschlagbild: Installation: Grafton Architects, Exhibition: *Sensing Spaces. Architecture Reimagined*, Royal Academy of Arts (London 2014), Foto: Karolin Viseneber
Umschlaggestaltung: STÜTTGEN | Lektorat · Satz · Druck, Jüchen
Satz: Friedhelm Sowa, LaTeX
Herstellung: docupoint GmbH, Barleben
Gesetzt aus der Linux Libertine und der URW Classico
ISBN 978-3-943460-93-3

Inhaltsverzeichnis

Vorwort 7

DIETER INGENSCHAY
Vittoria Borsò und das *andere* Denken über Lateinamerika 9

Rekonfiguration des Raumes – Revision der Geschichte

Begegnung von europäischen und präkolumbischen Zeiterfahrungen: Apokalypse im Jahre 1519 (Begegnung von Moctezuma und Cortés in México-Tenochtitlán)... 21

Lateinamerikanische Literatur: Übersetzte Kultur und Ironie als Provokation der Geschichtsschreibung 45

Der Mythos und die Ethik des Anderen. Überlegungen zum Verhältnis von Mythos und Geschichte im hispanoamerikanischen Roman 75

Jenseits der Polarität von Barbarei und Zivilisation:
Von den Grenzen der Macht zur Entstehung neuen kulturellen Wissens
in den urbanen Zentren von Mexiko und Peru 99

Subjektivierung – Macht – Leben

Machtgrenzen und Körperschwellen. Zur performativen Macht des Populären in der Literatur und Massenkultur Mexikos (Rulfo, Monsiváis, Poniatowska) .. 145

Der Körper der Schrift und die Schrift des Körpers. Transpositionen des Liebesdiskurses in europäischer und lateinamerikanischer Literatur 179

Echo antwortet auf Narziss: Zum platonischen Topos bei Lyrikerinnen Lateinamerikas 203

Die Schrift des Subjekts an den Grenzen der Macht.
Sor Juana Inés de la Cruz 225

Tier und Maschine: Margo Glantz an den Schwellen der Differenzen 251

Inhaltsverzeichnis

Medien und Moderne

Espejismos in Literatur und Malerei der *Contemporáneos*. Eine intermediale Lektüre 295

Carlos Fuentes – Die globale Welt eines Kosmopoliten des 20. Jahrhunderts .. 319

‚Interamerikanische Moderne':
Amerika und Europa im Dialog am Beispiel der Literatur und Kunst Mexikos   351

Mexikanische Profanierungen. *Cultura popular* oder die Kontingenz   381

Bibliographische Nachweise   409

Vorwort

Lateinamerika anders denken. Literatur – Macht – Raum stellt eine, aufgrund der Fülle und Vielfalt alles andere als leicht zu treffende, Auswahl von Beiträgen der Literatur- und Kulturwissenschaftlerin Vittoria Borsò aus den vergangenen 20 Jahren dar, welche die Lateinamerika-Forschung intensiv geprägt haben und weiter prägen. Es wurden bewusst nur deutschsprachige Texte ausgewählt, um dem hiesigen Publikum einen Überblick über das lateinamerikanistische Schaffen der Autorin zu ermöglichen.

So steht der vorliegende Band ganz im Zeichen eines die Universitätsprofessorin Vittoria Borsò charakterisierenden anderen Denkens. Eines Denkens, das dem allzu Sichtbaren trotzt und den Blick öffnet für all das, was nicht als vermeintlich Form gewordene Wirklichkeit vor unseren Augen glänzt. Eines Denkens, das sich für die Prozesse des Gewordenseins und die Bewegungen an den Rändern interessiert und dem nachzuspüren strebt, was nicht als Diskursformation untersuchbar ist, sich jedoch als Spur in die Literatur einschreibt. Dieser transversale Zugang zu kulturellen Phänomenen mit seinem Fokus auf die jeweiligen Resistenzen ist per se unbequem, verzichtet er doch im Sinne Michel Foucaults auf die direkte Konfrontation und verlässt so die systemimmanente Logik. Anstelle von binären Strukturen und klaren Grenzen zeigt uns das andere Denken die Existenz von Schwellen auf, es schärft unser Verständnis für kurz aufscheinende Emergenzen jenseits von Phänomenen der Verstetigung. Dieses andere Denken verabschiedet sich vom starken Erkenntnissubjekt und eröffnet uns den Ausblick, sich affizieren, sich berühren und sich verändern zu lassen.

Eingeleitet werden die Texte von Dieter Ingenschay, dem wir für seinen luziden Blick auf die hier zusammengestellten Texte unseren besonderen Dank aussprechen möchten. Den Verlagen, bei denen die Texte erstmals erschienen sind, gilt ebenso unser Dank für die Abdruckgenehmigung. Alle Artikel wurden von den Herausgebern erneut lektoriert und für diese Publikation formal angeglichen. Wir danken Grafton Architects und der Royal Academy of Arts für das Einverständnis, eine Fotografie von der Ausstellung *Sensing Spaces: Architecture Reimagined* (London 2014) als Umschlagbild nutzen zu dürfen. Ebenfalls danken wir Philip Hüpkes, der uns bei der Reedition der Beiträge und der Fertigstellung des Manuskripts unterstützt hat.

Für die finanzielle Förderung des Bandes danken wir herzlich der Gesellschaft von Freunden und Förderern der Heinrich-Heine-Universität Düsseldorf, der Anton-Betz-Stiftung der Rheinischen Post, dem Dekanat der Philosophischen Fakultät und dem Büro der Gleichstellungsbeauftragten der Heinrich-Heine-Universität Düsseldorf.

Danken möchten wir insbesondere der Autorin selbst. Sie hat uns ein anderes Denken gelehrt, mit uns begeistert und begeisternd diskutiert und uns auf diese Weise maßgeblich auf unseren akademischen Wegen begleitet. Dafür und für so vieles mehr werden wir ihr immer verbunden sein.

Düsseldorf, im Frühjahr 2015
Die Herausgeber

DIETER INGENSCHAY

Vittoria Borsò und das *andere* Denken über Lateinamerika

Nach der späten ‚literaturwissenschaftlichen Entdeckung' Lateinamerikas durch die deutsche Romanistik im Zuge der so genannten Boom-Literatur war hierzulande – stärker noch als in anderen Weltregionen – das Erkenntnisinteresse einerseits auf inhaltliche Exotik, andererseits auf die (oft politisch instrumentierte) Identitätsproblematik fokussiert. Gegen diese Verkürzung wandten sich mehrere Lateinamerikanist_innen seit den 1990er Jahren, unter ihnen, in sehr prominenter Position, Vittoria Borsò. Mit Recht kann sie als Initiatorin eines *anderen* Denkens über Lateinamerika angesehen werden, das sich zu einem der Schwerpunkte ihres komplexen und vielschichtigen, stets spannenden wissenschaftlichen Œuvres entwickelte. Folglich ist es ein großes Verdienst der Herausgeber_innen, mehrere ihrer Aufsätze, die zu diesem Neuansatz wesentlich beigetragen haben, in einem Buch zusammenzustellen und der Öffentlichkeit erneut zugänglich zu machen. Zugleich würdigen sie damit ein offenes, mutiges, transgressives Denken, dessen Wirkung (samt dem Ausmaß seiner Innovationen) erst in neuerer Zeit erkannt, geschätzt, aufgegriffen und weitergeführt wird. Nach den ‚Pionieren' der deutschsprachigen Lateinamerikanistik wie Dieter Janik, Karsten Garscha, Günther W. Lorenz, Klaus Meyer-Minnemann, Gustav Siebenmann, Ludwig Schrader, Wolfgang Eitel, Frauke Gewecke, Karl Hölz, Karl Kohut, Leo Pollmann oder Hans-Otto Dill (in der damaligen DDR), um nur diese zu nennen, die überhaupt erst den Blick der selbstverständlich frankophilen und frankophonen romanistischen *community* auf die Literatur Lateinamerikas lenkten, trat eine ‚Zwischengeneration' auf den Plan. Ihr gehört Vittoria Borsò an (wie Alfonso de Toro, Ottmar Ette, Walter Bruno Berg, Volker Roloff, Wolfgang Matzat, Hermann Herlinghaus, Michael Rössner, Birgit Scharlau und, neben vielen anderen, wohl auch der Verfasser dieser Einleitung). Diese Generation hat Weichen gestellt insbesondere im Blick auf die theoretische Verortung der lateinamerikanischen Kultur als erzähltechnisch innovativ, als postkolonial, als hybrid. Sie hat damit dem (inzwischen ‚gereiften') Nachwuchs der ersten Jahre des neuen Jahrtausends die Grundlagen für zahlreiche spannende Fragestellungen geliefert, die mit Erfolg verfolgt und (z. B. von Roland Spiller, Petra Schumm, Andrea Pagni, Susanne Klengel, Sabine Schlickers, Janett Reinstädler, Sebastian Thies, Markus Schäffauer und Gesine Müller) fortgeführt, erweitert, ergänzt worden sind.

Schon seit ihrer 1994 erschienenen Habilitationsschrift *Mexiko jenseits der Einsamkeit. Versuch einer interkulturellen Analyse. Kritischer Rückblick auf die Diskurse des Magischen Realismus* widmet sich Vittoria Borsò innerhalb ihrer Beschäftigung mit Lateinamerika in erster Linie, aber eben durchaus nicht nur Mexiko. Vom „Kulturraum Mexiko", wie sie es dort vorsichtig formuliert, nimmt ihr anderes Denken über Lateinamerika sehr oft seinen Ausgangspunkt, jedoch öffnet sich ihre Betrachtung zugleich immer auch auf andere geographische Räume und alternative Denkfiguren für ganz Lateinamerika – auf den Andenraum vielleicht mehr als auf den Cono Sur, aber auch auf Kolumbien und Venezuela (etwa in ihren Beiträgen zu der von Michael Rössner koordinierten *Lateinamerikanischen Literaturgeschichte*) oder auf die Karibik. Und die Habilitationsschrift *Mexiko jenseits der Einsamkeit* lieferte gerade zu nicht-mexikanischen Autoren wie José Lezama Lima oder Alejo Carpentier damals vollkommen neue Erkenntnisse (so die nahezu ikonoklastische These, „Carpentiers Definition des eigentlich Amerikanischen" nehme „nicht nur die Perspektive des Abendlandes ein, sondern eine auf die klassizistische Episteme sowie den Realismus-Begriff[s] des 19. Jhs. zurückgehende Perspektive"[1]). Natürlich stehen die Kulturen Mexikos auch im Zentrum der Aufsätze dieses Bandes, und der Leserin und dem Leser wird wieder einmal nachdrücklich bewusst, wie ausdrucksstark, wie diversifiziert und wie eigenwillig der Beitrag dieses in jeder Hinsicht großen und einmaligen Landes ist, das bis heute zahlreiche Forscher_innen fasziniert. Vittoria Borsòs Liebe zur mexikanischen Kultur speist sich aus ihrer profunden Kenntnis von Geschichte und Literatur ebenso wie aus ihrer ästhetischen Urteilskraft, aus der theoretischen Kompetenz ebenso wie aus dem bewussten Engagement und letztlich auch aus dem

---

[1] Borsò, Vittoria (1994): *Mexiko jenseits der Einsamkeit. Versuch einer interkulturellen Analyse. Kritischer Rückblick auf die Diskurse des Magischen Realismus*, Frankfurt am Main: Vervuert, hier 146.

persönlichen Kontakt zu mexikanischen Intellektuellen, die ebenfalls ihr Land *anders* gedacht haben: man lese dazu in diesem Band die Beiträge zu dem anders schreibenden und denkenden Kosmopoliten Carlos Fuentes, zu Margo Glantz oder zu Carlos Monsiváis, zu Personen allesamt, die ihr theoretisches Wissen über Literatur und Kultur durch kreative Akte komplettiert haben. Und so führt die Lektüre dieser Aufsätze weit über den Bereich des eigentlich Literarischen, Vittoria Borsòs ‚Kernkompetenz', hinaus, hin zu Kulturtheorie und -geschichte, zu Kunst und Populärkultur, zum Problem von Intellektuellen und Eliten, zu Genderfragen.

Die gesammelten Reflexionen dieser neu zusammengestellten Essays aus Vittoria Borsòs Feder zeigen also den Ursprung zahlreicher immer noch höchst aktueller Probleme, widmen sie sich doch, darauf deutet die Organisation nach den drei Unterkapiteln „Rekonfiguration des Raumes – Revision der Geschichte", „Subjektivierung – Macht – Leben" und „Medien und Moderne", ganz zentralen Themenbereichen der jüngeren Lateinamerikanistik. An dieser Stelle kann ich nur einige ausgesprochen subjektive Bemerkungen zu den Kernpunkten der diesen drei Themenkomplexen zugeordneten Aufsätze vorausschicken, um wenigstens im Ansatz die Dimensionen des von Vittoria Borsò initiierten *anderen* Denkens aufzuzeigen.

Die vier im ersten Teil dieser Sammlung („Rekonfiguration des Raumes – Revision der Geschichte") zusammengestellten Aufsätze zeigen deutlich das historische Bewusstsein, in dem dieses *andere* Denken gründet, denn hier stehen – ganz unabhängig vom *spatial turn* oder von den Memoria-Theorien, denen Vittoria Borsò eher mit kritischem Blick begegnet – Raum und Geschichte im Zentrum. Wie bedeutend ihr Beitrag zur Rekonfiguration dieser beiden Komplexe ist, wurde mir vor einigen Jahren bei der Vorbereitung des Antrags zum ersten deutsch-mexikanischen Graduiertenkolleg „Entre Espacios / Zwischen Räumen" deutlich, das – unter Federführung des Historikers Stefan Rinke – gerade auch den historischen Raum neu zu denken vorschlägt. Wie viel die Teilnehmenden dieses Kollegs, aber auch wir Antragstellenden Vittoria Borsò verdanken, zeigt schon die Lektüre des ersten für diesen Band ausgewählten Beitrags, in dem es um die Begegnung von europäischen und präkolumbinischen Zeiterfahrungen am Beispiel der Begegnung Cortés' mit Moctezuma 1519 in México-Tenochtitlán geht. Todorovs kluge Rahmenthesen über die Kommunikationsformen dieses wegweisenden Kulturkontakts werden hier umfassend kulturgeschichtlich konkretisiert: es wird gezeigt, wie die „figurale Interpretationsmethode" des christlichen Mittelalters ihre Stimmigkeit eingebüßt und damit konsequent die Notwendigkeit mit sich gebracht hatte, „die Geschichte zu interpretieren". Dass sich Kolumbus und Cortés zwar beide als Vollstreckungsgehilfen eines göttlichen Heilsplans verstehen, ergänzt Vittoria Borsò durch das Aufzeigen der unterschiedlichen Stufen, welche jedem von ihnen dabei zukommen: Kolumbus (samt der Macht seiner Intertexte) ist die „spätmittelalterliche Figuration einer universellen christlichen Kosmogonie", Cortés dagegen steht für das Renaissance-Paradigma einer „protomodernen Kontingenzerfahrung". Doch diese Pointierung reicht der Mexiko-Spezialistin natürlich nicht, vielmehr fügt sie die „Sicht der Azteken", den Blick auf die Apokalypse des Jahres 1519 hinzu, indem sie in einer breiten, an der mesoamerikanischen Anthropologie ebenso wie an den Berichten der *conquistadores* und *cronistas* geschulten Blickrichtung die kosmologische und theokratische Weltsicht der Azteken mit Cortés' Projekt konfrontiert und damit die schon sprichwörtliche „Begegnung zweier Kulturen" als „Wechselwirkung verschiedener Identitäts- und Alteritätsbilder" beschreibt.

Auch in diesem so ‚historisch' argumentierenden Essay zeigt Vittoria Borsò am Ende den Bezug zu unserer Gegenwart, indem sie nichts weniger als eine „interaktive Konstruktion von *historia* auf beiden Seiten des Ozeans" fordert und Europa verpflichtet, statt Macondo zu exotisieren, dessen Apokalypse auf sich zu beziehen. Um die Verortung der Gegenwart im geschichtlichen Raum geht es stärker noch in den Überlegungen zu „Mythos und die Ethik des Anderen", einem noch vor der Jahrtausendwende verfassten Aufruf an Geschichtsschreibung und Literaturgeschichte zu einer mythenkritischen Sicht, welche sich zu diesem Zeitpunkt bereits exemplarisch in der lateinamerikanischen Literatur selbst, genauer: in der *nueva novela histórica* durchzusetzen begonnen hatte (und damit in einer Gattung, deren große Konjunktur in

Deutschland etwa von Karl Kohut und international von vielen Lateinamerikanist_innen erkannt wurde). Hier fordert Vittoria Borsò nicht nur „ein Nachdenken über die ethische Dimension des Mythos", sondern warnt vor der allzu flachen Diagnose einer lateinamerikanischen „Identitätskrise". In diesem Kontext liest sie Juan Rulfos *Pedro Páramo* nicht mehr als Roman einer ‚postrevolutionären mexikanischen Identität', sondern im Gegenteil als Entmythisierung der *mexicanidad*. Damit antizipiert Vittoria Borsò eine in der europäischen Lateinamerikanistik am Ende des 20. Jahrhunderts eher singuläre, inzwischen jedoch konsensfähige Lesart, die nichts weniger als einen wahrhaften Paradigmenwechsel voraussetzt, einen Wechsel, der unter den mexikanischen Kulturkritikern am klarsten von Roger Bartra mit seinem Konzept des Postmexikanischen (und unter den Performance-Künstlern am sinnfälligsten von den postkolonialen und postmodernen Inszenierungen eines Guillermo Gómez-Peña) auf den Punkt gebracht wurde.

„Subjektivierung – Macht – Leben" lautet die Überschrift, welche die Herausgeber_innen über den zweiten Teil gesetzt haben. Gerade die Aufsätze dieses Teils machen deutlich, wie gut der Titel dieser Sammlung gewählt ist, mit seinem Hinweis auf die Programmatik eines *anderen* Denkens, das bei Vittoria Borsò auf Foucaults Diskurstheorie (und auf seinen Überlegungen zur Biopolitik) gründet und das den wissenschaftlichen Neuansatz Vittoria Borsòs hervorragend zu präzisieren vermag. Im Kontext von „Machtgrenzen und Körperschwellen", einem Aufsatz, der aus einem Vortrag an der Humboldt-Universität im Rahmen der (gemeinsam mit dem Lateinamerika-Institut der Freien Universität und mit der Universität Potsdam durchgeführten) Ringvorlesung *Macht der Grenzen – Grenzen der Macht* hervorgegangen ist, wird in ganz umfassender Weise „das Szenario eines anderen Wissens" entworfen, und eine „andere Logik" bestimmt den „Wahrnehmungsweg" der *Contemporáneos*, einer (wenn man so will) mexikanischen Avantgarde-Bewegung, in Wort und Bild. Das vielleicht beste Beispiel für ein *anderes* Dispositiv liefert – und beide zu diesem Komplex hier wieder abgedruckten Aufsätze zeigen dies – die Literatur- und Kulturgeschichte Carlos Monsiváis', welche Vittoria Borsò als „eine andere Art der Literaturgeschichte" und als „anderes Wissen" fasst.

Vittoria Borsò hat klargestellt, dass Monsiváis' Rekurse auf das Populäre keineswegs einfach einer Kultur der Massen oder seiner Begeisterung für Kino und Comic entspringen, sondern dass sie „nur aus dem transversalen Wissen des so genannten ‚Randes', der *cultura popular*, stammen" können. Und *cultura popular*, so führt sie aus, sei „mehr als eine Diskursformation. Sie ist eine ‚andere' Wahrnehmung", und ein paar Seiten später heißt es: „*cultura popular* ist eine ‚Einstellung' auf die Welt, anders gesagt: ein anderer epistemologischer Ort". Wie plausibel diese Zuschreibungen sind, wurde mir beim Besuch von Monsiváis' ‚Privatmuseum' mit seinen wechselnden, stets wild zusammengewürfelten Exponaten sinnfällig, die eher auf Kontingenzbewältigung als auf Kanonisierung zielen. Nur einmal war es mir vergönnt, Monsiváis persönlich in Berlin zu treffen; Vittoria Borsò war dabei ebenfalls anwesend.

Eine weitere Dimension des *anderen* Denkens, das Vittoria Borsò vorgeschlagen hat und das der vorliegende Sammelband exemplarisch aufzeigen möchte, liegt in der konsequenten Ablehnung eurozentristischer Ansätze. Diese Verwerfung mag heute wie eine Selbstverständlichkeit klingen, doch hat gerade Vittoria Borsò entscheidend dazu beigetragen, sie zu plausibilisieren und wissenschaftlich zu instaurieren (und erst einmal die Auswüchse kolonisierenden Bewusstseins und seiner hegemonialen Ausrichtung bis in Konzepte von Indigenismus und Identitätsdiskussionen hinein zu denunzieren). Vittoria Borsòs Wendung gegen den Eurozentrismus hat zwei Seiten: eine historische und eine systematische; historisch greift sie immer wieder auf das Unternehmen der sogenannten Eroberung zurück, insbesondere auf die „Projektionen der Spanier auf die Einwohner der Neuen Welt", denen sie das spezifische Umgehen und die eigenen, „transversal" wirkenden Prägungen lateinamerikanischer Intellektueller entgegensetzt: den Mut Sor Juana Inés de la Cruz' zur Hybridisierung ‚europäischer' Gattungen, zu Sensualismus und zur „Rematerialisierung des Körpers" und seiner Inszenierung. Dieser Aufsatz zur Entstehung neuen kulturellen Wissens in Mexiko und Peru liefert vordergründig eine Relektüre des lateinamerikanischen Barock, die Lezama Limas Definition des lateinamerikanischen Barock als Kunst der *contraconquista* (während seine spanische Parallelerscheinung diejenige der *contrarreforma* sei) ebenso wie

Carpentiers ‚ontologisches' Modell kritisch aufgreift, um weitere lateinamerikanische Kulturtheorien von Ángel Rama bis Margo Glantz anreichert und dann „ein weites Spektrum neuen humanistischen Wissens und subversiver, kritischer Praktiken" vor Augen führt, das zugleich betont, „dass die Kolonialisierung des Imaginären die eroberten Kulturen nicht definitiv zerstörte". All diese Reflexionen verdichten sich zu einer grundlegenden Revision der Kolonialgeschichte mit den Instrumenten von *Gender Studies* und postkolonialer Theorie durch das transkulturelle Paradigma des lateinamerikanischen Barock (mit Sor Juana Inés de la Cruz und Juan de Espinosa Medrano, aber auch Carlos de Sigüenza y Góngora und Bernardo de Balbuena als Exponenten).

Dass der letzte Teil dieses Bandes, „Medien und Moderne", erheblich neuere Beiträge versammelt, deutet auf eine Ausweitung der kritischen Perspektiven Vittoria Borsòs auf die lateinamerikanischen Kulturen hin, welche die vielfältigen theoretischen Bezugspunkte (von Michel Foucaults Theorien zu Macht und zu Biopolitik bis zu Gilles Deleuze) um die Kontingenztheorie und die Reflexionen zum *homo sacer* von Giorgio Agamben und um Intermedialitätstheorien erweitert hat. Ist ihre Lektüre von Margo Glantz' die Grenzen weiblicher (oder ‚hysterischer'?) Sprach- und Körperlichkeit auslotendem Experimentalroman *Historia de una mujer que caminó por la vida con unos zapatos de diseñador* ein Beispiel für eine solche aus neuen Theorieansätzen entwickelte Perspektivenerweiterung, finden wir andererseits neuartige, nämlich intermediale Betrachtungen zu Literatur und Malerei der mexikanischen *Contemporáneos*, jener *anderen* Avantgardegruppe um Dichter wie José Gorostiza, Xavier Villaurrutia und Jorge Cuesta, die eng mit Malern wie Rufino Tamayo und Agustín Lazo zusammengearbeitet haben. Wie typisch ist es, dass Vittoria Borsò auch in dieser Hinwendung zum intermedialen Kreationsprozess mexikanischer Künstler nicht den bekannten Pfaden folgt und die national geförderten und international bewunderten *muralistas* in ihren Bezügen zu literarischen Diskursen verfolgt, sondern dass sie die höchst theoriebewussten *Contemporáneos* wählt, die ihre Lehren aus Modernismo und Posmodernismo gezogen hatten, und deren „intermediale Resonanzen" mit einem Maler wie etwa Lazo sie aufzeigt, um dabei zu der Erkenntnis zu gelangen, dass Lazo anderes verfolgt als eine Variante des europäischen Surrealismus, der lateinamerikanische Künstler und Kritiker stets gleichermaßen faszinierte und abstieß. In Deutschland hat Vittoria Borsò mit diesem Thema absolutes Neuland betreten; auch ich hatte erst durch meinen Habilitanden Alberto Pérez Amador, der über Jorge Cuesta promovierte, Wissen über die *Contemporáneos* und ihre innovative Ästhetik erhalten.

Eine neue und eben auch wieder andere Sicht liefert Vittoria Borsò uns in ihrer Bestandsaufnahme des amerikanisch-europäischen Dialogs, den sie am Beispiel der Kunst Mexikos durchführt. Zwar haben die europäisch-lateinamerikanischen Interrelationen in den letzten Jahren eine starke Konjunktur erlebt, zu der – neben der Fokussierung des sogenannten *Black Atlantic* – unter anderen Ottmar Ettes ‚vektoriale' Kulturbetrachtungen oder Susanne Klengels Untersuchungen zur Intellektuellengeschichte beigetragen haben, doch sind in der Tat das Dreieck Südamerika – Nordamerika – Europa und die vielschichtigen Wege und Bahnen des Wissens und der Ästhetiken innerhalb dieses Dreiecks nur selten in den Blick genommen worden. Hier verspricht Vittoria Borsò also, „sich mit einer ‚anderen' Seite des interamerikanischen und transatlantischen Dialogs sowie der Moderne zu befassen". Ihr Ziel ist dabei nicht nur, das europäische Vorurteil von der Rückständigkeit Lateinamerikas zu konterkarieren, sondern ebenso auch die (u. a. aus den Essays eines José Enrique Rodó notorisch bekannte) Ablehnung Nordamerikas durch Südamerika zu relativieren und auf Aneignung statt auf Opposition basierende Interrelationen aufzuzeigen, wie sie z. B. Alfonso Reyes (in seinen „Notas sobre la inteligencia americana") vorgedacht hat. Frida Kahlos „Autorretrato en la frontera entre México y Estados Unidos" von 1932 dient ihr als Beispiel eines subversiv entstandenen „Zwischenraums", lange bevor diese von Fuentes zur *frontera de cristal* stilisierte Grenze die vielfachen, von Gloria Anzaldúa in den Diskurs getragenen Zwischenräume inkarnierte. Ganz im Einklang mit so zahlreichen mexikanischen und US-amerikanischen Kunstschaffenden beschreibt Vittoria Borsò die Produktion nördlich und südlich dieser Grenze als eine gemeinsame *counter-culture*, als Kultur der subversiven und hybriden Praktiken.

Ähnliches hat man heute häufiger gelesen, aber selten hat man auf die Vorläufer dieser gegenwärtigen Prozesse hingewiesen: auf Borges' Rekurse auf und Kommentare zu Walt Whitman und zu Ralph Waldo Emersons Naturdichtung und zu seiner (von den europäischen Strömungen so unterschiedlichen) Naturphilosophie, zu seiner „Betonung des Erstdialogs zwischen Mensch und Welt", durch die der Nordamerikaner nicht weniger als „eine ‚andere Moderne' begründen" kann und sogar ein „demokratisches Verständnis der poetischen Sprache" ausmisst, das „im Gegensatz zum Genie-Kult der deutschen und französischen Romantik" steht. Mit Octavio Paz zeichnet sie die „transatlantische Bewegung" der Moderne und ihrer Geschichte nach, mit Paz, welcher seinerseits Whitman als „Großvater der europäischen Avantgarde bezeichnet" hat. Ausdrücklich schließt dieser Aufsatz mit Einblicken „in eine andere Moderne – Jenseits und Diesseits des Atlantiks". *Anders* ist die Moderne eines Leopoldo Lugones, *anders* ist die Avantgarde der *Contemporáneos*, der japanisierende Minimalismus eines Juan José Tablada, der malerische Experimentalismus Rufino Tamayos, Künstler allesamt, deren ästhetische Modelle ihren Ausgangspunkt nicht mehr in Paris als dem Zentrum einer primär europäischen Moderne nehmen, welche Vittoria Borsò durch diese *andere* Moderne, durch ihr *anderes* Denken über Lateinamerika abgelöst hat.

Mexiko speziell und Lateinamerika generell sind nicht die einzigen wissenschaftlichen Gegenstandsbereiche der Romanistin Vittoria Borsò. Neben Proust hat Baudelaire sie stets fasziniert, und diese Begeisterung wird in all jenen Beiträgen auch dieser Sammlung spürbar, die sich der Lyrik widmen, von Sor Juana Inés de la Cruz über Xavier Villaurutia und seine Zeitgenossen bis zur Gegenwart. Dass Lyrik für sie diesen privilegierten Stellenwert hat, liegt, vermute ich, weniger am überdeterminierten oder autoreferentiellen Charakter dieser Diskursform, sondern eher an ihrer Fähigkeit zum unorthodoxen Ausdruck bzw. zum Ausdruck des Unorthodoxen. Beides findet Vittoria Borsò dann wieder in ihren anderen Themen, explizit hier bei Elena Poniatowska, im ‚anderen' Wissen der *indígenas*, letztlich in allen lateinamerikanischen, bzw. in allen nicht eurozentristischen kulturellen und kritischen Äußerungsformen.

Mit dieser Botschaft, die durchaus eine politische Seite hat, ist sich Vittoria Borsò treu geblieben; sie ist der Grund, weshalb ihr Werk – gerade soweit es sich mit Lateinamerika befasst – mich in den zwei Jahrzehnten nie aufgehört hat zu beschäftigen. ‚Frisch aus der Druckerpresse' hatte ich *Mexiko jenseits der Einsamkeit* verschlungen, als ich an meiner Antrittsvorlesung an der Humboldt-Universität arbeitete, die einer lateinamerikanischen Literatur ‚diesseits der magischen Wirklichkeit' gewidmet war (und dazu Kitschkultur, neobarocke Ästhetik und schwule Subkultur als Paradigmen ausgewählt hatte und die in einer der Festschriften für Dietrich Briesemeister erschienen ist). Es ist offensichtlich, wie viel das Verständnis der lateinamerikanischen Literatur, das ich damit zu artikulieren bemüht war, mit der neuen Kartographie Lateinamerikas, wie sie Vittoria Borsò vorschlägt, gemeinsam hatte und hat. Vittoria Borsò ist nicht nur eine spannende, hellsichtige und (schon durch die souveräne Kombinatorik diversester Ansätze) mutige Wissenschaftlerin, sie hat zugleich auch die Gabe, neue Aspekte zu entdecken und zu benennen sowie wuchernde Moden auf ihren Kerngehalt zu reduzieren. Dies gelingt ihr nicht nur aufgrund der profunden Kenntnisse der lateinamerikanischen Literaturen von den Chroniken bis in die Postmoderne, sondern ebenso durch ihre hohe Kompetenz in der durch die Tradition der deutschen Romanistik geprägten Ästhetik und durch ihre festen internationalen theoretischen Bezugspunkte, die von Foucault bis Agamben, von der Frankfurter Schule bis zum Dekonstruktivismus, aber ebenso von Alfonso Reyes, Ángel Rama bis zu Néstor García Canclini und Carlos Monsiváis reichen. Wenn sie Lateinamerika *anders* denkt, so denkt sie es in erster Linie *mit* Lateinamerika gemeinsam anders; darin liegt die Spezifik des Erfolgs ihrer Arbeit. Die vorliegenden Aufsätze zeigen dies in aller Deutlichkeit; mir bleibt nur, den Herausgeber_innen für diese Initiative zu danken und den Leserinnen und Lesern Erkenntnis und Vergnügen bei der Lektüre zu wünschen.

Berlin, im Herbst 2014
Dieter Ingenschay

Rekonfiguration des Raumes – Revision der Geschichte

Begegnung von europäischen und präkolumbischen Zeiterfahrungen: Apokalypse im Jahre 1519 (Begegnung von Moctezuma und Cortés in México-Tenochtitlán)*

1 Apokalypse und Neuzeit: Begegnung fremder Kulturen

Die unterschiedliche Konzeption der Zeit bei der Begegnung von Azteken und Spaniern zu Beginn des 16. Jahrhunderts vermag u. a. das Unerklärliche zu erklären, nämlich, dass eine Gruppe von wahrscheinlich maximal fünfhundert Spaniern unter der Führung von Hernán Cortés den Gegner, den Aztekenkönig Moctezuma II., bezwang, welcher über ein Heer von etwa einer Million Menschen verfügte. Entgegen dem rigorosen kosmologischen Denken, das gemeinhin dem Mittelalter zugeschrieben wird, war Cortés ein Mensch der Renaissance, der die Kunst der Interpretation beherrschte und seine Kenntnis der anderen Kultur sowie seine Vernunft mit List und strategischer Kriegsführung zu verbinden wusste.[1] Dagegen herrschte in der theokratischen Gesellschaft der Azteken ein mythisches Denken, auf dessen Grundlage zum Zeitpunkt der Eroberung das nahende Weltende erwartet wurde. Die Deutung der zwischen 1519 und 1522 in Mexiko vollendeten Eroberung als Teil der europäischen Geschichte pflegt deswegen im Sieg Cortés' auch den Sieg der Renaissance über das Mittelalter zu sehen, mit dessen Weltordnung die Weltsicht der Azteken

---

* Dieser Artikel erschien zuerst in: Barbara Haupt (Hrsg.). *Endzeitvorstellungen*. Düsseldorf: Droste 2000, 291–311. Wir danken dem Droste Verlag für die freundliche Druckgenehmigung.

[1] Aufgrund des Übergangs vom Weiterwirken des Älteren zum Einsetzen des Neueren ist die Geschichte beider Epochen diskontinuierlich. Für die Romania, insbesondere für die italienische Renaissance und ihr Verhältnis zum Mittelalter vgl. Hempfer (1993: 20 ff.). Hempfer hebt für das beginnende 15. Jahrhundert Italiens u. a. das Prinzip Ciceros *in utramque partem disserere* als Grundlage eines neo-ciceronianischen Dialogs hervor, durch den sich eine dialogische Meinungsvielfalt und damit die Notwendigkeit der Interpretation ergab, was die Verbindlichkeit einer offenbarten Wahrheit aufhob (29). Für die in Spanien später einsetzende Problematik der Interpretation vgl. Hölz (1995) und Borsò (1999). Für die Auswirkungen der ausbleibenden Parusie sowie des nach dem Tridentinum in Spanien wieder einsetzenden scholastischen Rigorismus vgl. die umfangreiche und durchdringende Studie von Küpper (1990).

eher verwandt war. Manches spricht zwar für die Richtigkeit dieser Deutung. Wie komplex jedoch der Übergang der beiden Epochen ist, wird u. a. aus den Folgen der Entdeckung der sogenannten Neuen Welt sichtbar.[2]

Die Christianisierung der Neuen Welt gilt als eine wichtige Etappe in der Verwirklichung des katholischen Universalismus, nachdem die Verbreitung der christlichen Lehre nicht an den Grenzen des *Imperium Romanum* stehen blieb, sondern den gesamten Erdkreis zu erfassen begann. Dass die Spanier im Sieg über die Indios die Fortsetzung der Unterwerfung der Heiden sahen, wie sie durch den Kardinal von Ostia, Heinrich von Segusia, gefordert worden war,[3] zeigt u. a. das juristische Instrument des *requerimiento* (Proklamation des spanischen Rechtstitels vor den Indianern). Die Spanier hatten die sogenannten *requerimientos* nach dem Prinzip der Heidenbekämpfung entwickelt. Zunächst sollte versucht werden, konziliant den Ungläubigen die innere Einsicht in die rechtliche Notwendigkeit freiwilliger Unterwerfung zu vermitteln und Gewaltanwendung möglichst zu umgehen. Dann aber kam die Bedrohung in aller Deutlichkeit zur Sprache: Bei Nichtanerkennung und Nichtzulassung der Glaubenspredigt habe man das Recht auf Gewalt und Krieg, Güterenteignung und -zerstörung sowie Versklavung.[4]

---

[2] Einige Ereignisse, die sich nach der sogenannten Entdeckung Amerikas im Jahre 1492 ergeben, mögen dies illustrieren: 1493 erteilt Papst Alexander VI. den katholischen Königen Spaniens das Besitzrecht über die eroberten Gebiete (*Inter caetera*); 1498 wird Savonarola als Ketzer verbrannt; 1499 landet Vespucci auf dem südamerikanischen Kontinent; 1503 autorisiert die ‚katholische Königin' Isabella von Spanien die Sklaverei auf den Karabischen Inseln; 1504 erscheint Vespuccis *Mundus novus*; 1512 werden mit den Gesetzen von Burgos die *encomiendas* zugelassen, nämlich die Verteilung der Indios und ihrer Tribute unter den Eroberern; 1516 erscheint Thomas Morus' *De optimo rei publicae statu deque nova insula Utopia*; 1517 erfolgt der Aushang der fünfundneunzig Thesen an der Schlosskirche zu Wittenberg durch Luther; 1520 erreicht Magellan Feuerland, 1531 erobert Pizarro Peru und das erste amerikanische Gold kommt nach Sevilla; erst 1542 wird die Sklaverei in der Neuen Welt durch Karl V. untersagt; 1545 beginnt das Tridentinum, 1550 findet die *disputatio* von Valladolid zwischen Las Casas und Sepúlveda statt, die als die erste Menschenrechtsdebatte der Neuzeit gilt.

[3] Der Kardinal von Ostia (gestorben 1271) hatte gefordert, die Heiden mit Waffengewalt zu unterjochen und ihres Besitzes zu berauben, sofern sie nicht bereit waren, die Herrschaft der Christen anzuerkennen.

[4] Dass die Spanier dieses juristische Instrument benutzten, obgleich sie von der indianischen Bevölkerung nicht verstanden wurden, zeigt das fehlende Bewusstsein über die Andersheit der anderen Kultur bzw. ihre Missachtung derselben – so die These von Todorov (1985).

Der wesentliche Unterschied zu den Kreuzzügen und zugleich der eigentliche Auftakt zu einer neuen Phase lag in der Überschreitung der ‚Säulen des Herakles', d. h. des Weges nach Westen. Nach antiker und mittelalterlicher Tradition markierten die Säulen des Herakles an der Meerenge von Gibraltar die Grenze der zivilisierten Welt. Die Überschreitung der Grenze war dabei unheilvoll konnotiert, denn im atlantischen Westen lag für die Antike das Totenreich und für das Mittelalter das Reich des Teufels, weshalb die Schifffahrt nach Westen über die Säulen des Herakles hinaus bei Höllenstrafe verboten war. In Spanien hat man die Entdeckung und Kolonisierung Amerikas gerne als Umwertung dieser Überlieferung gedeutet. Das Bewusstsein der grenzüberschreitenden Aneignung des Raumes im Verhältnis zur Antike sollte auch das Wappen von Karl V. (Carlos I) zum Ausdruck bringen, in dem zwei Säulen mit der Inschrift *plus ultra* versehen waren. Die Erweiterung des Raumes und des Wissens über den Raum, mit der auch die Entdeckung des Innenraums des Menschen durch die Introspektion korrespondiert,[5] entspringt aus dem Bedürfnis nach einer neuen Ordnung. Diese Suche kann u. a. als das Resultat eines langen Prozesses betrachtet werden, der mit der nicht eingetretenen Erfüllung der Endzeit zu Millenniumende beginnt. Denn nach der nicht eingetretenen Parusie gilt auch die Offenbarungstheologie nicht mehr für die Ewigkeit aller zukünftigen Zeiten. Die Neuzeit tritt in eine Phase der Geschichte ein, die allmählich der Deutung und der Wirkung historischer Akteure bedarf.

2 Nicht-Erfüllung der Weltendvorstellungen und der Parusie zu Millenniumende: Der langsame Zerfall des mittelalterlichen *ordo* und die Entdeckung des Menschen als Interpret und *agens* der eigenen Geschichte

Durch die Prätexte der Bibel gelten in der mittelalterlichen Allegorese die historischen Ereignisse als Figuren zukünftiger Ereignisse, so dass *historia* und *prophetia* begrifflich eng zusammenrücken. Die *historia* berichtet tatsächlich

---

[5] Es handelt sich allesamt um Zeichen des Wissensdrangs und der Entdeckerlust, die Burckhardt (1976) als Kennzeichen der Renaissance ansah (1860) und als deren Emblem schon das Besteigen des Mont Ventoux durch Petrarca gelten kann.

treu über den *ordo temporum* und die nicht mehr ungeschehen zu machenden Ereignisse, die Gott hervorbrachte. So wie die *res gestae* des Alten Testaments die des Neuen vor-abbilden, so prophezeien die Geschehnisse des Neuen Testaments die der Folgezeit. So erklärt sich auch, dass die Weltendvorstellungen im christlichen Mittelalter mit einer *interpretatio* im Sinne des Sieges des Reiches Christi über den Weltstaat zusammenhängen. Nachdem der Gottesstaat unter Theodosius und Konstantin zur *ecclesia* erstarkt, steht nur noch das Zeitenende aus. Nach dem Aufstieg der *civitas Christi* hin zum *status beatus* und *perfectus* soll nach dem Jüngsten Gericht der Niedergang der *civitas perversa* in den *status miserrimus* folgen, so z. B. die Drei-Stufen-Theorie in der *Chronica* Ottos von Freising. Der Investiturstreit gerät zu einem der wichtigsten Zeichen des nahen Endes nach Ausgang des ersten Millenniums. In den theologischen Geschichtsspekulationen stellt sich die nahe Endzeit als Erfüllungszeit dar, nämlich als fortschreitende Offenbarung Gottes bis zur vollkommenen Parusie, die dem Weltende folgen soll. Die Ankunft Christi wird als universales Ereignis und endzeitliche Ankunft erwartet, eine urchristliche Hoffnung, die sich aus den älteren Paulus-Briefen (1 Thess; 1 Kor) und dem Matthäusevangelium ergibt, wobei sich der Inhalt der Parusie-Vorstellungen v. a. aus alttestamentarischen und aus apokalyptischen Traditionen des Frühjudentums ergibt. Man war über den unbekannten Zeitpunkt beunruhigt, den man sehr nahe glaubte, insbesondere aufgrund des drängenden Charakters der Parusie in den Paulus-Briefen.

Infolge des Ausbleibens der Parusie war nach dem ersten Millennium die figurale Interpretationsmethode nicht mehr stabil und musste durch Thomas von Aquin neu überdacht und mit Bezug auf Paulus autoritativ gefestigt werden. Thomas von Aquin wandte sich gegen jene Sekten, die das Ende prophezeit hatten; die Kirche verdammte sie als Häretiker. Das Konzept der Post-Figuration, d. h. der Figur als Schema der Ankündigung und Erfüllung, ist – so argumentiert Thomas von Aquin – abwegig und kommt der Häresie nahe, bedeutet doch die Post-Figuration, dass der kommenden Geschichte heilsgeschichtlich ein höheres Niveau zugesprochen werden müsste als dem Zeitraum selbst, in dem sie figuriert ist, nämlich Jesu Christi Erdenleben und Passion. Thomas von Aquin übernimmt das aristotelische Ursachenschema: literal (material); allegorisch (formal); typologisch (*efficiens*); anagogisch (final) und entwickelt die Theorie des vierfachen Schriftsinns.[6] Figuration und Post-Figuration werden durch die Begriffe von Prätext und Text ersetzt. Das Leben Christi und das Neue Testament sind die autoritativen Prätexte, auf die sich die Deutung aller anderen Texte bezieht, wobei Christus zum Nullpunkt und das Neue Testament zum Prätext auch für das Alte Testament wird. Die Figur, d. h. die *allegoria in verbis,* erfüllt sich in der *allegoria in factis* (Christus).[7] Schon zu Ausgang des 13. Jahrhunderts werden indes der Rigorismus und die lückenlose Perfektion der scholastischen Synthese aufgebrochen. Gott sei keineswegs auf alle Zeiten an die einst in seiner Schöpfung gegebene, in der Schrift offenbarte Ordnung gebunden, er könne vielmehr Struktur und Entwicklung verändern, was sich u. a. in dem *ordo* der Sprache widerspiegelt. Mit dem daraus folgenden Kontingenzdenken wird auch die Notwendigkeit der Übersetzung ins Bewusstsein gehoben. Sie ist dann – insbesondere im Kontext des Erasmismus und der lutheranischen Reformation – auch der Nährboden für die Betonung der Differenz (auch der Differenz der Kulturen) innerhalb der göttlich gegebenen Kosmologie. Meint im Mittelalter ‚Geschichte' den lateinischen Kasus, so dass die Gesamtheit der Ereignisse nach der christlichen Theologie interpretiert werden kann,[8] bedarf hingegen die Geschichte schon im Humanismus, aber insbesondere in der Renaissance, wie bei Luther, einer Interpretation, denn Gottes Macht ist nirgends mehr evident. Anstelle der Offenbarungstheologie tritt die Notwendigkeit, die Geschichte zu interpretieren. Die *historia* bekommt eine teleologische Richtung, d. h. sie ist auf ein unbekanntes Ende hin ausgerichtet.

Auch in Spanien macht sich die Notwendigkeit bemerkbar, den *ordo* der Sprache als geistiges Phänomen zu regeln, etwa durch die 1492, d. h. im glei-

---

[6] Vgl. Kurz (1982: 46; 88).

[7] Ein herausragendes Beispiel von Figuration der mittelalterlichen Endzeitvorstellungen (Apokalypse und Parusie) ist das *Jüngste Gericht* von Giotto, das Fresko am oberen Teil der Scrovegni-Kapelle (datiert auf 1306). Zur Problematik der mittelalterlichen Figuration in Bezug auf Giotto vgl. Borsò (1999a). Zur Kapelle selbst vgl. Basile (1992).

[8] Im Sinne der Kasuistik entspricht die *historia* der Verwirklichung der göttlichen Geschichte.

chen Jahr wie die Eroberung, entstehende *Gramática castellana* von Antonio de Nebrija, die erste systematische Erfassung einer ‚lebenden' Sprache. Deutlicher Ausdruck dieser Sprachkultur ist auch die Übersetzungstätigkeit, die sich vornimmt, die großen Werke der Antike zu übersetzen und zu spanischen Texten zu machen. Die Übersetzungsproblematik ist in Spanien besonders relevant, wie das Beispiel der *Biblia Polyglotta Complutensis* von Alcalá de Henares zeigt.[9] Diese und der Erasmismus führen zu Konflikten zwischen der auf der Offenbarungsthese gründenden scholastischen Autorität und der argumentierenden Exegese. Im Streit um die *Vulgata*-Fassung treten große Humanisten wie Luis Vives gegen den scholastischen Rigorismus für sie ein. Doch wird dieser Streit nach dem Tridentinum (1545–1563) mit der Gegenreformation zugunsten der scholastischen Tradition entschieden.[10]

Sowohl Kolumbus als auch Cortés sind in der spanischen Geschichtsschreibung als Werkzeuge des Heilsplans verstanden worden, ein Gottesreich auf Erden zu etablieren. Sie stellen aber zwei unterschiedliche Stufen dieses Plans dar. Die erste Stufe zeigt Kolumbus' Werk als spätmittelalterliche Figuration einer universellen christlichen Kosmogonie; in der zweiten kündigt Cortés eine im Sinne der Kontingenzerfahrung protomoderne Phase an, die man mit der Interpretations- und Übersetzungstätigkeit der Renaissance verbunden sehen kann.

Die Idee der Vollendung des Gottesplans rechtfertigt die Verbindung der Entdeckungsgeschichte mit Kolumbus, auch wenn diese Entdeckung das Ergebnis eines Irrtums ist – bekanntlich glaubte Kolumbus bis zu seinem Lebensende, den Weg nach Indien gefunden zu haben.[11] Gemäß einem finalistischen

---

[9] Kardinal Cisneros ist Herausgeber der *Biblia Políglota*. Der erste Band erscheint 1514, und am 10. Juli 1517 werden alle sechs Bände publiziert, doch liegt die pontifikale Zustimmung zum Verkauf erst 1522 vor. Die *Biblia* wird mit Skepsis auch von Rom gesehen, so dass die Rezeption eher schleppend ist. Während der Regierung von Philipp II. erscheint in Antwerpen eine zweite *Biblia Políglota de Amberes* (1560–1573).

[10] Vgl. Küpper (1990).

[11] O'Gorman geht auf dieses historische Paradoxon ein, nämlich dass Kolumbus gegen seine eigene Intention als Entdecker Amerikas gilt und zeigt in den historischen Lösungsansätzen verschiedener Jahrhunderte unterschiedliche Modelle finalistischer Geschichtsschreibung auf. O'Gorman ersetzt den Begriff ‚Entdeckung' durch den der ‚Erfindung Amerikas', vgl. O'Gorman (1958). Der Text erschien 1961 in englischer Sprache, *The Invention of America*, bei Indiana University Press.

Verständnis der Geschichte ändert der individuelle Irrtum nichts an der Verwirklichung des Heilsplans Gottes.[12] In den von Las Casas (teils in der dritten Person zusammenfassend, teils in der ersten Person) transkribierten Tagebüchern der dritten Reise geht Kolumbus z. B. von Prätexten aus, die aus einer Mischung von tradierten wissenschaftlichen Kenntnissen und den Imaginationswelten der kollektiven Phantasie, beispielsweise in Gestalt von Ritterromanen, bestehen. Zu den wissenschaftlichen Texten gehören die antiken Geographien (Plinius, Strabo, Ptolemäus), aber auch die legendenumwobenen spätmittelalterlichen Kosmographien (z. B. Pierre d'Aillys *Imago Mundi*)[13] und die Reiseberichte von Marco Polo sowie auch biblische Vorstellungen, z. B.:

> Ich glaube fest daran, daß dies hier ausgedehntes Festland ist, von dem man bis heute nichts gewußt hat, und die Vernunft ist mir darin die beste Stütze, eben weil dieser Fluß so groß und das Meer hier süß ist; des weiteren bestätigt mich die Aussage Esras im 4. Buch, Kpt. 6, wo es heißt, sechs Teile der Welt seien trockenes Land und ein Teil Wasser, und dieses Buch heißt der heilige Ambrosius in seinem Hexaemeron gut und auch der heilige Augustinus [...] Außerdem bestätigen mich die Aussagen vieler kannibalischer Indianer, die ich bei anderen Gelegenheiten hatte ergreifen lassen und die sagten, im Süden ihrer Inseln sei Festland (*Historia*, I, 138).[14]

Das von Kolumbus bemühte heterogene Wissen wird durch die Erfüllungslogik der figuralen Interpretation zusammengehalten:

> Ich habe bereits gesagt, daß mir bei der Durchführung der Indienreise weder Vernunft, noch Mathematik, noch Weltkarten Nutzen gebracht haben; es ging nur in Erfüllung, was Jesaja vorhergesagt hatte (Vorrede zum „Libro de Profecías", 1501).[15]

---

[12] Dies ist z. B. die Hauptthese der Tagebücher in der apologetischen Fassung von Kolumbus' Sohn Fernando, vgl. Kolumbus (1685) *Historie*, Venedig. Für die spanische Fassung vgl. Kolumbus (1947).

[13] So glaubt beispielsweise Kolumbus mehrfach, das christliche Paradies gefunden zu haben, von dem er bei Pierre d'Ailly gelesen hatte, dass es sich in einer gemäßigten Region jenseits des Äquators befinden muss, so dass er schließlich auch meint, die Erde sei nicht rund wie inzwischen auch bekannt war, sondern birnenförmig oder, wenn wie ein runder Ball, dann zumindest mit einer Brustwarze, so dass der höchste und dem Himmel am nächsten stehende Teil auch das irdische Paradies sein müsse, vgl. Todorov (1985).

[14] Kolumbus nach Todorov (1985).

[15] Ebd.

Stehen dem ausgezeichneten Navigator naturwissenschaftliche Kenntnisse zur Seite, so greift er zur Allegorese immer dann, wenn er die Zeichen interpretieren muss. Darunter fällt auch der Name Cristóbal: *Christum ferens*, Träger und Bringer Christi, was er nicht versäumt immer wieder zu unterstreichen. Bei dem heterogenen Material, das er vorfindet, stiftet erst die christliche Eschatologie die Kohärenz. Sie verleiht auch den Orten ihren Namen. Die chronologische Abfolge der von Kolumbus gegebenen Namen entspricht der göttlichen Hierarchie. Gott, die Jungfrau Maria, der König von Spanien, die Königin, die Thronfolgerin: San Salvador, Santa María de la Concepción, Fernandina, Juana.[16] Deswegen fühlen sich die Spanier bei allem Erstaunen über die *mirabilia* der ‚Neuen Welt' dennoch dort nicht fremd. So entspricht die Christianisierung und Kolonisierung der Neuen Welt dem historischen Selbstverständnis der Spanier, und zwar als Fortsetzung der im gleichen Jahr, 1492, vorerst erfolgreich beendeten Christianisierung der hispanischen Halbinsel.[17] Aber auch im Sinne des christlichen Universalauftrags, den die Kreuzzüge begründet haben, versteht sich Spanien als privilegiertes historisches Subjekt.[18] Wie auch Kolumbus bei seinen Unternehmungen das Wirken Gottes vermutet, so wird die finalistische Interpretation der Geschichte durch die Spanier ähnliches annehmen.

Ganz anders geht Cortés vor. Zu Recht gilt er in Todorovs Typologie der Umgangsformen mit dem Fremden als Beispiel für das Bewusstsein der Dif-

---

[16] Die heilsgeschichtliche Grundlage der Figuration Kolumbus' erhält durch den Zusammenstoß mit dem, was Todorov zu Recht als das „absolut Fremde" bezeichnet, eine skurrile Färbung. Da die Erfüllungstheologie die Interpretation bestimmt, besteht für Kolumbus die Übersetzungsproblematik der präkolumbischen Wörter, die er hört, nicht. Er verbindet die Laute mit den vertrauten Dingen. Auf diese Weise entsteht z. B. der Begriff ‚Kannibal' für den Brauch des Menschenfressens. Das Wort *cariba* bezeichnet in der Sprache der Indianer die menschenfressenden Bewohner der Karibik. Kolumbus, der zusätzlich schlecht hört, versteht *caniba*, also ‚Leute des Gran Khan'. Und weil er glaubt, immer näher an den großen Khan gekommen zu sein, so nennt er die Menschenfresser ‚Kannibalen', die in seinen Augen nichts anders sind als die Untertanen des Gran Khan.

[17] Mit dem Sieg über die Mauren in der letzten Schlacht von Granada endet 1492 die *reconquista*, welche in Spanien eine weitaus stärker fundierte Funktion im Hinblick auf die eigenen historischen Mythen hat als die Kreuzzüge für die restlichen Kulturen.

[18] Eroberung, Kolonialisierung und Christianisierung der Neuen Welt haben mit den Kreuzzügen auch das Reichtumsversprechen aus den unbekannten Ländern gemeinsam.

ferenz der anderen Kultur und der Notwendigkeit, sie zu interpretieren, ihre Zeichen in das eigene System zu übersetzen. So gilt Cortés als Akteur der eigenen Geschichte und als Beispiel der Interpretationsmethode, die nach der Kritik an der strengen scholastischen Kasuistik durch den Erasmismus auch in Spanien Einzug findet. Befand sich Kolumbus bei seiner Begegnung mit der Neuen Welt in einem Raum, der mit seinen Prätexten, d. h. seinen Weltvorstellungen, identisch war, und korrespondierte somit die ‚Neue' Welt mit seinem Vorwissen, so erkennt dagegen Cortés, dass es sich um eine ganz andere Kultur handelt, der man sich nur durch verschiedene Übersetzungs- und Interpretationsstufen annähern kann. Er weiß, dass sich die göttliche Ordnung nicht automatisch vollendet. Als ‚Renaissance-Mensch' greift er aktiv in die Geschichte ein und kann sich strategisch der vorgefundenen Kultur bedienen. Wie wichtig das Übersetzen für ihn ist, zeigt sich bekanntlich am Namen seiner Geliebten und Übersetzerin Doña Marina, die ihm hilft, das Zeichensystem des Gegners zu lesen und zu verstehen.[19] Die wichtigste Erkenntnis betrifft das Zeitmodell der Azteken und ihre Annahme, vor einer sich zyklisch wiederholenden Apokalypse zu stehen. Darüber hinaus erkennt Cortés, dass Moctezuma in ihm die Parusie jenes Gottes Quetzalcóatl sieht, was zugleich das Ende des laufenden Zeitalters und den Beginn des neuen ankündigt. Wie Todorov hervorhebt, passt sich Cortés listig dem von jenem Gott erwarteten Verhalten an. Auf dem unterschiedlichen Deutungsmodell gründet sich der Kräfteunterschied zwischen beiden Akteuren der Geschichte: Cortés erkennt, dass er als Figuration eines unabdingbaren apokalyptischen Schicksals angesehen wird und benutzt fortan Zeichen, die dieses Schicksal bestätigen, ja herbeiführen.

---

[19] Die doppelte Seite der Eroberung zeigt sich nicht zuletzt an dem Namen der ‚Malintzin', die den Spaniern zum Geschenk gemacht wird. Sie war den Mayas als Sklavin verkauft worden und beherrscht neben *náhuatl*, der Sprache der Azteken, auch die Sprache der Maya. Die Übersetzertätigkeit der Malinche (dies ist der am häufigsten verwendete Name) hat eine Schlüsselrolle. Sie übersetzt zwischen Maya und Náhuatl, Aguilar zwischen Maya und Spanisch. Als ‚Objekt' von Cortés und Verräterin, aber auch zugleich als Mutter der neuen Rasse der Mexikaner, hat die Malinche eine Schlüsselrolle als (ambivalenter) Identitätsmythos, durch den Octavio Paz die Mexikaner definiert hat, vgl. Paz (1950). Mit diesem Mythos haben sich Schriftstellerinnen kritisch auseinandergesetzt: von Elena Garro (in der Erzählung „La culpa es de los Tlaxcaltecas") bis hin zu Margo Glantz, vgl. etwa Glantz (1991).

3 Apokalypse im Jahre 1519: Die Sicht der Azteken

Kurz vor Ankunft der Spanier reflektiert ein umfangreiches naturkundliches, medizinisches und astronomisches Wissen in prophetischen Redeformen über die kosmische Katastrophe des Weltendes. Allerdings kann man mit hoher Wahrscheinlichkeit annehmen, dass die Azteken keine Eschatologie kennen. Das Leben nach dem Tod ist im Glauben der präkolumbischen Völker irrelevant. Daraus leitet u. a. Octavio Paz schon in *El laberinto de la soledad* seine Ansichten über die Diesseitigkeit der Todesvorstellung bei den präkolumbischen Völkern ab.[20] Der Tod ist bekanntlich in Mexiko allseits präsent. An Allerseelen werden z. B. Totenschädel aus Marzipan verkauft und verzehrt, was einmal mehr den religiösen Synkretismus oder besser die religiöse Mestizierung zeigt, die durch rituelle Ähnlichkeiten zum Christentum gefördert wurde.[21] Der Tod wird nicht sublimiert und auch nicht durch eine Jenseitsvorstellung transzendiert. Vielmehr besteht eine substantielle Identität zwischen den Menschen und dem Sonnengott, der, wie die Menschen, sterben muss. Die Menschenopfer sollen der Versuch gewesen sein, den Tod der Sonne energetisch zu verlangsamen, wenn nicht zu verhindern, was auch dazu führte, dass der Geopferte als ein Teil Gottes angesehen wurde.

Als Cortés in Vera Cruz landete, glaubten die Azteken, an das Ende des fünften Sonnenzeitalters gekommen zu sein. Sie warteten also auf das Weltende. Das Zeichen des eintretenden Endes war die Ankunft des Gottes Quetzalcóatl, aus dem Osten kommend, und dieser Erwartung schien mit Cortés entsprochen zu werden. Die Azteken waren das letzte aus dem Norden stammende Volk, das sich im Hochtal von Mexiko ansiedelte, und zwar nach einer regelrechten Eroberung, die mit dem Versuch vergleichbar ist, zumindest im heutigen Mexiko ein ‚Universalreich' zu etablieren. Die Pluralität der Völker in Mesoamerika vergleichen Anthropologen wie Miguel León-Portilla, aber

---

[20] Vgl. Paz (1950).

[21] Schon bei seiner Ankunft soll Cortés mit dem Ritual des Essens eines Maiskörpers, den man in Blut getunkt hatte, konfrontiert worden sein. Über dieses Ritual berichtet die Zehnte Muse Mexikos, Sor Juana Inés de la Cruz, so Paz in seiner umfangreichen Studie über die Dichterin, vgl. Paz (1982).

auch Kulturhistoriker wie Pedro Henríquez Ureña[22] und später Paz mit der hellenistischen Zeit, auch insoweit, als es sich bei der von Cortés vorgefundenen Welt um eine Vielfalt historischer Schichten handelt, die synchron wirksam sind.[23] Es handelt sich um einen theokratischen und militärischen Staat, wobei die aus dem Norden stammenden kriegerischen Götter (z. B. Huitzilopochtli) und die landwirtschaftlichen Götter (Quetzalcóatl und Tláloc, Gott des Regens und der Fertilität) koexistieren und eine tiefe Dualität im religiösen Weltbild verursachen, was die Verunsicherung durch die Annahme des Weltendes noch verstärkt – eine Disposition, mit der Paz in *El laberinto de la soledad* die Passivität Moctezumas gegenüber Cortés erklärt. Aufgrund der Hegemonie der Priester- und Kriegerkasten spricht Paz zu Recht von der Gesellschaftsstruktur als Pyramide, bei der noch die Handwerker eine wichtige Funktion erfüllen, ansonsten die unterschiedlichen Völker mit Tributen zur Zahlung des hohen Lebensstandards der herrschenden Kaste herangezogen werden. Moctezuma II. erweitert sein Reich, indem er auch bis in den Süden vordringt und die Völker der Mixtecas und Zapotecas integriert. Von den achtunddreißig annektierten Städten erhält das Zentrum Lebensmittel, Gewürze, Gold etc., aber auch Steuern und Sklaven, von denen bei Opferriten bis zu tausend pro Tag getötet werden. Selbst im Sinne eines strengen religiösen Rigorismus erzogen, ist Moctezuma, wie die Kultur der Mexika im sogenannten fünften Sonnenalter generell, dem Gott Quetzalcóatl gegenüber besonders devot.

Die hegemoniale Gesellschaftsstruktur erklärt auch die Bereitschaft der anderen Völker, gegen Moctezuma auf der Seite von Cortés zu kämpfen, sowie auch die Tatsache, dass die Eroberer eine Infrastruktur für die folgende Kolonialisierung vorfinden. Die Persönlichkeit von Moctezuma wird als martial beschrieben. Nach Darstellung der Chroniken, z. B. der aus 212 Kapiteln be-

---

[22] Henríquez Ureña (1952).
[23] Die toltekische Kultur stellt das die verschiedenen mesoamerikanischen Völker verbindende Moment dar. Es handelt sich um eine in Tula und Teotihuacán angesiedelte alte Kultur, welche ihre Präsenz auch in Yucatán behauptet, während umgekehrt keine Maya-Einflüsse im Norden zu finden sind.

stehenden *Historia verdadera de la conquista de la Nueva España*[24] von Bernal Díaz del Castillo, Feldherrn im Gefolge von Cortés, gilt Moctezuma als absoluter Herrscher. Die Stadt und sein Palast gelten als hoch zivilisiert und mit allerlei ästhetischen und kulinarischen Genüssen vertraut, aber auch stark ritualisiert, was wiederum sowohl das Zeichen einer hohen Entwicklung ist, als auch einer Schwäche, einer Unsicherheit – ein Merkmal, das insgesamt die Persönlichkeit Moctezumas (den z. B. López de Gómara als Schwächling ansah) und seine Zeit kennzeichnet.[25] Trotz der sich vor den Augen der Spanier eröffnenden Pracht gründet sich diese Zivilisation nicht auf vitalistischen Prämissen. Vielmehr handelt es sich zwar um eine sonnenorientierte und damit kriegerische Gesellschaft, die indes gegen den Energieverlust, gegen das Sterben der Sonne kämpft. Auch frühere Völker Mesoamerikas hatten sich ‚ausgezehrt', d. h. sie waren verschwunden, ohne Indizien oder Spuren für eine Begründung zu hinterlassen. Wie die Kalender beweisen,[26] hatte die äußerst entwickelte Astronomie prophezeit, dass während der Regierung Moctezumas das Ende des fünften Zeitalters kommen würde. Dieses Zeitalter sollte ähnlich wie das Wasserzeitalter, das Zeitalter des Feuers, der Erde und des Windes untergehen.[27] Den Informanten von Sahagún zufolge hatten sich unmittelbar

---

[24] Díaz del Castillo schreibt an seiner *Historia verdadera* von 1562 bis zu seinem Tod (1584). Er versteht seine Chronik als Gegensatz zu der offiziellen und gelernten Historiographie, wie sie z. B. die *Historia general de las Indias* von López de Gómara darstellt.

[25] Nach Niklas Luhmann schafft Ritualisierung eine umweltunabhängige Gewissheitsgrundlage, was in Krisenzeiten besonders wichtig ist. Rituale übersetzen externe Ungewissheiten in einen internen Schematismus, der nur stattfinden oder nicht stattfinden, aber nicht variiert werden kann und dadurch die Fähigkeit zur Täuschung, zur Lüge, zu abweichendem Verhalten neutralisiert. Rituale sind Coupiertechniken, mit denen man das Reflexivwerden der Kommunikation erfolgreich verhindern kann, vgl. Luhmann (1987: 253).

[26] Die Zeitmessung erfolgte anhand zweier Kalender, die jeweils die Rechnung der Jahre und der Tage regulierten. Das Jahr war in achtzehn Monate unterteilt, d. h. in achtzehn Gruppen von je zwanzig Tagen, das Jahr umfasste also 360 Tage. Es verblieben fünf Tage, die eine Art Schwelle zum Tod darstellten (*nemontemi*): Sie hießen jedenfalls Tage des Unglücks – in jedem vierten Jahr errechnete man sechs anstelle von fünf Tagen und schaffte eine Art Schaltjahr.

[27] Das erste Zeitalter war wegen einer Flut, das zweite wegen eines Brandes, das dritte durch ein Erdbeben, das vierte infolge eines Hurrikans zerstört worden. Entgegen der eurozentrischen Vorstellung, vor der Ankunft der Spanier sei keine Geschichte geschrieben worden, wissen wir schon seit dem *Codex florentinum* von Bernardino de Sahagún, dass in einem Rhythmus von

vor der Ankunft der Spanier acht unheilvolle Prophezeiungen bestätigt, was die Priester als Vorankündigung des Endes gedeutet hatten.[28]

1. Zeichen: Zehn Jahre vor Ankunft der Spanier wurde Feuer am Himmel gesehen, das einmal als Feuerähre, schließlich als Feuerschwert und ein anderes Mal als ‚blutiger' Sonnenaufgang erschien und für ein volles Jahr die ganze Nacht beherrschte, bis die Sonne aufging.
2. Zeichen: Das Haus des Kriegsgottes Huitzilopochtli brannte aus.
3. Zeichen: Ein weiterer Tempel brannte aus.
4. Zeichen: Feuer fiel vom Himmel, während des Tages, noch während die Sonne am Himmel stand.
5. Zeichen: Kochendes Wasser erhob sich und fiel auf Häuser, verbrannte sie.
6. Zeichen: Eine Frau weinte und schrie des Nachts.
7. Zeichen: Im Zauberhaus sah Moctezuma durch Vogelasche ferne Völker, die sich bekriegten.
8. Zeichen: Es erschienen Monster, Menschen mit zwei Köpfen. Sobald sie von Moctezuma gesehen wurden, verschwanden sie.

Nicht nur Paz nennt Moctezuma im Augenblick der Begegnung mit den Spaniern melancholisch.[29] Er ist aufgrund der Prophezeiungen überzeugt, dass nur das Ende seines Zeitalters die Bedingung der Geburt eines neuen sein kann. Quetzalcóatl ist der erwartete Erretter der Menschheit, ist jene historisch belegte Figur, jener Priester, der sich opferte, um das neue Zeitalter zu ermöglichen. Die Ähnlichkeit zur Figur Christi wird später einerseit die Arbeit der Evangelisation erleichtern, andererseits jedoch auch einen zu Zeiten der Gegenreformation problematischen, von Spanien mit Misstrauen verfolgten, häretischen Zug implizieren.

Zusammenfassend gilt es zu betonen: Der wesentliche Unterschied zur christlichen Kultur liegt in der Annahme einer zyklischen Zeit und im Be-

---

viermal dreizehn Jahren „Annales" geschrieben wurden, über die z. B. im „Codex des Kreuzes" (entsprechend waren vier Perioden auf einem Rad verteilt) berichtet wurde.

[28] Für die ungekürzte spanische Fassung der „Presagios funestos según los informantes de Sahagún", vgl. León-Portilla (1972).

[29] Vgl. Todorov (1985).

stehen einer Art ‚magischen Denkens', das in der christlichen Religion zur verbotenen Seite des Glaubens, nämlich zum Aberglauben gehört. Außerdem fehlen bei der Erwartung des Weltendes Jenseitsvorstellungen. Auch kennt man die Sublimation, d. h. die Metaphorisierung der Riten, nicht. Dadurch ergeben sich wesentliche Unterschiede zwischen dem erwarteten Ende der Azteken und europäischen Weltendvorstellungen zur ersten Jahrtausendwende. Denn für die christliche Theologie impliziert die Parusie Gottes und die Annahme des Endes zwar die kasuistische Figuration der Zukunft durch die Heilige Schrift, damit aber immer noch eine Differenz zwischen Offenbarung und Deutung, was in der thomistischen Interpretation besonders klar wird, jedoch schon der patristischen Figuration inhärent ist. In der Differenz liegt für die Christen auch eine potentielle Möglichkeit des Entzugs vom Kreislauf des Prophetischen. Dagegen besteht für die aztekische Zivilisation eine magische Einheit zwischen Handlung und Wirkung, bzw. zwischen Manifestation und Sache. Die Erscheinung Cortés', des bärtigen weißen Mannes, der dem Sohn des Sonnengottes ähnelt, aus dem Osten kommend, bestätigt die Prophezeiungen des Weltendes. In den Augen Moctezumas ist Cortés nicht eine rettende Figuration von Quetzalcóatl, sondern der wiederkehrende Gott selbst, der das Ende und den Übergang in das neue Zeitalter bringen soll.

Bei der Begegnung von Cortés und Moctezuma befinden sich demnach beide Kulturen in Bezug auf Endzeitvorstellungen in einem chiastischen Verhältnis, welches das weitere Schicksal der Geschichte bestimmen wird: Ein aktives Subjekt steht einem passiven Objekt gegenüber. Denn einerseits waren die Europäer nach der zur Millenniumwende enttäuschten Erwartung der Apokalypse und der Wiederkehr des Gottessohns aktiv in die Geschichte eingetreten; in der nun angebrochenen Renaissance erfahren sie sich selbst als Agens der Neuorientierung eines unbekannt gewordenen und eines neue Deutungen verlangenden *ordo mundi*. Andererseits sind zum gleichen Zeitpunkt, also am Ende des 15. Jahrhunderts, die Azteken in einer kosmologischen und theokratischen Weltsicht gefangen, nach der das Weltende bevorstehen soll. Die Ankunft Cortés' wird als eine Art Parusie, nämlich als Wiederkehr des erwarteten Gottes Quetzalcóatl, verstanden. Die blitzartige Eroberung und die

Missionierung Amerikas nehmen ihren Lauf. Das mit der Eroberung eintretende Ende der aztekischen Kultur erfolgt wie eine Art Apokalypse, der für die präkolumbischen Völker der Eintritt in eine christliche Eschatologie folgt, eine Eschatologie indes, in der sie die historische Rolle des passiven Werkzeugs einnehmen. Denn im Zuge der Christianisierung wird ihnen die Funktion des Objekts zugeschrieben, auf das die Europäer die Fortsetzung der Universalisierung des christlichen Reiches auf Erden beziehen. Sind die Indios in der Christianisierung zur passiven Rolle verdammt, so öffnet sich dagegen für die Europäer nicht nur der Raum jenseits der seit der Antike bekannten Welt, sondern vielmehr auch die zeitliche Grenze zu einer Zukunft, in der das christliche Reich auf Erden verwirklicht werden soll. Die Zeit der Geschichte Europas dehnt sich prospektivisch auf eine unendliche Zeit hin, eine Zeit, die teleologisch konzipiert wird. Teleologie und Erweiterung des Raumes geben der Geschichte der Expansion und der fortschreitenden Entwicklung der europäischen Kulturen ihr Siegel. Diesem Auftrag wird Europa bis zum Imperialismus des 19. Jahrhunderts entsprechen. Mit der Frage nach der Weltendvorstellung der Azteken versuche ich im Folgenden die Geschichte der Eroberung nicht allein als Ereignis der europäischen Geschichte zu behandeln, sondern als Begegnung zweier Kulturen und damit als Wechselwirkung verschiedener Identitäts- und Alteritätsbilder. Das phänomenologische Moment der Begegnung und die Schwierigkeiten der historischen Rekonstruktion desselben sollen dabei im Zentrum der Überlegungen stehen. Die Frage der unterschiedlichen Zeitkonzeptionen gibt auch Auskunft über die Interdependenz von mexikanischer Apokalypse und europäischer Neuzeitvorstellung. Auf diesem Weg kann auch die Genealogie der gemeinsamen Geschichte Amerikas und Europas beobachtet und die einseitige Behandlung der Geschichte Amerikas entsprechend der historischen Rolle korrigiert werden, die den Amerikanern im Zuge der Vollendung eines europäischen Auftrags zugeschrieben wird. Diese Korrektur wird erst durch die heutigen postkolonialen Formen der gleichberechtigten Betrachtung beider Kulturen und ihrer Verflechtungen angestrebt.

4 Die Codices als Zeugnisse von Kulturkontakten – Der Widerstand der aztekischen Stimmen in den Kolonialtexten

Nicht nur die Chroniken informieren darüber, dass Cortés sein Verhalten an die Prophezeiungen und die Erwartungen Moctezumas anpasste und diesen im Glauben bestärkte, es handle sich um den erwarteten Gott. Vielmehr wissen auch die Informanten von Sahagún über die erste Begegnung zwischen ‚Motecuhzoma' und Cortés ähnliches zu berichten:

> Inmediatamente se pone en pie, se para para recibirlo, se acerca a él y se inclina, cuanto puede dobla la cabeza; así lo arenga, le dijo: ‚Señor nuestro: te has fatigado, te has dado cansancio; ya a la tierra tú has llegado. Has arribado a tu ciudad: México. Aquí has venido a sentarte en tu solio, en tu trono. Oh, por tiempo breve te lo reservaron, te lo conservaron, los que ya se fueron, tus sustitutos.'[30]

Die obige Passage aus der Darstellung der Informanten von Sahagún macht ein grundsätzliches Problem der Quellen im Zusammenhang mit den Zeugnissen über die ‚andere' Sicht der Eroberung und der Begegnung der Kulturen erkennbar. Sie verrät die Anwesenheit mittelalterlicher und christlicher Traditionen im rhetorischen Stil der Sprachen der Azteken. Die Anrede und die Beschreibung der unterworfenen Haltung Moctezumas gegenüber dem Herrn lassen feudale Verhaltensformen erkennen; die Rede des aztekischen Kaisers selbst verrät christliche Muster aus dem Neuen Testament. Tatsächlich haben wir es bei den schriftlich tradierten Quellen der präkolumbischen Traditionen und Ansichten der Azteken über den Augenblick der Begegnung allesamt mit mestizierten Zeugnissen zu tun, fand doch die Verschriftlichung mündlicher Traditionen im Kreis und auf Anregung der Missionare statt.[31] Verschiedene

---

[30] Informanten von Sahagún nach León-Portilla (1972: 38): „Er steht unverzüglich auf, bereitet sich darauf vor, ihn zu empfangen, nähert sich ihm und verbeugt sich. Er neigt den Kopf so tief er kann: In dieser Haltung spricht er ihn an und sagte zu ihm: ‚Unser Herr: Du hast Dich angestrengt, Du hast Mühen auf Dich genommen: Endlich bist du zur Erde zurückgekehrt. Du bist in Deiner Stadt angekommen: Mexiko. Du bist hierhergekommen, um Deinen Platz einzunehmen, Deinen Thron. Ach, nur kurze Zeithaben sie ihn für Dich freigehalten, ihn für Dich bewahrt, sie, die bereits gegangen sind, Deine Stellvertreter'." (Üb. von Fátima Gallego.)

[31] Seit Beginn dieses Jahrhunderts fanden umfangreiche Arbeiten über die präkolumbische Kultur statt, die an die Namen von Ángel M. Garibay und Miguel León-Portilla gebunden sind, wobei sich besonders letzterer um die Rekonstruktion der ‚anderen Seite', d. h. der Sicht der Azteken in

Codices aus der Kolonialzeit haben beachtliche Kenntnisse über die komplexen Kulturen Mesoamerikas vermittelt. Von besonderer Bedeutung ist die Arbeit des Franziskanerpaters Fray Bernardino de Sahagún (1499–1590). Er kam 1529 nach Mexiko, als die massenhafte Bekehrung der Indios bereits im Gange war, meist begleitet von der Zerstörung all dessen, was unter dem Verdacht der Götzenanbetung stand. Ab 1536 unterrichtete Fray Bernardino de Sahagún junge Aztekenfürsten am neugegründeten Franziskanerkolleg von Tlatelolco. 1558 erhielt er den Auftrag, Informationen zu sammeln, und begann die Arbeit an der *Historia General de las cosas de Nueva España* (1547–1582), die eine enzyklopädische Darstellung der altmexikanischen Kultur werden sollte. Die einheimischen Informanten erteilten Auskünfte in *náhuatl;* diese wurden in Piktogrammen aufgezeichnet, dann erst in lateinische Schrift übertragen. Erst 1575 begann man mit der Übersetzung ins Spanische. Später fiel das Manuskript von Sahagún der spanischen Inquisition zum Opfer und geriet in Vergessenheit. Erst im 18. Jahrhundert wurden in Florenz und Tolosa zwei unterschiedliche Manuskripte wiederentdeckt. Aus dieser nur als Beispiel genannten Quellengeschichte wird eine grundsätzliche Schwierigkeit erkennbar: Die Erkenntnisse über die präkolumbische Zeit stehen generell vor dem Problem, dass die rasch eingeführte Christianisierung Spuren in den Zeugnissen über die präkolumbische Zeit hinterlässt. Wie weiter oben beobachtet, ist sie als Deutungsmuster bereits erkennbar.[32]

Bezug auf die Eroberung, verdient gemacht hat. Es soll hier von der – aus postkolonialer Sicht gerechtfertigten und notwendigen – Kritik an den eurozentrischen Prämissen von Léon-Portilla abgesehen werden. Tatsächlich legt León-Portilla der Wiederaufwertung der oralen Traditionen der präkolumbischen Völker das Oralitätsmodell der Lyrik zugrunde und argumentiert vor dem Hintergrund des Buches und der Schrift, damit der medialen Geschichte Europas. Vgl. z. B. Mignolo (1988; 1991) und Borsò (1994).

[32] Todorov analysiert Sahagúns Umgangsform mit dem Fremden unter dem Leitgedanken des ästhetischen Dialogs mit der anderen Kultur, von deren Andersheit sich Sahagún mehr und mehr faszinieren lässt. Dies macht sich in der dialogischen Struktur der Reden bemerkbar. Im *Codex Florentinum* seien die Stimmen der Informanten von der von Sahagún scharf voneinander getrennt. Tatsächlich sind die Alteritätszeichen in den Stimmen der Azteken markiert, ebenso wie man genau erkennt, wenn sich der Pater selbst zu Wort meldet, der im Vorwort die Azteken als krank bezeichnet und sich selbst als moralischen Arzt definiert. In dem Maße, in dem er sich der fremden Kultur öffnet, neigt er zunehmend zur Zurückhaltung.

Die Wirkung der Christianisierung ist selbst in präkolumbischen Zeugnissen, etwa in den Prophezeiungen über die erwartete ‚Erscheinung' von ‚Fremden mit blondem Bart', erkennbar. Der Codex *Chilam Balam de Chumaye* aus den Quellen der Maya zeigt, wie mestiziert die Perspektive schon ist:

> [...]
> llegaron los extranjeros de barbas rubicundas,
> los hijos del sol
> los hombres de color claro.
> Ay entristezcámonos porque llegaron!...
> El palo del blanco bajará,
> vendrá del cielo,
> por todas parte vendrá
> por todas partes vendrá,
> al amanecer veréis la señal que le anuncia.
> [...]
> Triste estará la palabra de Hunab Ku,
> Única-deidad para nosotros,
> cuando se extienda por toda la tierra
> la palabra del Dios de los cielos.[33]

Diese Quelle markiert eine doppelte Sicht: Einerseits ist die Perspektive der Maya zu erkennen, für die die Prophezeiung den Beginn eines Zeitalters der Trauer bedeutet. Andererseits impliziert hier der Sprecher aber auch schon die Zeit nach der christlich gedeuteten Apokalypse und konzipiert das Weltende als Verwirklichung des Reiches Gottes auf Erden. Der Sieg des christlichen Wortes im Sinne des Universalauftrags der Kirche („cuando se extienda por toda la tierra la palabra del Dios de los cielos") ist bereits in den transkribierten Texten präsent. Der Sieg der Christen bedeutet Trauer für die Maya. Beide Stimmen koexistieren in dieser Transkription einer präkolumbischen Quelle.

---

[33] Aus León-Portilla (1972: 81): „Es kamen die Fremden mit blonden Bärten, die Kinder der Sonne, die hellhäutigen Menschen. Ah! Wir sollten trauern, weil sie kamen! [...] Der Stock des Weißen wird herabkommen, vom Himmel wird er kommen, kommen wird er von allen Seiten, im Morgengrauen werdet Ihr das Zeichen vernehmen, das ihn verheißt. [...] Traurig wird das Wort des Hunab Ku, für uns Einzige Gottheit, klingen, wenn sich verbreitet über die ganze Erde das Wort des Gottes vom Himmel." (Üb. von Fátima Gallego.)

Die Spuren von Kulturkontakten und Transferprozessen werden auch in den frühesten Zeugnissen der Kolonialzeit durch eine intensive Übersetzungstätigkeit verstärkt.[34] Die Transferprozesse werden durch rituelle Ähnlichkeiten unterstützt. Insbesondere nach dem Ritensynkretismus der katholischen Religion, wie sie auch Nikolaus von Kues befürwortet hat, fördern beispielsweise die Quetzalcóatl-Riten die Akzeptanz der christlichen Religion,[35] wobei sich jedoch in der Analogie auch die kulturelle Differenz und mit ihr die Stimmen der präkolumbischen Traditionen einschreiben. Diese Stimmen wurden zwar in der offiziellen Kultur der Kolonialzeit überhört, doch haben sie das kulturelle Potential der ‚untergegangenen' aztekischen Kultur weitergetragen und zu einer potentiell subversiven Kraft gemacht, die gewiss erst durch postkoloniale Leser gehört und aufgenommen werden konnte.[36] Durch die Durchlässigkeit von christlicher und aztekischer Symbolik ist deswegen Quetzalcóatl[37] – der Gott des Übergangs und der Transformation – ein zentrales Symbol der gesamten mexikanischen Geschichte seit prähispanischer Zeit. In den mesoamerikanischen Kulturen stellt Quetzalcóatl den Übergang zwischen Gott und Mensch dar.[38] Er entspricht insoweit dem universalen Bedürfnis nach den sogenannten *rites de passage*, d.h. nach natürlichen Rhythmen und Schwellen, die auch Zeugnisse des Kulturkontakts sind. In diesen Zeugnissen liegt ein subversives Potential.[39]

---

[34] Vgl. Borsò (1998 [Artikel 2 im vorliegenden Band]).

[35] Natürlich war eine strenge Handhabung des Christentums in Mexiko die andere Seite des Synkretismus, wobei die Kolonialinstitutionen nicht nur das Feudalsystem Spaniens streng verwirklichten, sondern auch die Inquisition mit Argusaugen die Gefahr der Götzenverehrung verfolgte.

[36] Vgl. Borsò (1998a).

[37] Die toltekischen Priester, die Urheber des Quetzalcóatl-Mythos, sind als Götter des Frühlings und des Regens (Tláloc) eng verbunden mit den natürlichen Rhythmen. Quetzalcóatl ist dementsprechend Herr der gesamten Zeit, der, der aus den Infernos kommt, mit dem Totenreich kämpft und in den Himmel emporsteigt. Diese z.T. umstrittene Darstellung, die die Nähe zum Christentum verrät, wird generell in ihrer Symbolik anerkannt: Quetzalcóatl gilt als Schöpfer der Agrikultur und der Kultur, als Erfinder des Kalenders, als der Gott der Vegetation und des Regens.

[38] In ihm wird der Übergang zwischen der historischen Figur eines Priesters der Tolteken und eines Gottes symbolisiert, wobei der Schwellencharakter der Gottesfigur in der Gestalt der Vogel-Schlange bzw. gefiederten Schlange als Verbindung von Himmel und Erde sichtbar wird.

[39] Vgl. Borsò (1998a).

5 Die Interdependenz von Europa und Lateinamerika in der Geschichtsschreibung

Die Geschichte Mexikos und Europas ist eigentlich die Geschichte der verschiedenen Begegnungen, des Transfers und der Kreuzung von Texten, die sich dem Auge des Historikers präsentieren. Das Auge des Historikers muss die Transferprozesse zwischen den beiden Seiten des Ozeans und ihre Schichtungen in der Zeit verfolgen. Diese Botschaft, die Alfonso Reyes in der Metapher der „alma común" entwickelt,[40] ermöglicht eine wechselseitige kritische Beleuchtung der historischen Interaktion zwischen der alten und der neuen Kultur und der historiographischen Transferprozesse. In dieser postkolonialen, von einer hierarchischen Beziehung zwischen Zentrum und Peripherie, Siegern und Besiegten, Subjekten und Objekten der Geschichte befreiten Sicht der Vergangenheit ist die wechselseitige Widerspiegelung des eigenen Blickes auf die jeweils andere Kultur von Relevanz. Der französische Kritiker Jacques Leenhardt forderte anlässlich der Verleihung des Nobelpreises an Gabriel García Márquez (1982), man möge in den verschiedenen Formen der Alterität Lateinamerikas nicht die Charakterisierung der Lateinamerikaner, sondern die Blicke erkennen, die Europa auf die Neue Welt richtet, und man möge sich bewusstwerden, dass die Perzeption der Alterität Lateinamerikas – etwa seines vermeintlichen Magischen Realismus[41] – nichts anderes sei als die Projektion der eigenen Fremdstereotypen.[42] Die apokalyptische Dimension von *Hundert Jahre Einsamkeit* wäre im Zusammenhang mit den vorliegenden Reflexionen von Interesse, denn im Roman kommt im Zusammenhang mit dem Ende des fiktiven Dorfes Macondo auch eine andere Dimension zur Geltung, als die mit García Márquez legendär verbundene üppige Phantasie. Die Allgegenwärtigkeit des Todes ist in diesem Roman nicht nur evident; vielmehr konvergiert die auf das mythische Bewusstsein zurückgeführte zyklische Zeitstruktur auf einen Augenblick, den Augenblick des Weltendes. Das vom letzten Aurelia-

---

[40] Vgl. Reyes (1956) und Borsò (1992).

[41] Zur Kritik des Magischen Realismus und zur Notwendigkeit einer interkulturellen Perspektive vgl. Borsò (1994).

[42] Vgl. Leenhardt (1987).

no am Schluss gefundene Manuskript, das die Geschichte der Sippe enthält, kündigt das Ende derselben an:

> Macondo war bereits ein von der Wut des biblischen Taifuns aufgewirbelter wüster Strudel aus Schutt und Asche, als Aureliano elf Seiten übersprang, um keine Zeit mit allzu bekannten Tatsachen zu verlieren, und begann den Augenblick zu entziffern, den er gerade durchlebte, und enträtselte ihn, während er ihn erlebte, und sagte sich im Akt des Entzifferns selber die letzte Seite der Pergamente voraus, als sähe er sich in einem sprechenden Spiegel.[43]

Die im hispanomerikanischen Roman häufig dargestellten, ausgestorbenen Dörfer oder archäologischen Ruinen, die zahlreichen Totenlandschaften und leeren Stätten repräsentieren die totgesagte altamerikanische Welt. Die stummen Stätten, die die Zeichen des Todes tragen, bleiben aber im literarischen Text nicht ‚leer'. Sie bieten sich vielmehr als kulturelle Zeichen an, deren archäologische Textur als Palimpsest der eingeschriebenen lebendigen Stimmen der mesoamerikanischen Kulturen ‚gelesen' werden muss, damit ein Widerstand entstehen kann.

Hispanoamerika hat die eigene Identität und die eigene Geschichte vor den Augen der Europäer und für diese ‚erfunden'. Entkolonisierung der Geschichte würde die Bewusstwerdung der interaktiven Konstruktion von *historia* auf beiden Seiten des Ozeans bedeuten. Wir müssen lernen, die Apokalypse Macondos auf uns Europäer zu beziehen und die Zeichen der Geschichte unserer Neuzeit als interkulturelle Antwort auf die Geschichte Amerikas zu lesen.

Bibliographie

BASILE, Giuseppe (Hrsg.) (1992). *Giotto. La Cappella degli Scrovegni*. Mailand: Electa.

BORSÒ, Vittoria (1999). „Zwischen *carpe diem* und *vanitas*. Überlegungen zum spanischen Sonett in der Renaissance und dem ‚Siglo de Oro'", in: Theo STEMMLER / Stefan HORLACHER (Hrsg.). *Erscheinungsformen des Sonetts*. Mannheim: Narr, 79–106.

BORSÒ, Vittoria (1999a). „Pasolinis *Decamerone* oder eine kinematographische *Divina Mimesis* – Mediale Schwellen zwischen Malerei und Film", in: Jochen MECKE / Vol-

---

[43] García Márquez (1970: 476).

ker ROLOFF (Hrsg.). *Kino(Ro)Mania. Intertextualität und Intermedialität der Romania.* Tübingen: Stauffenburg, 355–374.

BORSÒ, Vittoria (1998). „Lateinamerikanische Literatur: Übersetzte Kultur und Ironie als Provokation der Geschichtsschreibung", in: Beata HAMMERSCHMID / Hermann KRAPOTH (Hrsg.). *Übersetzung als kultureller Prozess. Rezeption, Projektion und Konstruktion des Fremden.* Berlin: Erich Schmidt, 97–119.

BORSÒ, Vittoria (1998a). „Barroco, criollismo y la formación de la conciencia nacional. Reflexiones sobre el Perú y México", in: Dieter JANIK (Hrsg.). *La literatura en la formación de los Estados hispanoamericanos (1800–1860).* Frankfurt am Main: Vervuert, 143–177.

BORSÒ, Vittoria (1994). *Mexiko jenseits der Einsamkeit. Versuch einer interkulturellen Analyse – Kritischer Rückblick auf die Diskurse des Magischen Realismus.* Frankfurt am Main: Vervuert.

BORSÒ, Vittoria (1992). „Der moderne mexikanische Essay", in: Dietrich BRIESEMEISTER / Klaus ZIMMERMANN (Hrsg.). *Mexiko heute. Politik, Wirtschaft, Kultur.* Frankfurt am Main: Vervuert, 535–566.

BURCKHARDT, Jakob (1976). *Die Kultur der Renaissance in Italien.* Stuttgart: Alfred Kröner.

GARCÍA MÁRQUEZ, Gabriel (1970). *Hundert Jahre Einsamkeit*, üb. von Curt MEYER-CLASON. Köln: Kiepenheuer & Witsch.

GLANTZ, Margo (1991). „Las hijas de la Malinche", in: Karl KOHUT (Hrsg.). *Literatura mexicana hoy. Del 68 al ocaso de la revolución.* Frankfurt am Main: Vervuert, 121–129.

HEMPFER, Klaus W. (1993). „Probleme traditioneller Bestimmungen des Renaissancebegriffs und die epistemologische Wende", in: Klaus W. HEMPFER (Hrsg.). *Renaissance: Diskursstrukturen und epistemologische Voraussetzungen – Literatur, Philosophie, bildende Kunst.* Stuttgart: Steiner, 9–46.

HENRÍQUEZ UREÑA, Pedro (1952). *Seis ensayos en busca de nuestra expresión.* Buenos Aires: Raigal.

HÖLZ, Karl (1995). „Der Humanist im Zwiespalt zwischen irdischer Wahrheit und heilsgeschichtlicher Ordnung. Wörtliches Verstehen bei Fray Luis de León", in: Christoph STROSETZKI (Hrsg.). *Juan Luis Vives. Sein Werk und seine Bedeutung für Spanien und Deutschland.* Frankfurt am Main: Vervuert, 22–46.

KOLUMBUS, Ferdinand (=COLÓN, Fernando) (1947). *Vida del almirante Don Cristóbal Colón.* Mexiko Stadt: FCE.

KOLUMBUS, Ferdinand (=COLOMBO, Fernando) (1685). *Historie [...] della vita e de' fatti dell'ammiraglio D. Christoforo Colombo suo padre*, üb. von Alfonso de ULLOA. Venedig: Appollonio Zamboni.

KÜPPER, Joachim (1990). *Diskurs-Renovatio bei Lope de Vega und Calderón. Untersuchungen zum spanischen Barockdrama. Mit einer Skizze zur Evolution der Diskurse in Mittelalter, Renaissance und Manierismus*. Tübingen: Narr.

KURZ, Gerhard (1982). *Metapher, Symbol, Allegorie*. Göttingen: Vandenhoeck & Ruprecht.

LENHARDT, Jacques (1987). „Literatura e historia en América Latina", in: Ana PIZARRO (Hrsg.). *Hacia una historia de la literatura latinoamericana*. Mexiko Stadt: El Colegio de México, 151–167.

LEÓN-PORTILLA, Miguel (1972). *El reverso de la Conquista. Relaciones aztecas, mayas e incas*. Mexiko Stadt: FCE.

LUHMANN, Niklas (1987). *Soziale Systeme*. Frankfurt am Main: Suhrkamp.

MIGNOLO, Walter (1991). „Zur Frage der Schriftlichkeit in der Legitimation der ‚conquista'", in: Karl KOHUT (Hrsg.). *Der eroberte Kontinent*. Frankfurt am Main: Vervuert, 86–102.

MIGNOLO, Walter (1988). „La lengua, la letra, el territorio", *Dispositio* 11, 28/29, 137–160.

O'GORMAN, Edmundo (1958). *La invención de América*. Mexiko Stadt: FCE.

PAZ, Octavio (1982). *Sor Juana Inés de la Cruz o las trampas de la fe*. Barcelona: Seix Barral.

PAZ, Octavio (1950). *El laberinto de la soledad*. Mexiko Stadt: FCE.

REYES, Alfonso (1956). „Visión de Anáhuac", in: *Obras completas*, Bd. 2. Mexiko Stadt: FCE, 9–34.

TODOROV, Tzvetan (1985). *Die Eroberung Amerikas. Das Problem des Anderen*, üb. von Wilfried BÖHRINGER. Frankfurt am Main: Suhrkamp.

Lateinamerikanische Literatur: Übersetzte Kultur und Ironie als Provokation der Geschichtsschreibung*

Bei der Rezeption lateinamerikanischer Literatur hat *El laberinto de la soledad,* Octavio Paz' kulturhistorischer Essay über die mexikanische Kultur,[1] geradezu als Filter für die Rezeption gedient, weil er Fremdbilder angeboten hat, die eine Annäherung des Fremden an das Eigene ermöglichten – das angebotene Mexiko-Bild entsprach den Alteritätsvorstellungen europäischer Kulturen. In *Das Labyrinth der Einsamkeit* steht der äußerst fruchtbare kulturelle Transfer, der sich aus reger Übersetzungstätigkeit zur Zeit der Kolonie ergab (aus dem Náhuatl ins Lateinische und ins Spanische),[2] unter dem Verdacht des Verrats, und zwar durch die emblematische Figur der Malinche. Malinche, die Urmutter Mexikos, die Geliebte Cortés', die ihr Volk als Übersetzerin im Dienste des Eroberers verriet und somit die Eroberung Mexikos ermöglichte, verkörpert in diesem Essay die Schwäche der eroberten Kultur, einer Kultur, die ihre Identität verloren habe.[3] Weil der ‚reine' Ursprung verlorengegangen und die Identität der Lateinamerikaner keine authentische und eigenständige Manifes-

---

* Dieser Artikel erschien zuerst in: Beata Hammerschmid / Hermann Krapoth (Hrsg.). *Übersetzung als kultureller Prozeß. Rezeption, Projektion und Konstruktion des Fremden.* Berlin: Erich Schmidt Verlag 1998, 97–119. Wir danken dem Erich Schmidt Verlag für die freundliche Druckgenehmigung.

[1] Der Essayband erschien in Mexiko im Jahre 1950 (Paz 1950) und in deutscher Übersetzung (Üb. von Carl Heupel) im Jahre 1970 (Paz 1970).

[2] Unmittelbar nach der Eroberung setzte ein überaus ausgeprägter Transfer von religiösen, philosophischen und literarischen Texten ein. Nur einige Daten über die Kultur- und Sprachvielfalt in der Kolonialzeit: Die Universität von Mexiko Stadt wurde bereits 1553 gegründet; die ersten Druckereien entstanden 1536 und traten bereits in der zweiten Hälfte des Jahrhunderts in Konkurrenz mit dem Mutterland, vgl. Reyes (1984: 30–31). Das Theaterleben (Mysterienspiele und aztekisches Theater) bestimmte im Wesentlichen den öffentlichen Raum der Kolonie. Die Blüte von Kunst, Literatur, Theater, Philosophie und Theologie in dieser Zeit ist beeindruckend, vgl. Henríquez Ureña (1984). Vom Kolonialsystem war zwar der Transfer einseitig intendiert, kulturell erfolgte dieser jedoch in beide Richtungen, etwa durch Indianisierung der Religion, die sich schon in den barocken Bauten niederschlägt, vgl. Cali (1960).

[3] Zur Kritik der Mythen in *Das Labyrinth der Einsamkeit* vgl. Borsò (1994). Zur Kritik an der Deutung der Malinche vgl. Glantz (1994).

tation des Seins sei, vielmehr das Fremde im Eigenen trage, könne diese Kultur nur das Emblem einer tragischen Seinserfahrung sein, deren universale Gültigkeit Paz mit Rückgriff auf die Philosophie Martin Heideggers beansprucht. Durch diese Botschaft hat sich ein ‚tragisches' Bild der zeitgenössischen mexikanischen Literatur verfestigt.[4] Die Rezeption von Juan Rulfo – aber auch die von García Márquez – als Schriftsteller der *soledad* ist für Deutschland bestimmend gewesen. Auch die eher dürftige Rezeption humoristischer Züge der Literatur und ironischer Autoren wie Juan José Arreola lässt sich damit erklären.

Inzwischen haben sich die Lateinamerikaner gegen ein ‚tragisches' Bild ihrer Kultur gewehrt, obwohl sie zunächst die von Paz angebotenen Selbstbilder gefeiert hatten, da sie durch die Angleichung an die europäischen Alteritätsvorstellungen auch eine internationale Rezeption sicherten und der eigenen kulturpolitischen Notwendigkeit einer kosmopolitischen Öffnung der Kultur entsprachen.[5] Die Akzeptanz europäischer Alteritätsbilder koinzidiert mit einem rezeptionsästhetisch verwandten Phänomen, nämlich der Schwierigkeit, die Bedeutung von Verfahren der Ironie zu übersetzen und als Bestandteil kultureller Selbstbestimmung zu berücksichtigen. So hat auch bei der Kanonisierung lateinamerikanischer Literatur und in der Geschichtsschreibung über Lateinamerika die ‚Schlüsselfigur' der Ironie kaum Bedeutung erlangt. Dies soll am Beispiel des Mexikaners Juan José Arreola gezeigt werden. Dabei geht es um die Wirkungen ironischen Schreibens und seine historische und ästhetische Bedeutung für die lateinamerikanische Kultur. Überdies bietet sich dieser mexikanische Schriftsteller ohnehin an, da er in seinen Kurzerzählungen die Mythen wiederaufgreift und ironisch bricht, die von Paz als hermeneutischer Schlüssel für das Verstehen der mexikanischen Geschichte vorgeführt wurden. Dabei lassen sich die Schwierigkeiten illustrieren, die sowohl der Übersetzer als auch der Historiker mit dem Begriff der Ironie haben.

---

[4] Zur Kritik dieser Rezeptionsbedingungen vgl. Borsò (1994a).
[5] Mit Präsident Miguel Alemán (1946–1952) erfolgt eine Entnationalisierung der Kultur, die den von Paz angebotenen kosmopolitischen Rahmen des Selbstverständnisses willkommen heißt.

Das Labyrinth der Einsamkeit legt den Ursprung der heute sogenannten lateinamerikanischen Kultur mit der Eroberung fest und leitet daraus die These von der Geburt der Kultur aus der Vereinigung von Siegern und Besiegten (Spanier und Indios) ab sowie den Verdacht des Verrats am Ursprung der neuen Kultur. Dieser Verdacht begründet die Selbstbestimmung Lateinamerikas als kolonialisierte Kultur, ohne zunächst den kulturellen Transfer produktiv zu deuten.

Es fällt nicht schwer, bei dieser Auslegung das enge, restriktive Verständnis von Kultur, Identität und Übersetzung zu erkennen und zu kritisieren. Dabei wird auf Malinche als Übersetzerin und Verräterin Bezug genommen. Es gilt zu bedenken: Die Äquivalenz von *traduttore-traditore* wird nur dann als problematisch erfahren, wenn eine Hierarchie zwischen Original und Übersetzung vorausgesetzt wird. Der Text der Übersetzung wird dabei als das defizitäre, unbedeutende Medium einer ausgangsseitigen Botschaft gesehen, das sich dem ‚Körper' des Zieltextes unterordnen muss, so wie der Körper der Malinche ausgelöscht und zur abstrakten Sprache wurde, die die Eroberung erst möglich machte.[6] Der übersetzte Text wird bei einem solchen Übersetzungsbegriff ausschließlich am Maß des Originals beurteilt, ohne die Eigenheit des Mediums der Übersetzung als Ort der Vermittlung, des Austauschs, der Interaktion, Interkonnektion, Integration und als Raum von Kreativitätsprozessen zu berücksichtigen.

Dass diese puristische und elitäre Interpretation von Kultur und Übersetzung den Texten nicht gerecht wird, soll hier anhand des mexikanischen Schriftstellers Juan José Arreola, geboren 1918, skizziert werden. Arreola ist einer der Klassiker der zeitgenössischen mexikanischen Erzählung. Er gehört der Generation Rulfos an, des Autors eines der größten Romane der Weltliteratur, *Pedro Páramo* (1955), der gleich nach seinem Erscheinen in neunzehn

---

[6] Die Ambiguität der Eroberung lässt sich anhand der Zweideutigkeit des spanischen Lexems *lengua* erläutern: *Lengua* bedeutet sowohl Zunge als auch Sprache und ist damit Synekdoche des Körpers und Metonymie des abstrakten Sprachsystems. Durch die Reduktion der Funktion der Übersetzerin Malinche auf die spanische Sprache und auf ein Eroberungsinstrument verliert ihr Körper als Frau und als Medium der Übersetzung an Bedeutung. Die Sprache der Übersetzerin (Náhuatl) wurde durch die Sprache des Eroberers, welche den Status des Originals erhielt, überlagert.

Sprachen übersetzt wurde. Wird Rulfo zum ‚Magischen Realismus' und zur regionalistischen Literatur gezählt,[7] so gilt Arreola, im Gegensatz zu Rulfo, als phantastischer bzw. ‚neophantastischer' Erzähler, ähnlich wie der Argentinier Jorge Luis Borges, mit dessen Stil die Kurzerzählungen von Arreola zu Recht verglichen werden.[8] *Pedro Páramo* hatte zwar großen Erfolg, die Rezeption Rulfos als ‚tragischer Erzähler' erfolgte jedoch als Missverständnis. Missverstanden bzw. nicht beachtet wurden, wie bei anderen Autoren auch, die Ironie und die kulturelle Kraft des Humors, die das Wort Rulfos durchziehen. Die Ironie ist tatsächlich eine Provokation für jede Form von Übersetzung und Rezeption, besonders wenn man eine doppelte Sicht und einen Perspektivismus zum Prinzip des Aussage- und Bedeutungsprozesses macht. Ein solcher ironischer Perspektivismus liegt bei Arreola vor.[9] Dieser mexikanische Schriftstel-

---

[7] Mit der Integration des autochthonen mythischen Denkens in die realistische Gattung gilt der Magische Realismus als authentischer Ausdruck einer autochthonen Identität Lateinamerikas. Die Erzähler berichten ‚mündlich', sie beschreiben regionalistische Kulturformen ‚von innen' her, sie vermögen rationales und mythisches Denken, die in Europa als Gegensatz gelten, zu einer kreativen Synthese zu führen. Zur kritischen Diskussion solcher Annahmen vgl. Borsò (1994a).

[8] Diese Literatur, die vornehmlich im Raum Río de la Plata (Argentinien und Uruguay) entstand, ist durch eine dichte Intertextualität zu europäischen Traditionen gekennzeichnet. Soweit man diese Literatur am Maßstab einer vermeintlich eigenständigen Identität im Sinne des Magischen Realismus bewertet, so gilt sie als von ‚außen' gestiftet. Vor dem Hintergrund der Authentizitätssuche lastet auf dieser Literatur der Verdacht der Uneigentlichkeit, so dass teilweise noch heute z. B. Borges nicht als ‚lateinamerikanischer' Autor anerkannt wird.

[9] Konflikt, Skepsis und Sinnsuche sind auch die Grundpfeiler von Arreolas literarischer Ironie und des geistreichen Witzes, der die allegorischen Irrgänge seiner Erzählungen charakterisiert. Der in der hispanischen Tradition seit dem Goldenen Zeitalter thematisierte Widerspruch zwischen Sein und Schein sowie zwischen sittlichen Regeln und Wirklichkeit steht an der Basis von Arreolas Ironie. Mit der ironischen Doppelung der Zeichenwelt, die sein ganzes Werk gliedert, schließt der Autor in besonderer Weise auch an die moderne Spaltung des Subjekts an. Im Gegensatz zur Naturbezogenheit der vordergründig ‚regionalistischen' Erzählungen aus dem ersten Buch *Varia invención* (Arreola 1949) oder *La Feria* (Arreola 1963) wählt er in *Confabulario* (Arreola 1952) und *Confabulario personal* (Arreola 1980) die abendländische Kulturwelt als Ausgangspunkt. Gelehrte Traditionen sind thematisch und stilistisch Gegenstand dieser Erzählsammlung. In *Confabulario personal* wechselt Arreola die ursprüngliche chronologische Reihenfolge seiner Erzählungen. Mit dem Titel und dem Eingriff in die ursprüngliche Ordnung unterstreicht der Autor sowohl den offenen und fragmentarischen Aufbau seines Werkes als auch die thematischen und stilistischen Gemeinsamkeiten. Die fehlende Systematik des mündlichen Vortrags sowie die persönliche Wahl aus dem vielfältigen, im kollektiven Gedächtnis gespeicherten Reservoir fabulierender Vorstellungen (*Con-fabulario*) stellen ein grundlegendes Prinzip von Arreolas Schreiben dar.

ler blieb nach der Übersetzung von *Confabularium*[10] durch Kajo Niggestich im deutschsprachigen Raum ein Geheimtipp für literarische Genießer, eine Art mexikanischer Borges in Kleinformat. Die deutsche Rezeption verlief anders als in Mexiko selbst, wo die hohe Zahl der Auflagen[11] die Relevanz dieses Autors zeigt, der in seinen Ateliers Schule machte, oder etwa im angelsächsischen Raum, wo besonders Arreolas ironischer Stil begeisterte Leser fand. In Deutschland wurde dieser wie auch andere mexikanische Klassiker der Moderne von einer breiteren Rezeption ausgeschlossen. In gewisser Weise lässt sich dies auch bei Borges feststellen. Gemessen an Borges' Bedeutung in der internationalen Rezeption ist der eigentliche Verkaufserfolg im deutschsprachigen Raum ausgeblieben. Die Rezeption von Borges geschah aufgrund des durch die Übersetzungen akzentuierten Bildes eines elitären Schriftstellers, ohne die erst jetzt in der durch Gisbert Haefs besorgten bzw. korrigierten Fassung vermittelte Ironie.[12] Ein ironischer Borges mag heute dem postmodernen Kanon eher entsprechen, nicht jedoch dem Alteritätsbild, das sich die Europäer im Kontext mit dem Boom Lateinamerikas gemacht hatten: die exotische Literatur des sogenannten Magischen Realismus. Diese sollte dem europäischen Leser das mit der Aufklärung verlorengegangene Paradies der Unschuld, einen magischen und mythischen Glauben und epische Breite zurückgeben (wie bei *Hundert Jahre Einsamkeit* von García Márquez), um die vermeintliche Dekadenz des deutschen Romans nach Thomas Mann zu kompensieren.

Die Literatur, die hier am Beispiel von Arreola untersucht werden soll, hebt aber gerade die Identitäts- und Alteritätsbilder sowie die Opposition von Vernunft und Magie, die eine solche Rezeption begründeten, aus den Angeln. Dies

---

[10] Arreola (1980a). Soweit nachfolgend in Deutsch zitiert wird, stammen die Zitate (mit Angabe der Seiten) aus dieser Ausgabe, bei der es sich um die Übersetzung einer Auswahl aus der fünfbändigen Ausgabe bei Joaquín Mortiz handelt, vgl. Arreola (1971).

[11] Von 1971, dem Jahr der Erstausgabe der fünfbändigen *Obras* bei Joaquín Mortiz, zählt beispielsweise *Confabulario* bis 1981 allein zehn Auflagen.

[12] Taschenbuchausgabe (20 Bände) im Fischer Verlag, 1991–1994. Zur Analyse der Borges-Übersetzungen durch Haefs im Vergleich zu vorangehenden Übersetzungen siehe die im Studiengang „Literaturübersetzen" an der Heinrich-Heine-Universität Düsseldorf verfasste Diplomarbeit von Vera Elisabeth Gerling mit dem Titel: *Widersinn und Phantastik in der Prosa von Jorge Luis Borges. Zur Veränderung von Interpretationsgrundlagen in deutschen Übersetzungen durch Gisbert Haefs* (1995).

geschieht dadurch, dass die kulturellen Transferprozesse, gewissermaßen das Spiel der Blicke, das jeder Übersetzung zugrunde liegt, metasprachlich verdichtet werden. Identitäts- und Alteritätsbilder durchleben bei Arreola ein Abenteuer, sie werden erkennbar. Diese Literatur lässt sich erfassen als ein Phänomen des Kulturtransfers, d. h. als *cultura transplantada*, und als übersetzte Kultur, die gerade durch die Übersetzung und Aneignung zum kreativen Raum, zu einer Schwelle wird. Der Begriff der Übersetzung als literarische und kulturelle Schwelle eröffnet auch ein ganz anderes Feld von Überlegungen.

Die Übersetzung der spanischen Kultur zur Kolonialzeit war tatsächlich keineswegs defizitär. Dies weiß auch Paz – fast 30 Jahre nachdem *El laberinto de la soledad* die Textprozesse in der barocken Literatur der Kolonialzeit begeistert kommentiert – besonders in seinem Buch *Sor Juana Inés de la Cruz o las trampas de la fe* (Mexiko 1982)[13] zu unterstreichen. Die Möglichkeit, die Kreativität der Übertragungsphänomene in der Kolonialkultur anzuerkennen, ist nur unter bestimmten Voraussetzungen gegeben. Eine dieser Voraussetzungen ist das Verständnis von Übersetzung als kreativer Prozess,[14] in dem zwischen Original und Kopie, Ursprungstext und Übersetzung keine politischen und ideologischen Hierarchien als ‚naturgegeben' akzeptiert werden. Diese Konzeption von Übersetzung geht einher mit einer Reihe von kulturtheoretischen Positionen, die sich in den letzten Jahren zum federführenden Paradigma der Interkulturalität etabliert haben. Aktuelle Theorien fußen aber auch auf einer langen geisteswissenschaftlichen Tradition, für die stellvertretend Walter Benjamins Essay zur Übersetzung[15] und zur Mimesis, Theodor W.

---

[13] Üb. von Maria Bamberg (Paz 1991).

[14] Paz versuchte, sich durch das Phänomen der Übersetzung nicht nur dem Poetischen anzunähern, sondern hiermit die Kommunikation überhaupt zu erfassen, vgl. Paz (1971). Der Begriff *cultura transplantada* in Bezug auf die Kolonialliteratur geht zwar auf Paz zurück, vgl. Schneider (1987). Dieser Begriff hat jedoch in seinem Denken andere Implikationen als diejenigen, die hier zur Diskussion gestellt werden. Trotz kultureller Heterogenität bindet Paz eine einheitliche Seinserfahrung an den Ursprung, dessen Suche zum roten Faden seiner Essays wird. Die ursprüngliche Einheit des Seins – so Paz in *El laberinto de la soledad* (1950) – ist für den Mexikaner mit der *Conquista* verlorengegangen, gerade durch die verräterische Übersetzung der Malinche. Ursprung und Einheit des Seins, die eben jene kompensatorische Funktion einer defizitären kulturellen Identität erfüllen, können nur durch die Poesie erreicht werden.

[15] Benjamins Überlegungen zur Differenzqualität von Übersetzungen stehen Pate für neuere Übersetzungstheorien, die mehr auf die Unterstreichung als auf die Aufhebung von Alteritäts-

Adornos Essay zu den „Fremdwörtern", Michail Bachtins Dialogismus und Michel Foucaults Thesen zum interdiskursiven Raum[16] genannt werden können. Trotz unterschiedlicher Prämissen halten diese Autoren die Transferprozesse (im Sinne anthropologischer „rites de passages"[17]), die sich aus den Kontaktphänomenen zwischen Kulturen ergeben, für produktiv. ‚Schwellen' drücken das Ereignis der Öffnung kultureller Räume und die ‚hybride' Natur der Kultur aus.[18] Sobald man Kultur in ihrer Dynamik erfasst, zeigt sich auch, dass ‚reine Sprachen' bzw. ‚reine Kulturen' tote Abstraktionen sind. Der konkrete Fall der Übersetzung kann dabei durchaus als Modell für kulturellen Transfer im weiteren Sinne dienen. Denn die Übersetzungspraxis ist eine überschaubare, kondensierte Form des Dialogs zwischen den Kulturen.

Methodisch geht es darum, die exponierten Stellen zu bestimmen, an denen sich unübersetzbare oder schwer übersetzbare Paradoxa bilden. Eine dieser Stellen ist die Ironie.

Es war Benjamin, der in seinem „Mexikanischen Traum"[19] die Schwelle in Zusammenhang mit der Ironie sah. Er zeigte, wie die Ironie, die sich aus der Bipolarität der Perspektive und der reziproken Überlagerung aller Vorstellungen ergibt, einen Wechsel der Blicke und Spiegelungseffekte zwischen der Neuen und der Alten Welt erzeugt. Um diese, an die Ironie gebundene, doppelte Perspektive geht es bei folgender Besprechung der erzählerischen Prozesse im Werk Arreolas.

---

grenzen zwischen dem sogenannten ‚Original' und der Übertragung Wert legen, vgl. Benjamin (1980).

[16] Vgl. hierzu Borsò (1991) und Hempfer (1995).

[17] Z. B. im Sinne von Gaignebet (1974).

[18] Z. B. Bhabha (1994) und García Canclini (1990). Zu einer systematischen Konzeption interkultureller Literaturwissenschaft vgl. Görling (1997). Zur kritischen Hinterfragung homogener Theoriebildung über die kulturelle Heterogenität Lateinamerikas vgl. Ette (1996).

[19] Z. B. Benjamin (1972: 91). Dies entspricht auch dem Begriff der auch das Verfehlen integrierenden Repräsentation nach Benjamin, deren ‚mimetische Intensität' im Textgewebe, d. h. im Symbolisierenden (und nicht im Symbolisierten) liegt. Vgl. hierzu Görling (1997).

1 Juan José Arreola: Ironie und die *mirada oblicua* einer ‚übersetzten' Kultur

Die oben dargelegten kulturellen Prinzipien macht Arreola zur Grundlage seines Schreibens, wie man im Vorwort zur Erzählsammlung *Confabularium* erfährt. Mit ‚Konfabulieren', d. h. mit dem Hinweis auf die Erzählung erfundener Erlebnisse, und zwar so, als seien sie wirklich, verweist der Autor schon im Titel auf die Spannung zwischen Erleben, Erinnern und Erfinden. Diese Spannung ist auch eine Eigenschaft des autobiographischen Diskurses, den der Autor mit „Zwischen Erinnern und Vergessen", dem Titel des Vorworts, explizit aufnimmt. Das Vorwort ist eine kleine autobiographische Skizze:

> Ich, meine Damen und Herren, stamme aus Zapotlán el Grande, einem so großen Dorf, daß uns vor 100 Jahren daraus eine Stadt, die ‚Ciudad Guzmán', gemacht hat. Aber wir sind immer noch so provinzlerisch, daß wir auch weiterhin Zapotlán sagen. Der Ort liegt in einem runden Tal voller Mais, rings umgeben von Bergen, deren einzige Zierde ihr freundliches Wohlverhalten[20] ist, darüber der blaue Himmel, und dann ist da noch eine Lagune, die wie ein leichter Traum kommt und geht. Von Mai bis Dezember sieht man ebenmäßig wachsende Maisstauden. Manchmal nennen wir den Ort auch Zapotlán de Orozco, weil hier José Clémente geboren ist, der mit den gewaltigen Pinselstrichen. Ich spüre, daß ich – wie er – am Fuß eines Vulkans zur Welt kam [...]. Im Jahre 1912 hat er uns mit Asche vollgeschüttet, die alten Leute erinnern sich noch mit Schrecken an dieses leicht pompejanische Erlebnis: Am hellichten Tag wurde es Nacht, und alle glaubten an das Jüngste Gericht.[21]

Die indianische Mythologie, auf die mit dem Mais hingewiesen wird, und die klassische Tradition, mit Bezug auf Pompei, stehen in dieser, der gesprochenen Sprache angelehnten Rede in einer Reihe und werden durch die Anspielung auf ähnliche Ereignisse – die Zerstörung durch den unvorhersehbaren Ausbruch des Vulkans in Arreolas Geburtsort, Zapotlán el Grande, und in Pompei – parallelisiert. Beide Räume, nämlich das mexikanische Hinterland und die antike Stadt, hängen in gleicher Weise vom Zufall ab. Die hier vorgestellten Räume sind zwar höchst instabil – auf die Revolutionsjahre wird

---

[20] ‚Wohlverhalten' ist eine unangemessene Übertragung von *buen temperamento*, womit eher ‚guter Charakter' gemeint ist.
[21] Arreola (1980a: 7).

natürlich auch angespielt –, jedoch gerade durch diese Instabilität kreativ. Hiervon zeugt auch die Genealogie des Namens Arreola. Die Inauthentizität seines Namens, der aus der Verschleierung seiner arabischen Abstammung entsteht (von Juan Abad, abgeleitet von Abba, das auf aramäisch ‚Vater' bedeutet), ist ausgerechnet durch den Verlust des Ursprungs und die Verunreinigung des spanischen Blutes durch das Arabische eine Quelle von Kreativität. Schon führt die Schilderung der Übersetzungsstufen, die sich hinter dem Eigennamen verbergen, zur ironischen Kritik des Reinheitsgebots der Spanier. Auf diese wird auch gleich danach mit dem Hinweis auf das Cid-Epos angespielt. Der Erzähler verallgemeinert die irritierende, ‚unreine' Genealogie, etwa wenn er weiterhin auf zahlreiche Familienfehden und auf das in der Familie enthaltene Blut aller Rassen, einschließlich dem einer französischen Nonne, hinweist.

> Die Arreolas und die Zúñigas tragen ihre alte Familienfehde zwischen Ungläubigen und Frommen wie Hunde in meiner Brust aus. [...] Aber da sie schon früh zu Mestizen wurden, pulsiert in ihren Adern einträchtig das Blut all der Rassen, die das heutige Mexiko bilden, und sogar noch das einer französischen Nonne, die von irgendwoher mit hineingeraten ist [...]. Ich liebe die Sprache über alles und verehre diejenigen, von Jesaia bis Franz Kafka, die durch das Wort Zeugnis vom Geist abgelegt haben.[22]

Der heterogene Ursprung Arreolas und seine ironisch gebrochene Identität entstammen schon in dieser kleinen Autobiographie einer Reihe von Übersetzungsstufen. So stehen in der Erinnerungsarbeit des Erzählers Zapotlán el Grande, Charles Baudelaire, Walt Whitman, Franz Kafka und Volkslieder gleichberechtigt in einer Reihe. Die ‚doppelte Sicht', die aus Übersetzungs- und Transferprozessen resultiert, durchzieht den Diskurs des literarischen Textes von Arreola und führt zu einer ironischen Kritik an puristischen Vorstellungen von Kultur.

Der im Folgenden zu behandelnde Text, die Erzählung *Ajolote*, ist eine metaliterarische und metasprachliche Reflexion über die Kultur als Resultat von Übersetzungsprozessen. Bei diesem Text geht es dem Erzähler darum, zu bestimmen, was ein Axolotl ist. Deutlich wird seine Bemühung, das Tier an sei-

---

[22] Ebd. (8).

nen eigenen Erkenntnishorizont (den des Erzählers) heranzuholen. Dies geschieht mit regelrechten Übersetzungsstufen, die umso intensiver werden, je mehr sich der ambivalente Gegenstand der Erkenntnis entzieht. Die Sprache des Erzählers ist durchsetzt von impliziten und expliziten Zitaten, u. a. aus *Historia de las cosas de Nueva España* des Franziskaners Fray Bernardino de Sahagún.[23] Die Erzählung besteht aus einem Rahmen (erster Absatz und die zwei letzten Absätze) mit Erzählerkommentaren; weiterhin aus einer Mikrogeschichte im zweiten Absatz, der die erregte Verwunderung des Paters Sahagún schildert, als er bestimmte Körperteile des Axolotls erstmalig sah und die Ähnlichkeit mit dem Geschlecht der Frau feststellte[24] – der Mönch wirkt trotz des ehrwürdigen Ausrufs in Latein doch recht skurril. Dann folgt die Wiedergabe von Meinungen über das Axolotl (dritter und vierter Absatz).[25] Im dritten Absatz wird zunächst eine ethnologische Rede nachgeahmt, dann indirekt tradiertes mündliches Wissen zitiert, vertreten durch die Mutter des Ich-Erzählers; schließlich spricht in einem expliziten Zitat der Pater Sahagún über das Axolotl:

> Und noch einmal Bernardino de Sahagún: ... und ist von zartem Fleisch, viel zarter noch als der Kapaun, und kann als Fastenspeise dienen. Aber er beeinflußt die Körpersäfte und ist schlecht für die Enthaltsamkeit. Die Alten, die gebratene Axolotl aßen, erzählten mir, daß diese Fische auf eine adlige Dame zurückgehen, die gerade

---

[23] Dieses 1558 begonnene Werk, das zunächst dem Misstrauen der spanischen Inquisition und der Kolonialverwaltung zum Opfer fiel, wurde erst im 18. Jahrhundert wiederentdeckt (in Form zweier unterschiedlicher Manuskripte, die in Tolosa und Florenz, letzteres im Jahre 1793, gefunden wurden). Es stellt die religiösen, moralischen und politischen Vorstellungen der Azteken dar, und zwar in Náhuatl und anschließend in Latein, wobei Sahagún selbst verschiedene katechetische Schriften in Náhuatl verfasst hatte. Sahagún begann 1575 eine Übersetzung der *Historia* ins Spanische anzufertigen, die aber wegen des Misstrauens der Inquisition und Philipps II. unterbrochen werden musste.

[24] „,Simillima mulieribus¡, entfuhr es dem aufmerksamen Mönch, als er die entsprechenden Stellen an dem winzigen Körper dieser kleinen Sirene der mexikanischen Gewässer genauer untersuchte" (ebd.: 147).

[25] „Kleine Eidechse aus Gallertmasse. Großer Wurm mit abgeflachtem Schwanz und Ohren wie ein Korallenpolyp. Mit seinen hübschen rubinroten Augen ist der Axolotl ein *Lingam* von durchsichtiger Anspielung auf das Geschlechtsorgan. Und das in einem Maße, daß die Frauen, nicht ohne auf der Hut zu sein, in Gewässern baden dürfen, in denen diese nicht wahrnehmbaren, durchsichtigen Tierchen schwimmen. (In einem Nachbardorf hat meine Mutter einmal eine Frau behandelt, die von todbringenden Axolotln schwanger geworden war)" (ebd.: 147).

ihre Regel hatte und die ein Herr aus einem anderen Ort vergewaltigt hatte; und da sie keine Nachkommenschaft von ihm wollte, wusch sie sich in dem kleinen See, der den Namen Axoltitla trägt, und von daher kommen die Axolotl.[26]

Der aztekische Glaube, den Sahagún referiert, ist mit christlichen Moralvorstellungen des Gebots der Jungfräulichkeit entsprechend dem höfischen Ehrenkodex vermischt, auf den mit der Edeldame hingewiesen wird. Umgekehrt sind aber auch christliche Moralvorstellungen ‚kontaminiert'. Mag z. B. im höfischen Roman und im Abenteuerroman das Begehren nach der Frau eine wichtige Komponente sein, so verhindert jedoch der (christliche) Held, dass das Böse siegt. Es kommt nicht zum Vollzug oder zur Schändung, auch nicht zum Bericht darüber – was im Gegenteil ein beliebtes Mittel der Parodie der höfischen Weltsicht etwa im *Candida*, der Parodie des Abenteuerromans durch Voltaire, ist.

Weiterhin von Interesse ist die Tatsache, dass das Tier nicht direkt, sondern nur aus dem Blickwinkel der anderen beschrieben wird. Durch Vergleiche und die Feststellung von Ähnlichkeiten wird das Unbekannte dem Bekannten nahegebracht, herübergesetzt. Dabei verändert die Übersetzung beides, das Original (Náhuatl-Traditionen) und die Zielkultur (die spanische Religion, die ‚heidnisch' kontaminiert wird). Sahagún wird nicht zufällig in diesem Text zitiert. Mit *Historia de las cosas de Nueva España* war er einer der wenigen, die das Náhuatl, die Sprache der eroberten Kultur, erlernten und sich um eine Form der kulturellen Übersetzung bemühten, die die Andersartigkeit der anderen Kultur nicht zerstören sollte. Abgesehen davon, dass durch die Aufnahme von Náhuatl und Latein in den Text beide Pole der Übersetzung und beide Kulturen als potentiell gleichwertig gelten, hat Sahagún den Azteken auch eine Autonomie dadurch zuerkannt, dass er ihre Stimme als fremd markiert hat. Dies geschah trotz der missionarischen Absicht Sahagúns. Zwar kann auch Sahagún die alten Bewohner Amerikas nur durch die Projektion des eigenen Denksystems erkennen, in welchem die ‚guten Wilden' in Opposition zur christlichen Zivilisation stehen.[27] Auf einer anderen Ebene reagiert

---

[26] Arreola (1980: 147 f.).
[27] Vgl. Sahagún (1989). Sahagún rechtfertigt den missionarischen Eingriff in die aztekische Kultur durch die Krankheitsmetaphorik, mit der behauptet wird, die Indianer seien potentiell gut.

er jedoch sensibler auf den Reichtum der Kultur. Seine Liebe zum Fremden ersetzt die ursprüngliche christliche Nächstenliebe in dem Maße, in dem sich Sahagún dem Fremden ästhetisch annähert. Er hat die Stimmen der anderen nicht in die eigene aufgenommen und das Fremde nicht in die eigenen Alteritätsvorstellungen übersetzt.[28] Auch die Geschichte des Manuskripts deutet daraufhin, dass die Spanier die Stimmen der aztekischen Fürsten als ‚ketzerisch' empfunden haben müssen.

Mit der Montage des Sahagún-Zitats zeigt Arreola, wie bei der kulturellen Begegnung der Transfer in beide Richtungen verläuft, wie die ‚Reinheit' beider Kulturen kontaminiert wird. Selbst wenn der Erzähler eine Anpassung des Fremden an den eigenen Erkenntnishorizont versucht, wird dieser durch die Berührung mit dem Anderen verändert. Die Bemühung, das (in Europa unbekannte) Tier durch Übersetzungsstufen vorzustellen, ist Indiz für die ‚fremde', europäische Perspektive, die dem Text mitgegeben ist. Das Axolotl war in der Tat eines der unbekannten Tiere, die Alexander von Humboldt am Texcoco-See im zentralen Hochland Mexikos eingefangen und nach Paris gebracht hatte. Seit dieser Über-Setzung haftet zwar dem Axolotl der europäische Bück an; die Übersetzung wird aber auch zum Ort des Austauschs der Blicke zwischen der Alten und der Neuen Welt, zwischen dem Angeschauten und dem Anschauenden.[29]

Die unklare Biologie dieser Tiere hat sie zum Gegenstand von Mythen schon seit der vorkolumbischen Zeit bis zum 20. Jahrhundert gemacht. Als reproduk-

---

Gleichzeitig wird eine augenblickliche Verirrung (Idolatrie) festgestellt, gegen die ein ärztlicher Eingriff seitens des Christentums notwendig erscheint, vgl. Todorov (1985: 263).

[28] Sahagún markiert seine Kommentare als solche (ebd.: 266) und produziert keine Verschmelzung der Standpunkte, wie der Dominikaner Diego Durán, der die Unterschiede verwischt und den Blick auf die Andersartigkeit der Kultur versperrt. Durán wollte das religiöse System der Azteken ‚von innen', d. h. aus der aztekischen Perspektive darstellen, übersetzte es jedoch für einen christlichen Adressaten, und zwar so, dass er die Kultur der Azteken an die eigene anglich, im Versuch, die Fremden für die Europäer erklärbar zu machen. Vgl. ebd. (212 f.) und besonders ebd. (238).

[29] Julio Cortázars „Axolotl" (Cortázar 1979) thematisiert den Transfer der Blicke über die Grenzen von zwei Räumen, wobei im Laufe der Erzählung das angeschaute Objekt (Axolotl) im Aquarium zum schauenden und sprechenden Subjekt wird. Diesem typisch ‚mexikanischen' Tier begegnet der Erzähler dieser Geschichte erstmalig im Pariser Zoo. Es wird zur Schwelle zwischen Subjekt und Objekt bzw. zwischen Eigen- und Fremdperspektive.

tionsfähige (!) Larven,[30] die zwar zur Familie der Salamander gehören, jedoch nicht die übliche Metamorphose vollziehen, sind die Axolotl eine Schwelle und ein Rätsel. Arreolas Axolotl wird zur Schwelle wechselseitiger Blicke zwischen der Alten und der Neuen Welt. Die Wahrheit über das Axolotl, auf deren Suche diese Erzählung ist, bleibt im Wechsel der Sprachen (Oralität und Schriftlichkeit) und des Sprachregisters, das auch innerhalb einzelner Absätze wechselt, verborgen. Die Bedeutung des Mythos schwankt entsprechend der Willkür der Blicke aus der Alten oder Neuen Welt: die alte, die das Paradies in der neuen sucht, und die neue, die mit Mythen antwortet. Es sind Mythen der Öffnung, wie die referierte Schwängerung von Jungfrauen, aber auch der Sublimation und der Ausgrenzung, wie beim Mythos der Jungfräulichkeit, oder umgekehrt dem Mythos Malinche und ihrer misogynen Deutung, die den letzten zwei Sätzen mitgegeben wird.

Das Rätsel über das Axolotl wird zur Allegorie des Geheimnisses über das Wesen der Kultur. Kultur wird durch die Blicke, die den Sprachen und Traditionen mitgegeben sind, und durch wechselseitige Übersetzungen bestimmt. Es sind Übersetzungen, die das Wort in ebenso unheilbarer wie kreativer Weise kontaminieren. Mit dieser Allegorie macht Arreola eine grundsätzliche Aussage über das Wesen der Kultur, die aus historischen und existentiellen Gründen für Lateinamerika besonders relevant ist: Die Geschichte Lateinamerikas und ihrer Literatur ist das Resultat von wechselseitigen Blicken über den Ozean.

2 Ironie und Übersetzung.
Übersetzerische Indikatoren für kulturelle Paradoxien

Arreolas Witz gründet auf Allegorien kultureller Übersetzungsprozesse, bei denen die andere Kultur – wie bei der Übersetzung – als Differenz präsent ist. Das Wort wird zum Schnittpunkt verschiedener kultureller Systeme und zum Zwischenraum, in dem sich der Widerstreit und die ungewöhnliche Mischung von Intertexten, symbolischen Welten, metaphorischen Figuren und mythischen Traditionen abspielt. Der sich bildende ironische Diskurs ist eine Her-

---

[30] Zur kulturellen Ambivalenz des Axolotl als Schwelle vgl. Görling (1997).

ausforderung für Übersetzung und Rezeption. Durch den ironischen Diskurs wird die Position des Erzählers, dessen Au(k)torialität durch das übersetzte Wort ihre Zuverlässigkeit verliert, unbestimmt. Intertextualität und metaphorische Ambiguität lassen zunächst den Erzähler, dann aber auch die kulturellen Instrumente, derer er sich bedient, fraglich erscheinen. Die Ironie wirkt auf epistemologischer Ebene. Sie zielt auf die Verunsicherung erkenntnistheoretischer Grundsätze, etwa durch den Widerstreit zwischen Vernunft und ihrem Gegenteil, der Magie. Der ironische Diskurs stützt sich auf eine symbolische Heterogenität, die sich aus der vernetzten Symbolik von Rhetorik,[31] Medizin, Theologie, Moral und Kriminalistik ergibt. Nur durch die Wahrnehmung dieser Ironie wird z. B. deutlich, dass der angebliche Antifeminismus von Arreola ein ironisches Zitat der Mythen ist, durch die die Männerphantasien die Frau zum Objekt degradieren.[32] Die kritische Auseinandersetzung mit dem Machismus als einer perversen Form des Sublimationsopfers der Frau ist unerbittlich.[33] Die Ironie richtet sich gegen das Aussagesubjekt selbst, das

---

[31] Das rhetorische Feld der Rose wird in „Flor de retórica antigua" (Arreola 1972) und „Allons voir si la rose" (ebd.) besonders ausführlich entwickelt. Mit letzteren geht Ronsard besonders auf die Renaissance ein.

[32] In unzähligen Geschichten repräsentiert Arreola die Subjektspaltung als Bedrohung durch den Anderen („Migala" in *Confabulario* oder „Autrui" in *Prosodie*) oder als unüberwindbaren Graben zum anderen, zur Frau (z. B. „Encuentro" und „Yo y tu" in *Cantos de mal dolor*). Schreibend distanziert sich der Melancholiker vom Glauben an die Wahrheit der Mythen. Mehrfach nimmt sein Text moderne Mythen und deren Multiplikation durch die Technik unter Beschuss. Es zeigt sich dabei, dass die kulturelle Maschine lediglich alte Glaubenssätze des Abendlands vervielfältigt. Z. B. bleibt die Sublimationslehre auch die Grundlage der Werbung im Bereich zwischenmenschlicher und erotischer Beziehungen. Dies ist Thema von „Anuncio". Die angepriesene Plastikfrau übernimmt die Funktion, die männliche Begierde zu stillen. Befreit von diesem Laster kann die leibhaftige Frau die Rolle der enthaltsamen Hüterin der geistigen Werte des Mannes, die ihr seit der christlichen Deutung der platonischen Liebestheorie in der frühen Neuzeit zukommt, nun zur Vollkommenheit bringen.

[33] In einer Erzählung mit dem Titel „Die Tauschparabel" („Parabola del trueque") geschieht folgendes: Ein Jungvermählter, der seine mexikanische Frau gegen eine platinhaarige „neue" getauscht hatte, „schickte sich an, mit ätzenden Säuren die letzten Goldreste vom Körper seiner Frau zu entfernen und zurück blieb ein Häufchen Elend, eine wahre Mumie" (Arreola 1952: 119). Die Goldreste sind natürlich Reste der mestizierten Haut, die ausgebleicht worden ist. Die Tauschökonomie vermengt abendländische Mythen von Kulturpurismus mit rassischen Kriterien. Arreola lässt keinen Zweifel an der verheerenden Wirkung einer solchen Mischung, die hier anhand des machistischen Verhaltens des mexikanischen Mannes ironisiert wird. In Mexiko verwandelte

die narzistischen (und machistischen) Mythen zitiert.³⁴ So dient in *Bestiario* (1972) der Tiervergleich auch als verzerrender und verkehrender Spiegel des Menschen. Darin liegt die kafkaeske Grundlage der Phantastik Arreolas. Das rationale, humanistische und seit der Aufklärung umfassende selbstidentische Ich wird aufgebrochen. Bei den Affen verkehren sich nicht nur die gewohnten Beziehungen im Weltbild, sondern auch die perspektivischen Blickwinkel. Nicht der Mensch betrachtet die Affen, sondern die Affen den Menschen. Sie bedauern das immer noch in seinem Überlegenheitswahn verfangene Geschöpf, welches den im Zoo eingesperrten Affen besucht und die eigentliche Überlegenheit dieses Tieres nicht ahnt, jene Überlegenheit, die die Primaten zur Entscheidung führte, den Prozess der Menschwerdung abzulehnen. Die Verfremdung des Menschen durch das Tier sowie die ungewöhnliche Aneinanderreihung der Handlungen in allen anderen Erzählungen machen die Willkürlichkeit von als ‚natürlich' angenommenen Sinnwelten transparent. Gerade diese Ablehnung der Identitätsphilosophie und die Einbeziehung des Anderen als perspektivische Größe, die etablierte Topographien und Tropologien verunsichert, macht die Übersetzung und die übersetzerische Rezeption problematisch.

Das hybride Wort, das aus der Begegnung von Kulturen entsteht, führt auch zu konkreten Übersetzungsproblemen, deren Analyse Auskunft über das jeweilige Kulturmodell gibt, das der Übersetzung, der Rezeption und der Geschichtsschreibung zugrunde liegt. Im ersten Absatz von „Ajolote" spielt Arreola mit dem Wort ‚Autor', ein Spiel, das in der deutschen Übersetzung verlorengeht:

> Acerca de ajolotes sólo dispongo de dos informaciones dignas de confianza. Una: el autor de las *Cosas de la [sic] Nueva España;* otra: la autora de mis días.³⁵

---

sich im Laufe des 20. Jahrhunderts die Kulturutopie der Mestizierung zur politischen Macht der Mestizen, die mit der institutionalisierten Revolutionspartei die Landbevölkerung indianischen Ursprungs unterdrückten. Zur Kritik der inzwischen in Mexiko selbst ‚Mythomanie' genannten Theorie der Mestizierung vgl. Basave Benítez (1992). Vgl. auch Kap. IV in: Borsò (1994a).

³⁴ Vgl. auch Ojeda (1972).

³⁵ Arreola (1980: 222 f.). Deutsche Übersetzung: „Was das Axolotl betrifft, so kann ich mich nur auf zwei vertrauenswürdige Quellen berufen: Auf den Autor der *Allgemeinen Geschichte der Angelegenheiten Neuspaniens* und meine Mutter" (Arreola 1980a: 147 f.).

Arreola benutzt den Begriff ‚Autor' zur Bezeichnung von Sahagún und als Umschreibung von ‚Mutter'. Die Übersetzung tilgt das Wort ‚Autorin' (etwa ‚Autorin meiner Existenz') zugunsten der direkten Bezeichnung ‚Mutter'. ‚Mutter' konnotiert jedoch einen eindeutigen Ursprung, denn *mater semper nota est*, nicht aber der Autor. Bei der Parallelisierung von Sahagúns Schöpfungsakt und dem der Mutter unterstreicht Arreola dagegen den Begriff des Autors als dialogische Instanz, und zwar im Sinne der Vorgängigkeit eines anderen, der zumindest am Schöpfungsprozess beteiligt ist. Dies gilt sowohl bei der Empfängnis und Schwangerschaft als auch beim Schöpfungsprozess im Falle des Autors Sahagún, der nicht alleiniger Urheber der Worte seines Textes ist. Denn seine Autorschaft von *Historia General de las cosas de nueva España* ist nur die Schwelle, durch die die Stimme der Azteken zur Sprache kam; dies unterstreicht auch Todorov. Die anderen, die Azteken, waren vielmehr dem Text und seinem Autor vorgängig. Diese Mehrdeutigkeit steht im Zusammenhang mit der Besonderheit des hermeneutischen Prozesses beim Übersetzen. Bei seinen Bemühungen, das Unbekannte zu verstehen und das durch die rätselhafte Natur des Axolotl allegorisch dargestellte Fremde, das ihn reizt, heranzuholen, lässt der Erzähler die Stimmen anderer sprechen. Die Heterogenität der Moral – von der erotischen Verwirrung bis zu den sublimierenden und / oder mysogynen Antworten[36] – wirkt ironisch. Durch die Ironie verunsichert das Heterogene das symbolische System, in dem man sich beheimatet fühlt. Eine der sich daraus ergebenden Einsichten betrifft den kulturellen Purismus ebenso wie den Mythos der reinen Muttersprache und ihrer symbolischen Werte. Mit Bezug auf die von Benjamin abgeleitete These, nach der Deviationen Markierungen von kulturellen Schwellen und Fremdwörter ‚Kraftfelder' sind, die Übersetzungs-Konstellationen ermöglichen, können Fremdwörter zum einen Vitalität und Wandel der sogenannten Nationalsprache begründen; zum anderen machen sie die verdrängte historische (nicht natürliche) Grundlage so-

---

[36] Das Heterogene ist zum einen stilistisch, zum anderen durch die unterschiedliche Moral unterstrichen. Vergleicht man die heidnische Erzählung der Mutter mit der Rede des Paters, so zeigt sich die unüberbrückbare Differenz im gleichen Mythos, wenn er von verschiedenen Stimmen erzählt wird – der platonischen moralisierenden, der heidnischen bis hin zur misogynen Interpretation als „viertes Tier im ganzen Reich der Lebewesen" im vorletzten Satz. Gleichzeitig zeigt aber die Aneinanderreihung auch die Willkürlichkeit der einzelnen Wahrheiten des Mythos.

wie den hybriden (nicht monokulturellen) Ursprung von Nationalsprachen bewusst. Unübersetzbare Fremdwörter sind für die Homogenität von Nationalsprachen provozierend. Sie begünstigen einen bewussten Umgang mit kulturellen Bildern. Ein solches, kritisches Bewusstsein drängt sich uns heute umso mehr auf, als puristische Positionen in der Kulturpolitik europäischer Nationen wie ein unheilsamer Phönix aus der Asche wiederauferstanden sind.

Das für Lateinamerika Aufgezeigte gilt auch für Europa. Europa braucht heute mehr denn je den Blick des Übersetzers zwischen Kulturen, einen Blick, für den auch europäische Exilschriftsteller, wie z. B. Juan Goytisolo, eine Sensibilität entwickelt haben.

3 Ironie, Übersetzung und Geschichtsschreibung

Eine Geschichtsschreibung, die die Homogenitätsansprüche nationaler Literaturen erfüllt, trägt den Übersetzungsprozessen, welche die Vitalität von Kultur und Literatur überhaupt ermöglichen, nicht Rechnung. Homogenitätsbestreben unterscheidet z. B. zwischen ‚Gattungen' bzw. Romantypen und übersieht dabei die Paradoxien und die grenzüberschreitenden Tendenzen literarischer Texte. Dies lässt sich hier an der Opposition zwischen Magischem Realismus bzw. Regionalismus auf der einen Seite und Kosmopolitismus auf der anderen Seite beobachten. Sobald man die Übertragungsphänomene im konkreten Text berücksichtigt, lässt sich die Entgegensetzung dieser Rezeptionsparadigmen nicht mehr aufrechterhalten: Der sogenannte Regionalist Juan Rulfo simuliert zwar die mündliche Sprache seiner Region, Jalisco, dies jedoch aufgrund eines höchst poetischen, mit Anspielungen auf die gesamte abendländische Literatur angereicherten Textgewebes, wohingegen der sogenannte Kosmopolit Arreola durchaus regionalistische Themen und mündliche Elemente in seine Erzählung integriert. Diese ‚Zwischenräume' sind u. a. Ergebnis der Kreativität von Übersetzungsphänomenen und kulturellem Transfer. Europäische Mythen und Schriftsprachen wurden in der Kolonialzeit das Übersetzungsmedium indianischer Traditionen, wie mündliche Sprache und indianische Traditionen den europäischen ursprünglichen Kontext durchkreuzen.

Rezeptionsprobleme und Probleme der Historiographie im Umgang mit der Übersetzung lassen sich etwa an der historischen Bewertung der Kolonialkultur als ‚übersetzte Kultur' beobachten. Zum einen liegt die Geringschätzung der lateinamerikanischen Kolonialkultur, die bis zum 20. Jahrhundert Gültigkeit hatte, an der prämodernen Konzeption von Übersetzung. Der Prozess der Übersetzung galt als unbedeutend, weil das Original (das Spanische) als der für die Sinngebung hierarchisch höher stehende Maßstab angenommen wurde. Zum anderen ist das vor dem Hintergrund des ungleichen Kampfs zwischen Siegern und Besiegten, ‚masters' und ‚subaltern', konzipierte historische Bild Lateinamerikas dafür verantwortlich, dass die nach der Eroberung erfolgte Über-Setzung der spanischen Kultur in die ‚Neue' Welt als Verlust der Eigenheit der Ausgangs- und der Zielkultur gedeutet wurde. Die spanische Kultur in Amerika erschien dem europäischen Auge epigonal;[37] auf der anderen Seite musste sich die autochthone Kultur dem ideologisch dominanten Spanischen unterordnen. Auch in der sogenannten postkolonialen Geschichtsschreibung blieben während des 19. Jahrhunderts Übersetzung und kultureller Transfer belanglos, weil die sich im 19. Jahrhundert im Kontext der Nationenbildung etablierte Literaturgeschichtsschreibung den Anspruch auf einen reinen Ursprung und ein reines Telos der Geschichte stellte. Die Deutung der Übersetzung als doppelter Verlust (der eigenen, vorkolumbischen, und der assimilierten, spanischen Kultur) korrelierte auch mit der These der Geschichtslosigkeit der nach der Gewinnung der Unabhängigkeit, d.h. nach 1821, entstehenden Nationen, einer These, die durch den identitätsphilosophischen Geschichtsbegriff Georg Friedrich Wilhelm Hegels[38] verstärkt und zur Basisannahme auch lateinamerikanischer Geschichtsschreibung wurde.

Erst mit der Aufwertung der Kolonialzeit, einmal durch die kosmopolitischen Tendenzen von Intellektuellen im Kontext des Modernismus und der

---

[37] Die barocke Theatralik wurde als Unterwerfung unter das imperialistische Spanien und der Kolonialbarock als mimetische Reproduktion im Sinne einer imitativen Ausstrahlung des spanischen Barocks interpretiert. Vgl. hierzu Hatzfeld (1966).

[38] Die Auffassung Hegels bezüglich der Geschichtslosigkeit Amerikas (Hegel 1970: 107 f.) geht über José Ortega y Gasset (Ortega y Gasset 1983: 563 f.) in das hispanoamerikanische Denken ein. Zur Übernahme der Hegelschen These der Geschichtslosigkeit Amerikas – wie sie auch bei Spengler vorliegt – durch Martínez Estrada, vgl. Matzat (1992: 15 f.).

Jahrhundertwende, in Mexiko speziell durch Alfonso Reyes und sein Wirken im *Ateneo de la Juventud,* dann seit den 1950er Jahren, u. a. durch eine neue Konzeption der literarischen Übersetzung, gewannen die Kolonialliteratur und der lateinamerikanische Barock als kreative Epoche wieder an Bedeutung. Während also die Emanzipationsdiskurse des 19. Jahrhunderts die Ablösung von Spanien und damit ein negatives Bild der Kolonialzeit ins historische Bewusstsein eingeschrieben haben, erkennt die heutige Geschichtsschreibung deren Bedeutung an. Selbst bei diesem revidierten historischen Bild der Kolonialzeit sind jedoch die Übertragungsphänomene an sich von sekundärer Bedeutung. Die Geschichtsschreibung beschäftigt sich vielmehr mit dem Gründungsmoment des ‚eigentlich Lateinamerikanischen', dessen historische Kontinuität am Bestehen emanzipierter Subjekte seit der Kolonialzeit bewiesen werden soll. Seit *De la conquista a la independencia*[39] von Mariano Picón Salas konzipieren die Lateinamerikaner die Kolonialkultur als Entstehungsepoche eines Emanzipationswillens, der sich als unterschwelliges Begleitphänomen der geschlossenen Kolonialgesellschaft bildet und zur Unabhängigkeit führt.[40] Diese historische These führt zwar zur Rekonstruktion eines historischen Bewusstseins Amerikas[41] – statt der (epigonalen) Fortset-

---

[39] Vgl. Picón Salas (1944).

[40] Folgende Thesen werden generell angenommen: Zusätzlich zum Beitrag der Jesuiten nach der Ausweisung aus Lateinamerika (und Spanien) durch Carlos III. koinzidierte die Entstehung eines emanzipierten Subjekts mit der progressiven Zunahme der Macht der *nativos* auf der Basis von Erbrecht, Eheschließungen, illegaler Besitznahme von Ländereien, *caciquismo* oder Übernahme von Ordensprivilegien etc. Diese Allianzen der Kreolen mit der spanischen Krone entstehen um die Wende vom 16. zum 17. Jahrhundert und dauern bis zum Ende der Habsburger bzw. bis zu den bourbonischen Reformen an, vgl. Hernández-Sánchez Barba (1981). Die Suche nach dem Ursprung des kreolischen Bewusstseins wird aber auch auf das Ressentiment derjenigen Eroberer projiziert, die sich von der Krone nicht genug entschädigt sahen. Für José Juan Arrom gelten die Chronisten als die ersten Kreolen zwischen 1564 und 1594, vgl. Arrom (1980). Allmählich bildete sich eine kulturelle Sphäre, gewissermaßen hinter dem Rücken der Kolonialgesellschaft, vgl. Vidal (1985).

[41] Dem hispanoamerikanischen Barock werden nun folgende Funktionen zuerkannt: Erstens als Gründungsepoche in Bezug auf eine mestizierte Identität und den Ursprung der testimonialen Chronik und des Romans, auf die die nationalen Literaturen zurückgehen; zweitens als ‚klassische Kultur', als Ausdruck der gelehrten Kultur der Stadt (vgl. hierzu Rama (1984): Rama hebt hierbei den Kosmopolitismus der Kolonialzeit als Kennzeichen Amerikas hervor; drittens als ontologischer Zug des Soseins Amerikas (Alejo Carpentiers Hervorhebung der geographischen und wesenhaften Exuberanz Amerikas; vgl. hierzu Kap. V in: Borsò [1994a]).

zung Spaniens hat man allmählich auch den kreolischen Beitrag bei der Aneignung der hegemonialen Systeme Spaniens[42] in Betracht gezogen –, die Übersetzungstätigkeit und die Transferprozesse sind aber weniger systematisch zum Gegenstand historiographischer Arbeit gemacht worden. Dabei könnte die produktive Schwelle der Übersetzung für die Geschichtsschreibung nutzbar gemacht und Lateinamerika als Ort des Übergangs und der kulturellen Produktion gesehen werden. Kann sich eine „subalterne" Kultur nicht direkt ausdrücken,[43] so kann sie sich doch indirekt durch übertriebene Adaption und ironische Mimesis der dominanten Rhetorik äußern. Die übersetzerische Adaption spanischer Kultur erzeugt z. B. parodistische Abbilder, die wie ein Spiegel auf die ursprüngliche Kultur kritisch zurückgewandt werden.[44] Auf die Bedeutung einer solchen Möglichkeit für die Historiographie soll im Folgenden eingegangen werden.

4 Ironie und Übersetzung in der lateinamerikanischen Kolonialliteratur

Die systematische Erfassung der Ironie, die die konkreten Übertragungen spanischer Kultur begleitet, ist noch zu leisten, obgleich 1992 in der Folge des 500jährigen Jubiläums der Eroberung Amerikas mit einzelnen Monographien damit begonnen wurde. Die mexikanische Schriftstellerin und Essayistin Margo Glantz hat z. B. die Produktivität des Übersetzens dadurch hervorgehoben, dass sie u. a. gegen die offizielle Geschichte, nämlich gegen die eingangs zitierte These Paz' über die Auslöschung des Sprachkörpers aztekischer Kultur,

---

[42] Zur derzeit gültigen Position zum lateinamerikanischen Barock vgl. Beiträge von Alfredo Roggiano, John Beverley, Georgina Sabat de Rivers u. a. in Mabel Moraña (1994). Statt im Sinne einer ontologischen Funktion bzw. historischen Kontinuität des lateinamerikanischen Barocks argumentiert Moraña zugunsten einer diskontinuierlichen historischen Bedeutung, vgl. Moraña (1988).

[43] Spivak (1988).

[44] Moraña bezeichnet dies als „fenómeno de retorno" (ebd.: 234). Eine solche Position vertritt neben der im folgenden Abschnitt besprochenen Margo Glantz auch Roberto González Echevarría, vgl. González Echevarría (1993). Es handelt sich um eine mit dem „Writing Back" (Ashcroft / Griffiths / Tiffin 1989) verwandte Form, die auch in prämodernen Epochen die Möglichkeit einer indirekten antihegemonialen Praxis des Schreibens konzipieren lässt, vgl. Bachmann-Medick (1994).

vertreten durch die Übersetzerin Malinche, die Eigenwertigkeit der Sprachprozesse des Kolonialtexts offenlegt, besonders bei Sor Juana Inés de la Cruz. Margo Glantz zeigt, wie in Texten der *décima musa* die Sprache als *lengua*, d. h. als Metonymie des Körpers, operiert. Die Kreativität des durch Transferprozesse erzeugten ‚Zieltexts' und der transtextuellen Imitation (nach Genette) äußert sich als indirekte (ironische) Kritik des hegemonialen (und im Falle von Sor Juana auch patriarchalischen) Systems, das in der Neuen ebenso wie in der Alten Welt besteht.[45]

Sowohl im Sinne konkreter Übertragungen einer Sprache in die andere als auch im Sinne des intertextuell erfolgenden Kulturtransfers kann die Analyse der Übersetzungsprozesse zur schärferen Wahrnehmung ironischer Momente führen, die im Ausgangstext aufgrund nationaler Selbstbilder und / oder – wie im Spanien der Gegenreformation – infolge politischer Zensur monokulturell nicht rezipiert werden können. Tendiert die nationale Geschichtsschreibung zur Homogenität nationaler Bilder und zur historischen Mythenbildung besonders dann, wenn historische Krisen kompensiert werden müssen,[46] so enthält die Produktivität der kulturellen Übersetzung den Keim der Ironie gegenüber jedweder nationalen Auslegung der Kultur. Als kreatives Medium impliziert die Übersetzung potentiell eine ironische Arbeit gegenüber dem Original, eine Ironie, die durch die Bipolarität der in den Zieltext eingehenden Sichten und durch die Differenzleistung der Übersetzung entsteht. Das bei Arreola beobachtete Verfahren der Demontierung kultureller Mythen durch die Hervorhebung der Kultur als übersetzte Kultur lässt sich auch in Texten von historischen Epochen feststellen, die von der Geschichtsschreibung im Sinne der Konstruktion nationaler Bilder gedeutet wurden. In *Tradiciones peruanas*,[47] den Chroniken des peruanischen Schriftstellers Ricardo Palma, wird

---

[45] Die Imitation des *auto sacramental El vergonzoso en palacio* (1621) des spanischen Geistlichen Tirso de Molina durch Sor Juanas *El divino Narciso* (1690) legt auch das antireformatorische Potential des spanischen Textes offen.

[46] Zur These der historischen Bilder der Literatur als Kompensation der Geschichte vgl. Gumbrecht / Sánchez (1983) Eine solche These muss auch auf die lateinamerikanische Geschichtsschreibung bezogen werden.

[47] Erschienen 1875–78, 1906, 1911.

mit der Herabsetzung der historischen Mythen Spaniens auch die Demontierung der nationalen Ursprungsfrage Perus angestrebt.⁴⁸ In vielen Texten des 19. Jahrhunderts wird *Don Quijote* von Miguel de Cervantes als derjenige Anschlusstext gepriesen, auf den sich der kulturelle Text des unabhängigen Amerikas gründet. Der Dialog der Kulturen wird dabei als Austausch der Blicke zwischen den Welten und als Kreativitätsfunken dargestellt, der territoriale Grenzen überwindet. Inhaltlich übernimmt zwar Lateinamerika das utopische Potential des Textes von Cervantes, das auch gegenüber dem imperialistischen Spanien kritisch ist, interessant ist indes die Inszenierung des Dialogs zwischen der Alten und der Neuen Welt im Augenblick der Über-Setzung spanischer Utopien in die Neue Welt.⁴⁹

Die Beachtung der Ironie, die aus der Parodie des zitierten Wortes oder aus der Bipolarität der Perspektive entsteht, kann zu einer Revision der Literaturgeschichte sowohl Lateinamerikas als auch Spaniens führen. Der ‚übersetzte' Cervantes blickt aus der Neuen Welt kritisch zurück auf Spanien – wie einst der schiffbrüchige Spanier Cabeza de Vaca.⁵⁰ Das Bild von Cervantes als ‚reinem Ursprung' des Realismus in Spanien oder als Emblem für die Kontinuität einer essentiell romantischen Gestalt des tragischen Spanien könnte ebenso revidiert werden wie Tirso de Molinas ‚antireformatorisches' Theater und vieles andere in der spanischen Geschichtsschreibung.⁵¹

---

⁴⁸ Bei einer kostumbristischen Skizze, bei der die Kritik der Gegenreformation das Thema ist, verbindet Ricardo Palma diese Frage mit der nationalen Identität, einer Frage, bei der die Ironie sich gegen Peru und nicht gegen Spanien wendet, vgl. Borsò (1998).

⁴⁹ Ich beziehe mich u. a. auf ein Gedicht des mexikanischen Romantikers Ignacio Rodríguez Galbán mit dem Titel „El anciano y el mancebo"; vgl. Borsò (1998).

⁵⁰ Vgl. die Analyse von Glantz zu *Naufragios* (1542) des Spaniers Alvar Núñez Cabeza de Vaca, der sich kritisch gegenüber den barbarischen Sitten des spanischen Mutterlandes äußert, vgl. Glantz (1992). Weitere Kolonialtexte wären in dieser Hinsicht zu untersuchen. Dieter Janik hat die indirekte Kritik der Eroberung im chilenischen Epos *La Araucana* untersucht, vgl. Janik (1992). Interessant wäre u.v. a. die Analyse der Ironie bei der Darstellung der Namensnennung Perus als linguistisches Missverständnis durch Garcilaso de la Vega, genannt *El Inca*, vgl. Vega (1976: 5 f.).

⁵¹ Anhand einer bipolaren Betrachtung der Literaturgeschichte in Spanien und Lateinamerika zeigt González Echevarría verschiedene Momente einer irritierenden Sicht auf die nationale Literaturgeschichtsschreibung (z. B. in Bezug auf die ‚Reinheit' der Gattung des spanischen Romans bei Cervantes und dessen vermeintlichen Realismus oder in Bezug auf die ‚Authentizität' des spa-

5 Für eine Literaturgeschichte als Geschichte des kulturellen Transfers

Die unterschiedliche Behandlung der Übersetzungsphänomene der Kolonialliteratur in den verschiedenen Phasen der Geschichtsschreibung macht auf unterschiedliche Formen der Problematisierung historischer Krisen aufmerksam,[52] die genealogischen Charakter haben,[53] die aber in der Historiographie durch die Emanzipationsbestrebungen der sich konstituierenden Nationen und durch die entstehende nationale Identitätsbildung überlagert wurden. Übersetzung und kultureller Transfer fungieren zum einen als epistemologisches Modell und sind zum anderen auf Objektebene zu untersuchen.

Im Transferprozess kann einmal die Genealogie von Nationalstereotypen der am Transfer beteiligten Literaturen und Kulturen identifiziert werden. Genealogisch erfasst man kulturelle Übergänge, bei denen Alteritäts- und Alienisierungsbilder,[54] die als Antwort auf Krisen der Nationalgeschichte und als ihre Problematisierung zu werten sind, produziert werden. Dabei ist die in der Literaturwissenschaft oft vernachlässigte Übersetzungskritik ein wertvolles Instrument für die Deutung historischer Rezeptionsprozesse fremder und eigener Literaturen bzw. ihrer Alteritätsbilder.[55] Zum anderen führt die Beob-

---

nischen Theaters von Lope de Vega), vgl. González Echevarría (1993). Zu Tirso de Molina vgl. Borsò (1996).

[52] Für Lateinamerika lässt sich diese These folgendermaßen ausführen: Die Rolle der Eroberung und der Unabhängigkeit kann nicht in Funktion von jeweils abgeschlossenen Epochen aufgefasst werden. Die Unabhängigkeit ist vielmehr die Antwort auf die Krise der Eroberung, eine Krise, die keineswegs mit der Unabhängigkeit überwunden wurde. Diese besteht, solange die Geschichtsschreibung essentialistische Antworten im Hinblick auf die Identität und Geschichte Amerikas suchte.

[53] Foucault bezeichnet mit Genealogie die Problematisierung historischer Krisen. Diese wiederholen sich in diskontinuierlicher Weise. ‚Archäologie' meint dabei die Formen, durch die sich die Problematisierungen ausdrücken. Damit versucht Foucault Geschichte nicht als kohärentes System historischer Diskurse zu denken. Zur ‚Genealogie' vgl. Foucault (1984); zum Konzept der Problematisierung vgl. Foucault (1994).

[54] Vgl. Turk (1993).

[55] Zu den Ansätzen einer übersetzerischen Rezeptionsgeschichte argentinischer Literatur in Deutschland bezüglich Borges vgl. Gerling (1995) und bezüglich Cortázar vgl. die Diplomarbeit im Studiengang „Literaturübersetzen" an der Heinrich-Heine-Universität Düsseldorf von Björn Goldammer: *Probleme der übersetzerischen Rezeption in Erzählungen Julio Cortázars* (1996).

achtung konkreter Übersetzungsphänomene auf Objektebene zur Auslotung von Paradoxien, die zur Revision von Homogenitätsansprüchen nationaler historischer Bilder einladen.[56] Dies wurde anhand der Ironie als Indikator bestimmter Brüche im homogenen Nationalbild der Kultur erläutert. Schließlich kann auch die Tatsache für die Historiographie zum Tragen kommen, dass kultureller ‚Transfer' mehr als nur räumliche Verlagerung impliziert. Weil bei Kulturkontakten die ursprüngliche Identität in beiden Richtungen verändert wird, geht es bei der Geschichtsschreibung darum, den wechselseitigen Fluss der kulturellen Prozesse in die historische Analyse einzubeziehen und damit die Geschichtsschreibung von nationalhistorischen Mythen zu entkoppeln. Diese These wurde an der Kolonialkultur illustriert.

Eine Kritik fundierender historischer Mythen[57] wird vom aktuellen historischen Roman Lateinamerikas durchgeführt. Seit den 70er Jahren haben historische Romane die Ironie zu einem wichtigen Prinzip erhoben,[58] und zwar zur Demontierung historischer Utopien bzw. nationaler Unabhängigkeitsmythen. Aber auch die Selbstironie als metaliterarische Kritik an jenen utopischen Geschichtsbildern, mit denen die Romane des Booms bis zu den 70er Jahren die ‚historische Leere' Lateinamerikas zu füllen versuchten, ist ein wichtiges Mo-

---

[56] Die Produktivität einer Hermeneutik der Hindernisse und des Missverständnisses bei einer Kultur, die als Übersetzung verstanden wird, hat Doris Bachmann-Medick mit Bezug auf die Migrationsmetapher Homi Bhabhas und als Kritik der Vereinheitlichung und Kommunikabilitätsannahmen kultureller Globalisierungsmodelle mit aller Klarheit deutlich gemacht, vgl. Bachmann-Medick (1994: 601 f.). Eine solche Hermeneutik ist insoweit prozessorientiert, als sie den Supplementen des literarischen Schreibens bzw. den ‚Überschreibungen' Rechnung trägt (ebd.: 605).

[57] Die Dringlichkeit einer solchen Kritik postuliert erneut Juan Goytisolo (1996: 12) im Hinblick auf Spanien: „Los mitos fundadores de una nación tienen la piel dura: aun desahuciados por la crítica demoledora de sus falsificaciones sucesivas e interpolaciones flagrantes, siguen ofuscando a algunos historiadores contemporáneos y se perpetúan en los manuales de enseñanza por pereza y rutina, debido a la incomodidad y esfuerzo que ocasionaría un nuevo y perturbador planteamiento de la realidad historiable."

[58] Ich beziehe mich z. B. auf *Yo el Supremo* von Augusto Roa Bastos (1974), *El otoño del patriarca* (1975) und *El general en su laberinto* (1989) von Gabriel García Márquez, *Lope de Aguirre, Príncipe de la libertad* (1979) von Miguel Otero Silva, *La ceniza del Libertador* (1987) von Fernando Cruz-Kronfly, *La nieve del Almirante* (1986), *La última escala del Tramp Steamer* (1988) und *Un bel morir* (1989) von Álvaro Mutis. Die subjektive Ausgestaltung der Schicksale, oft verbunden mit einem autobiographischen Diskurs (z. B. Mutis), ist eines der Mittel der Infragestellung nationaler Mythen. In Spanien gilt dies seit der *postransición*, d. h. seit den 1980er Jahren.

ment. Statt krisenhafte Momente der Geschichte durch Kompensation zu vertiefen,[59] setzt sich die Literatur dieser Jahrhundertwende mit der Genealogie der Krisen kritisch auseinander.

Eine bipolare Literaturgeschichte, die kulturelle Übertragungen berücksichtigt, könnte die Ironieeffekte und die wechselseitige Wirkung auf Nationalidentitäten in Betracht ziehen und die verborgene transkulturelle Genealogie homogener historischer Bilder reflektieren. Erst eine solche Geschichtsschreibung kann einen angemessenen Beitrag zu einer ‚postkolonialen' Phase der Lateinamerikanistik leisten. Die seit den 1980er Jahren auch in Lateinamerika entstandene Kritik monokultureller Theorien, die Einsicht in die grundsätzliche Bedeutung von kulturellen Übertragungsprozessen bei der Definition von Kultur überhaupt, die Studien zur Interkulturalität usw. beziehen sich vornehmlich auf synchrone Kulturbilder moderner Gesellschaften. Die historische Aufarbeitung der Kulturgeschichte Lateinamerikas und Spaniens als (positive) Geschichte wechselseitiger kultureller Transferprozesse – statt der bisherigen, aufgrund von Abgrenzungen erfolgten Geschichtsschreibung – wäre ein mögliches und, angesichts der Internationalisierung der Kultur, wünschenswertes Resultat.

Bibliographie

ARREOLA, Juan José (1980). *Confabulario personal*. Barcelona: Bruguera.
ARREOLA, Juan José (1980a): *Confabularium*, üb. von Kajo NIGGESTICH. Frankfurt am Main: Suhrkamp.
ARREOLA, Juan José (1972). *Bestiario*. Mexiko Stadt: Joaquín Mortiz.

---

[59] Dies tut – z. B. nach Meinung von González Echevarría – Carlos Fuentes in *Terra nostra* (1975). In diesem Roman verwirklicht die Hauptfigur Peregrino-Quetzalcóatl-Cortés die mythische Utopie einer Konvergenz aller Zeiten und Orte des *mare nostrum* in der Neuen Welt. Als Antwort auf die doppelte Negation, mit der Paz in *El laberinto de la soledad* die mexikanische Identität definiert hatte (Paz 1950: 133), bietet der aufgeklärte Kosmopolit Fuentes die doppelte Affirmation. Dies ist das suggestive Modell eines zwischen den Hügeln der Colonia San Jerónimo in Mexiko Stadt, Harvard, Madrid, London, Paris, Rom, Berlin usw. schwebenden Intellektuellen. Ein solches Identitätsbild, das aus der Projektion eines zukünftigen Heils auf einen utopischen, d. h. in Ort und Zeit nicht festgelegten Punkt der Rettung europäischer Utopien durch die hispanoamerikanische Kultursynthese besteht, hebt das Paradigma eines auf dem heilsgeschichtlichen Modell gründenden Identitätsdiskurses nicht auf, sondern vollendet es lediglich, vgl. Borsò (1990).

ARREOLA: Juan José (1963). *La feria.* Mexiko Stadt: Joaquín Mortiz.
ARREOLA, Juan José (1952). *Confabulario.* Mexiko Stadt: FCE.
ARREOLA, Juan José (1949). *Varia invención.* Mexiko Stadt: FCE.
ARROM, José Juan (1980). *Certidumbre de América.* Havanna: Letras Cubanas.
ASHCROFT, Bill / GRIFFITHS, Gareth / TIFFIN, Helen (1989). *The Empire Writes Back: Theory and Practice in Post-Colonial Literatures.* London: Routledge.
BACHMANN-MEDICK, Doris (1994). „Multikultur oder kulturelle Differenzen? Neue Konzepte von Weltliteratur und Übersetzung in postkolonialer Perspektive", *Deutsche Vierteljahresschrift* 4, 585–612.
BASAVE BENÍTEZ, Agustín F. (1992). *México mestizo. Análisis del nacionalismo mexicano en torno a la mestizofilia de Andrés Molina Enríquez.* Mexiko Stadt: FCE.
BENJAMIN, Walter (1980). „Die Aufgabe des Übersetzers", in: *Illuminationen. Ausgewählte Schriften,* hg. von Siegfried UNSELD. Frankfurt am Main: Suhrkamp, 50–62.
BENJAMIN, Walter (1972). „Einbahnstraße", in: *Gesammelte Schriften,* hg. von Tillmann REXROTH, Bd. 4.1. Frankfurt am Main: Suhrkamp, 83–148.
BHABHA, Homi K. (1994). *The Location of Culture.* London / New York: Routledge.
BORSÒ, Vittoria (1998). „Barroco, criollismo y la formación de la conciencia nacional. Reflexiones sobre el Perú y México", in: Dieter JANIK (Hrsg.): *La literatura en la formación de los Estados hispanoamericanos (1800–1860).* Frankfurt am Main: Vervuert, 143–177.
BORSÒ, Vittoria (1996). „Who is Afraid of Lord Byron? Spain's Intricate Relationship toward the Returning of ‚Don Juan'", in: Michael GASSENMEIER ET AL. (Hrsg.): *The Literary Reception of British Romanticism on the European Continent: Papers Delivered at 6th International Symposium of the ‚Gesellschaft für englische Romantik'.* Essen: Die blaue Eule, 48–59.
BORSÒ, Vittoria (1994). „Estrategias de mitificación de las imágenes de Norteamérica en la mexicanidad", in: Alberto MONCADA LORENZO / Carmen FLYS JUNQUERA / José Antonio GURPEGUI PALACIOS (Hrsg.): *El poder hispano.* Alcalá de Henares: Universidad de Alcalá de Henares, 353–366.
BORSÒ, Vittoria (1994a). *Mexiko jenseits der Einsamkeit. Versuch einer interkulturellen Analyse – Kritischer Rückblick auf die Diskurse des Magischen Realismus.* Frankfurt am Main: Vervuert.
BORSÒ, Vittoria (1991). „Utopie des kulturellen Dialogs oder Heterotopie der Diskurse?", in: Klaus W. HEMPFER (Hrsg.). *Poststrukturalismus, Dekonstruktion, Postmoderne.* Stuttgart: Franz Steiner, 95–117.
BORSÒ, Vittoria (1990). „Pepsicóatl o la duplicidad de la cultura mexicana", *Noesis* 3, 58–67.
CALI, François (1960). *L'art des conquistadors.* Paris: Arthaud.

Céspedes del Castillo, Guillermo (1984). *América hispánica (1492–1898)*, in: Manuel Tuñón de Lara (Hrsg.) *Historia de España*, Bd. 6. Barcelona: Labor.
Cortázar, Julio (1979). *Ende des Spiels*, üb. von Wolfgang Promies. Frankfurt am Main: Suhrkamp.
Cruz, Sor Juana Inés de la (2006): *El divino Narciso*, hg. von Robin Ann Rice. Pamplona: EUNSA.
Cruz-Kronfly, Fernando (1987). *La ceniza del Libertador*. Bogotá: Planeta.
Ette, Ottmar (1996). „¿Heterogeneidad cultural y homogeneidad teórica? Los ‚nuevos teóricos culturales' y otros aportes recientes a los estudios sobre la cultura en América Latina", *Notas* 3/1, 2–17.
Foucault, Michel (1994). „Polémique, politique et problématisations", in: *Dits et écrits, 1954–1988*, hg. von Daniel Defert / François Ewald, Bd. 4: *1980–1988*. Paris: Gallimard, 591–598.
Foucault, Michel (1984). *Histoire de la sexualité*, Bd. 2: *Le souci de soi*. Paris: Gallimard.
Foucault, Michel (1969). *L'archéologie du savoir*. Paris: Gallimard.
Fuentes, Carlos (1975). *Terra nostra*. Mexiko Stadt: Joaquín Mortiz.
Gaignebet, Claude (1974). *Le Carnaval. Essais de mythologie*. Paris: Payot.
García Canclini, Néstor (1990). *Culturas híbridas. Estrategias para entrar y salir de la modernidad*. Mexiko Stadt: Grijalbo.
García Márquez, Gabriel (1989). *El general en su laberinto*. Madrid: Mondadori.
García Márquez, Gabriel (1982). *Hundert Jahre Einsamkeit*, üb. von Curt Meyer-Clason. Köln: Kiepenheuer & Witsch.
García Márquez, Gabriel (1975). *El otoño del patriarca*. Barcelona: Plaza & Janes.
Glantz, Margo (Hrsg.) (1994). *La Malinche, sus padres y sus hijos*. Mexiko Stadt: UNAM.
Glantz, Margo (1992). *Borrones y borradores. Reflexiones sobre el ejercicio de la escritura*. Mexiko Stadt: UNAM.
Görling, Reinhold (1997). *Heterotopia. Lektüren einer interkulturellen Literaturwissenschaft*. München: Fink.
González Echevarría, Roberto (1993). *Celestina's Brood: Continuities of the Baroque in Spanish and Latin American Literature*. Durham, NC / London: Duke University Press.
Goytisolo, Juan (1996). „Los mitos fundadores de la nación", *El País* 14.9.1996, 12.
Gumbrecht, Hans Ulrich / Sánchez, Juan José (1983). „Geschichte als Trauma / Literaturgeschichte als Kompensation. Ein Versuch, die Geschichte spanischer Literaturgeschichtsschreibung (vornehmlich des 19. Jhs.) als Problemgeschichte zu erzählen", in: Bernhard Cerquiglini / Hans Ulrich Gumbrecht (Hrsg.). *Der Diskurs der Literatur- und Sprachhistorie*. Frankfurt am Main: Suhrkamp, 333–366.
Hatzfeld, Helmut (1966). *Estudios sobre el Barroco*. Madrid: Gredos.

HATZFELD, Helmut: (1961). *Der gegenwärtige Stand der romanistischen Barockforschung.* München: Verlag der Bayerischen Akademie der Wissenschaften.

HEGEL, Georg Friedrich (1970). *Vorlesungen über die Philosophie der Geschichte,* hg. von Eva MOLDENHAUER, in: *Werke,* Bd. 12. Frankfurt am Main: Suhrkamp.

HEMPFER, Klaus (1995). „Zur Ethik der Kulturwissenschaften: Michel Foucault und Emmanuel Levinas", *kultuRRevolution* 31, 22–30.

HENRÍQUEZ UREÑA, Pedro (1984). *Estudios mexicanos.* Mexiko Stadt: FCE.

HERNÁNDEZ-SÁNCHEZ BARBA, Mario (1981). *Historia de América.* Madrid: Alhambra.

JANIK, Dieter (1992). *Stationen der spanischamerikanischen Literatur- und Kulturgeschichte. Der Blick der anderen – der Weg zu sich selbst.* Frankfurt am Main: Vervuert.

MATZAT, Wolfgang (1992). „Conquista und diskontinuierliche Geschichte. Alternative Identitätsentwürfe in der argentinischen Essayistik", in: Wolfgang MATZAT / Marga GRAF / Michael RÖSSNER (Hrsg.). *Kolumbus und die Lateinamerikanische Identität.* Kassel: Edition Reichenberger, 7–20.

MOLINA, Tirso de (1971). *El vergonzoso en palacio,* hg. von Francisco AYALA. Madrid: Castalia.

MORAÑA, Mabel (1994). *Relecturas del Barroco de India.* Hannover, NH: Ediciones del Norte.

MORAÑA, Mabel (1988). „Barroco y conciencia criolla en Hispanoamérica", *Revista de Crítica Literaria Latinoamericana* 28, 229–251.

MUTIS, Álvaro (1990). *La última escala del Tramp Steamer.* Madrid: Mondadori.

MUTIS, Álvaro (1989) *Un bel morir.* Madrid: Mondadori.

MUTIS, Álvaro (1987). *La nieve del Almirante.* Madrid: Alianza Editorial.

NÚÑEZ CABEZA DE VACA, Álvar (1985). *Naufragios.* Madrid: Historia 16.

OJEDA, Jorge Arturo (1972). *Mujeres, animales y fantasías mecánicas.* Barcelona: Tusquets.

OTERO SILVA, Miguel (1985). *Casas muertas. Lope de Aguirre, príncipe de la libertad,* hg. von José Ramón MEDINA / Efraín SUBERO. Caracas: Biblioteca Ayacucho.

ORTEGA Y GASSET, José (1983). „Hegel y América", in: *Obras completas,* Bd. 2. Madrid: Alianza Editorial, 563–576.

PALMA, Ricardo (1951). *Tradiciones peruanas.* Madrid: Espasa-Calpe.

PAZ, Octavio (1991). *Sor Juana Inés de la Cruz oder die Fallstricke des Glaubens,* üb. von Maria BAMBERG. Frankfurt am Main: Suhrkamp.

PAZ, Octavio (1982). *Sor Juana Inés de la Cruz o las trampas de la fe.* Mexiko Stadt: FCE.

PAZ, Octavio (1971). *Traducción: literatura y literalidad.* Barcelona: Tusquets.

PAZ, Octavio (1970). *Das Labyrinth der Einsamkeit,* üb. von Carl HEUPEL, Freiburg: Walter Ollen.

Paz, Octavio (1950). *El laberinto de la soledad*. Mexiko Stadt: FCE.
Picón Salas, Mariano (1944). *De la Conquista a la Independencia*. Mexiko Stadt: FCE.
Rama, Ángel (1984). *La ciudad letrada*. Hannover, NH: Ediciones del Norte.
Reyes, Alfonso (1984). *Letras de la Nueva España*. Mexiko Stadt: FCE.
Roa Bastos, Augusto (1974). *Yo el Supremo*. Buenos Aires: Siglo XXI.
Sahagún, Fray Bernardino de (1989). „Prólogo" zu: *Historia General de las cosas de Nueva España*, in: Dieter Janik / Wolf Lustig (Hrsg.). *Die spanische Eroberung Amerikas. Akteure, Autoren, Texte*. Frankfurt am Main: Vervuert, 95–96.
Schneider, Luis Mario (Hrsg.) (1987). Octavio Paz. *México en la obra de Octavio Paz*, Bd. 2: *Generaciones y semblanzas*. Mexiko Stadt: FCE.
Spivak, Gayatri Chacravorti (1988). „Can the Subaltern Speak?", in: Cary Nelson / Lawrence Grossberg (Hrsg.). *Marxism and the Interpretation of Culture*. Urbana: University of Illinois Press, 271–313.
Todorov, Tzvetan (1985). *Die Eroberung Amerikas. Das Problem des Anderen*, üb. von Wilfried Böhringer. Frankfurt am Main: Suhrkamp.
Turk, Horst (1993). „Alienität und Alterität als Schlüsselbegriffe einer Kultursemantik. Zum Fremdheitsbegriff der Übersetzungsforschung", in: Alois Wierlacher (Hrsg.). *Kulturthema Fremdheit. Leitbegriffe und Problemfelder kulturwissenschaftlicher Fremdheitsforschung*. München: Iudicium, 173–197.
Vega, Garcilaso de la (1976). *Comentarios reales*, hg. von Aurelio Miró Quesada, Bd. 1. Caracas: Biblioteca Ayacucho.
Vidal, Hernán (1985). *Socio-historia de la literatura colonial hispanoamericana: tres lecturas orgánicas*. Minneapolis: Institute for the Study of Ideologies and Literatures.

Der Mythos und die Ethik des Anderen.
Überlegungen zum Verhältnis von Mythos und Geschichte im hispanoamerikanischen Roman*

Mythos und Identität sind Grundpfeiler abendländischer Geistesgeschichte, die im Kontext des sogenannten *Booms* im Zentrum der Forschungsliteratur zur Eigentlichkeit der hispanoamerikanischen Kultur standen. Der Mythos galt dabei als Werkzeug einer alternativen, authentischen Logik und diente zur Bildung des kollektiven Gedächtnisses. Auch die Hispanoamerikaner haben sich die abendländische Opposition zwischen Mythos und Logos zu eigen gemacht und in der mythisch begründeten, alternativen Logik eine Möglichkeit gesehen, in den Dialog der Kulturen einzutreten. Das Konzept der ‚mythischen Identität' markierte gemeinhin die kulturelle Autonomie Amerikas.

Die Andersartigkeit der lateinamerikanischen Literatur ‚mythisch' zu nennen, ist aber eine Aporie.[1] Epistemische Bedingungen europäischer Diskurse werden für die Beschreibung eines Phänomens zugrunde gelegt, das man als ontologisch ‚anders' zu verstehen wünscht. Dies ist eine inzwischen geläufige These. Erst in den 80er Jahren wurde jedoch die Auslegung des Mythos einer diskursanalytischen Kritik unterzogen. Diese methodische Entscheidung kann als eine Antwort auf die literarischen Werke gewertet werden, denn durch die Transposition in einen literarischen Text wird der Mythos ästhetisch verwandelt.[2] Die Ausdrucksebene erhält eine besonders wichtige Funktion, die über die Interpretation der Werke als Träger von mythischem Bewusstsein hinausgeht. Nicht selten tritt der Mythos als Diskurs auf,[3] mit dem die literarischen Texte gleichsam ludisch-kritisch umgehen.

---

* Dieser Artikel erschien zuerst in: Karl Hölz et al. (Hrsg.). *Sinn und Sinnverständnis. Festschrift für Ludwig Schrader zum 65. Geburtstag*. Berlin: Erich Schmidt Verlag 1997, 252–267. Wir danken dem Erich Schmidt Verlag für die freundliche Druckgenehmigung.

[1] Zur Kritik der Implikationen mythischer Identitätsdiskurse vgl. Kapitel II in: Borsò (1994).

[2] Vgl. auch zur Nieden (1993).

[3] In Bezug auf Juan Rulfo spricht Ruffinelli von einer Spannung zwischen Fiktionalisierung und mythischem Denken, das dazu diene, eine „distancia critica y lúcida" zu erzeugen, vgl. Ruffinelli (1980: 126). Nur als Beispiel: Mit dem Diskurs des Lehrers in der Erzählung „Luvina" stilisiert Rulfo die Darstellung der mythischen Zeit und des mythischen Ortes ganz im Sinne der philosophischen und anthropologischen Theorien des Mythos, etwa von Cassirer oder Lévi-Strauss.

Im Folgenden gehe ich auf die Funktion des Mythos beim Aufbau des historischen Gedächtnisses Hispanoamerikas ein. Wenn ich erneut auf die kritische Seite des Mythos zurückkomme, so auch deshalb, um produktive Aspekte des Mythos zum Vorschein zu bringen: Die Möglichkeit, mit dem Mythos eine Ethik des Anderen zu konzipieren. Die Liebe für die Andersheit der anderen Kultur ist – so glaube ich – auch das bemerkenswerte Ethos, das dem großen Interesse des Jubilars am Auftreten des Mythos im lateinamerikanischen Roman zugrunde liegt.[4]

1 Ursprungsmythos und historisches Bewusstsein

Der Ursprung nimmt in der hispanoamerikanischen Identitätsdiskussion die Gestalt des romantischen Naturmythos an, dem zufolge der Urzustand der Kultur ohne historische Schuld wiederhergestellt werden sollte.[5] Doch können Ursprungsmythen schon aus Gründen der Überlieferung nicht als Indiz eines ‚reinen' Ursprungs gelten, wobei sich ‚rein' sowohl auf die Zeit vor der ‚Schuld' der Eroberung als auch auf die Unabhängigkeit von Europa bezieht. Beim *Popul Vuh*[6] ebenso wie beim Großteil der anderen präkolumbischen Traditionen[7] handelt es sich um eine Vermischung präkolumbischer Urmythen mit dem Christentum und damit generell mit abendländischen Texten, die sich im Zuge der Niederschrift nach der Eroberung ergab. Darauf hat auch Miguel

---

[4] Vgl. z. B. Schrader (1984; 1986; 1994).

[5] Dass diese Auslegung des Rousseauschen Konzepts des ‚état naturel' ein Missverständnis ist, hat Starobinski (1971) deutlich gemacht. Vgl. auch Borsò (1997).

[6] Die Überlieferung des *Popul Vuh* ist labyrinthisch: Vermutlich zwischen 1550 und 1560 durch einen gewissen Diego Reynoso in Quiche mit lateinischen Buchstaben geschrieben, wurde *La biblia de los indios* durch den Dominikaner-Pater Francisco Ximenes am Anfang des 18. Jh. ins Spanische übertragen und erst in französischer Übersetzung (eher Interpretation) nach Europa importiert. Schon bei Pater Ximenes spricht Asturias davon, dass während der Übersetzung der Pater „explicaba las extrañas aproximaciones de la llamada biblia quiche a la santa biblia" (Asturias 1972: 283). Zur Überlieferungsgeschichte vgl. auch Moreno-Durán (1988).

[7] Angesichts der Tatsache, dass die ‚originalen' Zeugnisse als verloren gelten („Hay que lamentar como irremediable la pérdida de la poesía indígena mexicana" [Reyes 1983: 25]) und die indianische Kultur nur noch als Literatur rekonstruiert werden kann, stellt schon Reyes im IV. Teil des berühmten Essays „Visión de Anáhuac" (Reyes 1915) die Wiederfindung eines ‚reinen' historischen Ursprungs in Frage. Vgl. auch Borsò (1992).

Ángel Asturias in Bezug auf die Übertragung des Genesis-Mythos der Quiché hingewiesen.[8] In der Beschreibung des mesoamerikanischen Genesismythos durch Asturias ist insgesamt nichts vom mythisch denkenden *bon sauvage*[9] zu finden, der die europäische Suche nach Exotik seit der Entdeckung Amerikas begleitet. Vielmehr distanziert sich Asturias[10] durch den Verweis auf die im Genesismythos bestehenden Erzählungsschichten von der Vorstellung eines transparenten, wahrsagenden Diskurses. Der Text des Genesis-Mythos des *Popul Vuh* ist durch die vielen Übersetzungen verdunkelt.[11] Dabei sind nicht nur die kulturellen Übersetzungen im Rahmen der Kolonisation, sondern auch die der Gesänge, der ersten Überlieferung und medialen Transposition in Kunstmythen gemeint.

Mit einer mythischen Antwort auf die Herausforderungen der Geschichte meinte Hispanoamerika, auch eine produktive Alternative zur teleologischen Geschichtsauffassung angeboten zu haben.[12] Diese Annahme ist aber eher das Zeichen einer epistemologischen Akkulturation, wird doch das Eigenständige paradoxerweise durch die Übernahme der abendländischen Opposition zwischen Mythos und Geschichte bestimmt. Solche diskursiven Vorgaben haben indes wichtige Aspekte nicht nur von Primärwerken, sondern auch von Theorien ausgeblendet. Schon früh hatte beispielsweise die Anthropologie versucht, die Richtung des Dialogs zwischen der Zivilisation und ‚dem Anderen' umzukehren.[13] Mircea Eliade kritisierte etwa die Vernunft aus der Sicht des

---

[8] „Han dejado de ser pintura y canto, gracias a la sabiduría de aquel fraile benemérito, y se escribe para que ‚su faz no esté oculta al pensador', oculta antes tras el velo de la pintura, y oculta ahora tras los caracteres latinos" (Asturias 1972: 282).

[9] Zur Konstruktion dieses Mythos in Lateinamerika vgl. Rössner (1988).

[10] Auch den Roman *Hombres de maíz* liest der guatemaltekische zeitgenössische Schriftsteller und Kritiker Jorge Mario Martínez als paradoxale, karnevaleske Ironisierung von Mythos und Identität, vgl. Martínez (1990).

[11] „Concedemos la mayor importancia al hecho de que el Padre Ximenes se haya ceñido lo bastante para hacer oscuro su castellano, al texto quiche porque al hacerlo cedía a la belleza literaria del Popol-Vuh, y al ceder que era conceder, dejaba en suspenso por momentos su condición religiosa" (Asturias 1972: 283).

[12] Diese These geht u. a. auf Paz (1956) zurück.

[13] Der französische Ethnologe Michel Leiris hatte beispielsweise in seinen Tagebüchern (Leiris

Mythos, als er die mythische Fundierung philosophischer Geschichtsbegriffe aufzeigte.[14] Der kategoriale Unterschied zwischen Naturmythos und Geschichte wird damit ebenso problematisch wie die Opposition zwischen archaischen und modernen Gesellschaften, eine Opposition, die nicht länger als distinktives Merkmal der Kultur gelten kann. Weiterhin tilgt der Mythos als alternative Form zur abendländischen Geschichtsphilosophie oder als Projektion utopischen Seins die (sozialen, ethischen, ideologischen) Konflikte der Gegenwart. Diese werden in die mythische Bildung einer vergangenen und zukünftigen abstrakten Einheit der Kultur nivelliert.

Diese ersten Überlegungen mögen genügen, um die Notwendigkeit einer in der Forschungsliteratur inzwischen auch gängigen Problematisierung des Mythos anzudeuten. In meinem Beitrag möchte ich auf das Verhältnis zwischen Mythos und Geschichte und auf einige Besonderheiten dieses Verhältnisses in Hispanoamerika eingehen. Eine ‚mythische' Lösung des historischen Problems der ‚Neuen Welt' ist ahistorisch.[15] Dies lässt sich am wichtigsten mesoamerikanischen Mythos des wiederkehrenden Gottes Quetzalcóatl, des wichtigsten Zivilisationsgottes Mesoamerikas, besonders deutlich illustrieren.

2 Der Mythos der Wiederkehr

Der Mythos der Wiederkehr hat eine utopische und eine regressive Seite.[16] In ‚mythischen Utopien', die ich von utopischen Mythen unterscheiden möchte,[17] verbinden sich Utopie und Wiederkehr des Ursprungs in problematischer

---

1934) gezeigt, dass die Begegnung mit dem Anderen zur Irritation der Sicherheiten des Selbst führt, vgl. Heinrichs (1988).

[14] Eliade wandte sich damit gegen Hegels Geschichtsphilosophie des dialektischen Fortschritts (Eliade 1986: 102).

[15] Vgl. die Kritik von Aguilar Mora an der Verbindung von Mythos und Geschichte durch Paz (Aguilar Mora 1978). Zu einer detaillierten Behandlung der Problematik von Mythos und Geschichte in Bezug auf Mexiko vgl. Borsò (1997a).

[16] Ausgehend von Nietzsches Dionysos-Mythos zeigt Ernst Bloch die Ambivalenz des Mythos der Wiederkehr, vgl. Frank (1982).

[17] Entsprechend der Terminologie von Bloch handelt es sich um die *un*-gewordene oder die *ur*-gewordene Geschichte, vgl. Bloch (1973).

Weise. Relativiert die Dialektik von Vergangenheit und Zukunft in ‚utopischen Mythen' die Idee des Ursprungs, so dass die Utopie der Wiederkehr ein zeitlich und räumlich uneinholbares Ziel bleibt,[18] so fixiert sich dagegen in ‚mythischen Utopien' eine für ‚ursprünglich wahr' gehaltene Form des Mythos, die der Gegenwart den Schein einer ewigen Sinnevidenz verleiht. Mythisierungsprozesse, die daraus folgen, schalten das kritische Ethos aus.[19] Die mythische Arbeit idealisiert den Zeitpunkt des Anfangs als vollendete Geschichte menschlichen Ursprungs; der Mythos erhält die regressiv wirkende Gestalt des urtümlich Wahren. Anstrengungen historischen Denkens scheitern an dieser übermächtigen Form der Fixierung archaischer Strukturen. Der Mythos festigt sich dabei zu einem Wahrheitsdiskurs,[20] der eine Historisierung des Denkens nicht mehr möglich macht. Mythische Geschichtsutopien sind deswegen ‚ahistorisch'. Sie machen die Geschichte ‚wahr', weil sie sie mit dem Paradies und der ‚Perfektion der Anfänge' verbinden, deren Glauben nicht zerstört werden kann – so auch Eliade.

Die Kritik des Mythos des Ursprungs ist ein wenig beachteter Aspekt auch in früheren kulturellen Essays, wie z.B. die des mexikanischen Ateneo de la Juventud. Diese These möchte ich am Beispiel von Alfonso Reyes, der als bedeutender Theoretiker der historischen Utopie und der mestizierten Identität Lateinamerikas gilt, darstellen. Nur im Sinne von ‚utopischem Mythos' kann man bei Reyes ‚Utopie' verstehen. Im bekannten frühen Essay *Visión de Anáhuac* (1915) geht es für Reyes um die Dialektik von Vergangenheit und Gegenwart, aus der eine ironische Distanzierung vom Mythos des Ursprungs oder von zukünftigen Utopien einer mestizierten Rasse folgt.[21] Im

---

[18] In *Das Prinzip Hoffnung* (Bloch 1973a) denkt Bloch die Gegenwart als dialektischen Prozess aus Gewesenem und Kommendem, wodurch das Jetzt utopische Züge erhält.

[19] Mythisierungen liegen vor, wenn der Mythos zum Komplizen der Vernunft bei der Bildung von Wahrheitsdiskursen wird, die sich als unmittelbarer, natürlicher Zugriff zur Wirklichkeit ausgeben, vgl. Barthes (1957: 232f.). Zur Definition von ‚mythischer Utopie' und ‚utopischem Mythos' vgl. Kapitel II. 2.3.2 aus Borsò (1994).

[20] Mircea Eliade weist beispielsweise darauf hin, dass der Mythos des Ursprungs auch der Geschichte einen absoluten Charakter verleiht (Eliade 1986: 23; 60; 70; 129f.).

[21] Nicht nur in „Visión de Anáhuac" zeigt sich, dass Reyes' Auffassung der Utopie von einer Ironie durchzogen ist, die dem Bewusstsein des Widerspruchs zwischen Wunsch (*deseo*) und

Essay stehen drei Perspektiven im Konflikt zueinander: die der Entdeckung als Niederschlag der Reiseliteratur und der Mythen der alten Welt und damit als *invención* (Kap. I), die Be- und Verwunderung des Eroberes (II), die Sicht der Indios (III). Was heißt Geschichte angesichts der vielfältigen Perspektiven über eine immer gleichbleibende *naturaleza*? Die von Reyes am Ende des Essays angebotene, als Formel des *mestizaje* bekannte Metapher des *alma común* synthetisiert das im ganzen Essay Vorgeführte, nämlich das Vorhandensein mehrfacher, gebrochener Perspektiven in der Anschauung des Anderen: das historisch Andere oder das Andere als die amerikanische Natur. Das omnipräsente Auge des Historikers spürt diese Vielperspektivik auf, die sich letztlich auf jedwede zeitliche Fixierung einer Bedeutung der Kultur relativierend auswirkt.[22]

Die Problematik von mythischen Utopien der *mexicanidad* ist von Intellektuellen ebenfalls früher erkannt worden als gemeinhin angenommen. In *El luto humano*, dem Roman von José Revueltas aus dem Jahr 1943, werden mythische Identitätsdiskurse, die Octavio Paz erst in *El laberinto de la soledad* (1950) als mythisierende Entwürfe der *mexicanidad* formulieren wird, schon als Archetypen des mexikanischen Selbstverständnisses ironisiert. Mit den Topoi des verlorenen Ursprungs sowie des goldenen Zeitalters, die bei Paz in der Gestalt mythischer Utopien auftreten, geht Revueltas kritisch um. Sein Roman deckt die regressiven Wirkungskräfte einer ‚ur-gewordenen' Geschichte auf, so dass auch die andere Seite des Ursprungsmythos des verlorenen Paradieses sichtbar wird: die mythische Regressivität historischer Ursprungsutopien. Revueltas führt eine luzide Analyse der Ambivalenz der Revolutionsutopie durch: Die Zerstörung des Anderen ist im säkularisierten Messianismus impli-

---

Realität, Geschichte und Gegenwart entspringt. In seinem Essay zum Lachen („Risa") gilt der ironische Widerspruch als Motor für historische Veränderungen : „El albor de la historia es un desequilibrio entre el espectáculo del mundo y el espectador humano [...]" (Reyes 1986: 80). Die Widersprüche in der Erfahrung der Gegenwart induzieren die Geschichte als ein in die Zukunft projizierter (utopischer) Entwurf (*Ultima Tule*).

[22] Aus der Tatsache, dass Kultur prinzipiell ein Phänomen der Assimilation und der Konstruktion ist („Lo mexicano y lo universal"), folgt für Reyes die Einsicht in die rhetorische Natur von Geschichtsschreibung. Neben dem Zeitgenossen Toynbee bezieht er sich mit Michelet und Thierry auf die französische *École de l'imagination*, vgl. Reyes (1986: 141).

ziert. Der Roman macht klar, dass die Gewaltspirale der Geschichte kein Ende nehmen wird, solange das Selbstverständnis des Mexikaners und dessen Zukunftsutopien auf Ursprungsmythen gründen, die als regressive Formen einer unhinterfragbaren Ur-Geschichte im Sinne von mythischen Utopien wirken. Der zwischen dem Mythos einer Urzeit und der Utopie der Zukunft fixierte Mexikaner wendet sich von einer kritischen Analyse von Gegenwart und Geschichte ab.

An diesem bis 1979, dem Jahr, in dem Paz nach dem Tod des Autors sein negatives Urteil zum Roman zurücknahm,[23] wenig beachteten Roman lassen sich die bedeutendsten Momente des sogenannten ‚Revolutionsromans' zeigen. Als Vorgriff auf die Entwicklungen, die zu Juan Rulfo führen werden, zeigt Revueltas die enge Verbindung mythisierender Diskurse der *mexicanidad* mit dem Mythos der Revolution als *reivindicación* einer Urvergangenheit.[24]

Ein bedeutender Aspekt der mythenkritischen Überlegungen betrifft die Ethik des Anderen. Mythische Utopien zerstören schließlich den ethischen Impuls, der in der Suche nach der Andersheit des Anderen impliziert ist. Sie grenzen den konkreten Menschen, dessen Bedürfnisse, Leiden und Leistungen aus.[25] Noch mehr: Die Allianz von mythischen Utopien mit den Diktaturen Lateinamerikas seit der Unabhängigkeit[26] vernichtet den Anderen / die Anderen. Die in der neueren Forschung erfolgte diskursanalytische Lektüre hat

---

[23] Zu Paz' (1987) ausführlicher Analyse dieses Romans von Revueltas vgl. Kapitel VI in: Borsò (1994).

[24] Vgl. auch die Analyse von Fraucke Gewecke bezüglich der Legitimierungsfunktion des Ursprungsmythos bei ideologischer bzw. identitätsstiftender Fortschrittsrede ohne empirisches Korrelat (Gewecke 1990: 92 f.).

[25] Die Feststellung Fernández Retamars, die Utopie Amerikas habe seit dem 19. Jahrhundert aus dem lateinamerikanischen Menschen die Projektionsfläche sowohl bürgerlicher Zivilisationsbejahung als auch Zivilisationskritik gemacht, ist einer der Leitgedanken für die hispanoamerikanischen Intellektuellen des Postbooms, die das von Europa herangetragene Identitätsbegehren ablehnen, vgl. Fernández Retamar (1974). Der kolumbianische Autor Moreno-Durán bezieht beispielsweise Fernández Retamars Kritik am Utopiebegriff auch auf zeitgenössische, ‚postmoderne' Utopieformen (von z. B. Fuentes). Die Projektion von europäischen Utopien, verstanden als Nicht-Ort bzw. Nicht-Menschen, entspreche einer Aberkennung der Existenz.

[26] Vgl. Roa Bastos' Diagnose zur Diktatur in Paraguay seit Dr. Francia im Roman *Yo el Supremo* (Roa Bastos 1974).

diese Funktionsweise des Mythos des Diktators transparent gemacht. Einige Beispiele sollen dies illustrieren.

3 Der Mythos im ‚Diktatorenroman'

Die im hispanomerikanischen Roman häufig dargestellten ausgestorbenen Dörfer oder archäologischen Ruinen, die zahlreichen Totenlandschaften und leeren Stätten repräsentieren jenen (vermeintlichen) Zustand von historischer Leere, die der Mythos des Diktators und die von ihm angebotenen einheitlichen historischen Bilder mit Sinn füllen sollen. Die stummen Stätten, die die Zeichen des Todes tragen, bleiben aber im literarischen Text nicht ‚leer'. Sie bieten sich vielmehr als kulturelle Zeichen an, deren dichte Textur ‚gelesen' werden muss, damit ein Widerstand entstehen kann.[27] Diese Funktion wird in den ‚Diktatorenromanen' (ebenso wie im mexikanischen Revolutionsroman) von einer vielstimmigen Perspektive übernommen. Auf einige herausragende Beispiele in der Geschichte der Gattung wird im Folgenden eingegangen.

Schon bei Miguel Ángel Asturias' *El señor presidente* (1946), dem klassischen Roman, der am Beginn der Gattung steht, zeigt sich, dass die mythische Aura des Diktators aus seiner physischen Abwesenheit resultiert. Allein im Handeln und Denken der Anderen ist der Diktator präsent. Seine Größe hat nur als symbolische Bedeutung für die Anderen Bestand. Sein Mythos wirkt, weil die Menschen aus (vermeintlicher) mangelnder Identität und Geschichte am Symbol göttlicher Macht festhalten.[28] Obwohl im Roman Asturias' der Mythos noch wirksamer Bestandteil der dargestellten Welt ist, so erfolgt doch schon eine Entmythisierungsarbeit als Ergebnis der Darstellung, die neben der Vielstimmigkeit auch das surrealistische Element des Traumes nutzt. Durch die literarische Darstellung des Mythos als Traum und des Protagonisten als Phantom verunsichert Asturias das Fundament mythischen Denkens.

Zwei Jahre nach *Yo el Supremo* (1973) des paraguayischen Schriftstellers Augusto Roa Bastos wird mit *El otoño del patriarca* (1975) die Gattung des

---

[27] Vgl. meine Analysen von Juan Rulfos *Pedro Páramo* und Elena Garros *Los recuerdos del porvenir* in: Borsò (1994).
[28] Asturias' Rückgriff auf den präkolumbischen Mythos des Gottes Tohil zeigt z. B. den Glauben des Volkes, der Präsident solle als Gott Menschenopfer verlangen.

‚Diktatorenromans' zur letzten Phase geführt. Auch bei Roa Bastos hatten jene heterogenen, nicht kollektiv fassbaren Stimmen, die im Roman von Gabriel García Márquez den von Tieren befallenen Leichnam des *patriarca* entdecken, die progressive Aushöhlung des Diktatorenmythos bewirkt. Der Mythos der karibischen Republik steht hier im Schatten des legendären, zwischen 107 bis 232 Jahren alten Präsidenten, dessen historische Wahrheit durch die wiedererkennbaren Züge ‚wahrer' Diktatorengestalten garantiert wird. García Márquez behandelt hier den Mythos und dessen Bedeutung für die Rekonstruktion des kollektiven Gedächtnisses anders als im Epos der Buendía. Die autobiographische *memoria* nagt mit der Rückschau auf Aufstieg und Fall des Präsidenten an der mythischen Geschichte des Diktators. Mit *El otoño del patriarca*, den García Márquez selbst als den bedeutendsten Roman einschätzt, revidiert der Schriftsteller die Funktion des Mythos als autochthone kulturelle Form. In diesem Roman wird der Mythos nur noch als kritische Kategorie verwendet. Die Identitätskrise des Diktators deckt die Kompensationsmechanismen auf, die die Mängel der persönlichen Existenz durch den Mythos einer kollektiven Geschichte aufheben sollen. Die metaliterarische Revision des Mythos bezieht sich hier auf dessen Funktion als Niederschlag einer authentischen lateinamerikanischen Kreativität, die den oralen Quellen der Kultur entstammt, ein Mythos, der durch *Cien años de soledad,* dem ersten Erfolgsroman des Autors, verfestigt worden war. Die Euphorie, die das Lateinamerika der 60er Jahre, u. a. im Rahmen des internationalen Booms seiner Literatur von einer ‚Wiedereroberung' Europas durch die Kraft der synkretischen Phantasie träumen ließ, weicht in diesem Roman der melancholisch-ironischen Distanz des Erinnerungsprozesses.

Mit dem Diskurskonflikt zwischen persönlicher Erinnerung und nationaler Geschichte gelingt García Márquez – wie Roa Bastos zuvor – der eigentliche Wandel des ‚Diktatorenromans'. Die Spaltung von Mensch und Mythos macht die Abhängigkeit von Einsamkeit und Macht transparent: Als Mensch ist der Diktator Opfer seines eigenen Willens zur Macht, die ihn vereinsamen lässt. Während sich der Leser mit dem alternden Menschen identifiziert, distanziert er sich von der Diktatur. Die Undurchsichtigkeit der durch die Stimmen Anderer durchsetzten Perspektive hat schließlich auch eine Wirkung im Hinblick auf die historische Wahrheitsfindung. Die metahistorische Sicht des Problems des Diktators zeigt, dass die Frage der Diktatur nicht allein als eine Frage nach der Wahrheit der Geschichte gelöst werden kann.[29] Geschichte ist vielmehr das Resultat einer deutenden Perspektive, die sich in Lateinamerika als ‚mythisch' erweist. Eine mythenkritische Sicht ist im Hinblick auf die hispanoamerikanische Geschichtsschreibung notwendig. Es dürfte deutlich geworden sein, dass ‚mythenkritisch' nicht eine aufklärerische Kritik des Mythos zugunsten des Logos meint, sondern die Offenlegung der Bedingtheit beider.[30] Dass eine solche mythenkritische Behandlung der Geschichte stattgefunden hat, zeigt der ‚neue historische Roman'.

In *El general en su laberinto* (1989) fragt sich García Márquez anhand der Mischung von Reisebeschreibung und Krankheitsbericht nach dem letzten Sinn im Leben Simón Bolívars, findet aber angesichts der Konkretheit des zerbrochenen Menschen nur die historische Widersprüchlichkeit des Mythos des Befreiers. Das Schicksal des Kontinents wird aus dem Blickpunkt der Agonie des Befreiers fokussiert, der im Augenblick des Todes das desolate Labyrinth des Bürgerkriegs erblickt. García Márquez betont, Maqroll, der Protagonist des Oeuvres von Álvaro Mutis, habe ihm die Schlüsselidee für diesen Roman gegeben. Tatsächlich führt die Odyssee von Maqroll, und zwar flussab- oder aufwärts auf dem Fluss Xurandó im Dickicht des tropischen Waldes in *La nieve del almirante* (1986), oder auf dem Magdalena-Strom in *Un bel morir* (1989), zu einer autobiographischen Introspektion, die alte biblische und moderne literarische Mythen und Archetypen[31] mit mundonovistischen Topoi, wie z. B. der Reise in den tropischen Wald, verbindet. Mutis koppelt die Frage nach

---

[29] Dieser Aspekt ist durch den Konflikt der Textsorten und durch die Deutung des Erzählers als Kompilator bei *Yo el Supremo* noch ausgeprägter.

[30] Walter Bruno Berg spricht von „mythopoetischer Dekonstruktion", wenn das wechselseitige Interferieren von mythischen und nicht-mythischen Textstrukturen dekonstruktiv wirkt, weil diese „die Unbedingtheit ihrer Geltung" verlieren. Berg ist zuzustimmen, wenn er dabei die Ironie als eines der wichtigsten Textprinzipien anzeigt, so Berg in Bezug auf Cortázars *62. Modelo para armar* (2007); vgl. hierzu Berg (1991: 336 f.).

[31] Etwa das Motiv des Doppelgängers oder Motive des angelsächsischen Schauerromans, z. B. in Mutis' Kurzerzählungen *La mansión de Araucaíma* (1978).

der Vergangenheit Hispanoamerikas, die als die Reise nach dem Ursprung interpretiert wurde, mit der introspektiven und autobiographischen Suche des modernen Subjekts, das in den Mäandern der ‚verlorenen Zeit' der individuellen Erinnerung und des Traumes auch sich selbst verliert. Die introspektive Struktur seines Diskurses entmythisiert den Mythos der ‚Neuen Welt', wobei der Desillusionierungsprozess auch kollektiv ist. Er verlangt ebenfalls eine Emanzipation von der kulturellen, politischen und wirtschaftlichen Fremdbestimmung, die in Hispanoamerika eine selbstauferlegte Unmündigkeit gewesen ist. Nach Zertrümmerung der mundonovistischen Identität am Ende der Moderne muss besonders die geschichtliche Frage neu formuliert werden. Ein (kritisches) historisches Bewusstsein ist für den Kontinent unabdingbar.

Dass anhand des Mythos in ‚Diktatorenromanen' auch die Frage nach der Ethik des Anderen gestellt werden sollte, möchte ich anhand eines klassischen ‚Diktatorenromans', und zwar *El recurso del metodo* (1974) von Alejo Carpentier, illustrieren. Auch in diesem Roman zeigt die Collage von Intertexten neben der Demontierung der *auctoritas* des Diktators (und des Autors Carpentier), dass Geschichte und Realität Teile einer gesamten Textoberfläche sind,[32] was die Faktizität historischer Bilder in Frage stellt. Weiterhin wertet z. B. Wolfgang Matzat den Roman als eine Diskursmontage,[33] welche die historische Bedingtheit mythischer Diskurse und die Machtinteressen aufdecke, auf denen der Mythos des Diktators gründe, eine diskursanalytische Position, die eine methodologische Wende in der Behandlung der Carpentier-Forschung markiert.

Darüber hinaus kann man bei diesem Roman auch nach den Ausgrenzungsakten fragen, die das Erkenntnissubjekt gegenüber der ‚mythisch' erfassten Welt durchführt.[34] Während mit der Frage nach der ‚mythischen Identität' –

---

[32] Auf die dezentrierende Wirkung der barocken Struktur des Werkes ist hinzuweisen.
[33] Matzat (1988) bewertet die deutlichen Anspielungen auf Descartes als Offenlegung der „Methodenlehre der amerikanischen Diktaturen" seitens Carpentier.
[34] Anders als bei den Romanen, muss in Bezug auf die Essays Carpentiers die Frage, inwiefern der Begriff des *realismo maravilloso* zur Vermittlung einer Andersheit beitragen kann, und ob er darüber hinaus in der Lage ist, dank dieser Vermittlung eine Identität lateinamerikanischer Literatur zu statuieren, verneint werden. Der Rückgriff auf die Utopie und den Entwurf eines pa-

gleichgültig von welcher Seite des Ozeans die Frage gestellt wird – die hispanoamerikanische Kultur weiterhin als Objekt betrachtet wird, lässt sich anhand der in diesem Roman exemplarischen Kreuzung von europäischen und lateinamerikanischen Diskursen der Blick umkehren und Europa zuwenden. Die von Europa eingenommene Positionierung im Hinblick auf das Eigene und das Fremde wird durch die Diskursmontage offensichtlich. Sie denunziert anhand des Handelns des von europäischen Traditionen beeinflussten lateinamerikanischen Diktators das subjektzentrische Denken des Abendlandes.[35] Ausgehend von einem lateinamerikanischen Zustand lädt der Roman dazu ein, auf Europa zurückzublicken. Dies zeigt z. B. die Romanepisode, die von den Plänen des Diktators bezüglich eines für die lateinamerikanische Heimat vorgesehenen Kerkers berichtet. Die internationale Anerkennung, die den Fortschrittsdiskurs des Magistrats honoriert, legitimiert gleichsam den Bau des Gefängnisses seitens des Diktators. Der vom Magistrat vermittelte Eindruck der ‚Unschuld' geht darauf zurück, dass sich seine Rede in den Kontext eines wahren und legitimierten Diskurses stellt. Eine solche Diagnose geht über die Ideologiekritik hinaus. Sie zeigt, wie fraglich die Grundlagen des Verständnisses des Eigenen und des Fremden sind, auf die Carpentiers Diskursmontage eingeht. Bei dem komplexen Wechselspiel lateinamerikanischer und europäischer Identitätsdiskurse handelt es sich um die Kritik verschiedener Manifestationen subjektzentrischer Vernunft, die einen endlosen Kreislauf von Ausgrenzungen und ein Gefälle von Macht und Ohnmacht bewirken, welches es zu durchbrechen gilt. Die Tradierung der Fremdbestimmung erweist sich als Stabilisator einer repressiven Unterdrückungspolitik, wobei die Veränderung der Beziehung zwischen zwei Welten nicht erfolgen kann, wenn die

---

radiesischen Ursprungs – damit die Definition der Identität auf der Basis europäischer Vorbilder – führt zu einem Identitätsschwund, wobei Carpentier auch noch das Faszinosum Europas als Ausgangspunkt nimmt, um die gleiche Ausgrenzungsgeste in umgekehrter Richtung zu vollziehen.

[35] Diese Umkehrung des Blickes und die daraus resultierende kritische Revision europäischer Geschichte lässt sich auch auf die Verschmelzung amerikanischer und europäischer Mythen in Carpentiers *El siglo de las luces* (1962) anwenden. Die Begegnung zwischen der ‚Neuen Welt' und der ‚Alten Welt' wirft ein gebrochenes Licht auf die in diesem Roman thematisierte französische Revolution und auf den sie begründeten vernunftgläubigen Mythos.

Absicht der Dynamisierung auf eine erstarrte Selbstbezogenheit stößt, die sich in den Identitätsdiskursen beider Seiten des Ozeans in derselben Form findet. An diesem Roman, der im Rahmen des *Boom* als ‚Ort der Identitätssuche' gewertet wurde, lässt sich feststellen, dass die sogenannte ‚Identitätskrise Lateinamerikas' nur bei unkritischer Übernahme epistemologischer Prämissen des Abendlandes als ‚Krise' gedeutet werden kann. Es ist vielmehr die Frage zu stellen, um wessen ‚Identitätskrise' es sich handelt. Die Möglichkeit, im Mythos des / der Anderen den kritischen Spiegel abendländischer Vernunft zu sehen, ist auch die Grundlage für ein Nachdenken über die ethische Dimension des Mythos.

4   Der Mythos und die Ethik des Anderen

Die aus Carpentiers *Discurso del método* gewonnene Perspektive lässt sich durch die Kritik der Identität durch Michel Foucault und die Ethik des Anderen von Emmanuel Levinas theoretisch vertiefen. Weniger beachtet als die Kritik der Macht wurde im Denken Foucaults die Offenlegung der Tatsache, dass das abendländische Subjekt seit seiner Entstehung *subjectum* ist. Das Erkenntnissubjekt unterliegt den Diskursen der Vernunft und dem Begehren nach der Identität zwischen dem Selbst und dem Anderen.[36] Die Diskursanalyse versucht, das Verhältnis zwischen dem epistemologischen Subjekt und dem Anderen zu hinterfragen,[37] zeigt doch die Kritik der Macht die Notwendigkeit einer radikalen Absage an den hermeneutischen Anspruch, den Anderen zu erkennen. Am Ende von *Les mots et les choses* (1966) plädiert Foucault für eine Epistemologie, die die eigene Unfähigkeit bedenkt, Fremdes zu erkennen, wobei die archäologische Anordnung des Wissens, wie sie in *L'archéologie du savoir* (1969) vorgeschlagen ist, dazu dient, eine gewaltsame Adaption des

---

[36] Diesen Aspekt, zu dem sich Foucault selbst verschiedentlich geäußert hat (z. B. Foucault 1995) hat Waldenfels deutlich hervorgehoben, vgl. z. B. Waldenfels (1990: 51 f.; 1990a).

[37] Foucault untersuchte zu diesem Zweck die Vernunft selbst, und zwar mit einer historiographisch angelegten Analyse in *Les mots et les choses* (1966) und einer genealogischen Vorgehensweise in *L'archéologie du savoir* (1969).

Nicht-Erkennbaren zu vermeiden.[38] Diese Position Foucaults ist besonders interessant in Bezug auf die lateinamerikanische Kultur, in der das Fremde zum Maßstab der eigenen Identitätsfindung wurde und in der auch postkoloniale Gesellschaftsformen Ausgrenzungen innerhalb der eigenen Kultur vollzogen. Die Asymmetrie zwischen Barbarei und Zivilisation wurde in das Innere der eigenen Kultur projiziert; der Dialog mit dem Anderen geschah als Monolog mit verteilten Rollen. Die ‚Diktatorenromane' sind eine schonungslose Diagnose der Tragweite solcher Ausgrenzungsakte.

Levinas' Kritik setzt – wie die Foucaults – an den Grundlagen der Definition des Menschen an, nämlich an der Logik der Identität,[39] die ausgehend von der Willkür des ‚Hier und Jetzt' die Bezüge von Eigenem und Fremdem, von Innen nach Außen festlegt.[40]

Will man verhindern, dass die Vorstellung des ‚anderen Menschen' in Funktion eines anthropologisch, psychologisch oder philosophisch konzipierten Subjekts gedeutet wird, so darf die Andersheit des Anderen nicht vom Horizont des Selbst aus konzipiert werden.[41] Nur wenn zwischen Subjekt und Objekt, dem Eigenen und dem Fremden eine Asymmetrie (im Sinne von Exteriorität) besteht, kann man diese Beziehung als ‚dialogisch'– im Sinne einer Ethik des Dialogs – verstehen. Gilt die Exteriorität des Anderen als absolute Größe, so verliert das Subjekt sein Privileg; es wird unterlegen.[42] Damit beschreibt Levinas die Modalitäten einer Ethik des Anderen, die bei Foucault nicht thematisiert wird. Auf der Grundlage dieser Modalitäten kann man das Andere als einen Impuls zur Relativierung des Selbst (des Selbigen) begrei-

---

[38] In *L'ordre du discours* (1971), der Antrittsrede von Foucault vor dem *Collège de France*, fasst er neben der Kritik an der Macht auch den Versuch zusammen, eine ‚archäologische' Ordnung des Wissens zu finden, die ‚verstreut' ist und die zentrische Identität destabilisiert.

[39] In der Kritik des abendländischen Identitätsbegehrens liegt die Basis der gemeinsamen Kritik epistemologischer Diskurse seitens Foucaults und Levinas', vgl. Borsò (1995).

[40] Die Frage Todorovs nach dem Fremden im Auftakt seines Buches zur Entdeckung Amerikas weist auf diese Problemstellung hin: „Ich ist ein anderer. Aber die anderen sind auch Ich. Subjekte wie ich, die nur mein Blickwinkel, aus dem alle *dort* sind und ich allein *hier* bin, tatsächlich von mir trennt und unterscheidet [...]" (Todorov 1985: 11).

[41] Vgl. Levinas (1987).

[42] Vgl. ebd. (425).

fen und versuchen, zur Sicht des Anderen als Sicht des Außens zu kommen. Die Modalitäten, die die Andersheit des Anderen bedenken, können nicht von einer Theorie geleistet werden, die über die aktive Handlung des Subjekts gegenüber dem Anderen spekuliert. Sie erfordern vielmehr eine Subjekt- und bewusstseinskritische Philosophie, die nach den Bedingungen der (passiven) Verletzlichkeit des Menschen sucht,[43] mittels derer sich das Wirken des ‚Antlitzes' des Anderen ausdrückt. Mit der Öffnung zur Verletzlichkeit durch den Anderen deutet Levinas den Dialogbegriff um. Erst die Vulnerabilität des Subjekts lässt im (abstrakten) Anderen die Qualität des „Anderen Menschen" aufscheinen.[44] Levinas' kritische Philosophie der Alterität ermöglicht es, die Umkehrung der Rolle des epistemologischen Subjekts zu konzipieren: Der Andere wird als Agens gedacht, der das Subjekt beeindrucken und ihm Einhalt gebieten kann. Gerade dieser Aspekt soll hier mit einer anderen, produktiven Seite der mythischen Erfahrung verbunden werden, denn der bisherige mythenkritische Akzent, dessen Hervorhebung vor dem Hintergrund mythisierender Interpretationen der Arbeit des Mythos geschah, bedeutet nicht eine Absage an die Möglichkeit mythischer Erfahrung durch den literarischen Text. Mit der Ethik des Anderen lässt sich aber die Frage präziser stellen, wie sich eine Arbeit des Mythos so konzipieren lässt, dass sie nicht in einen Erkenntnisakt überführt wird. Schon André Jolles warnte durch seine Unterscheidung zwischen ‚Mythe' und ‚Mythus' vor dem ‚Mythus' als Werkzeug eines sich des Anderen (der Welt) bemächtigenden Subjekts.[45] Jolles sah die Produktivität der mythischen Erfahrung in der ‚Mythe'. In dieser offenbare sich ein sich der Welt öffnendes, passives Bewusstsein, das mit der Erfahrung der Mystik durchaus vergleichbar sei.

---

[43] Vgl. Levinas (1972). Zur Exteriorität und der Ethik des Anderen vgl. Schmid (1991); Bemasconi / Critcheley (1991) und Labarrière / Rogozinski (1993). Zum Begriff der *vulnérabilité* und zum Antlitz vgl. Borsò (1994: 77 f.) und Borsò (1995).

[44] Levinas (1972: 105).

[45] Dies zeigt Jolles am Beispiel des ‚Mythus', bei dem sich hinter der Erscheinung des Mythos als einer Form selbsttätiger Offenbarung der Welt ein Erkenntnissubjekt verbirgt, das die Welt zum Objekt der Episteme reduziert. Zur Besprechung dieses Aspekts vgl. Borsò (1994: 65 f.).

Geht man von einer dialogischen Asymmetrie zwischen dem Erkenntnissubjekt und dem Anderen und damit von der Exteriorität des Anderen in Bezug auf Erkenntnissysteme aus,[46] so muss man auch eine Unvereinbarkeit zwischen der Arbeit am Mythos[47] (im Sinne eines epistemologischen Modells, d. h. der Interpretation des Mythos) und der Arbeit des Mythos (als einer kulturellen Form) annehmen.[48] In der Arbeit des Mythos äußert sich die Andersheit des Anderen, die zwar für die diskursive Sprache unfassbar bleibt, jedoch das Erkenntnissubjekt berührt, während mit der Arbeit am Mythos das Erkenntnissubjekt als privilegiertes Zentrum die mythische Erfahrung in Erkenntnisse übersetzt. Die epistemologische Übersetzung ist eine Vereinnahmung des Anderen, denn je mehr das Andere verständlich wird, desto gelungener ist die Zerstörung von dessen Andersheit.[49] Die Betrachtung der Arbeit des Mythos als Ausdruck der Andersheit des Anderen eröffnet die Möglichkeit, den Mythos als ‚Anrede', als Spur des Anderen zu verstehen. Die Andersheit des Anderen ist gleichsam im Mythos gerettet, sobald man die Suggestion des Mythos nicht als Weg der Erkenntnis des Anderen, sondern als Spur des Eindrucks *durch den Anderen* betrachtet.

Die Doppelseitigkeit des Mythos ist auch in der literarischen Transposition zu beobachten. In intertextuell dichten und polyphonischen Romanen der hispanoamerikanischen Literatur sind die mythopoetische und kritische Perspektive gleichzeitig im Text eingeschrieben. Die Arbeit des Mythos wird vom literarischen Medium verdichtet; gleichzeitig macht die Montage von zitierten Mythen mythische Diskurse transparent.[50] Beide Dimensionen des Mythos

---

[46] In Bezug auf diese Fragestellung vgl. speziell Petitdemange / Rolland (1988).

[47] Vgl. Blumenberg (1979).

[48] Bezieht man den Dialog im Sinne Levinas' auf den Dialog mit dem Leser, dann wird eine Asymmetrie zwischen dem literarischen Text und der Interpretation verlangt. Zur Asymmetrie zwischen Epistemologie und literarischem Text vgl. auch Forget ausgehend von Foucault (Forget 1984).

[49] Vgl. Waldenfels (1992: 655).

[50] In diese Richtung geht auch Dieter Janiks Begriff der ‚mythischen Imagination' (Janik 1989). Mit ‚mythischer Imagination' meint Janik eine kritische Reflexion „zum Schreiben, zu den zeitgenössischen Wirkungsmöglichkeiten der Literatur, zu den geschichtlichen Prozessen" sowie die „Autonomie und Luzidität des eigenen Standpunkts" (ebd.: 279) bei der Behandlung von *mitos consolidados* der gesamten Geschichte Hispanoamerikas (ebd.: 287).

zeigen sich z. B. in *Pedro Páramo* (1955) von Juan Rulfo, einem der beeindruckendsten Romane, dessen Faszination u. a. in der von Ludwig Schrader rekonstruierten, paradoxalen Verarbeitung abendländischer Totendialoge besteht.[51] Cómala ist die mythische ‚Offenbarung einer anderen Welt'. Die sich offenbarende Welt entzieht sich dem Beherrschungswillen des Lesers, berührt aber gleichzeitig diesen und erweckt in ihm die Bereitschaft zur Betroffenheit und damit zur Verantwortung gegenüber der Welt. Diese Form der Arbeit des Mythos äußert sich durch die spektrale Atmosphäre des *páramo* und mit der paradoxalen Stimme von Toten. Cómala ist die ‚Erfahrung' des (verlorenen) Ursprungs, eine Erfahrung, die mit dem Verlust an unmittelbarer Evidenz der Wahrheit auch die Intensität eines poetisch vermittelten originären (mythischen) Bildes suggeriert. Die paradoxe Erzählstruktur, die die Forschung unter dem Begriff des Magischen Realismus rationalisiert hat, und der Widerstreit zwischen den verflochtenen, zahlreichen abendländischen und präkolumbischen Traditionen und Diskursen verhindern, dass die Suggestion mythischer Erfahrung zur Wahrheit und zur identitätsstiftenden Einheit gerinnt. Weiterhin geht der ‚reine' Ursprung durch die Medialisierung und die Vermischung der Intertexte verloren. Es verbleibt die unmittelbare Betroffenheit durch die Berührung des Anderen, die die Faszination der poetischen Sprache von Rulfo ausmacht. Die Koexistenz von historischen und utopischen Diskursen führt dazu, dass utopische und mythische Motive bzw. Strukturen in einer Dialektik von Vergangenem und Zukünftigem stehen. Die Dialektik der Zeiten, die bereits in Bezug auf Reyes erwähnt wurde, macht bei *Pedro Páramo* auch einige Implikationen im Hinblick auf die Ethik des Anderen deutlich. In diesem Roman affirmiert sich kein Subjekt durch seine Beziehung zum Augenblick, d. h. durch eine isolierte Zeitstelle. Die Gegenwart des Romans lebt vielmehr ausschließlich aus dem Gedächtnis der Anderen. Sie besteht also nur insoweit, als sie eine Beziehung zur Vergangenheit unterhält, die geträumt oder erinnert wird. Damit verwirklicht der Roman auch die Bedingungen, die aus der Zeit eine ausgeprägte Dimension der Erfahrung des Anderen machen. Denn

---

[51] Vgl. Schrader (1978).

die Zeit, so Levinas,⁵² drückt in besonderer Weise das Verhältnis des Subjekts zum Anderen aus. Weil sie nicht mit einem isolierten Subjekt zu tun hat und grundsätzlich in Beziehung zum Anderen, d. h. zu den anderen Zeitstellen, steht, kann die Gegenwart nur als Zeitigung und damit als Vergegenwärtigung des Vergangenen begriffen werden.⁵³

Neben dieser Seite vermittelt aber auch der Roman eine mythenkritische Sicht. *Pedro Páramo* entmythisiert die *mexicanidad*⁵⁴ und den Mythos der Revolution als „devolución"⁵⁵ und als Rückkehr zum mythischen Ursprung, zum mythischen Zeitbegriff der aztekischen Kultur.⁵⁶ Der Roman vollzieht eine Desillusionierung im Hinblick auf die Mythen der *mexicanidad*, und zwar ausgerechnet durch Dorotea, eine Figur, die für die *cultura popular* steht. Der Mythos der Wiederkehr zum irdischen Paradies des Ursprungs wird als Illusion entlarvt. Dies zeigt auch Ludwig Schrader als Ergebnis seiner Analyse der pervertierten Kommunikation im *páramo* von Cómala: Weil in Cómala

---

⁵² Vgl. Levinas (1983).

⁵³ Levinas kritisiert die Philosophie und Ästhetik des Augenblicks. Der Augenblick kann immer nur als originär verstanden werden, als ein Augenblick des Beginns oder des Neubeginns (1983: 32). Das Subjekt kommt zurück zum ‚authentischen', ursprünglichen Augenblick, um sich dessen Selbigkeit zu versichern. Daraus lässt sich eine Kritik der Ästhetik des Augenblicks und des Begriffs der *otredad* von Paz ableiten. Die Ästhetik des Augenblicks, deren Rechtfertigung zwar in der von Paz seit *El arco y la lira* gesuchten Autonomie der Poesie von einer teleologischen Geschichtsauffassung gesehen werden kann, fungiert als das Fundament der Identischsetzung, zu der das moderne Subjekt kommt, um sich als Seiendes zu individualisieren. Levinas' Kritik schließt konsequenterweise die Augenblickserfahrung Martin Heideggers ein, auf dessen späte These der Überlegenheit des poetischen Diskurses über den philosophischen auch Paz' Ästhetik der *otredad* gründet.

⁵⁴ Einige Interpreten, die *Pedro Páramo* als Verarbeitung der *mexicanidad* ansehen, betonen, dass die Vatersuche des Juan Preciado das Symbol jener *orfandad* des Mexikaners ist, das *Pedro Páramo* zum Pendant zu Paz' *El laberinto de la soledad* macht. Die Verknüpfung dieses Motivs mit präkolumbischen Mythen suggeriert, diese Suche sei auch die *reivindicación* der autochthonen Identität gegenüber dem tyrannischen Vater als Symbol des Eroberers, vgl. Shaw (1981). Weiterhin ermögliche der Text durch Wiederbelebung alter Mythen die Wiederkehr des Quetzalcóatl für die Zeit der Lektüre, vgl. Lienhard (1983).

⁵⁵ Mit diesem Begriff bezeichnet Paz die zapatistische Revolte aus dem Süden mit dem Anspruch auf Wiederherstellung alter Rechte (Kommunalegidien) und damit *vuelta al origen*, vgl. Paz (1987: 235).

⁵⁶ So interpretieren Peralta und Befumo Boschi die zyklische Wiederkehr des Todes im Roman, vgl. Peralta / Befumo-Boschi (1975: 24).

nur Mythen und Illusionen herrschen, ist die Einsamkeit dort nicht auszutreiben. Ihre Überwindung kann nur durch Kommunikation auf der Ebene der klaren Vernunft geschehen.[57] Die mythenkritische Arbeit bezieht sich überdies auch auf die Geschichtsschreibung. Zahlreiche mythische Anspielungen rekonstruieren die mythische und statuarische Gestalt des Pedro Páramo. Die mythische Interpretation des Kaziken scheint den mit der Summe von Toten konfrontierten, verwirrten Leser neu zu orientieren und ihm im Hinblick auf die Revolution eine historische Perspektive zu geben. Doch stürzt der Mythos des Übermächtigen ein, ohne weitere Zeichen zu hinterlassen, als die des Todes: „cayó [...] sin decir una palabra"[58]. Im Zeitlabyrinth zerfällt das mythische Monument durch den Widerstand der Stimmen der Toten und durch ihre Erinnerung an das Begehren. Mit dem Zusammenbruch der mythischen Auslegung der Vergangenheit stellt sich der Text kritisch auch im Hinblick auf fiktionale und mythopoetische Alternativen zur Historiographie. Die Textstruktur macht überdies die Arbeit historischer Mythen transparent: Damit die Geschichte des Tyrannen einen ‚Sinn' erhält, muss der von ihm hinterlassene, stumme Steinhaufen nachträglich, d. h. vom Standpunkt der Zukunft aus, wieder zur statuarischen Form des historischen Mythos zurückgeführt werden.

Die in diesem Roman mit Lebendigkeit und Intensität sprechenden Toten (besonders Dorotea und Susana San Juan) übernehmen die Aufgabe der Rekonstruktion der Vergangenheit. Sie sind die eigentlichen Kulturträger.[59] Mit ihnen illustriert der Text den Widerstand der nicht-offiziellen Kultur gegen die offizielle Geschichte.[60] Durch die Einwirkung der Stimmen konstruiert Rulfo ein ‚anderes' kulturelles Bild der Vergangenheit Mexikos, das sich gegen den monumentalen historischen Diskurs von Revolution und Kazikentum behauptet. Es ist das Bild der Lebendigkeit von Kultur, ihrer Dynamik und ihrer

---

[57] Schrader (1978: 187).
[58] Rulfo (2010: 156).
[59] Nach Jiménez de Báez zeige die Symbolik von Susana als *criatura plena* und Pedro als versteinerter *páramo* die Schwäche des vom Kaziken konstruierten historischen Mythos, vgl. Jiménez de Báez (1990: 197; 204).
[60] Vgl. Kuon (1993).

Erinnerungskraft durch die kreative Anknüpfung an vergangene kulturelle Traditionen, deren Ursprung nicht mehr bestimmbar ist. Die Kritik des ‚reinen Ursprungs' ist im Roman ebenso vorhanden, wie die Kritik an ‚reiner Oralität' oder ‚reinen Schriftlichkeit'. Diese ‚oral' konnotierten Stimmen haben eine ausgeprägt poetische Struktur, bei der weder die abendländischen noch die präkolumbischen Mythen die unmittelbare Transparenz eines verkündenden, mythischen Urwortes besitzen. Mythische Sprache ist eher der Sprechakt des Kaziken. Das Aufzeigen der pervertierten kommunikativen Kompetenz von messianischen *caudillos* und repressiven *caciques* in der Geschichte Mexikos bleibt auch eine ermahnende Botschaft der Mythenkritik dieses Romans.

Mit der *literatura finisecular* kann die Hispanoamerikanistik nicht mehr den historiographischen Diskurs durch den mythopoetischen ersetzen, wie dies im Rahmen des *Booms* noch möglich war. Die Frage nach der Geschichte Lateinamerikas muss historisch gestellt werden. Der neue historische Roman verarbeitet auch die metahistorische Theorie der Geschichte und führt die im Mythos implizite Kritik historischer Utopien, die anhand von Alejo Carpentiers *El recurso del método* beobachtet werden konnte, auf metaepistemologischer Ebene weiter: Die Montage von historischen Fakten und historischen bzw. historiographischen Diskursen enthält eine Revision der Geschichtsschreibung. Die mythenkritische Arbeit der Romane lädt dazu ein, die (gewaltsame) Begegnung der verschiedenen Kulturen als Widerstreit und als konstruktive Unsicherheit gegenüber der Geschichtsschreibung zu erfassen.[61] Durch den Streit der Diskurse wird man angehalten, über die genealogischen Krisen der Geschichte Hispanoamerikas zu reflektieren. Diese können auch nicht mehr monokulturell gedacht werden. Der Mythos erweist sich z. B. als Symptom einer Krise des Identitätsdenkens, das Europa wie Amerika betrifft. Es wird klar, dass Hispanoamerika die eigene Identität vor den Augen der Anderen und für die Anderen definiert hat. Der lateinamerikanische Erzähler wendet nun seinen exotisierenden Blick auf Europa und markiert damit eine wichtige Etappe der geistigen Entkolonialisierung des hispanoamerikanischen Denkens.

---

[61] Eine solchermaßen geartete Diskursmontage definiert Foucault (1966) mit dem Begriff der Heterotopie.

Bibliographie

AGUILAR MORA, Jorge (1978). *La divina pareja, historia y mito. Valoración e interpretación de la obra ensayística de Octavio Paz.* Mexiko Stadt: Era.

ASTURIAS, Miguel Ángel (1972). *América, fábula de fábulas*, hg. von Richard J. CALLAN. Caracas: Monte Ávila.

BARTHES, Roland (1957). *Mythologies.* Paris: Seuil.

BERG, Walter Bruno (1991). *Grenz-Zeichen Cortázar. Leben und Werk eines argentinischen Schriftstellers der Gegenwart.* Frankfurt am Main: Vervuert.

BERNASCONI, Robert / CRITCHLEY, Simon (Hrsg.) (1991). *Re-Reading Levinas.* Bloomington, IN: Indiana University Press.

BLOCH, Ernst (1973). *Erbschaft dieser Zeit.* Frankfurt am Main: Suhrkamp.

BLOCH, Ernst (1973a). *Das Prinzip Hoffnung.* Frankfurt am Main: Suhrkamp.

BLUMENBERG, Hans (1979). *Arbeit am Mythos.* Frankfurt am Main: Suhrkamp.

BORSÒ, Vittoria (1997). „Jean-Jacques Rousseau, Giacomo Leopardi, Charles Baudelaire", in: Uwe BAUMANN / Reinhard KLESCZEWSKI (Hrsg.). *Penser l'Europe. Europa denken.* Tübingen / Basel: Francke, 125–143.

BORSÒ, Vittoria (1997a). „Literatura y discurso o la mirada desde afuera. Impulsos de una ‚hispanoamericanística' internacional para la reorganizacíon del saber en las ciencias humanas", in: Susanne KLENGEL (Hrsg.). *Contextos, historias y transferencias en los estudios latinoamericanistas europeas. Los casos de Alemania, España y Francia.* Frankfurt am Main / Madrid: Vervuert / Iberoamericana, 183–211.

BORSÒ, Vittoria (1995). „Zur Ethik der Kulturwissenschaften: Michel Foucault und Emmanuel Levinas", *kultuRRevolution* 31, 22–30.

BORSÒ, Vittoria (1994). *Mexiko jenseits der Einsamkeit. Versuch einer interkulturellen Analyse – Kritischer Rückblick auf die Diskurse des Magischen Realismus.* Frankfurt am Main: Vervuert.

BORSÒ, Vittoria (1992). „Der moderne mexikanische Essay", in: Dietrich BRIESEMEISTER / Klaus ZIMMERMANN (Hrsg.). *Mexiko heute. Politik, Wirtschaft, Kultur.* Frankfurt am Main: Vervuert, 535–566.

CORTÁZAR, Julio (2007). *62. Modelo para armar.* Madrid: Punto de Lectura.

ELIADE, Mircea (1986). *Kosmos und Geschichte.* Frankfurt am Main: Insel.

FERNÁNDEZ RETAMAR, Roberto (1974). *Calibán. Apuntes sobre la cultura en nuestra América.* Mexiko Stadt: Diógenes.

FORGET, Philippe (1984). *Text und Dialog.* München: Fink.

FOUCAULT, Michel (1995). „Warum ich die Macht untersuche: Die Frage des Subjekts", in: Walter SEITTER (Hrsg.). *Das Spektrum der Genealogie.* Bodenheim: Philosophische Verlagsgesellschaft, 14–28.

FOUCAULT, Michel (1971). *L'ordre du discours*. Paris: Gallimard.
FOUCAULT, Michel (1969). *L'archéologie du savoir*. Paris: Seuil.
FOUCAULT, Michel (1966). *Les mots et les choses. Une archéologie des sciences humaines.* Paris: Seuil.
FRANK, Manfred (1982). *Der kommende Gott. Vorlesungen über die neue Mythologie.* Frankfurt am Main: Suhrkamp.
GARRO, Elena (1963). *Los recuerdos del porvenir*. Mexiko Stadt: Joaquín Mortiz.
GEWECKE, Fraucke (1990). „Mythen als Begründungs- und Beglaubigungsrede: das Beispiel der Kubanischen Revolution", *Iberoamericana* 2/3 [40/41], 74–95.
HEINRICHS, Hans-Jürgen (1988). „Das Unbewußte und das Fremde. Die Einflüsse von Psychoanalyse (Lacan) und Ethnologie (Leiris) auf die moderne Philosophie", in: Peter KEMPER (Hrsg.). *„Postmoderne" oder Der Kampf um die Zukunft*. Frankfurt am Main: Fischer, 59–81.
JANIK, Dieter (1989). „Mythische Imagination in *Cien años de soledad* von García Márquez, *Daimón* von Abel Posse und *Casa de campo* von José Donoso", in: Christian WENTZLAFF-EGGEBERT (Hrsg.). *Mythos in der lateinamerikanischen Literatur. Akten des Internationalen Literatursymposions in Lindau*. Köln / Wien: Böhlau, 279–289.
JIMÉNEZ DE BÁEZ, Yvette (1990). *Juan Rulfo: Del Páramo a la Esperanza. Una lectura crítica de su obra*. Mexiko Stadt: El Colegio de México.
KUON, Peter (1993). „Vom Umgang mit Mythos und Geschichte. *Pedro Páramo* und die moderne ‚regionalistische' Literatur", *Romanistisches Jahrbuch* 44, 323–342.
LABARRIÈRE, Pierre-Jean / ROGOZINSKI, Jacob (Hrsg.) (1993). *Logique de l'éthique* (=*Rue Descartes* 7).
LEIRIS, Michel (1934). *Phantom Afrique*. Paris: Gallimard.
LEVINAS, Emmanuel (1987). *Totalität und Unendlichkeit. Versuch über die Exteriorität.* Freiburg u. a.: Alber.
LEVINAS, Emmanuel (1983). *Le temps et l'autre*. Paris: Fata Morgana.
LEVINAS, Emmanuel (1972). *Humanisme de l'autre homme*. Paris: Fata Morgana.
LIENHARD, Martin (1983). „El substrato arcaico en *Pedro Páramo*: Quetzalcóatl y Tlaloc", in: José Manuel LÓPEZ DE ABIADA / Titus HEYDENREICH (Hrsg.). *Homenaje a Gustav Siebenmann*. München: Fink, 473–490.
MATZAT, Wolfgang (1988). „Geschichte und Identität im Werk Alejo Carpentiers", *Romanistisches Jahrbuch* 38, 339–359.
MARTÍNEZ, Jorge Mario (1990). „*Hombres de maíz*: composición, montaje, perspectivas", *Studi di letteratura ispano-americana* 21, 35–66.
MORENO-DURÁN, Rafael Humberto (1988). *De la barbarie a la imaginación. La experiencia leída*. Bogotá: Tercer Mundo.
MUTIS, Álvaro (1978). *La mansión de Araucaíma*. Barcelona: Seix Barral.

NIEDEN, Birgit zur (1993). *Mythos und Literaturkritik. Zur literaturwissenschaftlichen Mythendeutung der Moderne.* Münster / New York: Waxmann.
PAZ, Octavio (1987). „Cristianismo y revolución: José Revueltas. Dos Notas: Primera [1943]; Segunda [1979]", in: Octavio PAZ. *México en la obra de Octavio Paz,* hg. von Luis Mario SCHNEIDER, Bd. 2: *Generaciones y semblanzas.* Mexiko Stadt: FCE, 571–584.
PAZ, Octavio (1987a). *México en la obra de Octavio Paz,* hg. von Luis Mario SCHNEIDER, Bd. 1: *El peregrino en su patria. Historia y política de México.* Mexiko Stadt: FCE.
PAZ, Octavio (1956). *El arco y la lira.* Mexiko Stadt: FCE.
PAZ, Octavio (1950). *El laberinto de la soledad.* Mexiko Stadt: FCE.
PETITDEMANGE, Guy / ROLLAND, Jacques (Hrsg.) (1988). *Autrement que savoir. Emmanuel Levinas.* Paris: Osiris.
PERALTA, Violeta / BEFUMO-BOSCHI, Liliana (1975). *Rulfo, la soledad creadora.* Buenos Aires: García Cambeiro.
REYES, Alfonso (1986). *Antología general,* hg. von José Luis MARTÍNEZ. Madrid: Alianza Editorial.
ROA BASTOS, Augusto (1974). *Yo el Supremo.* Buenos Aires: Siglo XXI.
RÖSSNER, Michael (1988). *Auf der Suche nach dem verlorenen Paradies.* Frankfurt am Main: Athenäum.
RUFFINELLI, Jorge (1980). *El lugar de Rulfo y otros ensayos.* Xalapa: Universidad Veracruzana.
RULFO, Juan (2010). *Pedro Páramo,* üb. von Dagmar PLOETZ. Frankfurt am Main: Suhrkamp.
SCHMID, Wilhelm (1991). *Auf der Suche nach einer neuen Lebenskunst. Die Frage nach dem Grund und die Neubegründung der Ethik bei Foucault.* Frankfurt am Main: Suhrkamp.
SCHRADER, Ludwig (1994). „Mito y mitología en la literatura centroamericana del siglo XX", in: Juan VILLEGAS MORALES (Hrsg.). *Encuentros y desencuentros de culturas: siglos XIX y XX. Actas Irvine-92.* Asociación Internacional de Hispanistas, Bd. 4, 223–230.
SCHRADER, Ludwig (1986). „Mitología moderna. Temas y estructuras míticas en la literatura latinoamericana del siglo XX", *Ibero-Amerikanisches Archiv* 12/2, 181–209.
SCHRADER, Ludwig (1984). „Anmerkungen zur Mythologie in Daríos ,Pegaso'", in: Michael RÖSSNER / Birgit WAGNER (Hrsg.). *Aufstieg und Krise der Vernunft. Komparatistische Studien zur Literatur der Aufklärung und des Fin-de-siècle. Festschrift für Hans Hinterhäuser.* Wien u. a.: Böhlau, 269–273.
SCHRADER, Ludwig (1978). „Moderne Totendialoge oder der Mythos von der pervertierten Kommunikation: Zu Juan Rulfos *Pedro Páramo*", *Literatur für Leser* 3, 165–183.

SHAW, Donald L. (1981). *Nueva narrativa hispanoamericana.* Madrid: Cátedra.
STAROBINSKI, Jean (1971). *Jean-Jacques Rousseau. La transparence et l'obstacle.* Paris: Gallimard.
TODOROV, Tzvetan (1985). *Die Eroberung Amerikas. Das Problem des Anderen,* üb. von Wilfried BÖHRINGER. Frankfurt am Main: Suhrkamp.
WALDENFELS, Bernhard (1992). „Cultura propria e cultura estranea. Il paradosso di una scienza dell'estraneo", *Paradigmi* 10/30, 644–663.
WALDENFELS, Bernhard (1990). *Der Stachel des Fremden.* Frankfurt am Main: Suhrkamp.
WALDENFELS, Bernhard (1990a). „Michel Foucault. Auskehr des Denkens", in: Margot FLEISCHER (Hrsg.). *Philosophen des 20. Jahrhunderts.* Darmstadt: Wissenschaftliche Buchgesellschaft, 191–203.

ns in den urbanen Zentren von Mexiko und Peru*

Jenseits der Polarität von Barbarei und Zivilisation: Von den Grenzen der Macht zur Entstehung neuen kulturellen Wissens in den urbanen Zentren von Mexiko und Peru*

1 Methodologische Vorbemerkung: Lateinamerika und das widerständige Wissen

Die an den Spätschriften von Michel Foucault inspirierte Untersuchung der ‚transversalen' Widerstände, die der Macht innewohnen, nennt Foucault eine ‚innovative Methode'.[1] Diese andere Methode, das Wissen zu befragen, besteht darin, dass die Konstellationen der Macht und der Kategorisierungen nicht ausgehend von der internen Logik einer bestimmten Leitwissenschaft, die in ihren Prämissen gefangen ist (wie z. B. die aus den Prämissen des 19. Jahrhunderts entstandene Geschichtswissenschaft), untersucht, sondern über die Formen der Resistenz gegen sie erschlossen werden.[2] Die Widerstände operieren dabei nicht in Frontstellung. Frontale Angriffe können die Macht nicht erfolgreich bekämpfen.[3] Es bedarf vielmehr indirekter, eben ‚transversaler' Widerstände, die quer – gewissermaßen heterotopisch –[4] durch die Ordnungen des Wissens verlaufen.

‚Transversal' bedeutet auch, dass diese Widerstände nicht auf ein spezifisches Gebiet, auf eine Disziplin begrenzt sind, sondern gerade den Rändern

---

* Dieser Artikel erschien zuerst in: Enrique Rodrigues-Moura (Hrsg.). *Von Wäldern, Städten und Grenzen. Narration und kulturelle Identitätsbildungsprozesse in Lateinamerika.* Frankfurt am Main: Brandes & Apsel 2005, 163–198. Wir danken dem Brandes & Apsel Verlag für die freundliche Druckgenehmigung.
[1] Vgl. Borsò (2004; 2004a).
[2] Vgl. Foucault (1994: 225 f.). So sollen z. B. die Vernunft (oder die Psychiatrie) anhand der Resistenzen im Feld der Entfremdung, die Legalität anhand der Illegalität, die Männer anhand der Frauen, um nur einige polarisierende Oppositionen zu nennen, untersucht werden, vgl. ebd. (226).
[3] „Tout rapport de pouvoir penche, aussi bien s'il suit sa propre ligne de développement que s'il se heurte à des résistances frontales, à devenir stratégie gagnante" (ebd.: 242).
[4] Mit Bezug auf die Architektur hat Foucault für die Materialität des kulturellen Gewebes den Begriff der Heterotopie angeboten, der in den letzten Jahren verschiedentlich aufgenommen wurde.

der Disziplinen entspringen und ein anderes Licht auf das Zentrum werfen. Es sind Kämpfe gegen jene Techniken, die das Subjekt in abgegrenzten Räumen verorten und so identifizieren, es dabei aber auch unterwerfen. So decken solche Widerstände mit dem paradoxalen Status der Macht auch die Ohnmacht der Macht auf. Die historische und sozialpolitische Situation Lateinamerikas sowie die Praktiken lateinamerikanischer Kulturen sind ein ausgesprochenes Laboratorium solcher transversalen Widerstände.

An der Kultur Lateinamerikas ist seit der Kolonialzeit die Paradoxie der Machtgrenzen als zugleich Teilungspraktik (*pratique divisante*) und als Praktik transversaler Widerstände besonders gut zu beobachten. Die Kulturen, die auf dem sogenannten ‚Neuen Kontinent' vorgefunden wurden, wurden klassifiziert, ihre Eigenheit wurde aus dem Bereich der Zivilisation ausgegrenzt. Sie waren das Andere der europäischen Kultur und wurden exotisch idealisiert oder mittels der Kategorie des Mangels beschrieben: ein Mangel an Zivilisation, an Vernunft, an Menschsein. Man übertrug auf die Einwohner Amerikas die Vorstellungen, die man zuvor den Anderen innerhalb Europas zugeschrieben hatte.[5] Immer waren es die Anderen, die man nicht verstand, die den Vorstellungshorizont der Vernunft überstiegen. Figuren der Alterität waren die Hexen, die Monster und – in der Neuen Welt – besonders die Kannibalen und Kannibalinnen. Darüber hinaus ist die Parallele zwischen der Ausgrenzung des Körpers der Anderen und der Ausgrenzung des lateinamerikanischen Kontinents durch Europa frappierend. Aufgrund der vermeintlichen intellektuellen Leere und der mangelnden Vernunft fungieren die Menschen des neuen Kontinents, besonders die Frau, als Projektionsfläche, auf welche

---

Heterotopien sind eine widerstreitende Verbindung der Konfigurationen der Ordnung. Deshalb sind sie ein Nicht-Ort innerhalb der Ordnung der Diskurse; sie haben eine der Logik der Diskurse widersprechende Syntax. Heterotopien werden als *contre-emplacement* definiert. Sie haben die kuriose Fähigkeit, mit anderen *emplacements* in Verbindung zu treten, mit Positionierungen also, die der Ordnung der Platzierungen widersprechen, sie neutralisieren oder die Gesamtheit ihrer Strukturbeziehungen umkehren. Strukturbeziehungen werden durch die Heterotopien stilisiert, reflektiert oder widergespiegelt, vgl. Borsò (1992), Borsò (2004); Görling (1997).

[5] In seiner Dissertation an der Heinrich-Heine-Universität Düsseldorf *Só a antropofagia nos une: Assimilation und Differenz in der Figur des Anthropophagen* hat Thomas Sandführ u. a. einen Forschungsbericht über die historischen Diskurse der Aneignung des Körpers (seit Plinius dem Älteren) und der Rückeroberung freier Räume durch die Schrift vorgelegt, vgl. Sandführ (2001).

die Europäer – die Männer – ihre Wünsche und Ängste projizieren, jene Europäer, die als handelnde historische Subjekte ihre Macht auf das Jenseits der Säulen des Herkules ausweiten und neue Räume jenseits des Atlantiks auf die Bühne der Geschichte holen. Die Geschichte wurde seitdem vom europäischen Zentrum aus geschrieben, und von diesem Zentrum aus gesehen waren die ursprünglichen Völker Amerikas unterlegen, passiv, historisch unfähig, ihr Schicksal selbst in die Hand zu nehmen. Noch Hegel postulierte bekanntlich, dass die Lateinamerikaner aufgrund ihres geringen Zivilisationsgrads und trotz ihrer gewonnenen Unabhängigkeit noch lange keine gleichwertigen Akteure der Geschichte sein würden. Aus eurozentristischer Perspektive – wie bei Hegel gegeben – ist die lateinamerikanische Kultur nichts anderes als eine defizitäre Kopie Europas. Die Frau ist dabei in doppelter Weise ohnmächtig. Wollen aber die historischen Wissenschaften nicht Gefahr laufen, in den Praktiken der Teilung und der Trennung gefangen zu bleiben, so sollten sie auch die Paradoxalität der Grenze zu ihrem Gegenstand machen. Die Macht muss als Beziehungsraum gesehen werden. Im dichten Raum der Machtkonstellationen erkennt man, dass die Macht nicht nur von einer Seite ausgeht. Diese Sicht ermöglicht es, die Hierarchien der sozialpolitischen Geschichte nicht mehr als unveränderliche Fakten, sondern als ein kulturelles Feld zu sehen, in dem sich die Kräfte der Macht und einer kulturellen Gegendynamik gegenüberstehen. Die Geschichtsschreibung der letzten Jahre hat in der Freilegung dieser kulturellen Dynamik einen bedeutenden Untersuchungsgegenstand entdeckt. Die Bedingtheit der Macht Europas wurde dabei offengelegt und die randständige Position wurde zum Ort eines anderen, eines entgrenzten (dezentrierten) Wissens. Von diesem Ort aus konnte die Macht Europas demontiert und in ihre Grenzen gewiesen werden. Denn die Macht ist nur unhintergehbar, solange die Subjekte oder die Akteure der Geschichte in einer asymmetrischen Beziehung von Siegern und Besiegten relationiert werden. Es muss in der Konstellation der Macht eine Verschiebung anderer Art stattfinden. Man muss das Beziehungsfeld anders konzipieren. Wenn man dies tut, dann entdeckt man, dass sich unter den Zeichen der hegemonialen Politik ein dynamisches kulturelles Feld offenbart, das die Macht wirkungsvoll begrenzt.

2 Die Historiographie und das Problem hegemonialer Blicke auf das *barroco de las Indias*

Die klassische Historiographie Amerikas unterstellte die Deutung des Barock dem Primat einer asymmetrischen Geschichte von Siegern und Besiegten – ästhetisch gesprochen: von Original und Kopie. Die Ästhetik der Texte wurde dementsprechend als epigonale, passive Übernahme der kontinentalbarocken Poetik eingeschätzt. Überdies stellte die implizit antiklassische Natur des Barocks ein Problem für die im 18. Jahrhundert entstehende Historiographie dar, die auf der Basis einer am Fortschritt orientierten teleologischen Kohärenz (auch in Spanien) das Barock als Ausdruck einer obskurantistischen Kultur betrachtet. So sah die Historiographie im Barock zunächst einen Feind der aufklärerischen Reformen, die in der Kunst und Literatur ein didaktisches, der klassischen Klarheit verpflichtetes Medium suchten. Bis zu den 50er Jahren des 20. Jahrhunderts wurden Kunst und Literatur des amerikanischen Barock als ästhetisch minderwertig, als Produkt unterdrückter ‚Kolonialsubjekte' angesehen, deren literarische und künstlerische Tradition im Verhältnis zu Spanien als epigonal erschien. Auf der einen Seite erschien das Barock als besonders problematisch, weil die Praktiken des barocken Hofes in den Kolonien zur Stabilisierung der Kolonialmacht führten,[6] auf der anderen Seite entdeckten lateinamerikanische Intellektuelle jedoch das „barroco de las Indias" früher als in Spanien.[7] Diese Entdeckung geht zurück auf die Deutung der Kultur der Kreolen als frühe Form des Widerstands gegen die spanische Krone. Es handelt sich dabei um die urbane Kultur der Metropolen. Das kulturhistorische Paradigma des *criollismo* führte somit zu einer anderen Bewertung des Kolonialbarock im Sinne einer künstlerischen Artikulation und als Ausdruck eines dynamischen sozialen Raumes. Der Venezolaner Arturo Uslar Pietri konzipierte den Begriff des *criollismo estético*[8] als Ausdruck einer krea-

---

[6] Vgl. Vidal (1985).
[7] Picón Salas (1982: 121).
[8] Nach der traditionellen Literaturgeschichte entsteht das historische Subjekt aus der Urbanen Kultur um 1820, vgl. z. B. Tuñón de Lara (1983: 283–308). Zu den Phasen des Diskurses des *criollismo*, vgl. Arrom (1980).

tiven Kraft,⁹ die aus der inhaltlichen und formalen Mestizierung entsprang. Diese Deutung war ausschlaggebend: Die Idee der ästhetischen Kreativität veränderte auch den Blick auf das Politische. Denn – so Mariano Picón Salas (1944) – aus den kulturellen Verflechtungen des Barock entstand ein ‚anderes' Bewusstsein, das als Grundlage des politischen Bewusstseins der Kreolen im Vorfeld der Unabhängigkeit fungieren sollte. Selbstverständlich gelang es den Kreolen innerhalb der Kolonialkultur nicht, die gewünschte Verwaltungsautonomie und eine bestimmte Macht im wirtschaftlichen und politischen Bereich zu erreichen. Doch nehmen hier sezessionistische Formen Gestalt an, die in den verschiedenen Regionen des Imperiums zum Keim der späteren Nationen werden. Irving A. Leonard (1974) sieht z. B. bereits am Ende des 17. Jahrhunderts verschiedene Zeichen einer entstehenden Unabhängigkeit.¹⁰ Doch äußert sich vor der Unabhängigkeit die Emanzipation der Kreolen nie direkt, sondern durch indirekte, transversale Formen, die parodistisch und ironisch Kritik an der Krone ausdrücken, eine Kritik, die sich freilich mit der Sprache und den Stilmitteln der Eroberer, d. h. innerhalb der Poetik des Barock, ausdrücken muss.

Erst diese Konzeption der kulturellen Praktiken des Barock eröffnete auch den Weg für die Akzeptanz des amerikanischen Barock als Ausdruck eines – wenn auch nicht direkten – so sich doch äußernden bestehenden Bewusstseins der kulturellen Differenz zwischen den europäischen Kolonialherren und den amerikanischen Kulturen. In *De la conquista a la independencia* (1944) deutet deshalb Picón Salas die Reaktionen auf die Unterdrückung durch die Kolonialherren als beginnenden Willen zur Emanzipation. Nach Picón Salas entwickelt sich das soziale lateinamerikanische Subjekt zwischen 1598 (Tod von Philipp II.) und dem Jahr 1700, dem Ende der Regierungszeit von Karl II., dem Letzten der Habsburger. Seit Mitte des 20. Jahrhunderts gilt somit das Barock in den Konzeptionen von lateinamerikanischen Intellektuellen als Ausdruck einer indirekten Emanzipation. Auf dieser Basis hat eine weniger exotisch-tropikalische Perspektive, die zugleich eine Historisierung der An-

---

⁹ Vgl. Uslar Pietri (1950: 266–278) und Borsò (1994: Kap. IV).
¹⁰ Vgl. Leonard (1974).

sätze suchte, in den letzten Jahren den Weg zu einer Reihe von Forschungen zum Barock eröffnet, welche die kulturelle Kraft und Dynamik der Kolonialmetropole gezeigt haben.

Die Entwicklung dieser Forschungslinie lässt sich wie folgt zusammenfassen: Das Konzept des *barroco americano* setzte sich in der Kritik und der Literaturwissenschaft durch, nachdem Alejo Carpentier und José Lezama Lima das amerikanische Barock als Entsprechung zur *americanidad* sahen.[11] Seinerseits unterstreicht auch Octavio Paz die Tatsache, dass das Barock als *cultura transplantada* eine Übersetzung ist, die im Zuge der Übertragung in den neuen Kulturraum auch kreative Veränderungen herbeigeführt hat. Paz spricht im Zusammenhang mit Sor Juana Inés de la Cruz – u. a. auf der Basis der Studien von Dorothy Schons – von ‚Authentizitätszeichen' der entstehenden, neuen Kultur.[12] Für Carpentier hat das Barock auch einen ontologischen Status. Carpentier sieht in der verschwenderischen, luxuriösen Gestaltung der ornamentalen Formen des Barock einen Ausdruck der tropischen Natur Amerikas (‚nativistische Position').[13] In den Werken der Begründer des hispanoamerikanischen Barock – insbesondere der Mexikaner Bernardo de Balbuena, Carlos de Sigüenza y Góngora, Sor Juana Inés de la Cruz und des Kolumbianers Hernando Domínguez Camargo – erkennt man auf der Basis des vorgenannten Paradigmenwechsels das Bestehen antihegemonialer Stimmen, die Betonung des Amerikanischen und die indirekte Wiedergewinnung kultureller Räume innerhalb des spanischen Barock. Dies entspricht auch der widerständigen Geste des amerikanischen Barock, für die Lezama Lima den Begriff der *contraconquista* gewählt hat.[14] Nach dem heutigen Stand der Forschung erfüllt der Barock folgende Funktionen:

– Statt der Authentizität[15] betont man die Theatralität des Barock. In dieser kommen die Praktiken der urbanen Kultur in der *ciudad letrada*

---

[11] Vgl. Lezama Lima (1977) und Borsò (1994: Kap. V).
[12] Vgl. Paz (1976; 1982).
[13] Vgl. Carpentier (1976) und Borsò (1994).
[14] Vgl. Lezama Lima (1977).
[15] Zur Kritik der Authentizitäts- und Originalitätsthese z. B. bei Sor Juana Inés de la Cruz vgl. Resina (1986).

(Ángel Rama) sowie die kosmopolitischen Tendenzen der amerikanischen Kreolen zum Ausdruck. Sor Juana Inés de la Cruz nutzte überdies solche Praktiken, um sich einen Status als *mujer sabia* zu sichern.

– Beim Barock handelt es sich um eine Ästhetik, die das Ornament und den Überschuss sowie die Wucherung der Formen kreativ nutzt. Überdies dient die Wiederholung spanischer Normen zur Schaffung eines neuen, dritten Raumes, in dem ‚andere' Stimmen zur Sprache kommen.

In der Sondernummer der Zeitschrift *Colonial Latin American Review* zum Barock (1995) fasst Mabel Moraña den auch heute gültigen Stand der Forschung – mit Bezug auf den Peruaner Juan de Espinosa Medrano, genannt El Lunarejo, und die bereits erwähnten Mexikaner Sigüenza y Góngora und Sor Juana Inés de la Cruz wie folgt zusammen:

> Por un lado, en su obra el paradigma barroco da la cara a los rituales sociales y políticos del Imperio y se apropia de los códigos culturales metropolitanos como una forma simbólica de participación en los universales humanísticos del Imperio. Por otro lado, esos intelectuales se articulan a través de sus textos a la realidad tensa y plural de la Colonia a la que ya perciben y expresan como un proceso cultural diferenciado, y utilizan el lenguaje imperial no sólo para hablar por sí mismos sino *de* sí mismos, de sus proyectos, expectativas y frustraciones.[16]

Obgleich in den zahlreichen Untersuchungen, die im Kontext des fünfhundertjährigen Jubiläums der Eroberung im Jahre 1992 entstanden, hin und wieder noch von ‚Authentizität' die Rede ist, überwiegt doch in den aktuellen Studien ein neues Paradigma, das man mit dem Konzept der Hybridkulturen[17] fassen kann.[18]

---

[16] Moraña (1995: 239).

[17] Vgl. García Canclini (1989) und Bhabha (1994).

[18] Vgl. Glantz' Analyse (1992) von Sor Juanas Aneignung von Tirso de Molina wie auch von den *Naufragios* von Cabeza de Vaca und die bereits zitierten Studien, die von Moraña herausgegeben wurden (1994), welche Hybriditätsthesen berücksichtigen, vgl. auch Chang-Rodríguez (1994: 129 f.).

3   Das transversale Wissen der Kolonialkultur: Das Beispiel der urbanen Kolonialkultur Mexikos

Auf dieser Basis arbeitet die Lateinamerikanistik seit einigen Jahren an der Ermittlung besonderer Formen des Wissens innerhalb der Kolonialkultur.[19] In seinem umfassenden Bild der Wissensgeschichte im Mexiko des 17. Jahrhunderts beschreibt Elías Trabulse die Heterogenität des Wissens als herausragendes Merkmal: Obwohl in der zweiten Hälfte des 17. Jahrhunderts der Glaube und die konfessionellen Dogmen eine wichtige Rolle spielen, treten neben konservativen Quellen Neuerungen auf den Gebieten der Kartographie, Botanik, Metallurgie, Nautik, Historiographie, Mathematik und Astronomie auf. Darüber hinaus lässt sich neben der Aufnahme konservativer Quellen, die sich auf die Bibel und die Kirchenväter beziehen (etwa im Sinne der in Spanien nach dem Tridentinum wieder eingeführten allegorischen Interpretation der Heiligen Schrift durch die mittelalterliche Lehre der Kirchenväter), auch die aneignende Lektüre unterschiedlicher Autoren wie Kircher, Descartes, Gassendi, Kepler, Galilei u. a. oder auch die Rezeption neuester Errungenschaften der Medizin, wie der Entdeckung des Blutkreislaufs durch William Harvey (Sor Juana), nachweisen. Aus der hermetischen Kosmologie und Mathematik entstand ein ‚modernes' Modell des Universums, das sich erst im 18. Jahrhundert zum wissenschaftlichen Diskurs entwickelte. So sind die Diskontinuität und Heterogenität der Epistemologie Mexikos bei der Interaktion zwischen den Natur- und Geisteswissenschaften zwei der zentralen Eigenschaften der bisher gewonnenen historiographischen Bilder.[20] Zur Darstellung der Vielfalt des Wissens leitet Trabulse seine Wissenschaftsgeschichte Mexikos mit dem umfassenden Werk des mexikanischen Mathematikers, Naturforschers und Astronomen Fray Diego Rodríguez ein. Durch Fray Diego Rodríguez ergebe sich im 17. Jahrhundert aus den heterodoxen Postulaten des Hermetismus der Renaissance eine regelrechte wissenschaftliche ‚Revolution', die an den Heliozentrismus von Nicolaus Kopernikus, die Kosmologie von Giordano Bru-

---

[19] Vgl. etwa Trabulse (1974; 1984).
[20] Vgl. Trabulse (1982: 15).

no oder die Gesetze von Johannes Kepler anschließe.[21] Das wissenschaftliche Werk von Fray Rodríguez beziehe sich zwar auf Mathematik und Astronomie, habe jedoch einen enzyklopädischen Charakter und enthalte Wissensbereiche, die von der Beobachtung von Eklipsen über Logarithmen bis hin zu ihrer Anwendung in astronomischen Berechnungen gehen.[22] Rodríguez' *Tractatus procemialium* sei für eine ‚moderne' Konfiguration der Wissenschaften maßgeblich. Während die Wissenschaft recht gut erschlossen ist, steht eine systematische Untersuchung der ‚Neuerungen' im poetologischen, philosophischen und theologischen Diskurs noch aus. Auf diese soll hier im Zusammenhang mit Sor Juana eingegangen werden.

Darüber hinaus sind die Raumkonfigurationen und das entstehende architektonische Wissen interessant. Im *Tractatus procemialium* begründen z. B. die offen oder verborgenen, anthropomorphen Harmonien architektonischer Volumina auch die Architektur als jene Disziplin, welche die unsichtbare Schönheit der Dinge praktisch umzusetzen versucht. Demgegenüber deckt die Studie von Ángel Rama hinter dem Harmoniedenken der klassischen Formen der Architektur eine geometrisch-kartesianische Raumkonzeption der *ciudad letrada* und ein pyramidales Netz von Kolonialregeln auf. Die hegemoniale Kolonialordnung bleibe auch nach der Unabhängigkeit bis zur Entstehung kritischer Stimmen im 20. Jahrhundert aufrecht erhalten. Rama zeigt die Legitimierungsfunktion der Schriftlichkeit für die Entstehung einer zentralistischen und hegemonialen Kultur, deren Ikonographie die statische Position von Leon Battista Albertis Zentralperspektive übernimmt. Im urbanen Raum und durch die Schrift war zwar auch die Ausformung eines gegen die spanische Kolonialherrschaft gerichteten kreolischen Bürgertums möglich, dessen Bewusstsein indes erst mit dem 20. Jahrhundert Dekolonialisierungsprozesse erfährt. Andere Funktionen der Schrift, etwa zugunsten der transkulturellen Öffnung neuer Formen des Wissens, wurden von Rama nicht fokussiert, obwohl er ein Jahr zuvor das Konzept der Transkulturalisierung von Literatur erarbeitet hatte (1983). Diese sind Thema dieser Untersuchung.

---

[21] Ebd. (59–65).
[22] Ebd. (51).

4 Die Jesuiten und der Keim des transkulturellen Denkens – Mexiko[23]

Der Wille zum Wissen ist eine der herausragenden Eigenschaften der Compañía de Jesús. Die Jesuiten übernahmen aus diesem Grund eine bedeutende Funktion bei der Entstehung eines kreolischen Denkens (*pensamiento criollo*). Die Kreativität der jesuitischen Ansätze geht auf die hybriden Formen ihres Denkens zurück, so der Großteil der Forschung. Paz hat z. B. anhand von Sigüenza y Góngora gezeigt, wie die Aneignung der Scholastik Übergänge zu rationalistischen und präaufklärerischen Formen des Denkens vollzogen hat.[24] Auf diesen Jesuiten, Professor für Philosophie und Mathematik an der Universität von Mexiko, geht u. a. die besondere Verbindung kartesianischer Prinzipien mit dem mittelalterlichen Analogismus zurück, die auch Rama für die *ciudad letrada* feststellt.[25] Zwar hat Sigüenza y Góngora keine offenen Ambitionen gegen die spanische Krone, doch etabliert sich mit ihm eine Metaphorik, auf welche die kreolischen Ansprüche auf Unabhängigkeit zurückgehen werden. Gewiss ist Sigüenza y Góngora dabei ambivalent und bestätigt vollends die Kolonialherrschaft, etwa in seiner Stellungnahme zu den Unruhen der Indios.[26] Dies trifft auch für eine Reihe anderer als Kolonialsubjekte eingestufter Schriftsteller zu. In dieser Ambivalenz ist aber auch der Raum zu finden, in dem eine im Übergang befindliche Gesellschaft durch transkulturelle Prozesse zu neuen Formen kommt,[27] etwa die Übernahme der ritualisierten Praktiken von Ignacio de Loyola.[28] Zu den geometrischen Raumstrukturen, von denen Rama spricht, kommen bei Sigüenza y Góngora visuelle Formen im barocken Raum der Stadt hinzu, auf die Lezama Lima ausdrücklich hingewiesen hat,[29] z. B. in Bezug auf die Ritualien, mit denen die Ankunft der Vizeköni-

---

[23] Zu Santa Fe de Bogotá und Hernando Domínguez Camargo vgl. Borsò (2004b).
[24] Vgl. Paz (1982).
[25] Vgl. Rama (1983: 101).
[26] Siehe „Alboroto y motín de los indios de México" sowie „Carta dirigida al Almirante Pérez" (1692); vgl. Cogdell (1994).
[27] Vgl. Ross (1994).
[28] Vgl. Buxó (1994).
[29] Vgl. Lezama Lima (1977).

ge zelebriert wurde (*arcos triunfales*). In diesen deutet Sigüenza y Góngora den Okulozentrismus von Augustinus im Sinne einer geradezu obsessiv gesuchten Konfiguration einer neuen Kultur um. Lezama Lima betont den Willen dieses Intellektuellen, die Visualität der Formen zu unterstreichen, um die Kultur neu zu konfigurieren. Dabei macht er sich die Interpretationsfreiheit zu Nutze, die mit Erasmus in die spanische Renaissance gekommen war und sich in Kardinal Francisco Jiménez de Cisneros *Biblia Políglota* spiegelt. So interpretiert Sigüenza y Góngora die präkolumbische Geschichte auf der Grundlage des Alten und Neuen Testaments und auch auf der Basis der klassischen Geschichte, v. a. derjenigen der Römer. Sigüenza y Góngora ist ein signifikantes Beispiel für die Ambivalenz der Kolonialkultur. Seine für die kreolische Kultur typische Strategie ist jene der *disimulación* im politischen Bereich und der Nutzung indirekter Freiräume durch die barocke Ästhetik. Andererseits ist diese Ambivalenz auch Symptom einer Zeit des gesellschaftlichen und politischen Übergangs.[30] Hier ist der ‚Mestize' einerseits noch Synonym einer niederen sozialen Klasse (in der Nähe der *indígenas*), andererseits ist der hybride Raum der Kulturbegegnung, der sich in der indirekten Rhetorik des Barock im Sinne eines Diskurses der Zensur ausdrückt,[31] auch der dynamische Raum des sozialpolitischen Wechsels.[32] Z. B. nutzt Sigüenza y Góngora diese Ambivalenz im Zusammenhang mit den Rebellionen der Indios.[33] Er übernimmt scheinbar den abschätzigen Diskurs der Kolonialkultur gegenüber den *indígenas*, tut dies aber, um die Schwäche und Widersprüche dieser Vision indirekt zu offenba-

---

[30] Vgl. Ross (1994: 238).

[31] Vgl. Neuschäfer (1991).

[32] So Codgell zum Essay von Sigüenza y Góngora „Alboroto y motín de los indios de México del 8 de junio de 1692", den er als „uno de los fundadores de un nuevo discurso cultural americano" in einem Augenblick der Krise bezeichnet (Codgell 1994: 247).

[33] In „Alboroto y motín" bezeichnet Sigüenza y Góngora das Volk als *plebe*, bestehend aus folgenden ethnischen Gruppen: „de indios, de negros, criollos, y bozales de diferentes naciones, de chinos, de mulatos, de moriscos, de mestizos, de zambaigos, de lobos y támbien de españoles que, en declarándose zaramullos (que es lo mismo que pícaros, chulos, y arrebatacapas) y degenerando de sus obligaciones, son los peores de tan ruin canalla", Sigüenza y Góngora in: Codgell (1994: 248). Diese kulturelle Pluralität wurde von der traditionellen Historiographie, welche die Geschichte auf eine Opposition von Kreolen und Europäern reduzierte, nicht beachtet, vgl. ebd. (253).

ren.³⁴ Genau diese Ambivalenz ist die Grundlage der Transkulturation und der Produktion des komplexen Diskurses Amerikas.³⁵ Die wichtigsten Werke dabei sind: *Primavera indiana* (1660), ein epischer Gesang in Oktaven; *Triunfo parthénico* (1683), ein Gedicht, das den Triumphbogen zu Ehren des Vizekönigs, Graf von Paredes, begleitet; *Teatro de virtudes políticas* (1680), ein Text zu Ehren des selben Grafen; *Manifiesto filosófico contra los cometas* (1681), *Oración fúnebre a sor Juana Inés de la Cruz* (1695).

Sigüenza y Góngora trat im Jahre 1660 in den Orden der Compañía de Jesús ein, den er aber 1668 wieder verließ, um an der Universidad Pontificia zu studieren, wo ihm der Grad eines *Licenciado* im Fach Philosophie verliehen wurde. Im Jahre 1672 erhielt er die Priesterweihen. Mit Physik, Mathematik und Astronomie, Sprachwissenschaft und Geschichte vertraut, war Sigüenza y Góngora einer der ersten Mexikaner, die als Wissenschaftler und Schriftsteller berühmt wurden.³⁶ Er erhielt einen Lehrstuhl für Philosophie und Mathematik und zeigte sich als Anhänger der Philosophie Descartes', obwohl zu dieser Zeit an spanischen und mexikanischen Universitäten noch die Scholastik vorherrschte. Er wurde zum königlichen Kosmographen sowie zum Chronisten der Universität und zum Sachverständigen für Kriegsbauten ernannt. Wie andere Zeitgenossen vertrat Sigüenza y Góngora einen kulturellen Universalismus, der sich literarisch in dem von Góngora y Argote übernommenen ‚Kulteranismus' äußerte. Dabei sind persönliche Noten relevant, wie z. B. das Spiel mit betonten Vokalen, was später von den Modernisten übernommen wird, wie auch die Integration aztekischer Traditionen und lautlicher Eigenheiten der Sprache der Nahuas in die kulteranische Sprache. Das mexikani-

---

[34] „Como ya veremos el caso de Sigüenza es de por sí emblemático de las cambiantes ideologías que se han proyectado sobre la notoriamente amorfa categoría conocida como el ‚Barroco' por varios y variados discursos críticos" (Ross 1994: 224).

[35] „Para leer al Barroco americano de una manera innovadora, necesitamos ubicar a sus escritores y a sus escritos dentro de un contexto histórico que pueda asumir las ambigüedades inherentes a un discurso representativo de una clase criolla en desarrollo" (ebd.: 239).

[36] Wie bereits erwähnt, geht Trabulse in seiner Geschichte der Formation mexikanischer Wissenschaften von Fray Diego Rodríguez aus, einem Mitglied des Ordens der *Merced*, Mathematiker und Astronom. Fray Rodríguez übernahm kopernikanische Thesen, weshalb er seine Manuskripte z. T. verborgen halten musste, vgl. Trabulse (1984: 73).

sche Ambiente und die Kolonialarchitektur sind ebenso bedeutend wie die Anspielungen auf die Kultur der Chichimecas und auf die aztekischen Prinzen. Die Beschreibungen von Chapultepec, der Vulkane, der Regionalküche, von Früchten und mexikanischen Blumen und die Bedeutung der Virgen Morena del Tepeyac, Mutter aller – *indígenas, criollos* und Spanier – sind einige der herausragenden Themen.

5 Über Ángel Ramas *ciudad letrada* hinaus: Die Kultur der Städte als offene Konstellation

Bernardo de Balbuena ist das Beispiel für den Zusammenhang zwischen der Übertragung spanischer Kultur in die Neue Welt und der aus dieser entstehenden mexikanischen Kultur. Er wurde in Spanien geboren, kam mit seinem Vater nach Mexiko, wo dieser sich als Händler in Michoacán niederließ, um dann als Sekretär der Audiencia in Jalisco zu dienen. Bernardo blieb in der Stadt Mexiko, wo er sein Studium der Theologie abschloss (1603). Er nahm an verschiedenen poetischen Wettbewerben teil, u. a. an dem berühmten Dichterwettstreit von 1586. Nachdem ihm die Priesterweihen verliehen wurden, übernahm er Gemeinden in Guadalajara, in Nayarit und Culiacán. Nach einem Aufenthalt in Spanien kehrte er nach Amerika zurück und übernahm Ämter in Jamaika, bevor er zum Bischof von Puerto Rico ernannt wurde. *Grandeza mexicana* (1604) ist ein Gedicht über die Stadt Mexiko, bestehend aus acht Teilen, die alle Aspekte des Landes behandeln: Klima, Architektur, Gärten, Künste, Feste, Tänze. Die Anspielungen auf Ovid, Lukian und Vergil verflechten sich dabei mit einem mexikanischen Imaginären.

5.1 Architektur

In allen diesen Werken ist die Architektur selbstverständlich europäisch, z. T. ausgeprägt spanisch (barocker *churrigueresco*-Stil), die Skulpturen und die inneren Ornamente hingegen sind durchdrungen von heidnischen indianischen Elementen. Christliche und indianische Traditionen stehen nebeneinander und beeinflussen sich wechselseitig. Man sieht in diesem Kolonialbarock zwei Bewegungen: Die pompöse barocke Architektur will den Sieg der katholischen

Kirche in den eroberten Gebieten bekunden. Gegenläufig dazu zeigen die Ornamente im Innern die Einflussnahme der indianischen Kulturen, die ebenfalls in das Christentum eingedrungen sind. Die Hybridität der mexikanischen Religion setzt den ‚Stachel des Fremden'[37] in die ‚Reinheit' des katholischen Glaubens. Innerhalb der Architektur des Kontinentalbarock schleichen sich heidnische Symbole ein, ohne sich den christlichen Symbolen unterzuordnen. Vielmehr kontaminieren die hybriden Details der Skulpturen die gesamte architektonische Ordnung.[38] Es handelt sich also um eine mestizierte oder hybride Kunst, wie wir sie heute im Zuge der Globalisierung, des Wanderns der Bilder zwischen den Kulturen durch die Massenmedien und die Migrationsbewegungen beobachten können.

Die politisch besiegte Kultur behauptet sich innerhalb dieser Macht und rettet sich, indem sie in einer anderen, einer universalen Kultur aufgeht. Kulturelle Werte können also ganz andere Wege gehen als die politischen Entwicklungen vorgeben. Beide Kulturen bereichern sich durch die jeweils andere in einem steten Austauschprozess, der in verschiedenen Richtungen verläuft. Diese transkulturellen Prozesse haben es ermöglicht, dass die indianische Kultur doch weiterlebt. Aus diesen Bewegungen haben sich neue kulturelle Räume ergeben, bei denen die indianischen Elemente die Dogmatik der katholischen Religion toleranter gemacht haben, spielerischer und ästhetisch kreativ. Diese Ästhetik ist transgressiv. Sie ist eine Art voluptuöse Verschwendung,[39] die für die enthaltsame Dogmatik der okzidentalen Traditionen irritierend ist. Sie ist eine Form von spielerischer Freiheit, die für die Inquisition etwas Häretisches repräsentierte.

5.2 Hybride Ritualien von Triumphbögen

Ritualien markieren die Loslösung aus einem alten Zustand und die Transformation des Wissens in andere, einheitliche Kollektivwahrnehmungen oder Glaubensformen (insbesondere lebens- und kulturgeschichtliche Ritualien wie

---

[37] Vgl. Waldenfels (1999).
[38] Vgl. Cali (1960).
[39] Vgl. Lezama Lima (1977).

Eheschließung, Taufe, Jubiläum, aber auch politische und alltägliche Ritualien wie Gründungsakte, Vertragsabschlüsse usw.).[40] Ritualien haben eine Vermittlungsfunktion zwischen unterschiedlichen Raum- und Zeitordnungen. Eben die liminalen Eigenschaften des Rituals und der dritte Raum, in dem die Beziehungen zwischen verschiedenen Weltbildern, Zeitkonzepten und Wissenssystemen ausgehandelt werden, sind hier zu untersuchen. Haupttexte sind dabei die *Grandeza mexicana* von Balbuena und die Triumphbögen von Sigüenza y Góngora und Sor Juana Inés de la Cruz, aber auch andere Texte wie Sor Juanas *autos sacramentales*, z. B. *El divino Narciso*.

Für den spanischen Barock hat Hans Ulrich Gumbrecht gezeigt, dass die Funktion von Ritualien am spanischen Hof des 17. Jahrhunderts nicht allein die der Machtausübung ist.[41] Vielmehr ging es um (selbstverständlich in einem hegemonialen Handlungsrahmen stehende) Interpretationsritualien, die eine ritualisierte Wiederholung finalistischer Interpretationen von Welt inszenierten, welche – so Gumbrecht – die brüchig gewordene Welterfahrung kompensieren sollten. Ein kompliziertes Netz hierarchischer Rollen und ein Repertoire rigider Riten machten – im Sinne der kollektiven Theatralisierung – aus dem Zeremoniellen nahezu die für die Zeitgenossen gültige Anthropologie. Am spanischen Hof von Philipp II. beschrieben z. B. die Gewänder die Linien von geometrischen Grundformen, unter denen der Körper als visuell wahrnehmbare Wirklichkeit verschwand. Die Inszenierungspraktiken des Hofes sind also mehr als nur die Legitimierung der Macht. Sie sind das Ritual einer Interpretationspraktik, die im Raum der Inszenierung ihre Heterogenität erkennen lässt, denn alltägliche und politisch-religiöse Sinnwelten gehen Hand in Hand, ja sie sind geradezu ineinander verwoben. Im Ritual wird zwar alles zum Zeichen, aber gerade deshalb ist dem Ritual auch die Kraft der Grenzüberschreitung (von Zeichensystemen) und Transformation aufgegeben. Gumbrecht hat die These der Heterogenität des Rituals lediglich für die Rekonstruktion des Alteritätsdiskurses in der spanischen Literaturgeschichte genutzt, ohne das Ritual selbst näher zu thematisieren. Die Inszenierung von

---

[40] Vgl. Turner (1982).
[41] Vgl. Gumbrecht (1990).

Ritualien ist aber jener Raum, in dem sich eine heilsgeschichtlich begründete Anthropologie bzw. eine allegoretische Deutung der Zeichen mit einer sensualistischen kreuzen, der Ort, an dem das Visionäre auch widerständigen, empirischen Welten begegnet. Ritualien implizieren politische Konstellationen,[42] so dass auch die Interpretation der Polis der Konfiguration der Stadt eingeschrieben ist. Für die politischen Ritualien in Nueva España lässt sich in den Texten zu den Triumphbögen, welche die ‚Ankunft' der Vizekönige zelebrieren, Ramas These der zentralistischen Topographie der Macht, aber auch das Gegenteil analysieren. Paz hat das Ankunftsritual als politische Allegorie untersucht.[43] Der festgelegte Weg wiederholte das Ritual der Inbesitznahme des Territoriums. Dreimal wiederholte der neue Vizekönig die Ankunft in einer Stadt: Veracruz, Tlaxcala, Puebla, wobei in der symbolischen Geographie Mexikos die drei Städte die Ankunft der Eroberer, die indianische Stadt und die neue kreolische Stadt (Puebla) darstellten und in dieser Geographie alles auf die Hauptstadt als Zentrum zulief, so auch Fernand Braudel (1979) und Rama in Bezug auf die *ciudad letrada*.[44] Es sollte die Integration der einzelnen Teile des gesellschaftlichen Körpers inszeniert werden, um sich ihrer Zugehörigkeit zu versichern (und die Heterogenität zu kompensieren): Audiencia, Kirche, Universität, Wehrmacht, religiöse Orden wie auch Indios, Mulatten und die unterschiedlichen *castas*.[45] Die Analyse des Rituals – etwa in Sor Juanas *Neptuno alegórico* – zeigt, dass die Verkörperung hybrider mythologischer Traditionen, z. B. die zentrale Figur des Neptun als strahlende Darstellung des Vizekönigs, in der Inszenierung auch zentrifugale Kräfte entfaltet. Im in der Ausgabe der *Poemas* von 1690 publizierten *Neptuno alegórico* lässt sich die Interpretation des Triumphbogens der Kathedrale rekonstruieren, deren Graphiken zum größten Teil verloren gegangen sind.[46] Die Hybridisierungsprozesse sind ausgehend von verschiedenen Quellen zu untersuchen (Andrea Alcia-

---

[42] Vgl. Münkler (1995) und Gellner (1999).

[43] Vgl. Paz (1982).

[44] Nach Chaunu (1973) sind der Platz und das Fest privilegierte Räume, in denen sich der Monarch seines Verhältnisses zum Vasallen versichert.

[45] Vgl. Paz (1982: 196).

[46] Vgl. Codding (1995: 22).

tis *Emblemata* von 1531, Vincenzo Cartaris *Immagini dei Dei degli antichi* von 1556, Athanasius Kirchers *Oedipus aegyptiacus* von 1652). Bei Sigüenza y Góngora (aber auch bei Sor Juana) geht es wiederum um die Hybridisierung der Schrift und humanistischer Traditionen des von Luis de Góngora y Argote übernommenen *culteranismo* durch die oralen Traditionen der Nahuas, wodurch innerhalb des scholastischen Weltbilds auch Passagen einer indirekten Apologie der ‚neuen' Kultur Mexikos entstehen. Die Beschreibung der im Triumphbogen einbezogenen politischen Symbole der Azteken ist dem *Teatro de virtudes políticas* (1680) zu entnehmen. Überdies sind die emblematischen Bilder des Triumphbogens von Sigüenza y Góngora im illustrierten Manuskript der *Genealogía de la familia Mendoza Moctezuma* übernommen, das in Giovanni Francesco Gemelli Careris *Voyage du tour du monde* (Paris 1727) zu finden ist.[47] Die Kenntnis der Topographie der Stadt Mexiko im 17. Jahrhundert verdanken wir dem Manuskript *Forma y levantado de la ciudad de México* (1628) von Juan Gómez de Transmonte, das in Arnoldus Montanus' graphische Darstellung der Stadt eingegangen ist (1652). Transmontes Darstellung revidiert das anachronistische Bild von Mexiko, das durch Jan Janssons *Illustriorum Hispaniae urbium tabulae* überliefert war.[48]

Vom Triumphbogen der Renaissance, welcher der römischen Tradition schon Masken, Tänze und sinnliche Kompositionen hinzufügte, übernimmt der koloniale Triumphbogen den Inszenierungscharakter. Dadurch wird der politische Akt der Repräsentation der Macht in der Polis zum Fest, die ‚Militärparade' zur Pantomime, die religiöse Prozession zur theatralischen Verkörperung der Andersheit im Raum. Das Ritual der Macht und des barocken *memento mori* – als *ars moriendi* – wird zum Fest der Sinne.[49] Transponiert in die Neue Welt, wird die Inszenierung zum Raum der Aushandlung zwischen Kulturen und ihrer wechselseitigen Andersheit. Wie in den Kathedralen und Kolonialkirchen die zentralistische Allegorik der barocken Architektur in Kontrast zur zentrifugalen Ausdehnung des Raumes in der hybriden, mit

---

[47] Ebd. (22).
[48] Ebd. (20).
[49] Vgl. Paz (1983: 203).

präkolumbischer Ikonographie überschriebenen Ornamentik steht,[50] so weist die Inszenierung der Triumphbögen neben der statischen Zentralperspektive auf die Macht des Vizekönigs auch auf einen beweglichen Raum der Passagen kultureller Aushandlungen hin. Die Ritualien des Festes stehen in einem Spannungsverhältnis zwischen Wiederkehr des Ritus und Veränderung in Folge der Überlappung verschiedener Zeiten oder des Durchbruchs zum Neuen. Diese Übergänge sollen besonderes in Bezug auf die Spannung zwischen dem weltlichen und religiösen Wissen untersucht werden. Der im Ritual enthaltene Durchbruch zum Neuen wird auch in der neueren Geschichte Mexikos von Bedeutung sein – so etwa in der mexikanischen Zeremonie des *Grito* (15. September), die als Ritual der Öffnung eines neuen Raumes der Nation, und ihrer Einheit, in das offizielle Gedächtnis eingegangen ist.

Inszenierungen von Ritualien dienen zwar zur Sichtbarmachung der Macht von Traditionen, die vom Ritual legitimiert werden und angesichts eines unscharfen *ordo* durch das Zeremoniell an alten Konventionen festhalten, doch fördern sie auch einen visuellen Übergangsraum,[51] in dem die Rekonfiguration von Diskursen, Konstellationen und Praktiken geschehen kann. Die in der Inszenierung zusammentretenden (heterogenen) Traditionen produzieren neben der allegoretischen Geschlossenheit der zentripetalen Machtordnung auch die Brüche und Transformationen finalistischer Weltbilder sowie die Rematerialisierung der abstrakten Allegorik. Auf den ‚Protagonismus' der Sinne, etwa im *Primero sueño* von Sor Juana, ist schon hingewiesen worden.[52] Die allegoretischen, finalistischen Prätexte der Triumphbögen geraten in die Bewegung der visuellen und sensoriellen Mehrfachkodierung sowie der pikturalen und transmedialen Anspielungen. Heilige Bilder, Mythologien usw. entfalten netzwerkartige Konstellationen, die zu untersuchen sind. Das Ritual wird dadurch brüchig und vieldeutig. Seine Inszenierung kann selbstbezüglich sein, auf die Konstruktionsprinzipien selbst verweisen, karnevalistische Umkehrungen herbeiführen. In Sigüenza y Gongoras *Teatro de virtudes políticas*

---

[50] Vgl. Cali (1960).
[51] Vgl. Gennep (1986) und Turner (1982).
[52] Vgl. Bravo Arriaga (1995).

werden beispielsweise die Anspielungen auf die Kosmologie und die moralischen Stadtwanderungen der Renaissance transformiert. Die Zentralperspektive, die den Blick auf einen privilegierten Punkt außerhalb des Bildes festlegt, weicht sinnlichen Blicken, die den Raum neu oder anders konfigurieren. So ist in der Inszenierung des Rituals der Ankunft auch die Chance einer Entgrenzung der Blicke verwirklicht, wodurch die Episteme eines geometrisch konzipierten Raumes binomischer Klassifikationen dem Raum der Passagen weicht.

Bei Sor Juana steht die Hybridisierung, d. h. die Begegnung und Verflechtung verschiedener mythologischer Traditionen, die auch Paz untersucht hat,[53] aber auch die sich durch die Verkörperung der Konzepte im sinnlichen Aufführungsraum der *autos sacramentales* ergebende Veränderung der scholastischen Prätexte im Zentrum der neuesten Untersuchungen. Die Dimension der Intermedialität spielt dabei eine besondere Rolle. Denn Bilder von Ordnung und Unordnung werden metaphorisch und durch bildhafte Redeweisen erzeugt. Texte kommentieren ihrerseits die Triumphbögen. Text und Bild stehen auch in den zahlreichen emblematischen Repräsentationen so in Verbindung zueinander, dass die Inszenierung auch eine transmediale Qualität erhält. Die starre architektonische Konfiguration von Ritualien wird durch die (Körper- und Blick-)Bewegung des Betrachters im Raum dynamisiert,[54] besonders in Spannung mit der zentrifugalen Räumlichkeit der Ornamente. Die Architektur des Bogens und die Orientierung im Raum stehen in einem Spannungsverhältnis mit den gesprochenen Texten, die den Bogen kommentieren. Spannungen zwischen Architektur und Skulptur sind ein zentrales Moment der barocken Kolonialkunst und ihrer Funktion als *contracultura*.[55] Mit der Gewalt der Sprache assimiliert das Subjekt das Territorium des Anderen. So lautet die für lateinamerikanische Subjekte virulente Analogie von Körper und Territorium, wobei die Sprache zur konkreten Waffe der Eroberung wurde. Die Ambiguität der Sprache (als abstraktes Zeichensystem bzw. Eroberungswaffe und als

---

[53] Vgl. Paz (1983).
[54] Vgl. Wenzel (2004).
[55] Vgl. Moreno Villa (1942) und Lezama Lima (1957).

konkretes Indiz der Körperlichkeit) findet im Spanischen eine Entsprechung in der doppelten Bedeutung von *lengua* als Zunge – Organ des Körpers, Quelle des Geschmacks und der Sinnlichkeit – und als abstraktes Sprachsystem.[56] Davon ausgehend hat z. B. Margo Glantz bei Sor Juana gezeigt, dass im ‚Körper' der Schrift der Abstraktionsprozess, der die Leiblichkeit zerstört, rückgängig gemacht wird, die Schrift den Weg zurück zum Buchstaben und das Sprachsystem zum leibhaften Sprechen findet.[57] Leibhaftes Sprechen meint eine dichte Textur, bei der dem Textkörper indirekte Spuren der Leiblichkeit eingeschrieben sind.

6 Sor Juana Inés de la Cruz und die Rematerialisierung des Körpers

Ähnliches gilt in Bezug auf eine noch deutlichere Transformation scholastischen Denkens durch Sor Juana Inés de la Cruz. Lezama Lima spricht von dem von Sor Juana für die Ankunft des Vizekönigs, Conde de Paredes und Marqués de la Laguna, erstellten Triumphbogen, wie auch von den *autos sacramentales* (etwa *El divino Narciso*) oder auch von ihrer Lyrik (*Primero sueño* und Sonette) als einer *golosina intelectual*. Analoges stellen auch Trabulse, González Echevarría, Glantz u. a. fest. Das scholastische Wissen sei bei Sor Juana an die Sinnlichkeit und Körperlichkeit gebunden, was zur Formulierung einer Art sensualistischer Philosophie führe, die u. a. – nicht zu Unrecht – mit Pascals *raison du coeur* verglichen worden ist. Wie Paz hat auch Trabulse im wissenschaftlichen Weltbild von Sor Juana jene aus der Tradition des Hermetismus stammende Hybridisierung der Quellen festgestellt, die Trabulse bereits am Paradigma von Fray Rodríguez nachgewiesen hatte. Zu der wahrscheinlich auf die Rezeption des Hermetismus des Jesuitenpaters Athanasius Kircher zu-

---

[56] Zum Zusammenhang beider Dimensionen der Sprache mit der Malinche vgl. Glantz (1994a).

[57] Vgl. Glantz (1992; 1994), insbesondere das Kapitel „Si todos los miembros de mi cuerpo fuesen lenguas". Ich verweise auch auf verschiedene Arbeiten zum Kolonialbarock, die beeindruckende Beispiele der subversiven Kraft der Einschreibung von Leiblichkeit in die Schrift geben. Ein Forschungsbericht findet sich bei Borsò (1994). Zur theoretischen Grundlegung der Einschreibung des Körpers in die Schrift vgl. Borsò (2002 [Artikel 6 im vorliegenden Band]).

rückgehenden Transformation scholastischen Wissens komme bei Sor Juana die Hybridisierung der assimilierten heterogenen Quellen durch die imaginative Kombinatorik hinzu. Sor Juana erreiche nicht nur eine indirekte Form von leibhafter Subjektivität – so die neuesten Interpretationen der *Carta atenagórica* und der *Respuesta a Sor Filotea de la Cruz* –, sondern eröffne auch ein weites Spektrum neuen humanistischen Wissens und subversiver, kritischer Praktiken.[58] Der aktuelle Stand der Forschung zum Kolonialbarock zeigt, dass die Kolonialisierung des Imaginären die eroberten Kulturen nicht definitiv zerstörte.[59]

Auch diese Argumentation lässt sich durch machttheoretische Überlegungen begründen: Macht ist also eine Handlung, welche die Artikulation von Subjekt und Welt betrifft, und diese Artikulation verläuft über ein Medium: den Körper, der den Menschen an seine Lebenswelt bindet. Gerade am Körper zeigt sich, dass die Grenze auch eine Schwelle ist,[60] eine Kontaktfläche zum Anderen. Als „Teilungspraktik" (*pratique divisante*) konstituiert sich die Macht, indem sie mit dem Körper und anhand der Körperlichkeit Grenzen setzt und damit trennt, was untrennbar ist, nämlich das Ich und die Lebenswelt, die uns umgibt, das, was Maurice Merleau-Ponty *la chaire du monde* nannte.[61] Gehen wir auf machttheoretische Überlegungen ein, so stellen wir Folgendes fest: Die Macht setzt zwar Grenzen ein und trennt, klassifiziert, separiert zwischen dem Eigenen hier und dem Fremden dort, mit dem das Ich aber durch den anthropologischen Raum der Körperlichkeit verbunden ist. Als Konstellation im Gewebe der Welt ist die Grenze jedoch zugleich auch eine Schwelle. Foucault spricht tatsächlich vom Gewebe, vom *tissu*.[62] Und in der Dichte des Gewebes finden wir nicht nur die Makroerzählung der Macht, der Ausgrenzungen und der Asymmetrien historischer Fakten (Kriege, Zerstörun-

---

[58] Vgl. etwa Trabulse (1982); Glantz (1992; 1994; 2000); Roggiano (1978); Sabat de Rivers (1992; 1993; 1998); Moraña (1998; 1989; 1990; 1994), Puccini (1996), Chang-Rodríguez (1994) und die Publikationen der *Colonial Latin American Review* (etwa Bd. 4, Nr. 2 [1995], anlässlich des 300. Todestags von Sor Juana); Laferl (2002).

[59] Vgl. Gruzinski (1988).

[60] Zu den weiterreichenden phänomenologischen Implikationen vgl. Waldenfels (1999).

[61] Vgl. Merleau-Ponty (1967).

[62] Foucault (1994: 243).

gen), sondern auch das Feld der Beziehungen, jene dichte Textur des Raumes, die die vielfältigen Dimensionen des Kulturellen und des Sozialen enthält. Erst hier sehen wir auch die Widerstände, die Grenzen der Macht. Wir haben damit das Szenario eines anderen Wissens umfasst, das nicht das Projekt einer metaphysischen Kritik der Macht verfolgt, wie es der Marxismus tat und weshalb er auch scheitern musste. Vielmehr geht es darum, im *tissu historique*[63] die dichte Textur von Schwellen und Widerständen zu erkennen. Petrarkistische Daphne-Gedichte betonen diese Paradoxie, etwa wenn je mehr Apollo über das Verschwinden des Körpers der Daphne weint, der Lorbeerbaum umso mehr wächst.[64] Apollo muss den Körper der Daphne vollends mortifizieren, die Leiblichkeit domestizieren, in Kunst transformieren, will er sich als *poeta laureatus* feiern lassen.[65] Doch zeigt die Dramatik der Metamorphose und die Schwelle zwischen dem Zugriff auf den Körper und dem Rückzug des Leibes in die widerständige Natur – etwa bei Gian Lorenzo Berninis *Apoll und Daphne* –, dass die Kolonialisierung des Anderen nicht restlos gelingen kann. Die Grenzen unterliegen also dem Regime der Macht, sie sind aber auch die Schwellen zum Widerstand, zu den Grenzen der Macht. Die Widerstände schreiben sich in die dichte Textur des Mediums, in die Buchstaben der Texte und in die Materialität der Bilder, in den Ton der Stimme, in das Haupt des Menschen ein.[66] Eine solche Schwelle und Einlass-Stelle des Widerstands ist das Lachen. Es ist Ausdruck einer Spannung, aber auch der Zerstörung der Autorität der Macht durch ihre ‚Familiarisierung', wie Michail Bachtin so treffend gezeigt hat.[67]

---

[63] Foucault spricht von einem „tissu historique" als „histoire des luttes et celle des relations et des dispositifs de pouvoir" und von „domination" als „transcription d'un des mécanismes de pouvoir d'un rapport d'affrontement et de ses conséquences" (ebd.: 243). Als zentrales Phänomen in der Geschichte der Gesellschaften nennt er: „c'est qu'elles manifestent, sous une forme globale et massive, à l'échelle du corps social tout entier, l'enclenchement des relations de pouvoir sur les rapports stratégiques, et leurs effets d'entrainement réciproque" (ebd.: 243).

[64] Vgl. Borsò (2002 [Artikel 6 im vorliegenden Band]; 2004b).

[65] Die Ambivalenz des ‚Haushalts' zur Konstitution des Ichs wird bei der Geburt des Individuums in der Renaissance besonders dramatisch. Darauf deutet die Häufung des Daphne-Motivs hin, aber auch die Heterogenität, die bei Schriftstellern wie Montaigne zu finden ist.

[66] Ich verweise auf die luzide Diskussion des Verhältnisses von Schrift und Körper bei Roland Barthes durch Ette (1998).

[67] Vgl. Bachtin (1990).

In verschiedenen Studien wurde auf der Grundlage neuester Ansätze, die sich auf Foucaults Machtanalyse beziehen (z. B. Homi K. Bhabha, Judith Butler, Michel De Certeau, Jesus Martín-Barbero), die ‚Rematerialisierung' und Bejahung des Körpers durch De-Platzierung in neue Kontexte, Umkehrungen, Travestien etc. untersucht – etwa in *El divino Narciso* und in den Sonetten –,[68] wobei u. a. auch auf die Rezeption neuer medizinischer Erkenntnisse geschlossen werden kann. Nach solchen Studien sind im Kolonialbarock – etwa bei der Transposition der Gattung des Porträts – die europäischen Körperkonstrukte zwar übernommen worden, jedoch durch die barocke Kombinatorik zugleich deformiert und parodiert, so dass in den Körperbildern die Projektion des Blickes der Europäer erkennbar wird.[69] Subversive Formen der Parodie und des Zitats zeigen dabei die Unangemessenheit der Körperkonstrukte der Spanier, z. B. in Bezug auf die monströsen Körperbilder, die auf die indianische Bevölkerung projiziert werden. In der Materialität des literarischen und visuellen Mediums gewinnt die mit der Eroberung unterdrückte Körperlichkeit, die von den Kolonisatoren in fremde, klimatisch unangemessene Kleidung eingezwungen wurde, einen indirekten Ausdrucksraum.[70] Die Ambivalenz der spanischen Metapher der *lengua* im Sinne von Körperteil und abstraktem Medium der Sprache lässt sich als Modell der indirekten Einschreibung der Leiblichkeit in den Textkörper, d. h. in die Materialität des Mediums Schrift, nutzen,[71] was sich theoretisch auf der Basis phänomenologischer Ansätze begründen lässt.[72]

Am Beispiel verschiedener Transpositionen petrarkistischer Sonette durch Sor Juana Inés de la Cruz möchte ich verschiedene Formen transversaler Widerstände illustrieren. Im Petrarkismus der kontinentalbarocken Lyrik führt das Gesetz der Gattung zur Fragmentierung, Dekomposition und Reifikation des einzelnen Körperorgans. Dies geschieht prototypisch im berühmten So-

---

[68] Vgl. Glantz (1994) und Borsò (2004a).
[69] Vgl. Saldarriaga von Loebenstein (2000).
[70] Vgl. Cesáreo (1994).
[71] Vgl. Glantz (1994; 2002).
[72] Vgl. Waldenfels (1999) und Borsò (2002 [Artikel 6 im vorliegenden Band]; 2004).

nett von Luis de Góngora („Mientras por competir con tu cabello"),[73] in dem Góngora wiederum ein Sonett von Garcilaso de la Vega transponiert. Hier gründet die Aussage auf der ‚Pulverisierung' des Augenblicks, der im Rhythmus der Anapher von *mientras* extrem kurzlebig ist und auf das *nada* des Schlusses förmlich zurast. Ein einziges Hauptverb *goza* ist ein Imperativ, der sich an die Fragmente des Körpers richtet und eine kurze Unterbrechung des zersetzenden Rhythmus darstellt: vom lebendigen Körper zum Staub hin zum Nichts. Das Sonett ist eine Inszenierung des barocken *vanitas vanitatum* wie auch die Illustration eines nominalistischen Sprachgebrauchs, denn hinter der Maske der Gegenwart (der Zeichen) verbirgt sich das Nichts. Eine anagrammatische Lektüre der Reime zeigt indes auch die ‚unreine' Materialisierung des Gesetzes. Hier rekomponiert sich auch die Topographie eines sensuellen (voyeuristischen) Blickes, der die sinnlichen Stellen des Körpers – vom Haar zum Hals – abstreift. In ihrer Übernahme des Sonetts vollzieht Sor Juana[74] eine entscheidende Wende. In den Quartetten argumentiert sie auf metaliterarischer Ebene und nimmt Stellung in der Debatte des *paragone* zwischen den Künsten wie auch in Bezug auf die moralische Anatomie der Gattung, die den Körper mortifiziert und kartographiert. Das hier angeklagte Dispositiv ist das platonische Porträt,[75] ein atemporales, ewiges und falsches Porträt im Verhält-

---

[73] „Mientras por competir con tu cabello / oro bruñido al sol relumbra en vano, / mientras con menosprecio en medio el llano / mira tu blanca frente el lilio bello; / mientras a cada labio, por cogello, / siguen más ojos que al clavel temprano, / mientras triunfa con desdén lozano / del luciente cristal tu gentil cuello; / goza cuello, cabello, labio y frente, / antes que lo que fue en tu edad dorada / oro, lilio, clavel, cristal luciente, / no sólo en plata o víola troncada / se vuelva, mas tú y ello juntamente / en tierra, en humo, en polvo, en sombra, en nada" (Góngora in: Micó / Siles 2003: 303). Zur Transposition des Sonetts von Garcilaso („En tanto que de rosa y azucena") durch Góngora vgl. Borsò (2004c).

[74] „Este, que ves, engaño colorido, / que del arte ostentando los primores, / con falsos silogismos de colores / es cauteloso engaño del sentido; / este, en quien las lisonja ha pretendido / excusar de los años los horrores / y venciendo del tiempo los rigores / triunfar de la vejez y del olvido, / es un vano artificio del cuidado, / es una flor al viento delicada, / es un resguardo inútil para el hado, / es una necia diligencia errada, / es un afán caduco y, bien mirado, / es cadáver, es polvo, es sombra, es nada" (Cruz 1982: 90).

[75] Analog zu den hier entwickelten Thesen zeigt Margo Glantz, dass das moralische Porträt („retrato como etopeya") von Sor Juana durch die Inszenierung des Narzismus im Spiegel der konkreten Welt demontiert wird: „la mirada interior, enfrentada en el espejo que fractura el

nis zur Realität des Leibes und der eigenen Sterblichkeit. Bedeutend ist auch hier die Topologie des Diskurses, die Artikulation des Verbes. Wo Góngora den Raum der Gegenwart durch die Substitution mit dem Nichts zerstört,[76] haben wir hier den hybriden Raum des Übergangs zwischen dem Sein und dem Nicht-Sein. Die Repetition des Verbs in den Terzetten affirmiert das Sein neben dem Nichts. Es ist die Differenz zwischen Nichts und Sein und *vice versa*. Das Sonett ist die Dramatisierung der Existenz als Verbindung von Leben und Tod, als Übergang, als Transformation des gesamten Zeitraums der Existenz. Diese Oszillation um das Verb ‚sein', diese *in-diferencia*, statuiert ein Existieren als Differenz. Genau die Verzeitlichung des Körpers und des Raumes ist die Konstellation dieses Sonetts. Während sich die Semantik der Quartette auf die kodifizierten Diskursregeln der barocken *vanitas* bezieht, erzeugen die zahlreichen, von Sor Juana generell privilegierten Chiasmen die Ambivalenz der Worte. Das Heute und das Morgen, die Glücklichen und Unglücklichen kreuzen sich, sind verwandt, miteinander verbunden. Sor Juana klagt das Gesetz der Diskurse an, welche die Gattung der Liebeslyrik und das dem Neoplatonismus verpflichtete System des Petrarkismus bestimmen, nämlich das Gesetz der Sublimation. In zahlreichen metasprachlichen Sonetten entlarvt Sor Juana die Sprache – oder den hierfür metonymisch verwendeten Mund – als die Quelle der Lüge. Diese Anklage richtet sich sowohl gegen das Liebesmodell wie aber auch gegen das petrarkistische System. Die Gattung der Liebeslyrik wird im Bereich des platonischen Abstinenzgebots demontiert. Die Dichterin beklagt die Kommunikationsunfähigkeit („Feliciano me adora y le aborrezco"), zu der das platonische Subjekt führt, und widerspricht in diesem Sonett den formalen Regeln der Liebespoesie schon durch die Integration einer widerstreitenden Mündlichkeit, die dieses Sonett zu einem Miniaturdrama macht. Die zahlreichen Chiasmen verdunkeln das Gespräch, dessen labyrinthische

---

mundo, se deforma" (Glantz 1994: XLIX). Zur Transposition des klassischen Porträts durch den Kontinentalbarock vgl. Sabat de Rivers (1992).

[76] Trotz der Ambiguität, die eine Lektüre gegen den Strich des Gesetzes zeigt, bleibt der Aussageakt Góngoras eine Substitutionsoperation. Das linguistische Ich dieses Sonetts platziert das Nichts an den Ort der Zeichenevidenz (der Gegenwart) – ein Nominalismus, der übrigens die in meinen Augen inadäquate These der Strukturähnlichkeit von Barock und Postmoderne (‚Neobarock') begründet.

Wege die Partner voneinander trennen. Ein weiteres metadiskursives Sonett, „Miró Celia",[77] fördert den Dissens in Bezug auf das Idealporträt der Frau offen zutage, wozu die Gattung verpflichtet ist, wobei das Aussagesubjekt über das Sprachrohr der Celia das Recht einklagt, den eigenen Körper jenem Gesetz zu entziehen. Es ist eine offene Rebellion gegen das Gesetz der Reinheit der Gattung, die die Frau mit einem ewigen und absoluten Porträt identifiziert. Hinter der Maske der Celia versteckt sich das sprachliche Subjekt, das die gesellschaftliche Aufopferung der konkreten Frauenbiographien anklagt und das Recht postuliert, mit dem alternden und sterbenden Körper auch die beunruhigende Differenz zu akzeptieren.

Unter der Maske der petrarkistischen Rhetorik des horazischen Gebots zum erfüllten Augenblick aus der Einsicht in die Vergänglichkeit oder der barocken Wendung zum *vanitas vanitatum* entwickelt Sor Juana einen anderen Diskurs. Im folgenden Sonett geht Sor Juana über die metalinguistische Kritik hinaus: Sie transformiert durch ihr eigenes Schreiben das petrarkistische System und integriert die Körperlichkeit in die Sprache. Da die abstrakte Sprache trügt, wird die abstrakte Seele durch das Herz als Organ des lebendigen Leibes ersetzt – mit allen bestehenden Implikationen der Medizin, etwa im Sinne des durch William Harvey entdeckten Blutkreislaufs einschließlich den physiologischen Funktionen des Organs und der konkreten Verausgabung von Körpersäften. Die Desillusionierungsstrategie des barocken Diskurses dient in diesem Gedicht nicht zur Destruktion des Glücks des Augenblicks (im Sinne des Motivs des *vanitas vanitatum*), sondern richtet sich gegen die Abstraktion der symbolischen Sprache des Körpers:

> Esta tarde, mi bien, cuando te hablaba,
> como en tu rostro y tus acciones vía
> que con palabras no te persuadía,
> que el corazón me vieses deseaba;

---

[77] „Miró Celia una rosa que en el prado / ostentaba feliz la pompa vana, / y con afeites de carmín y grana / bañaba alegre el rostro delicado; / y dijo: Goza, sin temor del hado, / el curso breve de tu edad lozana. / pues no podrá la muerte de mañana / quitarte lo que hubieras hoy gozado. / Y aunque llega la muerte presurosa / y tu fragante vida se te aleja, / no sientas el morir tan bella y moza: / mira que la experiencia te aconseja / que es fortuna morirte siendo hermosa / y no ver el ultraje de ser vieja" (Cruz 1982: 96).

> y Amor, que mis intentos ayudaba,
> venció lo que imposible parecía:
> pues entre el llanto, que el dolor vertía,
> el corazón deshecho destilaba.
>
> Baste ya de rigores, mi bien, baste;
> no te atormenten más celos tiranos,
> ni el vil recelo tu quietud contraste
>
> con sombras necias, con indicios vanos,
> pues ya en líquido humor viste y tocaste
> mi corazón deshecho entre tus manos.[78]

Im ersten Quartett greift die Dichterin erneut auf das Problem der unzureichenden Fähigkeit der Worte. Ein sprachlich offen zutage tretendes Ich inszeniert ein *vis-à-vis*, einen Dialog der Blicke und des Begehrens[79] nach der Begegnung der Körper. Von Anfang an bringt sie das Herz und nicht die Seele ins Spiel und damit eine Subjektkonstellation, die sich anders darstellt als im historischen Diskurs üblich. Gegen das Gesetz der Gattung, die es verlangt, dass das Ich im Schreiben ein Pharmakon gegen *amor* findet, obsiegt hier der im Körper eingenistete *amor*, und gerade weil er obsiegt, stellt er das Medium der Liebeskommunikation bereit, er wird zum Übersetzer zwischen den Liebenden. Die Maske der möglichen Lüge sprachlicher Mediationen fällt. Und hinter dem allegorischen Zeichen steht nicht die Abwesenheit, sondern die Wahrheit des Körpers, die Realität der Säfte, die aus dem Herzen quellen und sich als Tränen manifestieren. Die Topologie der Säfte überschreitet die Grenze binomischer Differenzen zwischen Innen und Außen, zwischen Identität und Alterität, zwischen Geschlechterzuordnungen. Die Distanz und der Kommunikationsmangel werden gebrochen. Unter dieser Perspektive lässt sich die höfische Liebe wie auch das petrarkistische Modell anders lesen. Sie tragen das implizite Gedächtnis der Begegnung, ausgedrückt durch die Paradoxie der

---

[78] Blecua (1985: 406–407).

[79] Subjekt des Begehrens meint selbstverständlich nicht ein Subjekt, das sich der Suche unterwirft, oder nicht jenes starke Subjekt, das sich durch die historische Setzung als souverän begreift. Ein solches Subjekt entwirft indirekt auch Santa Teresa de Jesús mit dem Begriff der *humilitas* und mit ihrer Hingabe an das konkrete leibliche Leid Christi, vgl. Borsò (2004d).

Haut als Schwelle zwischen Innen und Außen, als Raum zwischen Subjekt und Objekt. Der Körper wird in der Schrift zum Medium, in dem das Verhältnis der Welt neu ausgehandelt werden kann.[80] Die Rinde des Baumes, hinter der sich Daphne verschanzt hatte, um sich vor der Vereinnahmung und Zerstörung durch Apoll – durch das platonische Subjekt – zu retten, öffnet sich und legt das innerste, intimste, lebensgebende und pulsierende Organ in die Hände des Geliebten. Hier ist die Topographie des Subjekts eine andere: Es ist ein offener Raum, ein verletzlicher, genussvoller Raum. Eine solche Topographie entsteht im Zusammenhang mit einem sich der Differenz hingebenden Subjekt. Es ist ein depotenziertes Ich, das die Ketten des starken Identitätssubjekts durchbricht, ein entgrenztes (*deshecho*), in seiner Dissemination, im Verlust des Ich, in der Verausgabung genießendes Ich. Die *voluptas dolens* der Sublimierung ist nicht länger der Ausgangspunkt der Subjektkonstitution, sondern jener der Dekonstitution und zugleich aber gerade deswegen der Ausgangspunkt eines erotischen Subjekts. Dieses Ich spricht von einem extopischen Zentrum mit Bezug auf den Diskurs der Gattung. Es spricht vom Raum der Erotik aus. Eben hier vollzieht sich die Rekorporalisierung, die Transformation des Herzens in ein Fragment des Leibes, ohne dass das Herz der Bestandteil eines allegorischen oder auch konkreten anatomischen Systems ist. Das Herz ist hier mehr, es ist die bloße Funktion des Blutes, das herausfließt. Die aktuelle Dichtung von Frauen hat die Wege aufgenommen, die Sor Juana in diesem Sonett gezeichnet hat, und nicht nur die Dichtung von Frauen. Wir befinden uns vor der Topographie eines sich hingebenden Subjekts, einer Position, die das Binom von Identität und Alterität hinter sich gelassen hat. Es ist eine Positionierung des Ichs im Zwischenraum der Übergänge, dem Zwischenraum der Differenzen, in dem ein gemeinsamer solidarischer Raum entstehen kann.

Als Bilanz lässt sich im petrarkistischen Sonett ein Miniaturszenario der *Querelle des Femmes*[81] gegen die diskursive Konfiguration festmachen und zugleich auch ein Szenario, in dem das Ausgestoßene – von Frauen und Männern – sein Recht zurückfordert. So ist das Sonett zugleich ein Monument

---

[80] Vgl. Waldenfels (1999).
[81] Vgl. Hassauer (1994).

des Gesetzes der Gattung und des Genders wie auch das Szenario des Widerstreits. Die Transpositionen petrarkistischer Sonette durch Sor Juana bringen auf verschiedener Ebene Unruhe in das System des Petrarkismus:

- Während die Regeln der Gattung verlangen, dass der Vektor der Aussage vom konkreten Blick auf die sinnliche Körperlichkeit der Frau zu moralischen Werten kommt (*luci* als geläuterter Blick), geht Sor Juana den umgekehrten Weg: von den abstrakten Zeichen zur Materialität des Körpers, vom abstrakten Syllogismus und der Allegorie des Körpers bis hin zu den konkreten Körperorganen. Die betonte Intertextualität zur petrarkistischen Rhetorik nutzt sie also zur Rematerialisierung der Sprache. Es ist eine Rückkehr der Zeichen zu den körperlichen Indizien. Zweihundert Jahre vor Gertrude Stein entlarvt Sor Juana den symbolischen Sinn der Rose – der Metapher der Leidenschaft und des Vergehens – als Lüge und leeres Zeichen und erobert den buchstäblichen Körper zurück.

- Sie ändert den zeitgenössischen Diskurs des Körpers. Im letzten Terzett von „Verde embeleso"[82] ersetzt Sor Juana z. B. das Artifizium der Sensualität (*verde embeleso*) durch eine andere Phänomenologie: die Phänomenologie der Leiblichkeit, ihre Konkretion, das Sehen durch die Hände statt durch das Dispositiv des rational gesteuerten Auges. Es ist jener in verschiedenen Texten betonte Sensualismus, der – nach Lezama Lima[83] – bei Sor Juana präfiguriert wird, eine Phänomenologie, die eine Vernunft des Körpers gegen das scholastische Dogma der Gegenreformation setzt.[84]

---

[82] „Verde embeleso de la vida humana, / loca Esperanza, frenesí dorado, / sueño de los despiertos, intricado, / como de sueños, de tesoros vana; / alma del mundo, senectud lozana, / decrépito verdor imaginado; / el hoy de los dichosos esperando / y de los desdichados el mañana: / sigan tu sombra en busca de tu día / los que, con verdes vidrios por anteojos, / todo lo ven pintado a su deseo; / que yo, más cuerda en la fortuna mía, / tengo en entrambas manos ambos ojos / y solamente lo que toco veo" (Sor Juana Inés de la Cruz in: Blecua 1985: 406).

[83] Vgl. Lezama Lima (1957).

[84] Vgl. ebd. Zu der für die Zeitgenossen profanierenden Verbindung von Intellekt und Erotik bei Sor Juana vgl. Glantz (1994: LXV).

- Neben verschiedenen Masken und Modi linguistischer Subjektivität[85] kommt Sor Juana auch zur direkten Konstitution des Subjekts in Kontrast zum platonistischen bzw. idealistischen Subjekt. So in den Terzetten von „Verde embeleso":

sigan tu sombra en busca de tu día
los que, con verdes vidrios por anteojos,
todo lo ven pintado a su deseo;
que yo, más cuerda en la fortuna mía,
tengo en entrambas manos ambos ojos
y solamente lo que toco veo.

Die Aussage „yo (...) tengo" kennzeichnet die Emergenz eines anderen Subjekts, das zwar im 17. Jahrhundert noch keine Epistemologie gründen kann, doch in Zwischenräumen der historischen Diskurse bereits eine andere Topographie des Ichs aufleuchten lässt. Der Wille, die Topographie von Subjekt und Differenz in anderer Weise zu schreiben, ist ein in den Liebessonetten der mexikanischen Dichterin auffälliger Weg. Sor Juana bricht offen mit dem Gesetz der Gattung und etabliert sich als diskursives Subjekt, das – wie auch im oben genannten Sonett – in der ersten Person das Wort innerhalb der *Querelle* ergreift, um ein anderes Modell von Subjektivität zu wagen. Die Elaboration europäischer Gattungen und Formen aus der Feder von Sor Juana verlässt die in der barocken Dichtung noch indirekten Strategien der Körperlichkeit, um in einer ungemein modernen Art zur direkten Affirmation eines leibhaften Körpers zu kommen.[86] So überrascht auch das sprachliche Wagnis und die rhetorische Virtuosität in der viel debattierten „Respuesta de la Poetisa a la muy ilustre Sor Filotea de la Cruz" nicht. Der für das Kolonialsubjekt typische epideiktische Diskurs und die Apologie, die beide an den Kontext der kolo-

---

[85] Vgl. Wagner (2002: 144 f.).
[86] Diese These wird von Glantz (1994: LXVII) u. a. anhand des Verständnisses der Inkarnation Christi als „proceso corporal" illustriert. In ihrer Rekonstruktion des autobiographischen Substrats von Sor Juanas Werk fördert Glantz deren Selbstzeugnisse hinter den verschiedenen Travestien zutage. Diese gehen von Metaphern, Allegorien, Heteronymen bis hin zu Identifikationsprozessen mit dem Leib Christi. Die Darstellung von Sor Juana folgt dem Modus der französischen Kritik, vgl. ebd. (xxxviii). So konstituiert sich eine Subjektivität zwischen einem „discurso edificante" (ebd.: xli ff.) und einer „erótica ambivalente" (ebd.: lxxxv).

nialen Hegemonie anknüpfen, werden von Juana zitiert, um die Asymmetrien ironisch zu entlarven und die eigene Subjektivität zu konstituieren. Das Zitat der sozialen Differenzierungen wird zum Raum des Schreibens, ein Raum, in dem sich die Schriftstellerin selbst autorisieren kann. Daran lässt Sor Juana keinen Zweifel. Es sind Strategien, die die Machtdiskurse nachahmen, um sie zu demontieren. Die Schriftstellerin definiert ihr intellektuelles Subjekt durch das Recht auf weltliches und theologisches Wissen und durch die Fähigkeit, die Freiheit zu deuten. Die Apologie und die *Confessio* verwandeln sich in eine Autoaffirmation.[87]

7 Peru: Die Schwierigkeit bei der Rezeption des *criollismo* und des Barock – der Fall von Juan de Espinosa Medrano

Der Peruaner Juan de Espinosa Medrano, der im Jahre 1654 an der Universidad San Marcos promovierte, galt wegen seines umfassenden Wissens und seiner Qualitäten als *orador sagrado* als *doctor sublime* und war auch unter dem Namen El Lunarejo bekannt, ein Name, der auf das Muttermal auf seinem Gesicht zurückgeht. Sein Essay *Apologético en favor de don Luis de Góngora, Príncipe de los poetas líricos de España* (Lima, 1662)[88] gilt als das erste Beispiel

---

[87] Zum autobiographischen Diskurs, in dem die Forschung den Keim der Unabhängigkeit für das intellektuelle Subjekt erkannt hat, vgl. Moraña (1994: 41). Zu dem, was als *l'obscure objet* der Biographie von Sor Juana genannt wurde, zur Frage, ob ihr Schweigen eine Bekehrung oder die Manifestation von Zwängen sei, neige ich zu Letzterem, entsprechend der seit Dorothy Schons' Untersuchungen (1926–1927) gängigen Position, deren Pertinenz Glantz in verschiedenen Studien – u. a. durch die Rekonstruktion des politischen Gebrauchs des religiösen Diskurses und der diskordanten Schriften von Sor Juana auch im Bereich des höchsten Tabus, nämlich der theologischen Predigt seitens einer Frau – nachgewiesen hat, z. B. 1993 mit der zusammenfassenden These „Reitero: el proceso de Sor Juana fue instruido intramuros, soto capa, y al final de dicho proceso se la obligó a abjurar" (Glantz 1993: 244). Ich verweise auch auf die Darstellung des höfischen Kontexts und der Diskurse in den ersten Biographien durch Laferl (2002: 71 f.; 112 f.).

[88] Zusätzlich zu *Apologético* und *La novena maravilla*, einer posthumen Sammlung von Reden, werden Espinosa Medrano auch Theaterwerke zugeschrieben, etwa das prophane Theaterstück *Amar su propia muerte* und die *autos sacramentales El hijo pródigo* und *El rapto de Proserpina*, wie auch *Sueño de Endimión* in Quechua, das 1939 durch Valcárcel bekannt gemacht wurde (*Teatro quechua colonial*). Das Drama in Quechua mit dem Titel *Ollantay* wurde ihm irrtümlich zugeschrieben. Der genaue Umfang des Werkes ist nicht bekannt. Bezüglich seiner Lyrik gilt er als Epigone von Góngora, was zu überprüfen wäre.

hispanoamerikanischer Poetologie.[89] Der *Apologético* ist eine Verteidigung der Ästhetik von Góngora gegen die Angriffe des Portugiesen Manuel de Faria e Sousa. Die Biographie von Lunarejo weist auf eine Reihe von Erniedrigungen und auch mangelnde Anerkennung bis zum Jahre 1668 hin, als er schließlich mit der Leitung der Kurie in Chincheros betraut wurde.[90] Heute gilt Lunarejo als großartiges Beispiel der indirekten Aussagefähigkeit barocker Rhetorik. Im 19. Jahrhundert wurde dagegen das Werk dieses Autors als frühes Beispiel indianistischer Literatur missverstanden.

Don Juan de Espinosa Medrano (1887), die z. T. fragwürdige Biographie von Clorinda Matto de Turner, welche auch Quechua-Zitate und ihre Übersetzung ins Spanische enthält, ist für das indianistische Bild von Lunarejo verantwortlich. Dieses Bild wurde von der heutigen Forschung revidiert, ist doch der Indianismus eine Form mentaler Abhängigkeit von den Utopien Europas, insbesondere der Utopie des ‚guten Wilden', die im 19. Jahrhundert durch eine Missdeutung von Jean-Jacques Rousseaus Paradiesvorstellungen auf Amerika projiziert wurden. Weil sie bekanntlich lediglich zur Kritik europäischer Entwicklungen dienten, haben solche indianistische Utopien keineswegs die Verhältnisse in der Neuen Welt angemessen erfasst. Sie waren vielmehr Zeichen eines kolonisierten Bewusstseins. Es besteht also ein Widerspruch zwischen der indirekten Emanzipation von Intellektuellen wie Lunarejo einerseits und dem späteren eurozentrischen Verständnis dieser Intellektuellen durch nationalistische oder durch z. T. marxistisch begründete Ideologien andererseits. Nach der Unabhängigkeit beabsichtigte der Indianismus, das Erbe der zahlreichen Rebellionen peruanischer *indígenas* ins Bewusstsein zu heben – etwa im Zusammenhang mit dem *pasquín* de Huamangua und der Rebellion von Mateo Pumacaha in Cuzco (1814). Vom 17. Jahrhundert bis zum Jahre 1780, Jahr des Aufstands von Túpac Amaru II,[91] waren mehr als siebzehn *motines* von *indios* und Mestizen erfolgt.[92] Die Rebellion von Túpac Amaru II, welcher in

---

[89] Nach Roggiano (1978: 102) transformiert die implizite Poetologie von Espinosa Medrano die aristotelische *techné* in eine neue poetische Form.

[90] Vgl. Chang-Rodríguez (1994: 121).

[91] José Gabriel Kuntur Kanki, *kuraka* von Pampamarka, Surinama und Tungasuva.

[92] Vgl. Yaranga Valderrama (1979).

Folge des Verrats derjenigen indigenen Kaziken (*kuraka*) scheiterte, die mit der Kolonialregierung verbündet waren, trug zu einer besonderen Entwicklung in Peru bei: In Folge der Bündnisse der Lokalkultur mit der Kolonialmacht kam es u. a. zur verspäteten Unabhängigkeit,[93] und im romantischen Kontext des 19. Jahrhunderts transformierte man das Bild des kreolischen Mestizen und machte aus ihm das Bild des ‚guten Wilden', der sich ‚zivilisiert' hat. Dies zeigt sich u. a. in der Interpretation von Clorinda Matto de Turner, die den Mythos des *indio erudito* konstruierte. Erst im 20. Jahrhundert wird dieses Bild durch das Konzept der Mestizierung ersetzt, das in Peru – anders als in Mexiko – den Status einer Utopie hat, die durch Mariátegui begründet wurde und mit José María Arguedas die Funktion eines Kulturmodells erhielt.[94] Anders als das Kulturmodell hatte dagegen das nationalistische Konzept der Mestizierung auch im 20. Jahrhundert nativistische Komponenten, die den Weg zur Emanzipation der peruanischen Nation aufzeigen sollten.[95] So schreibt z. B. L. A. Sánchez die arabesken Formen und die Tendenz zum *esperpento* der indianischen Tradition zu, da diese – so Sánchez –[96] bereits in den prähispanischen Kulturen bestanden haben sollen.[97] Auch in Lunarejo sieht er ‚indigene' Kulturelemente, so dass Lunarejo zum Emblem der indigenen *reivindicación*, d. h. der Wiedergewinnung indianischer Traditionen, wird, ja er gilt als ein *Demóstenes Indiano*. Der Mythos von Lunarejo wird durch verschiedene Legenden über seine Biographie gestärkt, und auch in seinem Wirken gilt Espinosa Medrano als ein Vorläufer des sprachlichen Indigenismus.[98]

---

[93] Vgl. Domergue (1979: 249).

[94] Neben seinen Romanen vgl. auch Arguedas (1975).

[95] Zu einer Unterscheidung zwischen dem ethnischen und sozialpolitischen Indigenismus Mariáteguis vgl. Berg (1995: 189–192).

[96] Vgl. Sánchez (1978: 283).

[97] Auch El Inca Garcilaso, ein Autor aus dem Kreise Góngoras, antizipiert nach Sánchez die kulteranistische Mythologie. Der Stil von Góngora sei dem amerikanischen Barock insofern am meisten ähnlich, als er bereits das klassische Erbe der Renaissance verändert und mit Transpositionen „kontaminiert" hat, vgl. Sánchez (1978: 285).

[98] Schon Matto de Turner hatte den Bilinguismus von Lunarejo betont. Die von ihr durchgeführten Quechua-Übersetzungen überliefern Bilder einer mestizierten Religion, wie sie auch in den *autos sacramentales* von Espinosa Medrano zu finden sind. In diesen ähnelt Christus dem inkaischen Gott; Christus selbst ist eine Art Übersetzer der inkaischen Religion in den katholischen

Unsere Interpretation von Espinosa Medrano unterscheidet sich vom indigenistischen Kanon. Das Werk von Espinosa Medrano ist keineswegs eine Präfiguration des Indigenismus. Es ist vielmehr eine indirekte Denunzierung der Projektionen der Spanier auf die Einwohner der Neuen Welt. Wenn sich z. B. der Schriftsteller im Vorwort des *Apologético* als „ave rara" (komischer Vogel) bezeichnet, so ironisiert er das Bild, das die Europäer auf die fremden Indios projizieren.[99] Das Gleiche trifft für das „Vorwort des Autors" zu, in dem er sich an die Leser seiner *Lógica* wendet, um der europäischen Idee zu entgegnen, nach der die Studien der Menschen der Neuen Welt ‚barbarisch' sind („los estudios de los hombres del Nuevo Mundo son bárbaros"), während er gleichzeitig seine Kultur positiv bewertet („tierra, donde sonríe un cielo mejor").[100] So unterstreicht Raquel Chang-Rodríguez die subversiven Räume der Literatur von Espinosa Medrano: Mit Bezug auf Homi K. Bhabhas Theorie des Hybriden betont sie, dass aufgrund der hybriden kulturellen Praktiken innerhalb des barocken Diskurses andere Wahrnehmungen und Wissensformen, welche die Kolonialordnung unterwandern, möglich sind.[101] Die barocken Symbole, die im ursprünglichen Kontext gegenreformatorische Zeichen sind, werden durch Espinosa Medrano (*polígrafo peruano*) subvertiert, indem er sich in die Gemeinschaft der Wissenschaften integriert und diese zugleich durch parodistische Strategien entgrenzt. Auch in den Reden liegt ein doppelter Diskurs vor, der sich aus der Verflechtung verschiedener Register, des Populären und der Hochkultur, speist. Ein Beispiel ist die „Oración panegírica de Santa Rosa".[102] Die Mythologie und die abendländische Metaphorik werden in einen anderen Kontext versetzt; ihr Sinn wird ‚de-plaziert', so dass die Argumentationsstruktur von Lunarejo schließlich die These induziert, dass

---

Monotheismus. Im Unterschied zu Mexiko, wo schon Ende des 19. Jahrhunderts der Diskurs der Kulturmestizierung entsteht, wird die Mestizierung in Peru bekanntlich im Sinne des Indigenismus verstanden, vgl. Borsò (1994: Kap. IV).

[99] González Echevarría (1993: 157).
[100] Vgl. Chang-Rodríguez (1994: 122).
[101] Vgl. ebd. (130).
[102] Die „Oración" ist Teil von *La novena maravilla* (1695). Ich verweise auf die Analyse von Rodríguez Garrido (1994: 159).

die Rosa de Santa María, d. h. die peruanische Heilige, nach göttlichem Plan der Kirche der Neuen Welt eine neue Schönheit und Erhabenheit verliehen hat.[103] Damit erhält auch die peruanische Kultur das Recht, in die Universalkultur einzutreten – ein für das 17. Jahrhundert erstaunliches Postulat, das noch im 19. Jahrhundert von Georg Wilhelm Friedrich Hegel negiert werden wird. Die neue amerikanische Kirche hat demnach in Lunarejos Reden eine geradezu reformatorische Funktion, etwa wenn eine Parallele zwischen dem Erlöser und der Heiligen Santa Rosa gezogen wird, wobei letztere zur Mit-Erlöserin der Menschheit emporsteigt.[104] Das Bewusstsein, dass es sich um eine Heilige der Neuen Welt handelt, ist deutlich, beispielsweise wenn Lunarejo beide Welten gegenüberstellt: „Que Rosa le embiará en essos Héroes diviníssimos! *Qualem Rosam Christo mittet Roma!*" Das amerikanische Individuum ist somit in der Lage, mit dem Rest der Menschen in Wettbewerb zu treten. Selbstverständlich geht es Espinosa Medrano nicht darum, eine ‚eigene' Kultur zu formulieren. Vielmehr steht seine Zugehörigkeit zur Kolonialkultur außer Frage,[105] wobei jedoch der Raum der Kolonie durch die kulturellen Transpositionen und kulturellen Handlungen zu einem Raum des indirekten Widerstands wird. *Apologético en favor de don Luis de Góngora* (1662) und *La novena maravilla* fungieren, wie die Mehrheit der Untersuchungen feststellt, wie ein konkaver Spiegel, dessen Spiegelbild ein groteskes Selbstporträt ist, in welchem man die Phantasien der Europäer erkennt. Lunajero zeigt, dass die angeblichen ‚Eigenschaften' der Neuen Welt lediglich Phantasien der Europäer sind, die durch den Schriftsteller ironisiert werden können. Es wird dabei klar, dass diese Phantasien eine Form feindlicher Alterität sind.[106] Dieser Ansatz, der eine theatralische und selbstreflexive Ästhetik des Kolonial-

---

[103] Espinosa Medrano zitiert den *Cantar de los Cantares*, wobei Santa Rosa nicht nur hinausgeht, um den gekrönten Christus zu sehen, vielmehr imitiert sie seine Dornenkrönung: „De noventa y nueve puntas de metal se corona, que le atormentaron la virginal Cabeça por casi veinte años de carnicería: Pues no bastava remedarle los açotes, las hieles, los troncos? Por fuerça le ha de imitar las espinas? Sí, que era Rosa" (Espinosa Medrano in: Rodríguez Garrido 1994: 160).

[104] „Quantas vezes bolvía los ojos azia las montañas de los Indios barbaros" (ebd.: 162).

[105] Vgl. Rodríguez Garrido (1994: 167).

[106] Vgl. González Echevarría (1993: 157).

barock formuliert, befreit den Blick auf den Kolonialbarock von Formen der Dependenz. In dem Augenblick, in dem sie diesen assimilieren und in die neuen Kontexte übertragen, transformieren die Autoren und Autorinnen Hispanoamerikas den Kontinentalbarock. Einer der wichtigsten Prozesse ist dabei die Integration mündlicher, populärer Traditionen (etwa des Kolloquialstils) in die erhabene Tradition der Schrift, wie es sich z. B. in der Korrespondenz der peruanischen Dichterin Amarilis mit Lope de Vega zeigt.[107] Dass solche Verfahren auch zur Erneuerung der Literatur Spaniens geführt haben, ist an der ‚neuen' Romanpoetik von Miguel de Cervantes zu erkennen, die in einem wesentlichen Teil auf die Literalisierung des Kolloquialstils zurückgeht. Durch solche Verfahren wird es für die Hispanoamerikaner möglich, präkolumbische Traditionen in die Schrifttraditionen Spaniens einzuführen, damit aber auch die eigenen Traditionen in die geschlossene Kultur des Hofes der Vizekönige zu integrieren und diese zu verändern bzw. subversiv zu unterwandern.

8 Zur Historiographie Hispanoamerikas: Vom ‚passiven' Kolonialsubjekt zur Dynamik transkultureller Konstellationen

Das Konzept des ‚passiven' Kolonialsubjekts basiert auf einer politischen Vorstellung, die von einem statischen, eindimensionalen und hegemonialen Verhältnis zwischen den Kolonialherren und den Kolonisierten präsupponiert. Die Dynamik der Macht geht aber nicht nur von einer Seite aus – so Michel Foucault. Vielmehr findet sich im hybriden Raum kultureller Aushandlungen die Macht der Kolonialkulturen vor den Widerstand der Kolonialisierten gestellt, das Kolonialsubjekt wird zum Handelnden, wenn auch im Modus der Mimikry.[108] Genau diese Dynamik öffnet einen neuen, dritten (transkulturellen) Raum, in dem die Macht nicht nur von einer Seite agiert, sondern sich

---

[107] Vgl. Sabat de Rivers (1992).
[108] Bhabha hat u. a. mit dem Begriff der Hybridität (1994) die Interdependenz von Kolonisator und Kolonisiertem offengelegt. Sein psychoanalytischer und auf Benjamin (‚Übersetzung'), Derrida (*différance*) und Foucault zurückgehender Ansatz zeigt mit der Ambivalenz der Stereotype des Anderen auch deren Fragilität sowie die Fragilität der Macht generell. Die Kehrseite der Stereotype, nämlich die Faszination, die durch sie immunisiert wird, ist wichtiger als die ideologische Kritik ihres Gebrauchs.

auch als Gegenmacht, als Widerstand, entwickeln kann. Eine solche Dynamik impliziert die Durchlässigkeit der interkulturellen Grenzen, d. h. der Grenzen zwischen Kulturen wie auch der intrakulturellen Grenzen, d. h. der Grenzen zwischen den sozialen Gruppen oder den kulturellen Feldern innerhalb einer Kultur (z. B. Elitekultur und Massenkultur). Diese Dynamik, die man heute ‚transkulturell' nennt, besteht nicht nur in der aktuellen Kultur, sondern ist auch retrospektiv in Kulturen der Vergangenheit zu erkennen. In dem so offenbarten dynamischen kulturellen Raum wird eine ‚zweite' Geschichte sichtbar. Es ist die Geschichte der Widerstandskräfte sogenannter ‚subalterner' Kulturen. Denn Kolonialkulturen entfalten einen indirekten Widerstand gegen die Diskurse der Macht und der Unterwerfung. Der postkoloniale Ansatz zeigt damit, dass neben der Asymmetrie zwischen historischen ‚Subjekten' und ‚Objekten' auch interaktive Kontakte zwischen gleichberechtigten Akteuren bestanden haben (solche Doppelstrukturen finden sich auch im sogenannten ‚orientalistischen' Roman und in Romanen des Maghreb).

Das besprochene transkulturelle Paradigma dient den *Gender Studies* und den *Postcolonial Studies* als zentrales Instrument der Revision der Kolonialgeschichte. Als historisches Phänomen transformiert die transkulturelle Durchlässigkeit zwischen Kulturen und kulturellen Feldern die sozialpolitische Geschichte. Eine solche Entwicklungsgeschichte der *ciudad letrada*, die von der indirekten Entstehung der kreolischen Widerstandpraktiken über den noch kolonial bedingten Emanzipationsdiskurs der Nation bis hin zu den Gegendiskursen zur europäischen Modernisierung und zur wirklichen Ablösung im 20. Jahrhundert führen soll, wird noch in Anlehnung an die Stufen der europäischen Emanzipationsgeschichte gedacht. So wichtig ein solches Geschichtsbild für die Selbstvergewisserung Amerikas gewesen ist, so problematisch bleibt doch die indirekte Bestätigung der Fortschrittsepisteme, welche Polarisierungen nicht überwindet (z. B. zwischen *cultura culta* und *cultura popular* bzw. *cultura escrita* und *cultura oral* usw.). Eine solche teleologische Kohärenz der Geschichtsschreibung vermag nicht die Öffnungen und Schwellen (‚Passagen der Andersheit') zu erfassen, die sich aus den Transpositionen hegemonialen Wissens ergeben. Transversale Resistenzen in den barocken Formen produzieren Widersprüche sowohl innerhalb des geschlossenen Weltbilds des scholastischen Analogismus[109] und der zentralistischen Hegemonie Spaniens als auch innerhalb hegemonialer Verortungen von Identität und Alterität, die sich nach der Unabhängigkeit fortgesetzt haben. Aber auch die ahistorische Argumentationsstruktur, die im Barock die Präfiguration ‚postmodernen' Denkens sieht,[110] oder auch transepochale Modelle (Alejo Carpentier), nach denen das Barock ein das Wesen Amerikas ausdrückender Stil ist, müssen korrigiert werden. Das Barock ist ein literarischer Raum der Einschreibung von Differenz,[111] die eine diskontinuierliche Geschichtsschreibung verlangt. Auf der Grundlage der oben vorgestellten Thesen hinsichtlich der indirekten Subversivität der Kolonialliteratur haben eine Reihe von Forschungen die produktive Funktion des Barock für die Entstehung transversaler Formen des Widerstands, die schon Lezama Lima als *contraconquista* bezeichnet hatte, beschrieben.[112] Betrachtet man die Stileigenschaften des Kolonialbarock (u. a. Spannung zwischen materiellem Fragment und transzendentaler Einheit, Kontingenz und Ordnung, Allegorik und Theatralität der Zeichen) mit einem transkulturellen Ansatz, so können Trennungen und Polarisierungen überwunden, aber auch die Darstellung historisiert werden. Die hybriden schriftlichen und visuellen Formen des Barock sind als historische Performanzen zu verstehen, die das Material einer Problemgeschichte innerhalb der Epistemologie der Trennungen liefern (Eigenes vs. Fremdes, Schrift vs. Oralität, Scholastik vs. Rationalismus und Sensualismus, Seele vs. Körper etc.). Mit unseren Überlegungen wurden – so glauben wir – Tendenzen einer teleologischen Interpretation der Geschichte Amerikas überwunden, die den Kolonialbarock – trotz Kritik der westlichen Moderne – doch noch in den Verlauf einer eurozentrisch gedachten, fortschreitenden Emanzipation integrierten.

---

[109] Vgl. Küpper (1990).
[110] Vgl. Brownlee / Gumbrecht (1995).
[111] Vgl. González Echevarría (1993) und Roggiano (1994).
[112] Vgl. Borsò (2004).

Bibliographie

ARGUEDAS, José María (1975). „El complejo cultural en el Perú", in: José María ARGUEDAS / Ángel RAMA (Hrsg.). *Formación de una cultura nacional indoamericana*. Mexiko Stadt: Siglo XXI.
ARROM, Juan José (1980). *Certidumbre de América*. Havanna: Letras Cubanas.
BACHTIN, Michail (1998). *Rabelais und seine Welt. Volkskultur als Gegenkultur*. Frankfurt am Main: Suhrkamp.
BERG, Walter Bruno (1995). *Lateinamerika: Literatur, Geschichte, Kultur. Eine Einführung*. Darmstadt: Wissenschaftliche Buchgesellschaft.
BHABHA, Homi K. (1994). *The Location of Culture*. London: Routledge.
BLECUA, José Manuel (Hrsg.) (1985). *Poesía de la Edad de Oro*, Bd. 2: *Barroco*. Madrid: Castalia.
BORSÒ, Vittoria / GÖRLING, Reinhold (Hrsg.) (2004). *Kulturelle Topografien*. Stuttgart: Metzler.
BORSÒ, Vittoria (2004a). „Fronteras del poder y umbrales corporales. Sobre el poder performativo de lo popular en la literatura y la cultura de masas de México (Rulfo, Monsiváis, Ponialowska)", *Iberoamericana* 16, 87–106.
BORSÒ, Vittoria (2004b). „Del barroco colonial al neobarroco", in: Pedro AULLÓN DE HARO (Hrsg.). *Barroco*. Madrid: Verbum, 1003–1060.
BORSÒ, Vittoria (2004c). „El petrarquismo – género literario, género sexual: una pareja pertubante", in: Walter Bruno BERG (Hrsg.). *Fliegende Bilder, fliehende Texte – Identität und Alterität im Kontext von Gattung und Medien / Imágenes en vuelo, textos en fuga. Identidad y alteridad en el contexto de los géneros y los medios de comunicación*. Frankfurt am Main / Madrid: Vervuert / Iberoamericana, 183–207.
BORSÒ, Vittoria (2004d). „Religiöse Mystik als subjektive Erzählung: Santa Teresa de Jesús", in: Johannes LAUDAGE (Hrsg.). *Frömmigkeitsformen in Mittelalter und Renaissance*. Düsseldorf: Droste, 332–360.
BORSÒ, Vittoria (2002). „Der Körper der Schrift und die Schrift des Körpers. Transpositionen des Liebesdiskurses in europäischer und lateinamerikanischer Literatur", in: Vittoria BORSÒ ET AL. (Hrsg.). *Schriftgedächtnis – Schriftkulturen*. Stuttgart: Metzler, 323–342.
BORSÒ, Vittoria (1994). *Mexiko jenseits der Einsamkeit. Versuch einer interkulturellen Analyse – Kritischer Rückblick auf die Diskurse des Magischen Realismus*. Frankfurt am Main: Vervuert.
BORSÒ, Vittoria (1992). „Utopie des kulturellen Dialogs oder Heterotopie der Diskurse?", in: Klaus W. HEMPFER (Hrsg.). *Poststrukturalismus, Dekonstruktion, Postmoderne*. Stuttgart: Steiner, 95–117.

BRAUDEL, Fernand (1979). *Civilisation matérielle, économie et capitalisme, XVe–XVIIIe siècles.* Paris: Colin.

BRAVO ARRIAGA, María Dolores (1995). „Significación y protagonismo del *oír* y del *ver* en el *Sueño*", *Colonial Latin American Review* 4/2, 63–72.

BROWNLEE, Marina Scordilis / GUMBRECHT, Hans Ulrich (Hrsg.) (1995). *Cultural Authority in Golden Age Spain.* Baltimore. Johns Hopkins University Press.

BUXÓ, José Pascual (1994). „Ignacio de Loyola y su influencia en la poesía hispanoamericana: el caso de Francisco Álvarez de Velasco Zorrilla", in: Mabel MORAÑA (Hrsg.). *Relecturas del Barroco de Indias.* Hannover, NH: Ediciones del Norte, 173–184.

CALI, François (1960). *L'art des conquistadors.* Paris: Arthaud.

CARPENTIER, Alejo (1976). *Tientos y diferencias. Ensayos.* Montevideo: Arca.

CESÁREO, Mario (1994). „Menú y emplazamientos de la corporalidad barroca", in: Mabel MORAÑA (Hrsg.). *Relecturas del Barroco de Indias.* Hannover, NH: Ediciones del Norte, 185–222.

CHANG-RODRÍGUEZ, Raquel (1994). „La subversión del Barroco en *Amar su propia muerte* de Juan de Espinosa Medrano", in: Mabel MORAÑA (Hrsg.). *Relecturas del Barroco de Indias.* Hannover, NH: Ediciones del Norte, 117–148.

CHAUNU, Pierre (1973). *L'Espagne de Charles Quint*, 2 Bde. Paris: Société d'Études d'Enseignement Supérieur.

CODDING, Mitchell A. (1995). „,Sor Juana Inés de la Cruz and Her Worlds': An Exhibition at The Hispanic Society of America", *Colonial Latin American Review* 4/2, 19–40.

COGDELL, Sam (1994). „Criollos, gachupines, y ,plebe tan en extremo plebe': Retórica e ideología criollas en Sigüenza y Gongora", in: Mabel MORAÑA (Hrsg.). *Relecturas del Barroco de Indias.* Hannover, NH: Ediciones del Norte, 245–280.

CRUZ, Sor Juan Inés de la (1994). *Obra selecta*, hg. von Margo GLANTZ, 2 Bde. Caracas: Biblioteca Ayacucho.

CRUZ, Sor Juan Inés de la (1982). *Inundación Castálida*, hg. von Georgina SABAT DE RIVERS. Madrid: Castalia.

CRUZ, Sor Juana Inés de la (1981). *Poesía, teatro y prosa*, hg. von Antonio CASTRO LEAL. Mexiko Stadt: Porrúa.

DOMERGUE, Lucienne (1979). „Inquietudes americanas en tiempos de la Revolución Francesa", in: Alberto GIL NOVALES (Hrsg.). *Homenaje a Noël Salomon. Ilustración Española e Independencia de América.* Barcelona: Universidad Autónoma de Barcelona. 241–250.

ESPINOSA MEDRANO, Juan de (1925). „Apologético en favor de don Luis de Góngora", hg. von Ventura GARCÍA CALDERÓN, in: *Revue Hispanique*, 398–463.

ETTE, Ottmar (1998). *Roland Barthes. Eine intellektuelle Biographie.* Frankfurt am Main: Suhrkamp.

FOUCAULT, Michel (1994). „Le sujet et le pouvoir" (1982), in: *Dits et écrits, 1954–1988,* hg. von Daniel DEFERT / François EWALD, Bd. 4: *1980–1988.* Paris: Gallimard, 222–243.

GARCÍA CANCLINI, Néstor (2001). *Culturas híbridas. Estrategias para entrar y salir de la modernidad.* Mexiko Stadt: Grijalbo.

GELLNER, David (1999). „Religion, Politik und Ritual: Bemerkungen zu Geertz und Block", in: Corina CADUFF / Joanna PFAFF-CZARNECKA (Hrsg.). *Rituale heute: Theorien, Kontroversen, Entwürfe.* Berlin: Reimer, 49–72.

GENNEP, Arnold van (1986). *Übergangsriten.* Frankfurt am Main / New York: Campus.

GLANTZ, Margo (2000). *Sor Juana: la comparación y la hipérbole.* Mexiko Stadt: Conaculta.

GLANTZ, Margo (1994). „Prólogo", in: Sor Juana Inés de la CRUZ. OBRA SELECTA, hg. von Margo GLANTZ, Bd. 1. Caracas: Ayacucho, XI–XC.

GLANTZ, Margo (1994a). „La Malinche: la lengua en la mano", in: Margo GLANTZ (Hrsg.). *La Malinche, sus padres y sus hijos.* Mexiko Stadt: UNAM, 75–98.

GLANTZ, Margo (1992). *Borrones y borradores. Reflexiones sobre el ejercicio de la escritura.* Mexiko Stadt: UNAM.

GÖRLING, Reinhold (1997). *Heterotopia. Lektüren einer interkulturellen Literaturwissenschaft.* München: Fink.

GONZÁLEZ ECHEVARRÍA, Roberto (1993). *Celestina's Brood: Continuities of the Baroque in Spanish and Latin American Literature.* Durham, NC / London: Duke University Press.

GRUZINSKI, Serge (1988). *La colonisation de l'imaginaire. Sociétés indigènes et occidentalisation dans le Mexique espagnol XVIe–XVIIIe siècle.* Paris: Gallimard.

GUMBRECHT, Hans Ulrich (1990). *Eine Geschichte der spanischen Literatur.* Frankfurt am Main: Suhrkamp.

HASSAUER, Friedrike (1994). *Homo. Academica: Geschlechterkontrakte, Institution und die Verteilung des Wissens.* Wien: Passagen.

KÜPPER, Joachim (1990). *Diskurs-Renovatio bei Lope de Vega und Calderón. Untersuchungen zum spanischen Barockdrama. Mit einer Skizze zur Evolution der Diskurse im Mittelalter, Renaissance und Manierismus.* Tübingen: Narr.

LAFERL, Christopher F. (2002). „Nonne und Gelehrte", in: Birgit WAGNER / Christopher F. LAFERL (Hrsg.). *Anspruch auf das Wort: Geschlecht, Wissen und Schreiben im 17. Jahrhundert. Suor Maria Celeste und Sor Juana Inés de la Cruz.* Wien: Universitätsverlag, 71–126.

LEONARD, Irving A. (1974). *La época barroca en el México colonial.* Mexiko Stadt: FCE.

LEZAMA LIMA, José (1977). „La curiosidad barroca", in: *Obras completas*, hg. von Cintio VITER, Bd. 2: *Ensayos. La expresión americana.* Madrid: Aguilar, 302–325.

MATTO DE TURNER, Clorinda. (1887). *Don Juan de Espinosa Medrano, o sea el Doctor Lunarejo.* Lima.

MERLEAU-PONTY, Maurice (1967). *Phénoménologie de la perception.* Paris: Gallimard.

MORAÑA, Mabel (1998). „Barroco y conciencia criolla en Hispanoamérica", *Revista de Crítica Literaria Latinoamericana* 28, 239–251.

MORAÑA, Mabel (1994). „Apologías y defensas: discursos de la marginalidad en el Barroco hispanoamericano", in: Mabel MORAÑA (Hrsg.). *Relecturas del Barroco de Indias.* Hannover, NH: Ediciones del Norte, 31–58.

MORAÑA, Mabel (1990). „Formación del pensamiento crítico-literario en Hispanoamérica: Época colonial", *Revista de Crítica Literaria Latinoamericana* 31/32, 255–265.

MORAÑA, Mabel (1989). „Para una relectura del Barroco hispanoamericano", *Revista de Crítica Literaria Latinoamericana* 29, 219–231.

MORENO VILLA, José (1942). *La escultura colonial mexicana.* Mexiko Stadt: FCE.

MÜNKLER, Herfried (1995). „Die Visibilität der Macht und die Strategien der Machtvisualisierung", in: Gerhard GÖHLER (Hrsg.). *Macht der Öffentlichkeit – Öffentlichkeit der Macht.* Baden-Baden: Nomos, 213–230.

NEUSCHÄFER, Hans-Jörg (1991). *Macht und Ohnmacht der Zensur.* Stuttgart: Metzler.

PAZ, Octavio (1982). „Manierismo, barroquismo, criollismo", *Revista Canadiense de Estudios Hispánicos* 1/1, 3–15.

PAZ, Octavio (1982). *Sor Juana Inés de la Cruz o las trampas de la fe.* Mexiko Stadt: FCE.

PICÓN SALAS, Mariano (1982). *De la Conquista a la Independencia.* Mexiko Stadt: FCE.

PUCCINI, Dario (1996). *Una mujer en soledad. Sor Juana Inés de la Cruz, una excepción en la cultura y la literatura barroca.* Madrid: Anaya / Muchnik.

RAMA, Ángel (1984). *La ciudad letrada.* Hannover, NH: Ediciones del Norte.

RESINA, Juan Ramón (1986). „La originalidad de sor Juana", *Anales de Literatura Hispanoamericana* 15, 41–54.

RODRÍGUEZ GARRIDO, José Antonio (1994). „Espinosa Medrano: La recepción del sermón barroco", in: Mabel MORAÑA (Hrsg.). *Relecturas del Barroco de Indias.* Hannover, NH: Ediciones del Norte, 149–172.

ROGGIANO, Alfredo (1994). „Para una teoría de un Barroco hispanoamericano", in: Mabel MORAÑA (Hrsg.). *Relecturas del Barroco de Indias.* Hannover, NH: Ediciones del Norte, 1–16.

ROGGIANO, Alfredo (1978). „Acerca de dos Barrocos: el de España y el de América", in: *XVII Congreso del Instituto Internacional de Literatura Iberoamericana*, Bd. 1: *El Barroco en América.* Madrid: Cultura Hispánica / Centro Iberoamericano de Cooperación / Universidad Complutense, 39–48.

Ross, Kathleen (1994). „Carlos de Sigüenza y Góngora y la cultura del barroco hispanoamericano", in: Mabel MORAÑA (Hrsg.). *Relecturas del Barroco de Indias*, Hannover, NH: Ediciones del Norte, 223–245.

SABAT DE RIVERS, Georgina (1998). *En busca de Sor Juana*. Mexiko Stadt: UNAM.

SABAT DE RIVERS, Georgina (1993). „Mujeres nobles del entorno de Sor Juana", in: Sara POOT HERRERA (Hrsg.). *Y diversa de mí misma entre vuestras plumas ando. Homenaje internacional a Sor Juana Inés de la Cruz*. Mexiko Stadt: El Colegio de México, 1–19.

SABAT DE RIVERS, Georgina (1992). *Estudios de literatura hispanoamericana*. Barcelona: PPU.

SALDARRIAGA VON LOEBENSTEIN, Patricia / O'CONNOR, Thomas Austin (2000). *Agustín de Salazar y Torres, Juan de Vera Tassis y Villarroel, Sor Juana Inés de la Cruz. El encanto es la hermosura y el hechizo sin hechizo*. Binghamton, NY: Medieval & Renaissance Texts & Studies.

SÁNCHEZ, Luis Alberto (1978). „Barroco, renacentismo, gongorismo y su versión hispanoamericana: Notas sobre ‚El lunarejo'", in: *XVII Congreso del Instituto de Literatura Iberoamericana*, Bd. 1: *El Barroco en América*. Madrid: Cultura Hispánica / Centro Iberoamericano de Cooperación / Universidad Complutense, 281–288.

SANDFÜHR, Thomas (2001). *Só a antropofagia nós une: Assimilation und Differenz in der Figur des Anthropophagen*. Inauguraldissertation an der Heinrich-Heine-Universität Düsseldorf. Im Internet unter: http://diss.ub.uni-duesseldorf.de/ebib/diss/file?dissid=302.

TRABULSE, Elías (1984). *El círculo roto*. Mexiko Stadt: FCE.

TRABULSE, Elías (1974). *Ciencia y religión en el siglo XVII*. Mexiko Stadt: El Colegio de México.

TUÑÓN DE LARA, Manuel (Hrsg.) (1983). *Historia de España*, Bd. 6: *América Hispánica (1492–1898)*. Barcelona: Labor.

TURNER, Victor (1982). *From Ritual to Theatre: The Human Seriousness of Play*. New York: Performing Arts Journal Publications.

USLAR PIETRI, Arturo (1950). „Lo criollo en la literatura", *Cuadernos Americanos* 49/1, 266–278.

VIDAL, Hernán (1985). *Socio-historia de la literatura colonial hispanoamericana: Tres lecturas orgánicas*. Minneapolis, MN: Institute for the Study of Ideologies and Literature.

WAGNER, Birgit / LAFERL, Christopher F. (Hrsg.) (2002). *Anspruch auf das Wort. Geschlecht, Wissen und Schreiben im 17. Jahrhundert. Suor Maria Celeste und Sor Juana Inés de la Cruz*. Wien: Universitätsverlag, 71–126.

WALDENFELS, Bernhard (1999). *Studien zur Phänomenologie des Fremden*, Bd. 3: *Sinnesschwellen*. Frankfurt am Main: Suhrkamp.

Yaranga Valderrama, Abdón (1979). „El papel de las comunidades indígenas en la guerra de la independencia del Perú", in: Alberto Gil Novales (Hrsg.). *Homenaje a Noël Salomon. Ilustración Española e Independencia de América*. Barcelona: Universidad Autónoma de Barcelona, 217–240.

Subjektivierung – Macht – Leben

Machtgrenzen und Körperschwellen. Zur performativen Macht des Populären in der Literatur und Massenkultur Mexikos (Rulfo, Monsiváis, Poniatowska)*

> La liberté est une pratique. Il peut donc toujours exister, en fait, un certain nombre de projets qui visent à modifier certaines contraintes, à les rendre plus souples, ou même à les briser, mais aucun de ces projets ne peut, simplement par sa nature, garantir que les gens seront automatiquement libres, la liberté des hommes n'est jamais assurée par les institutions et les lois qui ont pour fonction de la garantir. C'est la raison pour laquelle on peut, en fait, tourner la plupart de ces lois et de ces institutions. Non pas parce qu'elles sont ambiguës, mais parce que la 'liberté' est ce qui doit s'exercer.[1]

1 Vorbemerkung

Mein Vortrag an der Humboldt-Universität Berlin fand im Januar 2004 statt, in der Woche, als die Studierenden zum Streik aufgerufen hatten. Sie haben mit kulturellen Manifestationen und *performances* die Berliner Bürger auf die Bedeutung der Geisteswissenschaften aufmerksam gemacht. Denn ausgerechnet an der Universität, die nach Wilhelm von Humboldt benannt ist, sind die Geisteswissenschaften wegen Umwidmungen zugunsten der *life sciences*, wenn auch nicht geopfert, so doch erheblich bedroht worden. Das von Kolleginnen und Kollegen der Universitäten im Berliner Raum schon im Frühjahr 2003 gewählte Thema der Vorlesungsreihe bezeugt gewissermaßen die prophetische Kraft der Geisteswissenschaften. Kein Thema war geeigneter, um die im Januar 2004 aktuelle Bildungssituation zu diskutieren. Mir kam das Privileg zu,

---

* Dieser Artikel erschien zuerst in: Marianne Braig et al. (Hrsg.). *Grenzen der Macht – Macht der Grenzen. Lateinamerika im globalen Kontext*. Frankfurt am Main: Vervuert 2005, 103–134. Wir danken dem Vervuert Verlag für die freundliche Druckgenehmigung.
[1] Foucault (1994: 276).

an dem Ort und zu dem Zeitpunkt, an dem der *genius loci* so deutlich sprach, einen Vortrag über Grenzen der Macht und Machtgrenzen zu halten. Wie das als Motto gewählte Zitat von Michel Foucault zeigt, ist das Denken des französischen Intellektuellen, besonders in seinen späten Schriften zur Biopolitik, mit der Fragestellung der Vorlesungsreihe kongenial. Das Spätwerk werde ich also hinsichtlich der Paradoxie der Machtgrenzen und der Umkehrbarkeit von Macht befragen. Hier reflektiert Foucault darüber, dass Machtgrenzen über den Körper verlaufen. Grenzen individualisieren bzw. kategorisieren den Körper und schließen dabei die Leiblichkeit aus; der Leib schafft sich aber im kulturellen Text Schwellen, Einlassstellen und Passagen frei und leistet dadurch indirekt Widerstand – so die auf die Phänomenologie von Maurice Merleau-Ponty zurückgehende Hauptthese Foucaults in den von mir im Folgenden zu behandelnden Aufsätzen zur Position des Subjekts im Spannungsverhältnis von Raum, Wissen und Macht.[2] Kein anderer Kulturraum ist besser geeignet als Lateinamerika, um die Tragweite der Grenzen als Dispositiv der Macht, aber auch die Umkehrbarkeit dieses Dispositivs zu zeigen. Die Behandlung dieser Paradoxie macht ein anderes Wissen verfügbar.

2 Machtgrenzen und Grenzen der Macht: Zur Umkehrbarkeit bzw. Paradoxie der Macht

2.1 Die Macht, Grenzen zu setzen

Die Macht und die Freiheit sind kein ‚Ding' an sich und keine ‚Gegebenheit'. Vielmehr sind sie eine Praxis und eine Konstellation. Dies ist die Hauptthese der Analyse des Verhältnisses von Raum, Macht und Wissen durch Foucault. Die Macht ist eine diskursive Artikulation und eine räumliche Konstellation, ein Feld von Beziehungen, und dieses Feld ist das Resultat von Praktiken, durch die ein Subjekt oder eine Gruppe das Verhältnis zwischen sich und den anderen regelt. Mit dieser These streicht Foucault den metaphysischen

---

[2] Foucaults „Espace, savoir et pouvoir" (1994 [1982]) und „Sujet et pouvoir" (1994 [1982]) werden im Folgenden mit 1994 bzw. 1994a zitiert. Mit diesen Aufsätzen gründet Foucault eine Epistemologie des Raumes, auf die ich in dem gemeinsam mit Reinhold Görling herausgegebenen Band *Kulturelle Topographien* (1997) ausführlicher eingegangen bin. Dabei habe ich ebenfalls Juan Rulfo – mit Bezug auf die Fotografien – im Zusammenhang mit dem Begriff der Heterotopie behandelt.

Status der Macht und der Freiheit durch und holt beide in die existentielle Bezüglichkeit des Menschen zur Welt sowie in seine Verantwortung im ‚Hier und Jetzt' zurück. Das ‚Hier und Jetzt' ist der Ursprung (*origo*) des Diskurses, es gibt dem Subjekt der Aussage die Orientierung, so die bahnbrechende These von Bühler:[3] Eine solche Orientierung ist an dem Ort fixiert, von dem aus ich spreche, von dem aus ich eine Grenze zwischen Innen und Außen setze und unseren Raum hier vom Raum der Anderen unterscheide. Dieser Ort ist das Zentrum der Produktion der diskursiven Macht. Mit einem solchen Bezug auf die *origo* des Diskurses stellt übrigens Tzvetan Todorov auch die ethische Frage nach dem Verhältnis vom Eigenen und Fremden am Beginn seines Buchs über die Eroberung Amerikas oder das Problem des Anderen.[4]

Macht und Freiheit sind also keine metaphysische Gegebenheit, keine metaphysische ‚Maschine', sagt Foucault, auch wenn es Apparate gibt, die die Ausübung der Macht unterstützen, wie das Gesetz und die Polizei. Seit dem 18. Jahrhundert wird tatsächlich die Macht durch Dispositive wie das Panoptikum gestützt, definiert als jenes Auge, das in einer besonderen Architektur eingelassen ist, wodurch es unsichtbar wird, aber alles überblicken kann. Das Panoptikum bedient sich vielerlei kleinerer Mechanismen, durch die das allmächtige Auge bis in die hintersten Winkel der Kliniken, Schulen, Universitäten usw. sehen kann. Das Böse ist also im Banalen,[5] wie Hannah Arendt es anhand des Berichts über den Prozess von Adolf Eichmann zeigte,[6] und unserer politischen Rationalität wohnt ein Wahnsinn inne. Foucault macht darauf aufmerksam, dass zwischen Recht und Gewalt eine grundsätzliche Allianz besteht, wie zuvor auch Walter Benjamin in seinem Aufsatz „Zur Kritik der Gewalt" (1966) gezeigt hatte.[7] Gewiss sind bestimmte Konstellationen und

---

[3] Vgl. Bühler (1965).

[4] „Ich will von der Entdeckung des *anderen* durch das *Ich* sprechen. [...] Ich ist ein anderer. Aber die anderen sind auch Ich: Subjekte wie ich, die nur mein Blickwinkel, aus dem alle *dort* sind und ich allein *hier* bin, tatsächlich von mir trennt und unterscheidet" (Todorov 1985: 11).

[5] Vgl. Foucault (1994a: 224).

[6] Vgl. Arendt (1986).

[7] Benjamin hat hier die innige Beziehung rechtssetzender Grenzen zur Gewalt analysiert. Der Aufsatz war für Agambens Analyse des Ausnahmezustands in *Homo sacer* (2002) maßgeblich. Vgl. hierzu Borsò (2005a).

Orte der Macht wie das Konzentrationslager, die Folter oder die Exekution darauf ausgelegt, dass Praktiken der Befreiung nicht mehr möglich sind. Darauf weist auch Foucault in dem hier diskutierten Aufsatz über das Verhältnis von Raum, Macht und Wissen hin.[8] Doch sind auch solche Orte kein Arkanum, sondern sie sind den Praktiken der Macht prinzipiell inhärent. Denn, es sei noch einmal gesagt, die Macht (auch die Macht dieser Orte) manifestiert sich nicht als metaphysisches Ding, sondern sie wird von jemandem ausgeübt. Wo setzt also die Analyse der Macht an? An der Sprache.[9] Denn es handelt sich um Praktiken der Kommunikation und ihrer Medien: *Capacité-communication-pouvoir* ist ein Konglomerat. Es ist ein Block von Techniken der Kommunikation, des Wissens und der Macht. Ein solches Konglomerat ist z. B. eine wissenschaftliche Disziplin. Sie übt bestimmte Praktiken aus und diszipliniert Gesellschaften. Dies ist gewiss ein aktuelles Thema. Foucault warnt indes vor Diagnosen, die die Paradoxie der Macht nicht genug würdigen. Die mit einer Kritik an der Frankfurter Schule verbundene These, dass dem Wahnsinn die Vernunft innewohne, berechtigt nicht dazu, so Foucault, die Vernunft und die Aufklärung anzuklagen. Die Vernunft ist nicht das Gegenteil der Nicht-Vernunft.[10] Deshalb ist sie an sich weder schuldig noch unschuldig. Es gibt nicht die heile antirationale Welt der Intellektuellen hier und die böse Welt der Rationalität dort draußen, z. B. in der Politik. Beide sind wie die zwei Seiten einer Medaille aufeinander angewiesen.

In einem weiteren Aufsatz von 1982 über das Subjekt und die Macht betont Foucault (1994a), dass seine eigenen Arbeiten der letzten zwanzig Jahre die Macht nur als Begleiterscheinung der unterschiedlichen Modi fokussieren, in denen sich in westlichen Kulturen Subjekte konstituieren. Neben allen möglichen Formen der Macht legt er deshalb den Akzent auf das Regime der Individualisierung und der Kategorisierung von Subjekten durch Setzung von Grenzen (etwa durch Geschlechterdifferenz, durch die Biopolitik und viel-

---

[8] Vgl. Foucault (1994).
[9] Machtbeziehungen implizieren „des rapports de communication qui transmettent une information à travers une langue, un système des signes ou tout autre médium symbolique" (Foucault 1994a: 233).
[10] Vgl. Foucault (1994a: 225).

leicht heute durch die Biowissenschaften, wenn sie technokratisch ausgeübt werden). Individualisierung und Subjektkonstitution entspringen den *pratiques divisantes*, d. h. Praktiken, die Grenzen setzen, das Subjekt in zwei Bereiche trennen, zwischen dem Eigenen und dem Anderen, sich selbst und den anderen unterscheiden. Gemeint sind z. B. die Trennungen zwischen Verrückten und Vernünftigen, Kranken und Gesunden, Kriminellen und guten Menschen usw. Es sind Techniken, die den Menschen in abgegrenzten Räumen verorten und ihn identifizieren, aber auch unterwerfen.[11] Schon diese wenigen Beispiele zeigen, dass es sich bei der Individualisierung um ein Handeln mit Grenzen und mit dem eigenen Körper handelt. Gerade hier setzt unser methodisches Interesse an der Befragung Foucaults ein, besonders im Zusammenhang mit den Lebenswissenschaften, denen heute die Deutung des Menschen anvertraut wird. Dabei ist mein Ziel, zu zeigen, welchen Beitrag für die Wissenschaft des Lebens ein Wissen leisten kann, das die Paradoxien der Macht beleuchtet.

---

[11] Die Paradoxie der Subjektivität ist Thema des gesamten Spätwerks Foucaults. In der Einleitung zu „L'usage des plaisirs" (Band III der *Histoire de la sexualité*) beschreibt er die Subjektkonstitution als die „Sorge um sich" (*Souci de soi*) (Foucault 1990). Diese Sorge ist eine paradoxale Handlung, wodurch *sujet* mit *sujeter*, d. h. unterwerfen, zu tun hat. Die Konstitution seiner selbst geschieht als Moralsubjekt (ebd.: 268), das in der neuzeitlichen Geschichte, beginnend mit der Renaissance, zu einer immer vollständigeren Selbstbeherrschung tendiert (ebd.: 252). Unter ‚Moral' versteht Foucault das Regelwerk der Selbsttechniken, und zwar ein „Ensemble von Werten und Handlungsregeln, die den Individuen und Gruppen mittels diverser Vorschreibapparate – Familie, Erziehungsinstitutionen, Kirchen usw. – vorgesetzt werden" (ebd.: 265). Moralreflexion ist also die Erarbeitung und Stilisierung einer Aktivität, bei der die Männer „gerade von ihrem Recht, von ihrer Macht, von ihrer Autorität und von ihrer Freiheit Gebrauch zu machen haben: in den Lustpraktiken" (ebd.: 263). Das Subjekt wird zwar nicht mehr allein von außen her bestimmt und von der Macht der Diskurse reguliert und konstituiert sich als Aushandlung zwischen dem Eigenen und dem Anderen, doch unterzieht es sich durch Domestizierung seines Körpers Existenzkünsten (‚Selbsttechniken'), die das Begehren domestizieren. Denn das Begehren bedroht die Souveränität der Vernunft und die Integrität des Ichs. Das Verhältnis des Subjekts zu seinem eigenen Körper wird reguliert, indem Grenzen zwischen der inneren und der äußeren Welt gesetzt werden. Als Einlassstelle zum Anderen ist der Körper eine Gefahr; er bedroht die Ermächtigung und die Erstarkung des Ichs. Im Diskurs der Subjektivität erhält der Körper die Position des Anderen, und die Figuration dieses Anderen ist die Frau (oder auch der transvertierte oder invertierte Mann). In dieser – wie Foucault sie nennt – „Männermoral" sind Frauen Objekte, „die es zu formen, zu erziehen und zu überwachen gilt, wenn man sie in seiner Macht hat, und derer man sich zu enthalten hat, wenn sie in der Macht eines anderen (Vater, Gatte, Vormund) sind" (ebd.: 263). Vgl. Borsò (2002a).

2.2 Zur Paradoxie der Macht: Der Chiasmus von Machtgrenzen und Körperschwellen und seine lebenswissenschaftliche Relevanz

Seit dem 18. Jahrhundert sind die Mechanismen der Verwaltung des Individuums eine *tactique individualisante*. Es sind säkularisierte – pastorale[12] bzw. patriarchalische – Individualisierungspraktiken, die den *bios*, nämlich den perfekten Zustand des Lebens, lokalisieren, und zwar durch medizinische Normen, aber auch Vereine, Familien oder wissenschaftliche Disziplinen.[13] Gemeint sind die Alltagstechniken, die dem Menschen eine individuelle, perfekte Identität zuschreiben. Mit einer phänomenologischen Fundierung zeigt Foucault die generelle Geltung der Paradoxalität von Individualisierungspraktiken. Denn gerade weil die Macht paradoxal ist, gilt auch die Kehrseite. Wie sehr ein System auch immer in der Lage ist, Terror zu inspirieren, bestehen doch stets Möglichkeiten des Widerstands, des Ungehorsams und der Konstitution von oppositionellen Gruppen: „Il n'y a pas de relation de pouvoir sans résistance, sans retournement éventuel."[14] Widerstand ist also ein Teil der Macht. Weil Macht eine Bezüglichkeit und eine Handlung ist, die vom einen ausgeht und auf den anderen ausgeübt wird, können sich Konstellationen zwischen der Macht und den ‚Objekten der Macht' umkehren:

> Une relation de violence agit sur un corps, sur des choses: elle force, elle plie, elle brise, elle détruit: elle referme toutes les possibilités [...] – indispensable: que l'autre (celui sur lequel elle, la relation de pouvoir, s'exerce) soit bien reconnu et maintenu jusqu'au bout comme sujet d'action; et que s'ouvre devant la relation de pouvoir, tout un champ de réponses, réactions, effets, inventions possibles [...] aucun exercice de pouvoir ne peut, sans doute, se passer de l'un ou de l'autre, souvent des deux à la fois.[15]

---

[12] Das Gewicht der Selbsttechniken im Sinne einer Ästhetik von Existenzkünsten geht gewiss verloren, nachdem sie mit dem Christentum „in die Ausübung einer Pastoralmacht integriert wurden und später in erzieherische, medizinische oder psychologische Praktiken" (Foucault 1990: 252); die Entwicklung der Selbsttechniken kommt freilich damit nicht zum Ende.

[13] Foucault schließt sich dabei der Frage Kants an („Was heißt Aufklärung?"), wie weit die Kritik der zeitgenössischen Vernunft geht, vgl. Foucault (1994a: 231).

[14] Ebd. (242).

[15] Ebd. (236).

‚Macht' wird also ‚gemacht'. Sie ist die Handlung des Waltens, Verwaltens (*gouverner*), der Strukturierung des möglichen Aktionsfelds der Anderen (*gouvernement des autres*). So existiert in der Konstellation der Macht auch der andere Pol: die Freiheit der Anderen, die es zu verwalten gilt. Erst die Freiheit der Anderen (die es einzugrenzen gilt) ist die Ermöglichungsbedingung für die Existenz der Macht. Es ist nicht ein Antagonismus, sondern ein Agonismus, „un rapport d'incitation réciproque et de lutte".[16] Erst die phänomenologische Fundierung schafft ein Denken vom Außen her, vom Ausgegrenzten, und gibt ihm eine Position und eine Handlungspotenz in der Konstellation der Macht. Das Vorangehende begründet v. a. die Paradoxie von Grenzen: Die Macht ist zum einen die Handlung, die Freiheit des Körpers und die Freiheit der Anderen einzuschränken, eine Grenze zwischen ihnen zu definieren: „pour une relation de pouvoir, la stratégie de lutte constitue elle aussi une frontière".[17] Es gilt aber zum anderen auch, dass jede Form der Ausübung der Macht diese an ihre Grenzen führt: „toute extension des rapports de pouvoir pour les soumettre ne peut que conduire aux limites de l'exercice du pouvoir".[18]

Macht ist also eine Handlung, die die Artikulation von Subjekt und Welt betrifft, und diese Artikulation verläuft über ein Medium: den Körper, der den Menschen an seine Lebenswelt bindet. Gerade am Körper zeigt sich, dass die Grenze auch eine Schwelle[19] ist, eine Kontaktfläche zum Anderen. Als *pratique divisante* konstituiert sich die Macht, indem sie mit dem Körper und anhand der Körperlichkeit Grenzen setzt und damit trennt, was untrennbar ist, nämlich das Ich und die Lebenswelt, die uns umgibt, das, was Maurice Merleau-Ponty *la chaire du monde* nannte. Macht setzt Grenzen, trennt, klassifiziert, separiert zwischen dem Eigenen hier und dem Fremden dort, mit dem mich aber der anthropologische Raum der Körperlichkeit verbindet. Als Konstellation im Gewebe der Welt ist die Grenze zugleich auch eine Schwelle. Foucault spricht tatsächlich vom Gewebe, vom „tissu".[20] Und in der Dichte des Gewebes

---

[16] Ebd. (238).
[17] Ebd. (242).
[18] Ebd.
[19] Zu den weiterreichenden phänomenologischen Implikationen vgl. Waldenfels (1999).
[20] Foucault (1994a: 243).

finden wir nicht nur die Makroerzählung der Macht, der Ausgrenzungen und der Asymmetrien historischer Fakten (Kriege, Zerstörungen), sondern auch das Feld der Beziehungen, jene dichte Textur des Raumes, die die vielfältigen Dimensionen des Kulturellen und des Sozialen enthält.[21] Erst hier sehen wir auch die Widerstände, die Grenzen der Macht.

Wir haben damit das Szenario eines anderen Wissens umfasst, das nicht das Projekt einer metaphysischen Kritik der Macht verfolgt, wie es der Marxismus tat und weshalb dieser scheitern musste. Vielmehr geht es darum, im „tissu historique"[22] die dichte Textur von Schwellen und Widerständen zu erkennen. Ich will dieses Moment anhand eines der bekanntesten Mythen des Abendlandes exemplifizieren: Apollo und Daphne. Dabei beziehe ich mich auf die dramatische Konkretisierung dieses Mythos in der Skulptur von Gian Lorenzo Bernini.[23] Der Zugriff Apollos auf Daphne, sein Wunsch, den Leib der begehrten Frau zu ergreifen, diesen Leib in die apollinische Ordnung des abstrakten Körpers klassischer Kunst zu überführen, gelingt nicht vollkommen. Die Materialität der Skulptur schafft den heterogenen Raum der Metamorphose zwischen den geschliffenen Formen einer ästhetisierten Anatomie und dem zur Materie gehörenden Baum. Petrarkistische Daphne-Gedichte betonen die Paradoxie, dass, je mehr Apollo über das Verschwinden des Körpers der Daphne weint, der Lorbeerbaum umso mehr wächst.[24] Apollo muss den Körper Daphnes vollends mortifizieren, die Leiblichkeit domestizieren, in Kunst transformieren, will er sich als *poeta laureatus* feiern lassen. Doch die Dramatik der Metamorphose und die Schwelle zwischen dem Zugriff auf den Körper

---

[21] Vgl. hierzu Bachmann-Medick (1996).

[22] Foucault spricht von einem „tissu historique" als „histoire des luttes et celle des relations et des dispositifs de pouvoir" und von „domination" als „transcription d'un des mécanismes de pouvoir d'un rapport d'affrontement et de ses consequences" (Foucault 1994a: 243). Als zentrales Phänomen in der Geschichte der Gesellschaften nennt er: „c'est qu'elles manifestent, sous une forme globale et massive, à l'échelle du corps social tout entier, l'enclenchement des relations de pouvoir sur les rapports stratégiques, et leurs effets d'entrainement réciproque" (ebd.: 243).

[23] Museo di Villa Borghese, Rom.

[24] Vgl. z. B. Borsò (2002 [Artikel 6 im vorliegenden Band]; 2004a).

und dem Rückzug des Leibes[25] in die widerständige Natur zeigt, dass die Kolonialisierung des Anderen nicht restlos gelingen kann.[26]

Die Grenzen unterliegen also dem Regime der Macht, sie sind aber auch die Schwellen zum Widerstand, zu den Grenzen der Macht. Die Widerstände schreiben sich in die dichte Textur des Mediums ein, in die Buchstaben der Texte und in die Materialität der Bilder, in den Ton der Stimme, in das Haupt des Menschen.[27] Eine solche Schwelle und Einlassstelle zum Widerstand ist das Lachen. Es ist Ausdruck einer Spannung, aber auch der Zerstörung der Autorität der Macht durch ihre ‚Familiarisierung', wie Michail Bachtin so treffend gezeigt hat.[28] Und es ist kein Zufall, dass Umberto Ecos Roman *Il nome della rosa* ins Zentrum des Geheimnisses und des Mordes die Ausgrenzung des ‚anderen' Aristoteles platziert, jenes Aristoteles, der nicht nur die *Poetik*, sondern auch ein Buch über die Komödie geschrieben haben soll. In der Konstellation von Individuum, Wissen und Macht gibt Foucault zu Recht der Reversibilität des Verhältnisses einen zentralen Stellenwert:

> Ce sont des luttes qui mettent en question le statut de l'individu: d'un côté, elles affirment le droit à la différence et soulignent tout ce qui peut rendre les individus véritablement individuels. De l'autre, elles s'attaquent à tout ce qui peut isoler l'individu, le couper des autres, scinder la vie communautaire, contraindre l'individu à se replier sur lui-même et l'attacher à son identité propre. Ces luttes ne sont pas exactement pour ou contre l',Individu', mais elles s'opposent à ce qu'on pourrait appeler le gouvernement par l'individualisation. [...] Elles opposent une résistance aux effets de pouvoir qui sont liés au savoir, à la compétence et à la qualification. Elles luttent contre les privilèges du savoir, mais elles s'opposent aussi au mystère [...]. Pour résumer, le principal objectif de ces luttes n'est pas tant de s'attaquer à

---

[25] Die Ambivalenz des ‚Haushalts' zur Konstitution des Ichs wird bei der Geburt des Individuums in der Renaissance besonders dramatisch. Darauf deutet die Häufung des Daphne-Motivs hin, aber auch die Heterogenität, die bei Schriftstellern wie Montaigne zu finden ist. Darauf gehen etwa Pfeiffer und Teuber in ihren Untersuchungen der Macht in der Renaissance ein (Teuber 2000; Pfeiffer 1995).

[26] Vgl. auch Wulf (1988).

[27] Ich verweise auf die luzide Diskussion des Verhältnisses von Schrift und Körper bei Roland Barthes durch Ette (1998).

[28] Vgl. Bachtin (1990).

telle ou telle institution de pouvoir, ou groupe, ou classe, ou élite, qu'à une technique particulière, une forme de pouvoir.[29]

Die Untersuchung dieser ‚transversalen' Widerstände, die ebenso der Macht wie der Opposition gegen die Macht innewohnen, nennt Foucault eine ‚innovative Methode'. Worin besteht diese andere Methode, das Wissen zu befragen? Sie besteht darin, dass die Konstellationen der Macht und der Kategorisierungen – z. B. durch eine Leitwissenschaft – nicht ausgehend von ihrer internen Logik, sondern von den Formen der Resistenz gegen sie untersucht werden.[30] Denn die Widerstände operieren nicht in Frontstellung. Frontale Angriffe können die Macht nicht erfolgreich bekämpfen.[31] Es bedarf vielmehr indirekter, transversaler Widerstände, die quer – gewissermaßen heterotopisch[32] – durch die Ordnungen des Wissens verlaufen. ‚Transversal' bedeutet auch, dass diese Widerstände nicht auf ein spezifisches Gebiet, auf eine Disziplin begrenzt sind, sondern gerade den Rändern der Disziplinen entspringen und ein anderes Licht auf das Zentrum werfen. Es sind Kämpfe gegen Techniken, die das Subjekt in abgegrenzten Räumen verorten und so identifizieren, es dabei aber auch unterwerfen. So decken solche Widerstände mit dem paradoxalen Status der Macht auch die Ohnmacht der Macht auf.

Die historische und sozialpolitische Situation Lateinamerikas sowie die Praktiken lateinamerikanischer Kulturen sind ein ausgesprochenes Laboratorium solcher transversalen Widerstände.

---

[29] Foucault (1994a: 226 f.).

[30] So sollen z. B. die Vernunft (oder die Psychiatrie) anhand der Resistenzen im Feld der Alienation, die Legalität anhand der Illegalität, die Männer anhand der Frauen, um nur einige polarisierende Oppositionen zu nennen, untersucht werden (ebd.: 226).

[31] „Tout rapport de pouvoir penche, aussi bien s'il suit sa propre ligne de développement que s'il se heurte à des résistances frontales, à devenir stratégie gagnante" (ebd.: 242).

[32] Mit Bezug auf die Architektur hat Foucault für die Materialität des kulturellen Gewebes den Begriff der Heterotopie angeboten, der in den letzten Jahren verschiedentlich aufgenommen wurde. Heterotopien sind eine widerstreitende Verbindung der Konfigurationen der Ordnung. Deshalb sind sie ein Nicht-Ort innerhalb der Ordnung der Diskurse; sie haben eine der Logik der Diskurse widersprechende Syntax. Heterotopien werden als *contre-emplacement* definiert. Sie haben die kuriose Fähigkeit, mit anderen *emplacements* in Verbindung zu treten, mit Positionierungen also, die der Ordnung der Platzierungen widersprechen, sie neutralisieren oder die Gesamtheit ihrer Strukturbeziehungen umkehren. Strukturbeziehungen werden durch die Heterotopien stilisiert, reflektiert oder widergespiegelt (Foucault 1994: 755). Vgl. Borsò (1992; 2005) und Görling (1997).

3 Lateinamerika und das widerständige Wissen

An der Kultur Lateinamerikas ist seit der Kolonialzeit die Paradoxie der Machtgrenzen als zugleich *pratique divisante* und als Praktik transversaler Widerstände besonders gut zu beobachten. Die Kulturen, die auf dem sogenannten ‚Neuen Kontinent' vorgefunden wurden, wurden klassifiziert, ihre Eigenheit wurde aus dem Bereich der Zivilisation ausgegrenzt. Sie waren das Andere der europäischen Kultur und wurden exotisch idealisiert oder durch Mangel beschrieben: ein Mangel an Zivilisation, an Vernunft, an Menschsein. Man übertrug auf die Einwohner Amerikas die Vorstellungen, die man zuvor den ‚Anderen' innerhalb Europas zugeschrieben hatte. Immer waren es die anderen, die man nicht verstand, die den Vorstellungshorizont der Vernunft überstiegen. Figuren der Alterität waren die Hexen, die Monster und – in der neuen Welt – besonders die Kannibalen und Kannibalinnen. Darüber hinaus ist die Parallele zwischen der Ausgrenzung des Körpers der Anderen und der Ausgrenzung des lateinamerikanischen Kontinents durch Europa frappierend. Aufgrund der vermeintlichen intellektuellen Leere und der mangelnden Vernunft, fungieren die Menschen des neuen Kontinents, besonders die Frauen, als Bildschirm, auf den die Europäer – die Männer – ihre Wünsche und Ängste projizieren, jene Europäer, die als handelnde historische Subjekte ihre Macht jenseits der Säulen des Herkules ausweiten und neue Räume jenseits des Atlantiks auf die Bühne der Geschichte holen. Die Geschichte wurde seitdem vom europäischen Zentrum aus geschrieben, und von diesem Zentrum aus gesehen waren die ursprünglichen Völker Amerikas unterlegen, passiv, historisch unfähig, ihr Schicksal selbst in die Hand zu nehmen. Noch Hegel postulierte bekanntlich, dass die Lateinamerikaner aufgrund ihres geringen Zivilisationsgrades und trotz ihrer gewonnenen Unabhängigkeit noch lange keine gleichwertigen Akteure der Geschichte sein würden. Vom europäischen Zentrum aus gesehen, wie dies Hegel tat, ist die lateinamerikanische Kultur nichts anderes als eine defizitäre Kopie Europas. Die Frau ist dabei in doppelter Weise ohnmächtig. Wollen aber die historischen Wissenschaften nicht Gefahr laufen, in den Praktiken der Teilung und der Trennung gefangen zu bleiben, so sollten sie auch die Paradoxalität der Grenze zum Gegenstand machen. Die Macht muss als

Beziehungsraum gesehen werden. In dem dichten Raum der Machtkonstellationen erkennt man, dass die Macht nicht nur von einer Seite ausgeht. Im hybriden Raum des Kulturellen findet sich vielmehr die Macht der Kolonialkulturen vor den Widerstand des Kolonialisierten gestellt, das Kolonialsubjekt wird zum Handelnden, wenn auch im Modus der Mimikry.[33] Diese Sicht ermöglicht es, die Hierarchien der soziopolitischen Geschichte nicht mehr als unveränderliche Fakten, sondern als ein kulturelles Feld zu sehen, in dem sich die Kräfte der Macht und die einer kulturellen Gegendynamik gegenüberstehen. Die Geschichtsschreibung der letzten Jahre hat in der Freilegung dieser kulturellen Dynamik einen bedeutenden Gegenstand gesehen. Die Bedingtheit der Macht Europas wurde dabei offengelegt und die randständige Position wurde zum Ort eines anderen, eines dezentrierten Wissens. Von diesem Ort aus konnte die Macht demontiert und die Macht Europas an ihre Grenzen geführt werden. Die Macht ist unhintergehbar, solange die Subjekte oder die Akteure der Geschichte in einer asymmetrischen Beziehung zum Opfer konzipiert werden. Es muss in der Konstellation der Macht eine Verschiebung anderer Art stattfinden. Das Beziehungsfeld ist anders zu konzipieren. Wenn man dies tut, dann entdeckt man, dass sich unter den Zeichen der hegemonialen Politik ein dynamisches kulturelles Feld offenbart, das die Macht wirkungsvoll begrenzt.

3.1 Machtgrenzen und Körperschwellen:
Die Relevanz für Lateinamerika

Bei der Begegnung der Kulturen auf dem amerikanischen Kontinent wurden die Körper der Einwohner Amerikas mit den für tropische Verhältnisse unangemessenen Samtkleidern der Spanier überzogen, sie wurden mit den symbolischen Zeichen der europäischen Macht überschrieben. Dabei benutzten die

---

[33] Der angloamerikanische, aus Bombay stammende Kulturtheoretiker Homi Bhabha hat z. B. mit dem Begriff der ‚Hybridität' (Bhabha 1994) die Interdependenz von Kolonisator und Kolonisiertem offengelegt. Sein psychoanalytisch und auf Benjamin (‚Übersetzung'), Derrida (*différance*) und Foucault zurückgehender Ansatz zeigt mit der Ambivalenz der Stereotype über den Anderen auch ihre Fragilität und die Fragilität der Macht. Die Kehrseite der Stereotype, nämlich die Faszination, die durch die Stereotype immunisiert wird, ist wichtiger als die ideologische Kritik ihres Gebrauchs.

Spanier die Sprache als Eroberungswaffe. Mit der Gewalt der Sprache assimilierte man das Territorium des Anderen. So lautet die für lateinamerikanische Subjekte virulente Analogie von Körper und Territorium. Die Ambiguität der leiblichen Sprache (als abstraktes Zeichensystem bzw. Eroberungswaffe und als konkretes Indiz der eroberten Körperlichkeit) findet im Spanischen eine Entsprechung in der Bedeutung von *lengua*, als Zunge, d. h. Organ des Körpers, als Quelle des Geschmacks und der Sinnlichkeit, und von *lenguaje* als abstraktes Sprachsystem.[34] Für beide Bewegungen ist Malinche ein Emblem: Doña Marina, die Indianerin, die Cortés zum Geschenk gemacht und von ihm doppelt benutzt wurde, als Übersetzerin und als Liebhaberin, gilt als *chingada*, als Repräsentantin des gewaltsam unterworfenen und geschändeten Mexikaners. Octavio Paz begründete bekanntlich in *El laberinto de la soledad* den Mythos der Malinche als Mythos der schwachen, verräterischen und geschändeten Natur des ‚Mexikaners'.[35] Die Malinche ist aber auch das Emblem jener Schwelle, jenes Zwischenraums, durch den auch die indianischen Traditionen mittels Übersetzungen Eingang in das Spanische fanden.[36] So sind im Gewebe der kulturellen Texte Spuren der ‚Zunge' erhalten geblieben, des partikulären Idioms, der Körperlichkeit, und diese haben sich auch einen gewichtigen Raum in der spanischen Sprache zurückerobert und in diesem Raum Widerstand geleistet.[37]

---

[34] Zum Zusammenhang beider Dimensionen der Sprache und zum Mythos der Malinche vgl. Glantz (1994a). Glantz hat bei Sor Juana Inés de la Cruz gezeigt, dass im ‚Körper' der Schrift der Abstraktionsprozess, der die Leiblichkeit zerstört, rückgängig gemacht wurde, die Schrift den Weg zurück zum Buchstaben und das Sprachsystem zum leibhaften Sprechen findet (Glantz 1992; 1994; 1994a). Ich verweise auch auf verschiedene Arbeiten zum Kolonialbarock, die beeindruckende Beispiele der subversiven Kraft der Einschreibung von Leiblichkeit in die Schrift geben. Ein Forschungsbericht findet sich bei Borsò (2005).

[35] Vgl. Paz (1950).

[36] Dies ist die Hauptthese neuerer Arbeiten zum Mythos der Malinche; vgl. Glantz (1994); Dröscher / Rincón (1999).

[37] Gemeint ist die Dimension der Sprache, die Maurice Merleau-Ponty ‚leibhaftes Sprechen' nannte und seit *La prose du monde* (1951, publiziert 1969) ins Zentrum seines Denkens gestellt hat. Es geht um die dichte Textur, bei der im Textkörper indirekte Spuren der Leiblichkeit eingeschrieben sind, vgl. Merleau-Ponty (1969).

Sobald man das Beziehungsfeld und die dichte Textur des Raumes betrachtet, dann erfasst man auch die Gegenmacht. Die Grenzen werden fließend, sie werden zu Schwellen, in denen Kulturen miteinander in Kontakt kamen und eine Gegenmacht transversaler Widerstände entwickelten.[38] Die historischen Romane Lateinamerikas (die sogenannten *nuevas novelas históricas*) haben z. B. seit Roa Bastos *Yo el Supremo* in der Freilegung dieser kulturellen Dynamik einen wichtigen Gegenstand gesehen.[39] Durch die transversalen Diskurse hindurch durchkreuzen sie die Machtdiskurse des Abendlandes und entlarven hinter den Zeichen der Macht deren Bedingtheit.

3.2 Transversale Widerstände in *Pedro Páramo* von Juan Rulfo: Die Ohnmacht der Grenzen und die Kraft der Schwellen des Körperlichen

Juan Rulfo hat in *Pedro Páramo* den Widerstand gegen die Gewalt der Ausgrenzungen zur Aufführung gebracht.[40] Er inszeniert den Bruch mit der souveränen Macht, welche Grenzen setzt und zwischen Innen und Außen unterscheidet, zwischen der Totalität der Macht und den unterdrückten Anderen. Rulfo zerstört auf vielen Ebenen die Macht des Kaziken. Pedro, der Verwalter des Gebäudes der Macht, fällt am Ende wie *un montón de piedras*, so der letzte Satz des Romans. Dieser kurze, komplexe Roman operiert auf verschiedenen Ebenen: Auf der Ebene des narrativen Diskurses wird die Fokalisierung und die Ordnung des Sichtbaren angegriffen. Der narrative Diskurs zerstört die Souveränität des Panoptikums. Im Roman ist es unmöglich, eine bevorzugte Ebene zu bestimmen, die ein orientierendes ‚Hier und Jetzt' definiert und eine Ordnung als Basis für die Darstellung der Welt ermöglicht. Einer der meisterhaften Züge des Romans ist deshalb die Brechung des orientierenden Sehens, das auf einer Distinktion zwischen dem Eigenen und dem Anderen, zwischen Innen und Außen gründet.[41] In Cómala, jenem gespenstischen Ort, in dem nur

---

[38] Dies gilt übrigens auch für Europa: Mündliche Techniken überleben z. B. die Hegemonie des Schriftlichen nach der Gutenberg Ära.
[39] Vgl. Roa Bastos (1974).
[40] Vgl. Rulfo (1955).
[41] Die Ununterscheidbarkeit zwischen Realität und Imagination wurde gattungsspezifisch als Eigenheit des *realismo mágico* bezeichnet. Die Annäherung an den Roman unter dieser Perspektive

die Toten sprechen, ist die Demarkationslinie der binären Grenzen zwischen den Toten und den Lebendigen zerstört. Die metadiskursive Bedeutung dieser Strategie, die klassifizierenden Diskursen und abendländischen Erzähltraditionen widersteht und sie an ihre Grenzen kommen lässt, ist kaum bemerkt worden.[42] Dagegen bildet diese Feststellung die Hauptthese von Carlos Monsiváis in der Studie zur Widerstandskraft von Pedro Páramo, die im Fotoband *Inframundo* publiziert wurde.[43] In einer überraschenderweise Rulfo kongenialen Lektüre nennt Monsiváis es eine *solución magistral*, dass Cómala ein totes Dorf ist, wo die Figuren als Gespenster herumirren oder von den Gräbern aus ihre Erinnerungen äußern. Es ist eine Zeitkonstellation, die eine diskrete, trennende Zuordnung nicht mehr zulässt.[44] Cómala ist ein *páramo*, ein verbrannter Ort, der sich nicht strukturieren lässt. Diskretes Sehen ist dort ebenso wenig möglich wie klare Benennungen. Der Raum entzieht sich einer exakten Kartographierung, die narrative Sprache einer exakten Lokalisierung. Der Raum der Schrift ist kein Strukturraum, der Differenzen setzt und Sinn lokalisiert. Dies wird gleich zu Beginn des Romans in Szene gesetzt, wie das Zitat zeigt, das Monsiváis anführt.[45] Es ist die Passage, in der sich Juan Preciado bei Eduviges Dyada nach dem Weg erkundigt, der von Cómala wegführt:

–[...] ¿Cómo se va uno de aquí?
–¿Para dónde?
–Para donde sea.
–Hay multitud de caminos. Hay uno que va a Contla; otro que viene de allá. Otro más que enfila derecho a la sierra. Ese que mira desde aquí, que no sé para dónde irá [...]

---

immunisiert jedoch die Sprengkraft des Textes. Dies ist eine der Hauptthesen meiner Studie zur Kritik des *realismo mágico* (Borsò 1994).

[42] In meiner Analyse des Romans sehe ich in der metadiskursiven Kritik und Beunruhigung von Erzähldiskursen eine der zentralen Strategien von Rulfo (ebd.: 266 f.). So auch Monsiváis mit Bezug auf Jean Franco: „el desajuste entre palabra y acción resulta, no de una decisión personal o una coyuntura existencial, sino de la ruptura de un orden" (Monsiváis 1980: 30).

[43] Vgl. ebd.

[44] Ähnlich argumentiert auch García Márquez (1980: 25), der die Zerstörung der Demarkationslinie zwischen Leben und Tod als einen meisterhaften Zug bezeichnet.

[45] Vgl. Monsiváis (1980: 28).

–Figúrese usted. Y nosotros aquí tan solos. Desviviéndonos por conocer aunque sea tantito de la vida.[46]

In Cómala sind die Grenzen durchlässig, der Blick ist beweglich, aber diese Beweglichkeit ermächtigt kein Sehen, keinen privilegierten Ort der Sicht. Monsiváis hat das scharfsinnig beobachtet. Deshalb stößt eine symbolische Lektüre des Romans bald an ihre Grenzen.[47] Literarische Etiketten scheitern, es gibt nichts Wunderbares oder Magisches[48] in Cómala. Diese Welt widersteht der Vereinnahmung durch Klassifikationen. Sie widersteht auch den Versuchen, den vermeintlich Anderen, den *campesino*, den *indio* zu enthüllen. So auch Monsiváis: „Es indispensable eliminar las mediaciones culturales en beneficio de una lectura cuyo punto de partida sea el cuestionamiento del propio lector. Por ejemplo, ¿que sabemos de la mentalidad campesina, de su lógica que advertimos reiterativa o huidiza?"[49]

Als zweite Strategie gilt es, auf den Raum der Träume und des Begehrens hinzuweisen, ein in den letzten Jahren von der Forschungsliteratur durchaus gesehenes Moment.[50] Der Widerstand wird von den Stimmen der Toten, ihren Leiden, Wünschen und Träumen getragen. Diese überfallen den Erzähler selbst, der mitten im Roman stirbt. Er befindet sich mitten in den *murmullos*. Ihr Widerstand enthüllt die Ohnmacht der Macht des Kaziken. Rulfo blickt transversal auf die Totalisierung der Macht und öffnet zugleich andere Räume.[51] Es sind dies Räume des Begehrens. Deshalb ist Cómala heterogen und paradoxal wie die Macht selbst. Es ist der Ort, in dem die Macht Grenzen setzt, aber auch der qualitative Ort der Träume, die die Macht an ihre Gren-

---

[46] Rulfo (1955: 65).

[47] Zu dieser These vgl. meine Analyse zu „Pedro Páramo als Provokation" (Borsò 1994: 266 f.).

[48] Ich beziehe mich auf die Lektüre des Romans im Sinne des *realismo mágico* oder des *real maravilloso*, zum Forschungsbericht vgl. ebd. (88 ff.).

[49] Dies ist eine meiner Hauptthesen in der Analyse des Romans, den ich auch mit Hinweis auf die Isolierung der *indígenas* in einem einzelnen, narratologisch unmotivierten Fragment nachgewiesen habe, vgl. Borsò (1994: 264 f.).

[50] Vgl. Kuon (1993); Borsò (1994); Görling (1997).

[51] Es sind die ‚Räume des Anderen', für die der Sehende keine Autorität behaupten kann. Nach meiner Analyse ist in den Fotographien von Rulfo dieser Zug ein Hauptmerkmal, vgl. Borsò (2005b; 2004a).

zen führen. Es ist der Ort des Ausschließens aber auch des Öffnens für die imaginäre Welt von Susana San Juan, ein vom Begehren beschriebener Raum, der Pedro Páramo verwehrt bleibt. Hier entdecken wir die Kraft des Kulturellen, repräsentiert durch Susana San Juan. Sie öffnet Räume der Freiheit, weil sie für das Leiden und das Begehren optiert. Diese Kraft ist stärker als die Macht des Kaziken. *Pedro Páramo* ist deshalb kein Roman über die Ohnmacht der *vencidos*, sondern ein Roman der Widerstandskraft des Kulturellen, ausgedrückt etwa durch die Glocken, die zur Unzeit läuten, durch Susanas Träume oder die Klagen der Toten. *Desesperanza*, die thematisch ‚tragisch und monströs' erscheint, ist in diesem Roman weder metaphysisch überhöht, noch ästhetisiert – so auch Monsiváis. Cómala ist also der Raum, in dem sich die Machtgrenzen etablieren und zugleich ihre Ohnmacht offenbaren. Es ist eine totalisierende Macht ohne Erlösung, eine Wildnis in der Zivilisation, eine Macht, deren Ohnmacht sich angesichts anderer Räume des Begehrens stets wieder ereignet.[52]

Eine dritte Dimension, in der Widerstand entsteht, ist die Religion. Auch in *Pedro Páramo* ist die Religiosität eine hybride Form von *cultura popular*, bei der ‚andere' kulturelle Traditionen einen Stachel in die Reinheit des katholischen Glaubens pflanzen. Die christlichen Symbole werden übernommen, ohne dass sich die Figuren ihrem (metaphysischen) Gesetz unterordnen.[53] Es ist eine irdische, sinnliche Form der Religion, eine Religion ohne Metaphysik. Die ‚wahnsinnige' Dorotea sagt zu Juan Preciado, als sie zusammen im selben Grab liegen und sich unterhalten: „El cielo para mí, Juan Preciado, está aquí donde estoy ahora".[54] Der Himmel ist für Dorotea das irdische Grab. Hier erfüllt sie den Traum ihres Lebens, den Traum der Mutterschaft, denn im Grab

---

[52] *Pedro Páramo* zeigt die Notwendigkeit, die Darstellung von Geschichte einem heterotopischen Spiegel anzuvertrauen, der in seiner Textur beides verbindet: das kulturelle Imaginäre und die transversalen Widerstände des Kulturellen auf der einen Seite sowie die Demarkationen und Grenzsetzungen der politischen Macht auf der anderen Seite. Einen solchen Raum entfalten tatsächlich historische Romane, die postkoloniale Kritik inszenieren.

[53] Vgl. Monsiváis (1980). Die Inszenierung einer hybriden Religion als transversaler Widerstand ist auch in *El luto humano* (1943) von José Revueltas ein bedeutendes Moment, das zur „Ambiguität der mestizierten Symbolik" führt (Borsò 1994: 193 ff.).

[54] Rulfo (1955: 83). Vgl. auch Borsò (1994: 246).

hält sie endlich den im Leben so erwünschten Sohn in ihren Armen. In dieser subversiven Form der Religion haben wir den Anschluss an die *cultura popular* von Carlos Monsiváis, und tatsächlich liest Monsiváis den Roman aus dieser Perspektive. Eine solche Literatur enthält unorthodoxes Wissen. In den 50er Jahren des 20. Jahrhunderts verweist Rulfo auf die Existenz anderer Räume, ohne sie gewiss frei entfalten zu können. Die Räume, auf deren Existenz Rulfo blickt, wird Carlos Monsiváis in der Populärkultur mit massenmedialen Strategien zu betreten versuchen. Rulfo hat nicht nur den Weg dazu vorbereitet, sondern noch mehr: Mit seinem Blick auf die Räume des Widerstands biegt Juan Rulfo den harten Raum der Demarkationen, Eingrenzungen und Ausgrenzungen, wie dies die besondere Kadrierung des Raumes in seinen Fotographien eindrucksvoll demonstriert.[55]

4 ‚Massenkultur' und ‚Populärkultur' als offene Konstellation: Carlos Monsiváis und Elena Poniatowska

> [Es] un mundo descentrado, performativo, ambivalente, y un imaginario corporal a la vez traza del destino y del goce; pasó también por la 'cultura del motín', las procesiones bufas, las canciones obscenas, y la 'economía moral' de la plebe en que se basaron los primeros movimientos obreros.[56]

4.1 *Aires de familia*: Monsiváis' anderes Wissen über die Literatur- und Kulturgeschichte

Im Vorwort zu *Aires de familia* definiert Monsiváis „el derecho de todos" als Charakteristik der Modernität.[57] Es geht ihm in diesem Buch um die Beschreibung der Transformationen, die durch die Massenmedien herbeigeführt werden, denn Kulturen sind durch die Massenmedien international vernetzt und

---

[55] Diese These habe ich anhand der Fotographien Rulfos anderenorts illustriert, vgl. Borsò (2005).
[56] Martín-Barbero (2000: 19).
[57] Monsiváis (2000: 11 f.).

somit – zumindest was das Imaginäre und die kulturelle Kreativität betrifft – gleichgestellt: „los latinoamericanos son parte ya del proceso internacional."[58] Versteht man Kultur als eine Praxis, so muss man erstens von ‚Kulturen' sprechen und zweitens die Idee der „marginalidad cultural de América Latina"[59] aufgeben. Natürlich entspricht eine solche Entwicklung, so räumt Monsiváis ein, nicht der konkreten Politik, die mit der ökonomischen Macht der Globalisierung, „no provee automáticamente de bibliotecas ni dota de infraestructura a la investigación científica".[60] Richtet man jedoch den Blick auf die Medien, so hört es mit der Isolierung (und den Minderwertigkeitsgefühlen) der Kulturen Lateinamerikas auf. Diese Diagnose ist aus vielerlei Gründen, die nicht in geringem Maße die aktuelle deutsche Bildungspolitik betreffen, bedenkenswert.

Im ersten Kapitel seines Buches mit dem Titel „De las versiones de lo popular"[61] skizziert Monsiváis eine andere Art der Literaturgeschichte. Er demonstriert dabei eine ‚neue', ‚transversale' Disziplin, die sich zwischen Literatur und Medien, zwischen Gelehrtenkanon und Massenkultur befindet. Die Kohärenz der Argumentation Monsiváis' orientiert sich nicht an der historischen Progression eines etwaigen literarischen Kanons.[62] Seine Beurteilung erfolgt vielmehr nach dem Kriterium der diskursiven Artikulationen, durch die sich die Konstellationen der Macht konstituieren oder de-konstituieren. Monsiváis achtet insbesondere auf die Artikulationen des Subjekts und auf die Richtung und Position seines Auges, inwieweit der Erzähler von der olympischen Höhe der Elite aus für eine gleichgestellte Elite spricht, oder ob die Texte auch anderen Stimmen, anderen *timbres* und Körperlichkeiten Einlass in die Buchstaben gewähren. Die Konstellation, die in der mexikanischen Literatur herrsche, sei die des olympischen Erzählers des Realismus, der sich im Zentrum der euro-

---

[58] Ebd. (12).
[59] Ebd.
[60] Ebd.
[61] Vgl. ebd. (13–50).
[62] Typische Argumentation der kanonorientierten Geschichtsschreibung ist die Feststellung von Einflüssen und Abhängigkeiten sowie ihrer Reihenfolge. Mit einer solchen Argumentation spricht aber die Disziplin der Literaturwissenschaft nur zu sich selbst.

päischen Zivilisation befindet und ein hegemoniales Verhältnis zur Barbarei des lateinamerikanischen Volkes unterhält, so die unmissverständlich harte Diagnose Monsiváis'. Dem Volk wird höchst bauchrednerisch eine Stimme verliehen. Die Menge ist stets die unemanzipierte, gefährliche ‚Masse', wie sie von Gustave Le Bons *Psychologie des foules* (1934) oder José Ortega y Gassets *La rebelión de las masas* (1956) beschrieben wurde. *Lo popular* hat hier keine eigene Stimme, keine eigene Präsenz oder Körperlichkeit. Der Massenmensch erscheint vielmehr in zwei Masken: er ist der gute Wilde, dem man in der indianistischen Version der Romantik als *pueblo* begegnet, oder er ist die *gleba*, ein Hindernis für den Fortschritt oder gar eine bedrohende *horda*, eine chaotische, monströse Masse, eine *masa irredenta*, die Masse, in der etwa die naturalistische Literatur die Verkörperung der animalischen Triebe sah und die in urbanen Zentren „canalla proletaria viciosa, cobarde, envidiosa, deshonesta y disoluta" heißt.[63] Das Binom ‚Zivilisation' und ‚barbarische Natur' hat nicht nur im 19. Jahrhundert, sondern auch im 20. Jahrhundert diese hegemonialen und asymmetrischen Konstellationen bestimmt.

> Lo iniciado en el siglo XIX por unas cuantas novelas y numerosas crónicas se ramifica y amplía en la primera mitad del siglo XX, y los grandes novelistas son los taumaturgos de la materia prima de la sociedad.[64]

Diese in den Augen der traditionellen Literaturgeschichte frappierende These kann eigentlich nur aus dem transversalen Wissen des sogenannten ‚Randes', der *cultura popular*, stammen. Es lohnt sich, dabei zu verweilen. Zu diesem Paradigma gehört nach Meinung von Monsiváis eine ganze Reihe von *autores consagrados* der lateinamerikanischen Literatur, von den indigenistischen und magisch-realistischen Schriftstellern bis hin zu den Autoren des Revolutionsromans. Ich erwähne nur einige wenige: Für den Indigenismus geht es um Ciro Alegría (*El mundo es ancho y ajeno*) oder Jorge Icaza (*Huasipungo*); für den *realismo mágico* um Eustacio Rivera (*La vorágine*), Rómulo Gallegos (*Doña Bárbara*), Miguel Ángel Asturias (*Hombres de maíz*); bei der *novela de la revolución* werden dazu gezählt: Mariano Azuela (*Los de abajo*)

---

[63] Monsiváis (2000: 15).
[64] Ebd. (24).

oder Martín Luis Guzmán (*La sombra del caudillo, El águila y la serpiente*). Natürlich gibt es in dieser Skizze Verallgemeinerungen, die so nicht akzeptiert werden können, doch kann man sich Monsiváis' grundlegenden Argumenten nicht entziehen, wie einige frappierende Diagnosen zeigen, auf die ich im Folgenden eingehen möchte:

Zu *Los de abajo* von Mariano Azuela, dem ersten Revolutionsroman von 1915, schreibt Monsiváis:

> Hay que esperar un poco. A que no haya combatientes, a que no se oigan más disparos que los de las <u>turbas</u> entregadas a las delicias del saqueo; a que resplandezca diáfana, como una gota de agua, la <u>psicología de nuestra raza,</u> condensada en dos palabras: ¡<u>robar, matar!</u>...¡Qué chasco, amigo mío, si los que <u>venimos a ofrecer todo nuestro entusiasmo,</u> resultásemos los obreros de un enorme pedestal donde pudieran levantarse cien o doscientos mil monstruos de la misma especie!...¡<u>Pueblo sin ideales, pueblo de tiranos!</u>...¡Lástima de sangre!⁶⁵

Die Verzweiflung des Volkes wird zwar in diesem Roman beschrieben, doch letztlich wird das Volk durch die Stimme des idealistischen Alberto Solís, der autobiographisch bestimmten, fiktiven Figur des Romans, demontiert (*turba, robar, matar, pueblo sin ideales, pueblo de tirano*). Zum Volk wird eine deutliche Asymmetrie hergestellt („si los que venimos a ofrecer todo nuestro entusiasmo"). Auch Luis Martín Guzmán beschreibe zwar in *El águila y la serpiente* (1928) die blutige Etappe der Revolutionskämpfe (1910–1915), doch werde der niedere Stoff erst durch die zahlreichen mythologischen und gelehrten Intertexte ‚hoffähig'. Durch eine klassizistische Rhetorik habe Guzmán den gemeinen populären Stoff, die *canalla*, auf die Höhe der Schriftkultur gehoben und sich selbst als Autor in das Pantheon der großen, universellen Kultur integriert.[66] Transversale Streifzüge durch die Literaturgeschichte offenbaren ungewöhnliche Sichten. Im Rahmen der Avantgarden sei sehr oft das Volk *lo otro*. Für dieses Paradigma wird Paz angeführt, dessen *El laberinto de la soledad* Monsiváis in einer seiner frühen Chroniken *ese hermoso tratado de mitificación* genannt hatte. Rulfo breche hingegen mit dem romantischen Mythos des *cam-*

---

[65] Ebd. (18).
[66] Vgl. ebd. (20).

po. Statt bukolischer Landschaften finden wir in seinem Roman *rencores vivos*, mit denen sich der Leser direkt konfrontiert sieht. Erst die Montage-Ästhetik des Kinos, das Rulfo bekanntlich aktiv betrieben hat,[67] jene Ästhetik, die auch in den fragmentierten Sequenzen von *Pedro Páramo* erkennbar wird, verändert die Wahrnehmung von dem, was bis dahin *pueblo* hieß und allmählich als *cultura popular* emergent ist. Die Idee der *cultura popular* beginne zwischen 1935 und 1955, als die ersten Filme populäre Figuren wie Cantinflas in Szene setzten. Die Komik von Cantinflas ist – analog zu der von Chaplin – eine Komik des Körpers. Der Raum des Körperlichen und die Sinnlichkeit sind deshalb auch der eigentliche Protagonist dieser Filme. Die Emergenz der *cultura popular* ist nicht teleologisch, sondern diskontinuierlich. In der Literatur des 20. Jahrhunderts finden sich immer noch totalisierende Blicke auf das Volk. Dies ist u. a. der Fall bei den großen Wandmalereien von Carlos Fuentes, etwa in *La región más transparente*,[68] dem ersten Stadtroman Mexikos, in dem die Stadt eine Art *todo metafórico* ist. Es ist eine *novela coral*, die die Totalität aller Perfektionen und Heilsversprechen aller sozialen Klassen enthält.[69]

Es gilt zu fragen, warum das Kino zu einer anderen Konstellation führt, in der man die *cultura popular* erkennt. Was heißt überhaupt *cultura popular*? *Cultura popular* meint nicht eine soziale Schicht oder einen soziologisch bzw. politisch zu lokalisierenden Raum, einen Raum, auf den die Politik oder die Wissenschaft quasi ethnographisch und jedenfalls patriarchalisch schauen kann. Bei *cultura popular* handelt es sich vielmehr um ein *registro cultural*.[70] Es sind kulturelle Formen und Gattungen, die die Wahrnehmung verändern.

---

[67] Rulfos Kino-Aktivitäten reichten vom Schauspiel, z. T. zusammen mit Monsiváis, bis zum Drehbuchautor. Einige der Manuskripte zu den Drehbüchern sind in den „Cuadernos de Juan Rulfo" posthum publiziert worden, vgl. Rulfo (1994).

[68] Vgl. Fuentes (1958).

[69] Vgl. Monsiváis (2000: 27). Auch diskontinuierliche Öffnungen zu einer neuen *cultura popular* sind seit dem 19. Jahrhundert zu finden, z. B. im sogenannten ,realistischen Roman' des Mexikaners Manuel Payno *Los bandidos de Río Frío*. Es handle sich zwar um eine *novela clasista* mit statischen sozialen Klassen, doch sind Öffnungen in der Körperlichkeit der Sprache zu finden: „[la novela] deja de ser clasista al describir con calidez atmósferas y modos de vida, y al trazar positivamente personajes ,de las clases bajas'" (ebd.: 15).

[70] Vgl. ebd. (29).

Solche Formen sind z. B. *mitos individuales*, die das Kino vermittelt, auch sekundäre (oder kleine) Gattungen wie Western oder Typen wie Gangster, die z. B. Jorge Luis Borges sehr früh wählt,[71] um eine bestimmte Syntax der Bilder, nämlich spezielle Bildmontagen zu konstruieren.[72] Derartige Bildmontagen findet Monsiváis seit seinen *Crónicas* in der materiellen Konfiguration und Dichte der urbanen Kultur.[73] *Cultura popular* ist also mehr als eine Diskursformation. Sie ist eine ‚andere' Wahrnehmung, die mit der Beweglichkeit der Bilder im urbanen Raum zusammenhängt. Die Materialisierung dieser Wahrnehmung nutzt die Besonderheit und Dichte von Materialien der sogenannten populären Genres, wie das akustische Register des Blues, des Rocks, der populären Klänge. Mit dem Akustischen ist überdies nicht die Oralität als differenzierendes und das ‚gemeine', ungebildete Volk identifizierende Medium gemeint. Es handelt sich vielmehr um eine stärkere sinnliche Aufmerksamkeit, die von einem anderen Kanal als der Sicht erzeugt wird. Es sind akustische Dissonanzen, die die habitualisierte visuelle Wahrnehmung deautomatisieren, die Sinne zur Aktivität herausfordern und von gewohnten Einstellungen emanzipieren.[74] Genau hier spürt Monsiváis einen der Wege zur Demokratisierung der Kunst durch die Kulturindustrie auf.[75] Das Akustische weist die Souveränität des Auges zugunsten anderer Sinne zurück, was auch ein wichtiges Prinzip der Avantgarden ist. Genau darin ist nach Monsiváis die durchschlagende Veränderung zu sehen, die der Roman *Tres Tristes Tigres* (1967) des Exilkubaners Guillermo Cabrera Infante für die lateinamerikanischen Au-

---

[71] Vgl. ebd. (30).

[72] Vgl. ebd. (31).

[73] In Bezug auf das Kino (im Zusammenhang mit Manuel Puig) sagt Monsiváis zum Erfahrungskontext des modernen Menschen: „Y al cine, eje de la vida, lo rodean conversaciones desconectadas, fragmentos del ejercicio verbal que nunca se concluye" (ebd.: 34).

[74] Die medientheoretischen Implikationen solcher Thesen habe ich in mehreren Aufsätzen aufgearbeitet. Vgl. z. B. Borsò (2004). Mit Bezug auf Benjamins Aufsatz zur Reproduzierbarkeit des Kunstwerkes gehe ich besonders auf den Begriff der ‚Zerstreuung' durch die Reproduktionstechnik ein, ein Begriff, der auch in Monsiváis' *Los rituales del caos* – ohne spezielle Nennung Benjamins – in der doppelten Funktion von (auch kritisch zu sehendem) Vergnügen und offener Sinnlichkeit anklingt. Zur Unterscheidung zwischen dem Oralen und dem Akustischen vgl. ebd.

[75] Vgl. Monsiváis (2000: 32 f.).

toren herbeigeführt hat.[76] In diesem Text identifizieren sich kollektive Träume erstmalig mit den Kinophantasien. Die Kooperation zwischen Literatur und Kulturindustrie ist hier deswegen kreativ,[77] weil letztere etwaige elitäre Diskurse des Literarischen durchkreuzt, eine Sprache der Nähe in Bezug auf Wahrnehmung und Körperlichkeit findet und den Ausdruck existentiell wichtiger, wenn auch kontingenter Alltäglichkeiten ermöglicht. Dies bezeichnet Monsiváis als „el son de lo vivido".[78] All dies verändert die Literatur und führt dazu, dass der literarische Text zum Raum der Passagen zwischen Gattungen, Sprachregistern und Medien wird.[79] So kommt Monsiváis zur Beschreibung der *cultura popular* als *cultura híbrida*, nicht jedoch im Sinne von Synthesen, sondern von Schwellen, sinnlichen Passagen zwischen konträren Ordnungen. Diese Passagen sind Formen des Widerstands, etwa gegen die im sinnlichen Regime des Abendlandes bestehenden Grenzen zwischen den Sinnen und der Vorherrschaft des Auges. So findet im „perpetuo fluir del habla, que todo lo desordena y a nada le concede importancia" eine Unruhe der Machtdiskurse statt, denn das Sprechen populärer Figuren, wie Cantinflas oder El Púas „se expresa para no jerarquizar, para que en la circularidad de su habla los contrarios se igualen".[80] Einen solchen Klang hat schließlich, so findet Monsiváis, auch die Sprache von Jesusa Palancares, die reale Figur, die von Elena Poniatowska

---

[76] Vgl. Cabrera Infante (2005).

[77] Ebd. (33). Monsiváis geht nach Cabrera Infante auf Manuel Puig ein (*La traición de Rita Hayworth, El beso de la mujer araña*). Bei Manuel Puig wird auf die Übernahme der Nahaufnahme als Mittel zur Veränderung der Einstellung hingewiesen, „un detalle en principio técnico (la desmesura del close-up al exaltar el rostro femenino) adelanta la mentalidad distinta. Greta Garbo, Ginger Rogers, Bette Davis [...], Dolores del Río, son facciones privilegiadas [...] que convierten la singularidad en utopía de masas; son las devastaciones oníricas que ayudan a millones de personas a transitar hacia su modernización inevitable. Lo popular: la compenetración devocional con la pantalla" (ebd.: 35 f.).

[78] Das Kapitel „El son de lo vivido" beginnt mit der Frage: „¿A qué sueña una sociedad? ¿Cómo se oye?" (ebd.: 37).

[79] Vgl. ebd. In narrativen Texten kann der Einschub oraler Stimmen z. B. als Indiz einer irreduziblen Eigenheit, eines partikulären Idioms des Sprechers fungieren, ohne eine Identität zu konstituieren. Diese Stimmen sind vielmehr Spuren einer Differenz. Sie markieren kontingente und zufällige Fremdheiten, die in symbolische Sinneinheiten, in Identitätssysteme einbrechen und diese perturbieren. Dies ist z. B. in den *Crónicas* von Monsiváis der Fall.

[80] Monsiváis (2000: 39).

interviewt wurde und deren Erfahrungen und Sichten von der mexikanischen Revolution sie in ihrem Roman *Hasta no verte Jesús mío* transkribierte.[81] Auch die Sprache Jesusas führe – so Monsiváis – zu einem „intercambio de máscaras",[82] einer Art ‚karnevalesker' Strategie, durch die hierarchische Positionen abgebaut und Symmetrien austauschbar werden:

> Y desde entonces todo fueron fábricas y fábricas y talleres y changarros y piqueras y pulquerías y cantinas y salones de baile y más fábricas y talleres y lavaderos y señoras fregonas y tortillas duras y dale que dale con la bebedera del pulque, tequila y hojas en la madrugada para las crudas [...] Y hombres peores que perros del mal y policías ladrones y pelados abusivos.[83]

Durch diese Wege kommt die Macht der Hierarchien zwischen *alta cultura* und *cultura popular* sowie zwischen *gustos literarios* und *gustos populares* an ihre Grenzen. Die Massenmedien verantworten also – zumindest seit der Moderne – die Transformationen des Kulturellen. Diese medientheoretische These erzeugt und begründet einen ganz anderen Blick auf die Literaturgeschichte Mexikos. Medienhistorisch und aus dem Blickwinkel der *cultura popular* entwirft Monsiváis in *Aires de familia* tatsächlich eine andere Kultur- und Literaturgeschichte. Die Kohärenz dieser Geschichte ist jene der Transformationen, die nicht der ‚göttlichen' Imagination des Schriftstellers entspringen, sondern vielmehr von den massenmedial entstehenden neuen Wahrnehmungen, von der Beweglichkeit massenmedialer Bilder und ihrer Migrationen erzeugt werden.[84] Die Medien des 20. Jahrhunderts, das Kino, das Fernsehen, die Rockmusik, die Videoclips haben nationale Mythen modernisiert, zugleich internationalisiert und damit verändert. Dies ist die Hauptthese der medienhistorischen Kulturgeschichte. Hollywood und Fernsehmythen bringen im Imaginären des Mexikaners die hegemoniale Gewalt der nationalen Mythen zu

---

[81] Vgl. Poniatowska (1984).

[82] Monsiváis (2000: 48).

[83] Ebd. (41).

[84] Es geht z. B. um die Migrationen des Kinos als Phänomen des *borderland* zwischen Kalifornien und Mexiko. Gegenüber Hollywood empfinde man in Lateinamerika zwar Respekt, aber die Anpassung an die technologischen und kulturellen Determinanten verschiedener lateinamerikanischer Länder und der äußerst lebendige Dialog mit dem nationalen Publikum ändern auch die Gesetze Hollywoods.

Fall, durch die sich die politische (und intellektuelle) Elite stets legitimiert hat. *Aires de familia* ist die Geschichte der internationalen, transkulturellen und transmedialen Bewegungen der Massen in Lateinamerika. Die historische Kohärenz dieser Medien- und Literaturgeschichte ist nicht durch die Entwicklungen der Nation, des Geistes (wie im 19. Jahrhundert), der Zivilgesellschaft oder der Intellektuellen (wie im 20. Jahrhundert) gegeben, allesamt Konzepte, die Machtgrenzen, Verortungen und Ausgrenzungen verantwortet haben (als *gleba, vulgo, populacho* etc.). Die Kohärenz der Geschichte Monsiváis' liegt in der Suche nach medialen Transformationen, und so auch der Transformationen in der Wahrnehmung des Kulturellen, denn erst aus diesen entspringen auch soziale Kräfte. *Cultura popular* ist eine ‚Einstellung' auf die Welt, anders gesagt: ein anderer epistemologischer Ort. Es ist jener durch die massenmediale Kommunikation zwischen kulturellen und sozialen Registern geöffnete, sinnliche Raum, der vorzugsweise in den dissonanten (und rhizomatischen) Bewegungen urbaner Kulturen zu finden ist. Die Kulturgeschichte dieser Räume ist auch in Mexiko weit weg von der offiziellen, sakralisierten Kultur der Dichterfürsten, weg von der Moralisierung der Armut und der Gewalt, weg vom Epos der *mexicanidad* und dessen tragischer Auslegung in der Figur der *soledad* und ihrer Mythen. Gattungen, Identitäten, Geschichte, Elite- und Massenkultur erscheinen dann als zufällige und variable Verortungen. In seinem Buch *Los rituales del caos*[85] verwirklicht Monsiváis selbst eine solche Ästhetik urbaner Massen.[86] In seinen Skizzen von Mexiko Stadt befindet sich der Sprecher mitten in der Menge der Stimmen; seine Position im Raum ist nicht orientiert (genau dies hatte Monsiváis bei Pedro Páramo gesehen). Blick und Ohr befinden sich auf einer Höhe mit den vielen Menschen der Stadt; die Sinne sind offen, empfänglich für die Differenzen. So wird das Auge als das im Abendland kodifizierte Organ der Wahrnehmung, das Organ der Ferne, demontiert. Es obliegt vielmehr dem Ohr, dem Organ der Nähe, die Konstellationen zu bestimmen. Und während das Auge die Masse verortet, sie eingrenzt,

---

[85] Vgl. Monsiváis (1995).
[86] Die Masse ist ein bewegliches Medium, das die panoptische Einstellung unmöglich macht. Der Sprecher schaut nicht aus einer sicheren Höhe in einen globalen Raum hinein. Der Ort, von dem aus Monsiváis schreibt, situiert sich vielmehr inmitten des massenmedialen Raumes.

schafft die Nähe des Ohrs körperliche Zwischenräume – dies ist die Lehre, die Monsiváis von Cabrera Infante bezieht. Ein solcher Raum der Nähe verlangt eine „escolástica del cuerpo",[87] wie Lezama Lima den Sensualismus von Sor Juana Inés de la Cruz nannte, ihren Wunsch „con ambos ojos en ambas manos" zu sehen, dem Vers am Schluss von „Verde embeleso...", einem der berühmtesten Sonette von Sor Juana. Es ist eine Wahrnehmung, die den Raum des Körpers rekonfiguriert und ihm eine anthropologische Dichte verleiht.[88]

4.2 Poniatowska: Lernen von der *cultura popular*

In ihrem Buch *Luz y luna, las lunitas*[89] ist Elena Poniatowska auf der Suche nach einem ‚anderen' anthropologischen oder auch lebenswissenschaftlichen Wissen. ‚Andere' Räume des Wissens findet auch sie im populären Register des Kulturellen. Frauen und *indígenas* spielen hier – wie in anderen Werken Poniatowskas – eine herausragende Rolle speziell als Trägerinnen eines anderen Wissens, über das die Schriftstellerin im Zusammenhang mit anthropologischen Praktiken reflektiert. Die Körperlichkeit ist bedeutend, weil in ihr eine Artikulation und eine bestimmte Praxis beobachtet werden können. Wie anhand der theoretischen Überlegungen Foucaults ausgeführt, ist der Körper keine ethnographisch zu beobachtende ‚Gegebenheit', sondern ein Raum, an dem und mit dem bestimmte Handlungen ausgeführt werden. Auch Poniatowska interessiert der Körper als kulturelle Konstellation der Offenheit und der

---

[87] Lezama Lima (1977: 314).

[88] „Verde embeleso de la vida humana, / Loca esperanza, frenesí dorado, / Sueño de los despiertos, intricado, / Como de sueños, de tesoros vana. / Alma del mundo, senectud lozana, / Decrépito verdor imaginado; / El hoy de los dichosos esperando /Y de los desdichados el mañana: / Sigan tu sombra en busca de tu día / Los que, con verdes vidrios por anteojos, / Todo lo ven pintado a su deseo; / Que yo, más cuerda en la fortuna mía, / Tengo en entrambas manos ambos ojos / Y solamente lo que toco veo" (Castro Leal 1981: 42). Sor Juana ersetzt das Artificium der Sensualität (‚verde embeleso') durch eine andere Phänomenologie: die Phänomenologie der Leiblichkeit, ihre Konkretion, das Sehen durch die Hände statt durch das Dispositiv des rational gesteuerten Auges. Es ist jener in verschiedenen Texten betonte Sensualismus, der – Lezama Lima entsprechend – bei Sor Juana präfiguriert wird, eine Phänomenologie, die eine Vernunft des Körpers gegen das scholastische Dogma der Gegenreformation setzt, vgl. Lezama Lima (1977). Zu der für die Zeitgenossen profanierenden Verbindung von Intellekt und Erotik bei Sor Juana vgl. Glantz (1994: LXV).

[89] Vgl. Poniatowska (1994).

Übergänglichkeit. Die Strategien, mit denen dieser Raum geöffnet wird, sind in ihrem Text ein intermediales Zusammenspiel zwischen Fotographie und Schrift. An der Fotographie interessiert die Schriftstellerin das, was wir mit Roland Barthes das *punctum* nennen könnten, ein schwieriger Begriff, der im Zusammenhang mit dem expressiven Sinn des Körperlichen steht. Ottmar Ette hat das *punctum*, das Roland Barthes in *La chambre claire*,[90] seinem Buch über die Fotographie, einführt, mit dem ‚dritten Sinn' in Verbindung gebracht,[91] dem Sinn, den Barthes in früheren Studien anhand einiger Fotogramme aus Eisensteins Film *Oktober* entdeckt und beschreibt. Der *sensus obtusus* ist also jener expressive Sinn, der sich den semantischen Konnotationen oder Klassifikationen des ‚Studiums' verweigert und kognitive Projektionen unterläuft. Es ist der materielle Teil des Bildes, der beeindruckt und punktiert, der an der Oberfläche des Ornaments verweilt, Rätsel aufwirft und den Wahrnehmungshaushalt des Betrachters irritiert.[92] Was ist die Rolle der Fotographie im Text von Poniatowska? Über die Wahrnehmung der Fotographie von Tina Modotti und besonders von Graciela Iturbide lenkt Poniatowska die Wahrnehmung ihres Textes auf den buchstäblichen Sinn, dorthin nämlich, wo sich *le grain de la voix*, die Partikularität und Einmaligkeit der Stimme einschreibt.[93] Letzteres hat Monsiváis in der Stimme der Jesusa finden können. Es ist eine Qualität der Stimme Jesusas, die, wie Poniatowska selbst in diesem Buch beurteilt, durch die Transkription der mitgeschnittenen Interviews in den Text von *Hasta no verte Jesús mío* zum Teil verloren ging, weil sie, die Schriftstellerin, als Erzählerin die Stimme Jesusas in die Schriftkultur integriert, zur *phoné*, d. h. zum Sinn reduziert und damit domestiziert hat. Poniatowska reflektiert sehr deutlich über ihre eigene ethnographische Akkulturation von Jesusa durch die Transkription und auch über die unhintergehbar hegemoniale Beziehung zwischen der einfachen Person aus dem Volk, Jesusa Palancares, die sich selbst als *basura* bezeichnet, und der aristokratischen Poniatowska, Tochter einer nach

---

[90] Vgl. Barthes (1980).
[91] Vgl. Ette (1998).
[92] Ette hat bereits die Korrelation zwischen den frühen Schriften Barthes' zum *sensus obtusus* und dem Begriff des *punctum* in *La chambre claire* überzeugend demonstriert, vgl. Ette (1998: 459).
[93] Vgl. Barthes (1980a).

Mexiko emigrierten Diplomatenfamilie aus der russischen Aristokratie. Und wenn sie, die Schriftstellerin, jeden Mittwoch Jesusa besucht, dann weiß sie, dass sie zwischen der Welt der Ärmsten in Mexiko Stadt und der glamourösen Welt der Elite hin und her pendelt. Es gibt zwischen beiden Stadträumen unüberwindbare Grenzen, Machtgrenzen, und auf die unüberwindbare soziale Barriere weist Poniatowska selbst in Bezug auf die Einkaufsmeile Perisur hin. Poniatowska gibt zu, dass sie hin und wieder gehofft habe, dass Jesusa niemals ihre wahre Identität ausfindig machen würde. Aber Jesusa ist auch dann souverän, wenn sie einmal die Grenzen ihres einfachen *barrio* hin zu Elenas Haus durchquert. Die Kraft Jesusas ist die Kraft des depotenzierten, existentialistischen Subjekts, des Sisyphos', der jeden Tag den Stein von neuem rollen muss. Es ist die Kraft desjenigen, der durch nichts mehr erschreckt werden kann. Aber es ist auch die Kraft eines Menschen, der es erreicht hat, durch ein ‚populäres' Wissen (als Generala, als Adelita) die Wirren der Revolution zu überleben. Es ist ein Wissen mit eigener Spiritualität. Auch darauf weist Poniatowska hin: Jesusa glaube an die Reinkarnation, sie akzeptiere ihr Elend als Strafe für ein früheres Leben, in dem sie – wie sie sagt – ‚Mann gewesen' sein muss. Es ist die Kraft, die wir bei der wahnsinnigen Dorotea aus *Pedro Páramo* entdeckten. Mit einer Bildsequenz von Jesusa[94] macht Poniatowska auch darauf aufmerksam, dass die Kraft Jesusas aus der Intensität ihrer einfachen Existenz resultiert, aus der Verbundenheit zum ‚Hier und Jetzt', aus ihrer expressiven Körperlichkeit und Sprache. Ähnlich der Bäuerin in Eisensteins *Oktober* in den von Roland Barthes gewählten Fotogrammen,[95] sind es auch bei Jesusa die Räume des Gesichts, die Narben, Spuren und Falten des Lebens, die Ornamentik ihrer Expressivität, die den Betrachter punktieren, beeindrucken und sein gewohntes Wahrnehmungsregime beunruhigen. Jesusa gibt sich zwar dem Auge der Kamera hin. Sie blickt aber mit der Expressivität ihrer Gesichtsfalten widerständig zurück, was den Betrachter zur reflektiven Wahrnehmung führt, nämlich dazu, über sich selbst und das eigene Verhältnis zum Bild zu reflektieren.

---

[94] Poniatowska (1994a: 53).
[95] Barthes (1970: 14, V).

In diesem Buch Poniatowskas gibt es eine Reihe von Beispielen für unorthodoxe Wissensformen über die Lebenswelt: das ‚andere' Wissen der *indígenas*. Poniatowska präsentiert zwei Konstellationen unterschiedlicher ethnographischer Praktiken der Annäherung an dieses Wissen. Eine Art von Anthropologen, die – selbst bei Feldforschungen – mental im antiseptischen Raum ihrer souveränen Wissensüberlegenheit verbleiben und die Anderen klassifizieren, kommt an dieses Wissen nicht heran. Nur diejenigen, die die Körperschwelle der Nähe nicht fürchten, die sich in Räume des Anderen begeben, sich von der ‚anderen Ordnung' anstecken lassen, und die Konstellationen der Macht umkehren, nur diejenigen also, die zu Lernenden werden, ohne belehren zu wollen, nur solche erreichen es, das Populärwissen dieser Kulturen kennen zu lernen und als hohes Gut zu schätzen. Etwa das Wissen über exzellente, körperkonforme Geburtstechniken oder über Körperpraktiken und Travestien, die der auch bei autochthonen Kulturen bestehenden Geschlechterdifferenz widerstehen. Das Wissen über diese Lebenswelten öffnet sich nur dann, wenn man die andere Welt weder idealisiert noch herabsetzt. Nur derjenige, der diese andere Welt weder biologisch noch allgemeinzivilisatorisch, noch im Sinne der Souveränität einer stets fortschreitenden Beherrschung der Leiblichkeit nach den Gesetzen der Biopolitik verwalten will, hat Zugang zum ‚anderen' Wissen.

Die *cultura popular* hat in Mexiko die Kraft des Widerstandes in Chiapas herbeigeführt – die Kraft des *subcomandante* Marcos war ein transversales kulturelles Wissen, z. B. über die Wirkung der Maske. Und diese Kraft brachte den *PRI* nach fast 80 Jahren zu Fall. Doch: die Freiheit ist nicht für immer gegeben. Sie muss eine Praxis bleiben. Denn schon ein Blick auf die Homepage des *gobierno mexicano* zeigte, dass sich der kulturpolitische Kannibalismus die *cultura popular* – als leere Formel – angeeignet hat, um mit der *simulatio* offener Kulturformen eine neoliberalistische und technokratische Politik zu stärken. So beurteilt auch José Joaquín Brunner[96] schon seit vielen Jahren die Probleme der *sociedad civil* in Lateinamerika. Dieses Lateinamerika ist nicht

---

[96] Vgl. Brunner (1990).

sehr weit entfernt von hier. Es ist in Düsseldorf, in München, in Stuttgart und in Berlin, heute.

Bibliographie

AGAMBEN, Giorgio (2002). *Homo sacer. Die souveräne Macht und das nackte Leben.* Frankfurt am Main: Suhrkamp.
ARENDT, Hannah (1986). *Eichmann in Jerusalem. Ein Bericht von der Banalität des Bösen.* München: Piper.
BACHMANN-MEDICK, Doris (1996). *Kultur als Text. Die anthropologische Wende in der Literaturwissenschaft.* Frankfurt am Main: Fischer.
BACHTIN, Michail (1990). *Literatur und Karneval. Zur Romantheorie und Lachkultur,* üb. von Alexander KAEMPFE. Frankfurt am Main: Fischer.
BARTHES, Roland (1980). *La chambre claire.* Paris: Gallimard.
BARTHES, Roland (1980a). *Le grain de la voix: entretiens, 1962–1980.* Paris: Gallimard.
BARTHES, Roland (1970). „Le troisième sens. Notes de recherche sur quelques photogrammes de S. M. Eisenstein", *Cahiers du Cinéma* 222, Juni, 12–19.
BENJAMIN, Walter (1991). „Das Kunstwerk im Zeitalter seiner technischen Reproduzierbarkeit", in: *Gesammelte Schriften,* hg. von Rolf TIEDEMANN / Hermann SCHWEPPENHÄUSER, Bd. 1/3. Frankfurt am Main: Suhrkamp, 431–508.
BENJAMIN, Walter (1966). „Zur Kritik der Gewalt", in: *Angelus Novus, Ausgewählte Schriften,* Bd. 2. Frankfurt am Main: Suhrkamp, 42–66.
BHABHA, Homi K. (1994). *The Location of Culture.* London / New York: Routledge.
BORSÒ (2005). „Grenzen, Schwellen und andere Orte", in: Vittoria BORSÒ / Reinhold GÖRLING (Hrsg.). *Kulturelle Topografien.* Stuttgart: Metzler, 175–187.
BORSÒ, Vittoria (2005a). „Walter Benjamin – Theologe und Politiker", in: Bernd WITTE / Mauro PONZI (Hrsg.). *Theologie und Politik. Walter Benjamin und ein Paradigma der Moderne.* Berlin: Schmidt, 58–70.
BORSÒ, Vittoria (2005b). „Del barroco colonial al neobarroco", in: Pedro AULLÓN DE HARO (Hrsg.). *Barroco.* Madrid: Verbum, 1003–1060.
BORSÒ, Vittoria (2004). „Medienkultur: Medientheoretische Anmerkungen zur Phänomenologie der Alterität", in: Joachim MICHAEL / Markus Klaus SCHÄFFAUER (Hrsg.). *Massenmedien und Alterität.* Frankfurt am Main: Vervuert, 36–65.
BORSÒ, Vittoria (2004a). „El petrarquismo – género literario, género sexual: una pareja perturbante", in: Walter Bruno BERG (Hrsg.). *Fliegende Bilder, fliehende Texte. Identität und Alterität im Kontext von Gattung und Medium / Imágenes en vuelo, textos en fuga. Identidad y alteridad en el contexto de los géneros y los medios de comunicación.* Frankfurt am Main / Madrid: Vervuert / Iberomericana, 183–207.

Borsò, Vittoria (2002). "Der Körper der Schrift und die Schrift des Körpers. Transpositionen des Liebesdiskurses in europäischer und lateinamerikanischer Literatur", in: Vittoria Borsò et al. (Hrsg.). *Schriftgedächtnis – Schriftkulturen.* Stuttgart: Metzler, 323–342.

Borsò, Vittoria (2002a). "Botschaften aus dem Jenseits im italienischen Mittelalter und Renaissance: Körper und Macht", in: Hans Körner (Hrsg). *Botschaften aus dem Jenseits.* Düsseldorf: Droste, 135–155.

Borsò, Vittoria (1994). *Mexiko jenseits der Einsamkeit. Versuch einer interkulturellen Analyse – Kritischer Rückblick auf die Diskurse des Magischen Realismus.* Frankfurt am Main: Vervuert.

Borsò, Vittoria (1992). "Utopie des kulturellen Dialogs oder Heterotopie der Diskurse?", in: Klaus W. Hempfer (Hrsg.). *Poststrukturalismus, Dekonstruktion, Postmoderne.* Stuttgart: Franz Steiner, 95–117.

Brunner, José Joaquín (1990). "Seis preguntas a José Joaquín Brunner", *Revista de Crítica Cultural* 1/1, 20–25.

Bühler, Karl (1965). *Sprachtheorie.* Stuttgart: Fischer.

Cabrera Infante, Guillermo (2005). *Tres tristes tigres.* Barcelona: Seix Barral.

Castro Leal, Antonio (Hrsg.) (1981). *Sor Juana Inés de la cruz. Poesía, teatro y prosa.* Mexiko Stadt: Porrúa.

Dröscher, Barbara / Rincón, Carlos (Hrsg.) (1999). *Acercamiento a Carmen Boullosa. Actas del Simposio „Conjugarse al infinitivo – la escritora Carmen Boullosa".* Berlin: Tranvía.

Ette, Ottmar (1998). *Roland Barthes. Eine intellektuelle Biographie.* Frankfurt am Main: Suhrkamp.

Foucault, Michel (1994). "Espace, savoir et pouvoir" (1982), in: *Dits et écrits, 1954–1988,* hg. von Daniel Defert / François Ewald, Bd. 4: *1980–1988.* Paris: Gallimard, 270–285.

Foucault, Michel (1994a). "Le sujet et le pouvoir" (1982), in: *Dits et écrits, 1954–1988,* hg. von Daniel Defert / François Ewald, Bd. 4: *1980–1988.* Paris: Gallimard, 222–243.

Foucault, Michel (1994b). "Des espaces autres" (1967), in: *Dits et écrits, 1954–1988,* hg. von Daniel Defert / François Ewald, Bd. 4: *1980–1988.* Paris: Gallimard, 752–762.

Foucault, Michel (1990). "Der Gebrauch der Lüste", in: Peter Engelmann (Hrsg.). *Postmoderne und Dekonstruktion: Texte französischer Philosophen der Gegenwart.* Stuttgart: Reclam, 244–274.

Foucault, Michel (1984). *Histoire de la sexualité,* Bd. 3: *L'usage des plaisirs.* Paris: Gallimard.

Fuentes, Carlos (1958). *La región más transparente.* Mexiko Stadt: FCE.

García Márquez, Gabriel (1983). "Breves nostalgias sobre Juan Rulfo", in: Frank Janney (Hrsg.). *Inframundo. El México de Juan Rulfo*. Hannover, NH: Ediciones del Norte, 23-25.

Glantz, Margo (1994). "Prólogo", in: Sor Juana Inés de la Cruz. Obra selecta, hg. von Margo Glantz. Caracas: Biblioteca Ayacucho, xi-xc.

Glantz, Margo (1994a). "La Malinche: la lengua en la mano", in: Margo Glantz (Hrsg.). *La Malinche, sus padres y sus hijos*. Mexiko Stadt: UNAM, 75-98.

Glantz, Margo (1992). *Borrones y borradores. Reflexiones sobre el ejercicio de la escritura*. Mexiko Stadt: Porrúa.

Görling, Reinhold (1997). *Heterotopia. Lektüren einer interkulturellen Literaturwissenschaft*. München: Fink.

Kuon, Peter (1993). "Vom Umgang mit Mythos und Geschichte. Juan Rulfos *Pedro Páramo* und die moderne ,regionalistische' Literatur", *Romanistisches Jahrbuch* 44, 323-342.

Lezama Lima, José (1977). "La curiosidad barroca", in: *Obras completas*, hg. von Cintio Viter, Bd. 2: *Ensayos. La expresión americana*. Madrid: Aguilar, 302-325.

Martín-Barbero, Jesús (2000). "Mis encuentros con Walter Benjamin", *Constelaciones de la Comunicación* 1/1, 16-23.

Merleau-Ponty, Maurice (1969). *La prose du monde*. Paris: Gallimard.

Monsiváis, Carlos (2000). *Aires de familia. Cultura y sociedad en América Latina*. Barcelona: Anagrama.

Monsiváis, Carlos (1995). *Los rituales del caos*. Mexiko Stadt: Era.

Monsiváis, Carlos (1980). "Sí, tampoco los muertos retornan. Desgraciadamente", in: Frank Janney (Hrsg.). *Inframundo. El México de Juan Rulfo*. Hannover, NH: Ediciones del Norte, 27-38.

Paz, Octavio (1950). *El laberinto de la soledad*. Mexiko Stadt: FCE.

Poniatowska, Elena (1994). *Luz y luna, las lunitas*, mit Fotografien von Graciela Iturbide. Mexiko Stadt: Era.

Poniatowska, Elena (1994a). *Hasta no verte Jesús mío*. Mexiko Stadt: Era.

Pfeiffer, Helmuth (1995). "Das Ich als Haushalt. Montaignes ökonomische Politik", in: Rudolf Behrens / Roland Galle (Hrsg.). *Historische Anthropologie und Literatur. Romanistische Beiträge zu einem neuen Paradigma der Literaturwissenschaft*. Würzburg: Königshausen & Neumann, 69-90.

Roa Bastos, Augusto (1974). *Yo el Supremo*. Buenos Aires: Siglo XXI.

Rulfo, Juan (1994). *Los cuadernos de Juan Rulfo*, Vorwort von Clara Aparicio de Rulfo, hg. von Yvette Jiménez de Báez. Mexiko Stadt: Era.

Rulfo, Juan (1955). *Pedro Páramo*. Mexiko Stadt: FCE.

TEUBER, Bernhard (2000). „*Figuratio impotentiae*. Drei Apologien der Entmächtigung bei Montaigne", in: Rudolf BEHRENS / Roland GALLE (Hrsg.). *Konfigurationen der Macht in der Frühen Neuzeit.* Heidelberg: Winter, 105–125.

TODOROV, Tzvetan (1985). *Die Eroberung Amerikas. Das Problem des Anderen*, üb. von Wilfried BÖHRINGER. Frankfurt am Main: Suhrkamp.

WALDENFELS, Bernhard (1999). *Studien zur Phänomenologie des Fremden*, Bd. 3: *Sinnesschwellen.* Frankfurt am Main: Suhrkamp.

WULF, Christoph (1988). „Der Andere in der Liebe. Der Mythos", in: Dietmar KAMPER / Christoph WULF (Hrsg.). *Das Schicksal der Liebe.* Weinheim / Berlin: Quadriga, 21–36.

Der Körper der Schrift und die Schrift des Körpers. Transpositionen des Liebesdiskurses in europäischer und lateinamerikanischer Literatur*

Übereinstimmend wird in den Kulturwissenschaften angenommen, dass trotz der Unhintergehbarkeit der Physis nur der zur Sprache gebrachte Körper zum Bestand kulturellen Wissens gehört. Denn der Körper partizipiert am Faktischen und Historischen und ist zugleich ein Effekt von Deutungen. Er ist ein erst durch kulturelle Operationen geschaffener Gegenstand, dessen Paradoxalität seit der Phänomenologie bekannt ist. Den Gender Studies ist die These zu verdanken, dass Körpereinschreibungen Auskunft über soziale Deutungsprozesse geben. Gegen die im Sinne der Mimesis mögliche Repräsentation eines biologisch aufgefassten Referenten geht man von der sprachlichen, und damit auch kulturellen Kodierung eben dieses Referenten aus. Die Definition des Geschlechts ist dementsprechend das Resultat einer semiotischen Konstruktion und nicht die Abbildung eines biologischen Faktums. Am Körper und an seinen Einschreibungen kann kulturelles Handeln abgelesen werden. Kulturelle Performanzen werden daraufhin in verschiedenen Disziplinen untersucht, wobei es wünschenswert wäre, über die Grenzen der disziplinaren Kohärenzsysteme hinauszugehen.[1]

Körperkonstruktionen entsprechen dem kulturellen Imaginären, das im Abendland verschiedene (historische) Menschenbilder hervorgebracht hat. Das Imaginäre fließt in die Ökonomie sozialer Diskurse ein, seien diese nun im Umfeld ökonomischer oder aber technologischer Pragmatismen entstanden. Differenzen zu dieser Ökonomie manifestieren sich in der ‚Materialität der Kommunikation', in die sich Körpererfahrung einschreiben kann. Aus die-

---

* Dieser Artikel erschien zuerst in: Vittoria Borsò et al. (Hrsg.). *Schriftgedächtnis – Schriftkulturen*. Stuttgart: J. B. Metzler 2002, 323–342. Wir danken dem Metzler Verlag für die freundliche Druckgenehmigung.
[1] So spricht z. B. C.W. Bynum von einer „Ghetto-ähnliche[n] Isolation" der verschiedenen gegenwärtigen Wissenschaftsdiskurse, die niemand zu durchbrechen wage (Bynum cit. nach Lorenz 2000: 14).

sen Gründen gibt die Materialität der Körpereinschreibungen Auskunft über indirekte Formen eines ‚anderen Wissens' über den Körper. Diese Dimension des Körperwissens, die die Gender Studies und die neuere Forschung aus dem engen Verhältnis der Sexualität zur Schrift ableiten,[2] verleiht dem Medium eine besondere Rolle. Hier schließt die Körperforschung an ein wichtiges Paradigma der Kulturwissenschaften an, das Literatur und Kunst als privilegierte Speicher von (utopischem, dissidentem, visionärem, individuellem) Wissen betrachtet. Der Speicherbegriff muss aber medienhistorisch perspektiviert werden, wenn er in der Lage sein soll, sich auf den Körper-Diskurs zu beziehen.

1 Die Schrift und der Körper

Körper und Schrift stehen in einer engen Beziehung, die man am deutlichsten phänomenologisch charakterisieren kann, stellt doch die Phänomenologie die Frage nach dem Verhältnis zwischen dem Vorgegebenen und einem gegenwärtigen sprachlichen Ereignis. Anhand des Körpers werden wir mit diesem Spannungsverhältnis unmittelbar konfrontiert. Das Vernunft- und Sprachsubjekt findet sich einem Leib gegenüber, der fremd ist, wie Edmund Husserl mit Bezug auf das Bild *Analyse der Empfindungen* von Ernst Mach dargestellt hat.[3] Die Alterität des Leibes, die für die Subjektdefinition in der eidetischen Phä-

---

[2] In *Souci de soi* (Foucault 1984a) beschreibt Michel Foucault anhand von klassischen Autoren wie Seneca und Plutarch eine Form von Subjektkonstitution, die nicht mehr von außerhalb des Körpers, von der Macht sozialer Diskurse bestimmt wird. Das Subjekt unterzieht sich vielmehr einem Prozess der Selbststilisierung durch die Pflege (aber auch durch die Züchtigung) des Körpers, eine Pflege, die alles andere, dem Vernunftsubjekt Fremde, abstößt. Dieses Moment, das in Studien zur Performanz des Subjekts (Judith Butler) weniger bedeutend ist, ist für Foucault zentral. Es geht darum, auf das abgestoßene Fremde aufmerksam zu machen. Die Aushandlungen zwischen dem Subjekt und dem Fremden sind paradoxal, ermächtigt sich doch das Vernunftsubjekt auf Kosten der Entmächtigung des Leibes. Diese Aushandlungen sind in den Buchstaben der Schrift eingeschrieben, vgl. Foucault (1994: 415–430).

[3] Bernhard Waldenfels beschreibt die Stationen dieses Problemfeldes und macht auf die *V. Cartesianische Meditation* von Husserl aufmerksam. Hier markiert Husserl die Erfahrung der Fremdheit des Leibes, der sich der vollkommenen Aneignung entzieht. Diese Fremdheit wird durch die Alteritätszeichen in den Pronomen deutlich: „Derselbe Leib, der mir als Mittel aller Wahrnehmung dient, steht mir bei der Wahrnehmung seiner selbst im Wege" (Waldenfels 1995: 11).

nomenologie von Husserl keine Rolle mehr spielt, ist für Maurice Merleau-Ponty ein zentrales Moment der Subjektdefinition. Dieses Moment, das es bei den Einschreibungen des Leibes zu bedenken gilt, wird von der neuesten Forschung zwar problematisiert,[4] kann jedoch erst in der Materialität des Mediums sichtbar werden, die besonders von literaturwissenschaftlicher Seite näher untersucht wird. Die im Medium zu beobachtenden Einschreibungen gehen über die nach dem *phonè*-Modell der Sprache konzipierte soziale Kommunikation und über das diskursive Wissen hinaus. Die Körpereinschreibungen liegen nicht in einer symbolischen Tiefenschicht der Sprache, sondern in den Buchstaben der Schrift und in der Figuration von Bildern,[5] die nicht pädagogisches Abbild oder visuelle Transkriptionen persuasiver Kohärenz des Diskurses sind.[6]

Andernorts habe ich die Fruchtbarkeit der phänomenologischen Fragestellung der Schrift als mediale Form dargestellt.[7] Auch mit Derrida lässt sich die Schrift als eine Form des Mediums Sprache charakterisieren: Das durch die Zeitlichkeit bestimmte Medium der Sprache ist an sich nicht diskret. Sinngenerierungen gelten stets als nachträgliche Performanz,[8] die erst dann erfolgt, wenn die Bewegung des Differierens (d. h. der im Zeitfluss und in der Wiederholung unabschließbaren Differenz) an einem Ort zum Stillstand kommt, von dem aus sich das Subjekt als selbstidentisch definiert, Differenzen und Oppositionen setzt und Entscheidungen zwischen Identität und Alterität trifft. Als Phänomen der Zeitlichkeit ist die Schrift stets die Re-Produktion vergan-

---

[4] Vgl. Lorenz (2000).

[5] Zur nicht narrativen Auffassung des Bildes vgl. Lyotard (1971). Zu neueren Ansätzen vgl. Roloff (2000). Im Zusammenhang mit der Traumtheorie von Jean Cocteau und Michel Foucault (ausgehend von Ludwig Binswanger) sind Parameter einer Theorie des Bildes skizziert worden, vgl. Borsò (1998).

[6] Ich beziehe mich auf de Man (1979).

[7] Zur Trennung von Medium und Form (nach Fritz Heider und Niklas Luhmann) und zur medialen Konstitution von Gedächtnis auf der Basis der Luhmannschen Theorie des Mediums vgl. Borsò (2001).

[8] Mit dieser Definition der Sprache als ein in der Zeit bestehendes, indiskretes Medium stimmt Luhmann überein, wobei die Relevanz der Zeitlichkeit für die mediale Konstitution der Sprache eine Grundlage jener sprachtheoretischen Ansätze ist, bei denen Sybille Krämer einen Paradigmenwechsel signalisiert, vgl. Krämer (2001).

gener Erfahrungen und eines nicht-ursprünglichen Ursprungs.⁹ Insoweit als Transkriptionen des Verhältnisses des Subjektes zurzeit, zur Differenz und zur Leiblichkeit in der Schrift möglich werden, sind die Zeichen der Schrift nicht etwa Träger einer „parole pleine, présentée à soi et maîtresse de soi".¹⁰ Dieses Prinzip ist besonders bedeutsam im Zusammenhang mit dem Körper. Auch am Beispiel der Schrift hat Derrida das Gesetz der Gattung – der Textgattung, aber auch des Gender – formuliert. Es handelt sich um jenes Identifikationsprinzip, das eine Demarkation setzt und zugleich eine *démarcation* – im Sinne der eigenen Dekonstruktion – vollzieht. Denn die Grenzen, die das Gesetz der Reinheit der Gattung einführen, werden durch die in den Innenraum diesseits der Grenze eindringenden, umliegenden Räume durchlässig gemacht. Das Gesetz der Reinheit der Gattung impliziert deswegen auch das Gegenteil, nämlich das Gesetz der Unreinheit.¹¹ Tatsächlich gilt es im Zusammenhang mit dem Körper, spätestens seit Maurice Merleau-Ponty, die Durchlässigkeit und die Schwellen der Leiblichkeit zu bedenken, eine Durchlässigkeit, die in sozialen Körpersystemen und Körpergrenzen unterdrückt wird und verdeckt bleibt.

Als letzter grundlegender Aspekt ist das Verhältnis von Schrift, Gedächtnis und Körper zu besprechen. Als Medien, die erst die Emergenz von Sinn ermöglichen, sind Gedächtnis und Körper keine externen Speicher, keine leeren Behälter, die an sich mit einem vorgegebenen, (platonisch konzipierten) kulturellen und sozialen Sinn gefüllt sind. Hierin liegt das Kernproblem des Verhältnisses von Gedächtnis, Körper und Medialität: Körpereinschreibungen werden erst durch das Verhältnis von Medium und Form produziert. Ähnliches gilt für das Gedächtnis. Der Produktion sinnhafter Erinnerung wie auch sinnhafter Körperbilder gehen Aushandlungen des Subjektes im Verhältnis zur Zeitlichkeit (damit zur Differenz) und zur Alterität voraus, die in der Medienform emergieren. Diese Aushandlungen schreiben sich in die Materialität des Mediums ein; dementsprechend muss man der Materialität des Mediums Aufmerksamkeit schenken. Sofern die Medialität der Sprache, des Körpers und

---

⁹ Ebd. (303).
¹⁰ Ebd. (296).
¹¹ Vgl. Derrida (1980).

des Gedächtnisses unbedeutend bleibt, fungiert sie lediglich als durchsichtiges Fenster und als transparenter Kanal für die Vermittlung sozialer Identifizierungen. Im Zusammenhang mit dem Verhältnis von Medialität und Gedächtnis habe ich auf die Notwendigkeit eines methodischen Zugangs zum medialen Substrat der Schrift Bezug genommen und darauf hingewiesen, dass sich in den Buchstaben (in der Materialität) oder in den vermeintlichen Tiefendimensionen symbolischer Lektüren verschiedene Funktionen der Schrift entfalten.[12] Wird die Materialität unbedeutend, so kann das Medium durch einen externen, sozialen (symbolischen) Sinn überschrieben werden, und so wird auch die Alterität – insbesondere die Alterität des Leibes – verdeckt. Im Zusammenhang mit der Schrift des Körpers bedarf es eines Begriffs von Schrift, die jene im symbolischen Sinn geopferte Leiblichkeit in die Materialität der Buchstaben zurückholt. Sofern sie von symbolischen Botschaften losgelöst sind, bleiben in der Schrift die Buchstaben fremd, wie fremde Idiome, wie die fremde Ferne der toten Vergangenheit. Mit Roman Jakobson gesprochen: Erst wenn die referentielle oder phatische Funktion der Zeichen (als Träger sozialer Symbolik) im Verhältnis zur poetischen Funktion sekundär sind, d. h. erst dann, wenn der Kommunikationskanal durch poetische Verdichtungen als ‚Fenster zur Welt' opak wird, entfaltet sich im Medium der Schrift ein Raum, in dem sich das Verhältnis des Subjekts zu seiner Leiblichkeit artikulieren kann.

Wie das Gedächtnis ist auch die Sprache des Leibes keine ‚Kompetenzsprache', über die das Subjekt verfügen kann. Konsequenterweise sind Einschreibungen keine Speicherungshilfsmittel, die dem phonologischen Dogma unterstehen, das Jacques Derrida mit der Mythologie der Stimme verbunden hat. Konzipiert man die Materialität des Mediums der Schrift unabhängig vom Dogma der *phonè*, so wird auch der materielle Laut zum Indiz der Einmaligkeit des Leibes; der Laut bekommt eine andere Funktion. Diese Funktionen der Schrift sind weniger mit Derrida, dessen kritische Analyse der Stimme auf den Mythos der *phonè* bezogen ist, als mit Roland Barthes zu präzisieren.[13]

---

[12] Vgl. Borsò (2001).
[13] Während letztlich Luhmann Bewusstsein durch Kommunikation ersetzt und Kommunikation

Der späte Barthes geht auf das Verhältnis von Sprache und Körper intensiv ein, insbesondere in den Essays, die in *Le grain de la voix* gesammelt sind.[14]

2 Die Schrift des Körpers

Der Körper hat gewiss eine eigene Sprache. Sofern man sie aber als Kompetenzsprache und als Symbolisierungssystem versteht, etwa im Sinne des Systems der Gestik und der Mimik, geht man an wichtigen Momenten im Zusammenhang mit der Eigenheit des Leiblichen vorbei. Diese ist in der Materialität der Schrift aufgehoben.[15] Dietmar Kamper hat im Zusammenhang mit der Materialität der Schrift vom gezeichneten Körper als einer ‚vorschriftlichen' (im Sinne von vorsymbolischen und diskursiven) Form des Graphischen gesprochen.[16] Um zur Schrift des Körpers zu kommen, muss tatsächlich der Körper der Schrift, ihre Materialität jenseits symbolischer oder semantischer Botschaften, in den Blick genommen werden.[17] Die Phänomenologie einer solchen Schrift des Körpers hat Barthes mit der kulturellen Fremdheit, mit anderen Raumkonfigurationen und medialen Bedingungen in Verbindung gebracht.[18] Erst wenn die Zeichen stumm bleiben, die Orientierung im Raum offenbleibt, wie dies für einen fremden Europäer im Kontakt mit der japanischen Kultur geschieht, wird die Materialität der graphischen Gestaltung der Schrift sichtbar. Auf diese Weise – und nicht im Sinne der Epiphanie einer abstrakten Illumination – interpretiert Barthes auch die Gedichtform des Haikus. Barthes betont vielmehr die sensomotorischen Eindrücke und die

---

als soziales Umfeld erfasst, geht es bei Derrida und beim späten Barthes um die Theorie und Praxis der *écriture* als eine die soziale Kommunikation, ihre Mythen und ihre Identitätslogik störende Form des Sprachgebrauchs. Vgl. auch die Studie von Ette (1998).

[14] Vgl. Barthes (1981).

[15] Der ‚Nullpunkt' der Schrift des Körpers wäre die ‚reine Transparenz', das Verstehen des Körpers als Natur ohne Beachtung seiner Inszenierung und Materialisierung.

[16] Kamper (1993).

[17] Ausgehend von Nietzsches Verbindung zwischen Schmerz und Gedächtnis („nur was nicht aufhört weh zu tun, bleibt im Gedächtnis" [Nietzsche 1967: 817]) macht Küsters darauf aufmerksam, dass die früheste Mnemotechnik zunächst die Haut bearbeitet, bevor sie andere Oberflächen als Stellvertreter wählt, vgl. Küsters (1999).

[18] Vgl. Barthes (1970).

optischen Gestalten,[19] auf die der Dreizeiler die Aufmerksamkeit lenkt.[20] In *L'empire des signes* vollzieht Barthes die Erfahrung der Schrift des Körpers, die er in seinen theoretischen Essays skizziert hatte. Tatsächlich unterscheidet er in *De la parole à l'écriture*[21] zwei unterschiedliche Funktionen des Mediums der Schrift. Es handelt sich um eine diskursive Sprachform, in der die Materialität der Schrift der *phonè* unterstellt wird. Diese Schrift ist ‚Sprache minus Körper (und Zeit)'. Die physikalisch-materiellen Bedingungen des Mediums Schrift werden hier zugunsten der sozialen Kommunikation geopfert.[22] Die Transkriptionen eines Subjekts, das sich durch seine Aushandlungen der leiblichen Fremdheit zugleich bemächtigt und entmächtigt, wie dies Foucault im Hinblick auf das Verhältnis zum eigenen Leib dargestellt hat, erfolgen durch die Transpositionen, die sich im verzeitlichten Raum der Schrift ergeben. Denn die mediale Besonderheit der Schrift gibt die Möglichkeit, die Zeitlichkeit im Raum der Lektüre performativ werden zu lassen. Durch die Materialität der Stimme, für die Barthes die Metapher des *grain de la voix* (der Rauheit) verwendet, findet die Leiblichkeit Eingang in diesen Raum.[23] In der Körnigkeit der Stimme, ihrer Farbe, ihrem Klang ist die Fremdheit eingeschrieben, die im diskursiven Sprechen ausgegrenzt bleibt. Die ästhetischen und methodolo-

---

[19] Vgl. Deleuze (1985) für das Zeitbild des Kinos.

[20] Barthes zeigt anhand des folgenden Beispiels, dass im Unterschied zum abendländischen Telos der Durchdringung des Sinns die japanischen Haiku-Dichter sich der Notwendigkeit aber auch der Schwierigkeit bewusst waren, den Sinn zu suspendieren. So ein Haiku von Bashô: „Comme il est admirable / Celui qui ne pense pas: ‚La Vie est éphémère' / En voyant un éclair" (Barthes 1970: 94). „Wie bewundernswert ist derjenige / der nicht denkt: ‚Das Leben ist vergänglich' / wenn er einen Blitz sieht." (Üb. von Vittoria Borsò.)

[21] Barthes (1981).

[22] Die *scripta*, Niederschriften, entsprechen Produktions- und Rezeptionsvorschriften nach dem Modell der *phonè*. Diesem wird nach Plato das wichtigste symbolische Kapital zugeschrieben – die Authentizität. Die Schrift gilt hier als transparenter Kanal, als leere Fläche, auf die der soziale Sinn projiziert wird. Somit wird sie dem Sinn untergeordnet und als Generator symbolischer Formen verstanden, als Idee einer Form-ohne-Medium (nach der Terminologie von Krämer [2001]). Eben die durch die Technik der Schrift ermöglichte Ewigkeit des Geschriebenen hat diese mit Beginn der Gutenberg-Ära zum privilegierten Medium gemacht, das z. B. bei Rousseau auch das Zeugnis seiner inneren Wahrheit äußert, wie Derrida kritisch dargestellt hat, vgl. Borsò (2001).

[23] Foucault spricht von Inszenierung, von: „se montrer", und zwar in einem paradoxalen Verhältnis von Nähe und Ferne (Foucault 1994: 415).

gischen Entscheidungen dieser Schriftkonzeption stimmen durchaus mit der *phonè*-Kritik Derridas überein. Dies gilt etwa auch im Zusammenhang mit der Authentifizierung der inneren ‚Urschrift' durch Jean-Jacques Rousseau. Denn erst in der Materialität der Schrift zeigen sich in Rousseaus *Confessions* die Inkohärenz und Brüchigkeit seines Wahrheitsdiskurses, und erst in der Brüchigkeit des Sinns buchstabieren sich die stummen Einschreibungen seiner Körperlichkeit. Das Medium der *écriture* ist ein besonderer Raum, in dem die technischen und medialen Möglichkeiten der Distanz und der Verzeitlichung zur Entfaltung kommen, wie es Barthes seit seiner Lektüre von Honoré de Balzacs Novelle *Sarraszine* gezeigt hat.[24] In diesem Raum konstituiert sich das Subjekt im Verhältnis zu seiner Alterität und zur Differenz. Hier sind Einschreibungen von Differenzen und Alteritäten, die Einschreibungen ausgegrenzter Körperlichkeit und der Heterogenität des Kulturellen zu finden.

Zusammenfassend lässt sich feststellen, dass die Medialität der Schrift im Zusammenhang mit zwei grundlegenden Formen steht: einerseits mit einer Form, die gesellschaftlichen Sinn vermittelt, wobei die Massenmedialisierung der Verbreitung erfahrungsloser Informationen Vorschub leistet, die Walter Benjamin am Beispiel des beginnenden Journalismus analysiert hat,[25] andererseits mit einer Form, die zum Ausdrucksraum von Alteritäten, insbesondere des Körpers wird.[26] Hier gilt die Stimme als Indiz einer irreduziblen Eigenheit, der Eigenheit des Leiblichen, die nicht Identität ist, sondern vielmehr ein partikuläres Idiom. Es sind störende, fremde, kontingente und zufällige Alteritäten, die in symbolische Sinneinheiten, in Identitätssysteme einbrechen und diese perturbieren. Besonders zu bedenken ist auch der Zusammenhang von Leiblichkeit und Visualität,[27] jener in Text- wie in Bildmedien mächtigen Scharnierstelle zwischen Identität und Alterität. Für die Visualität entsteht

---

[24] Barthes (1970a).

[25] Die Unterscheidung zwischen Erfahrung und Information geht mit ähnlichen medientheoretischen Implikationen in die von Luhmann reflektierte Unterscheidung von Kommunikation und Information ein, vgl. Krämer (2001: 161 f.).

[26] Im Zusammenhang mit dem Gedächtnis vgl. Borsò (2001).

[27] Merleau-Ponty verbindet in *Le visible et l'invisible* (1964) die Leiberfahrung mit dem Problem der Erkennbarkeit und der Visibilität.

die Friktion der Identitätssysteme in Form des ‚Punktums', einer Alterität, die das Subjekt ‚punktiert'.[28] Intermediale Prozesse nutzen die Transpositionen der *écriture*, um die Rahmung des Blickes sichtbar zu machen, die in mimetischen Repräsentationen verschwindet – eine Urszene des Blickes, die Mach aus der Unsichtbarkeit gehoben hat.[29] Auf die Möglichkeit des visuellen Mediums, durch seine Materialität die Rahmung des Blickes sichtbar zu machen, hat auch Derrida in einem sehr persönlichen Text im Zusammenhang mit dem Tod (den Toden) von Barthes hingewiesen. Es geht Derrida um die Erfahrung der Anwesenheit des Abwesenden, die im Eigennamen, in der Fotografie und in der Liebe zum Ausdruck kommt und die Barthes in *La chambre claire* (1980)[30] und den *Fragments d'un discours amoureux* (1977)[31] so prägnant dargelegt hat. Derrida geht darauf ein:

> Zum Beispiel gerade jetzt, fast zufällig mit dem Titel ‚Seine Stimme' (‚die Inflexion, das ist die Stimme in dem, wie sie immer vergangen ist, erstorben' ‚die Stimme ist immer schon tot'), *Plural, Differenz, Konflikt, Wozu die Utopie gut ist, Forgeries* (‚*ich schreibe klassisch*'), *der Kreis der Fragmente, das Fragment als Illusion, Vom Fragment zum Tagebuch, Pause: Anamnesen* (‚Das *Biographem* ist nichts anderes als eine künstliche Anamnese: jene, die ich dem Autor, den ich liebe, verleihe.'), *die Schlaffheit der großen Worte* (zum Beispiel GESCHICHTE und NATUR), *Die Körper, die vorbeigehen, Der vorhersehbare Diskurs* (Beispiel: ‚*Text der Toten*: Litaneitext, in dem kein Wort geändert werden kann'), *Verhältnis zur Psychoanalyse, ich liebe, ich liebe nicht* [...].[32]

Spätestens hier müssen Erinnerung und die Schrift des Körpers im Verhältnis zum Trauma bedacht werden. Die Materialität der Schrift ist die ambivalente Manifestation der Übertragung einer Vorgängigkeit, die im Archiv auch

---

[28] Der Status des ‚grain de la voix' ist parallel zu dem des Punktums in der Fotografie, wo das Subjekt sich durch Mortifizierung des Anderen als starkes Subjekt ermächtigen und dann aber auch entmächtigen kann, wenn es sich vom Anderen (vom Bild) beeindrucken lässt, vgl. Barthes (1981).

[29] Vgl. meine Analyse des Verhältnisses von Sichtbarkeit und Unsichtbarkeit im Zusammenhang mit dem deutschen Expressionismus (Borsò 2001b).

[30] Vgl. Barthes (1981).

[31] Vgl. ebd.

[32] Derrida (1987).

Spuren von Traumata trägt.[33] Der Begriff des Archivs als Inventar von sinninkohärenten Fragmenten, wie ihn Benjamin anhand der Fotographie vorschlägt und wie ihn, daran anschließend, Foucault in *L'archéologie du savoir*[34] entfaltet, ist in diesem Zusammenhang geeigneter als der des Speichers. Archive sind Reservoire von Demarkationslinien, von gewaltsamen Einschreibungen und Einkerbungen in die Haut des kulturellen Körpers, die als Materialisierung genealogischer Krisen und abgestoßener Alteritäten wiederkehren und die identitätsorientierte Historie des Abendlands stören.[35] Sie legen Zeugenschaft von vorgängigen Urszenen und genealogischen Krisen ab, in denen die Geschichten der Opfer und der Fremden geschrieben worden sind.[36]

Was Lateinamerika betrifft, so stehen solche Krisen bereits in den Gründungsmythen im Zusammenhang mit der Überschreibung der Körper der Eingeborenen durch die spanische Kultur. So schreibt sich die Alterität, die der konstitutionellen Medialität des Gedächtnisses inhärent ist, in das Körpergedächtnis lateinamerikanischer Schriftstellerinnen und Schriftsteller ein. Ihre Literatur macht in besonderer Weise deutlich, dass die identitätsorientierten Formen des kulturellen Gedächtnisses mythisch wirkende Abstraktionen generieren, Abstraktionen indes, die Repressionspotentiale verdecken.[37]

---

[33] Ich beziehe mich u. a. auf Bronfen (1999).

[34] Vgl. Foucault (1969).

[35] Vgl. ebd. Mit Bezug auf Foucault macht Agamben die Brauchbarkeit des Begriffs des Archivs im Zusammenhang mit der Shoah deutlich, vgl. Agamben (1998: 135 f.).

[36] Die Bedeutung der Zeugenschaft des Archivs wird in der Kontingenz des Ereignisses der *parole* und der Entmächtigung des Vernunftsubjektes offenbart. Das Verhältnis von Archiv und Sprache entmächtigt das Subjekt konzeptueller Sprachen. Die Materialität des Archivs hat als Folge eine Subjektivität, die sich sowohl durch die Erwartung des Sprachereignisses als auch durch die Unmöglichkeit dieses Ereignisses konstituiert. Keine Identität kann daraus gebildet werden, denn beide Bewegungen können sich weder in einem Subjekt noch in einem Bewusstsein identifizieren oder sich in zwei gegensätzliche Substanzen entzweien. Diese Untrennbarkeit ist die Zeugenschaft des Archivs.

[37] Vgl. Borsò (1994). Hinsichtlich europäischer Formen des Gedächtnisses vgl. Borsò (2001).

3 Kulturelle Anatomien, Körpersprachen und die Schrift des Körpers

Dass das erotische Subjekt, d.h. das sich verausgabende Subjekt, für die Ermächtigung des Ichs eine Gefahr darstellt, haben eine Reihe von Autoren seit dem Marquis de Sade gezeigt: George Bataille, Michel Foucault, Roland Barthes und andere. Anhand dieser Spur lässt sich auch die Liebeslyrik seit dem Petrarkismus lesen. Sie erfordert geradezu eine solche Lesart. Für das petrarkistische Ich ist der Körper der Frau die Konfrontation mit dem Tod, mit der Zeitlichkeit. Der *poeta laureatus* muss die Leiblichkeit abstoßen, will er den eigentlich begehrten Gegenstand erreichen, die Unsterblichkeit. Der sinnliche Körper der Frau wird dabei einem Prozess der Entleibung unterzogen. Nach diesem Gesetz entsteht auch die kulturelle Anatomie des Petrarkismus seit Francesco Petrarca: Der auf den Körper der Geliebten gerichtete Blick des Dichters geht vom sinnlichen Zentrum, dem Haar und dem Mund, aus, um zu den Augen als Fenster zur Seele, als Träger des göttlichen Lichts *(luci* heißt es bei Dante und Petrarca), zu gelangen und damit den Prozess der Sublimation vom *amor lascivo* zum *amor divino* zu vollziehen. Auf diesem Weg beschreiben die neuplatonischen Liebestraktate, v. a. die *Oratio Sexta* von Marsilio Ficino, die Schritte zur Einhaltung des Verbots der *concupiciencia oculorum* entsprechend Augustinus' *De Remedis*. Der Körper der Frau soll als Schwelle zum Göttlichen fungieren. Der konkrete Körper der Frau wird nach und nach zum symbolischen Weg der Läuterung der Sinne transformiert. Der Liebende abstrahiert dabei vom empirischen Körper der (fiktiven oder realen) geliebten Person. Damit entspricht das Liebesmodell des Petrarkismus dem platonischen *Symposion,* bei dem das Begehren nach dem Anderen auf dem Wege der Schönheit der Seele die Kraft zur geistigen Potenz entfalten soll. Im neuplatonischen Modell wird die Fremdheit des Leibes bekämpft, damit ein gottähnliches Subjekt sich selbst ermächtigen kann. Der Körper der Frau wird kartographiert, der Blick vollzieht jenen den Leib mortifizierenden Weg, den Barthes bei der Fotografie als Studium charakterisiert hat. Der Blick übernimmt die Projektion der axiologischen Ordnung des Guten und des Bösen und bekleidet den Leib mit den Wertesystemen, durch die sich das Subjekt seiner Souveränität versichert. Der Körper wird in das System ‚eingescannt', in Teilen dekomponiert, bei den gegenreformatorischen Sonetten des spanischen Barock in misogyner Weise zerstückelt. Die Körperteile entsprechen einem allegorischen Sprachsystem, dessen Grammatik durch eine moralische Kohärenz geregelt wird. So korrespondiert der symbolische Sinn der kulturellen Anatomie des Petrarkismus mit einer jeweils historisch geltenden sozialen Ordnung, die der Dichter für sich in Anspruch nimmt oder auch anklagt.[38] Dies ist aber nur eine Lesart des symbolischen Sinns der Gedichte.

Interessant ist auch die von der Gender-Forschung bereits dekonstruierte Gleichsetzung von Natur und Frau. Die Natur ist eine Bedrohung für den sich als aktives Vernunftsubjekt charakterisierenden Liebenden, etwa in der Deutung von Foucault.[39] Der sich durch die Vernunft definierende Mensch wünscht die Welt zu ordnen und zu kontrollieren, statt Objekt und Opfer der Natur zu sein. Der Körper der Frau wird mit der (unbearbeiteten, wilden) Natur assoziiert und fungiert als das Objekt, in das das Ich die Angst projiziert, mit dem überwundenen Fremden konfrontiert zu werden.[40] Damit entsteht auch der Diskurs der Liebe, welcher ein Versuch ist, die Unversehrtheit des Liebenden, das Anderssein der Geliebten, ihre Unbegreifbarkeit auszudrücken. Der Daphne-Mythos, der sich in der Renaissance großer Beliebtheit

---

[38] Ein schönes Beispiel von Heinrich Heine macht sowohl das Gesetz der Nichterfüllung des Petrarkismus als auch die ironische Dekonstruktion der Sublimation des Körpers durch die Symbolik der Blume deutlich: „Als ich vor einem Jahr dich wiederblickte, / Küßtest du mich nicht in der Willkommsstund'. / So sprach ich, und der Liebsten roter Mund / Den schönsten Kuß auf meine Lippen drückte / Und lächelnd süß ein Myrtenreis sie pflückte / Vom Myrtenstrauche, der am Fenster stund: / ‚Nimm hin, und pflanz dies Reis in frischen Grund, / Und stell ein Glas darauf', sprach sie und nickte. / Schon lang ist's her. Es starb das Reis im Topf. / Sie selbst hab ich seit Jahren nicht gesehn / Doch brennt der Kuß mir immer noch im Kopf. / Und aus der Ferne trieb's mich jüngst zum Ort, / Wo Liebchen wohnt. Vorm Hause blieb ich stehn / Die ganze Nacht, ging erst am Morgen fort" (Heine 1981: 65 f.).

[39] Vgl. Foucault (1984a).

[40] Das Subjekt hat deswegen die Aufgabe der Selbstbeherrschung in der Liebe (*enkrateia*) als Voraussetzung zur Besonnenheit (*sophrosyne*). Der Weg zur Stoa und zur christlichen Ordnung der Liebe ist nur noch gering. Im Kontext der höfischen Liebe werden im 12. Jahrhundert nach den Regeln von Andreas Capellanus Grundsätze aufgestellt, die den Typus der leidenschaftlichen Liebe sowie das Entflammen und das schmerzliche Verbot der Erfüllung als Quelle der Energie für den Dichter entdecken, vgl. Kamper / Wulff (1988: 23).

erfreut, zeigt das Ringen des Dichters mit der Natur als deren Synekdoche der Frauenkörper gilt. Die Alterität des sich dem Blick und dem Zugriff des Subjekts entziehenden Körpers der Daphne wird durch die Verwandlung in einen (Lorbeer-)Baum veranschaulicht. Die Frau zieht sich in die Natur zurück, über die jedoch der *poeta laureatus* den Sieg erlangt. Mehrere Beispiele illustrieren den Stellenwert der diskursiven Aneignung des Körpers der Frau anhand der Wortgewalt des *poeta laureatus*. Mit der Gewalt der Sprache assimiliert das Subjekt auch das Territorium des Anderen.

Am Mythos des Marsyas und des Apollon, dessen Macht als Statthalter der Vernunft Nietzsche zu Recht beklagt hat, mag die Asymmetrie zwischen der göttlichen Kunst des Apollon und der Natur radikal veranschaulicht werden. Zugleich gibt der Mythos Auskunft über die Gewalt des Wortes des Künstlergottes gegenüber dem Körper, und damit gegenüber der Bedrohung des Sinnlichen, wobei sich im Mythos des Marsyas die Körperhaut – als Schwelle zum Anderen – zu einem brutalen Raum der Aushandlung von Gewalt und Opfer sein transformiert. Marsyas wird auf Befehl von Apollon enthäutet – eine Szene, die u. a. ein beeindruckendes Gemälde von Tizian inspiriert hat. Der Sylene hatte die Hegemonie des Gottes Apollon nicht akzeptiert, ihn zum Wettbewerb in Anwesenheit der Musen aufgefordert und musste deswegen auf Befehl des Gottes gefoltert und getötet werden. Marsyas ist der Sylene im Gefolge des Pan, jenes ‚niederen', sinnlichen Naturgottes – letzterer wiederum der Gott des entgrenzten Menschen, der zum Emblem des Symbolismus gewählt wurde. Der Mythos des subversiven Menschen und Künstlers Marsyas, der seiner Haut beraubt wird, bringt die verdeckte, unversöhnliche Seite des Apollon zum Ausdruck, die bei der Metamorphose der Daphne nur angedeutet ist.

Auch in der Liebeslyrik des Petrarkismus konstituiert das Wort des göttlichen Dichters die Geschlechterdifferenz durch die machtvolle Waffe des Wortes. Und auch die Asymmetrie zwischen dem Dichter und dem Anderen, dem Körper der Geliebten, findet in der Lyrik eine Entsprechung. Der Körper der Anderen / des Anderen wird vom Diskurs der Liebe – und vom Blick des Dichters – gefügig gemacht und lebt fortan nur unterschwellig und subversiv im Körper des Textes.

4 Vom Körper der Schrift zur Schrift des Körpers in der lateinamerikanischen Literatur

In Lateinamerika ist die Analogie zwischen dem Körper der Frau und dem Territorium seit der Eroberung frappierend. Der neue Kontinent wird auf der Grundlage eurozentrischer, auf Identität und Alterität basierender Deutungsmuster assimiliert; die fremde Natur und der Körper der Frau werden gleichermaßen durch die Kolonialisierung verfügbar gemacht. So wird der Leib mit hegemonialen Körperbildern überschrieben – während der Eroberung und der Kolonialzeit durch spanische Kulturvorstellungen, nach der 1821 erlangten Unabhängigkeit durch positivistische Körperkonzepte, die von den Lateinamerikanern selbst übernommen und auf die eigene Kultur projiziert werden. Während diese in das kulturelle Gedächtnis der lateinamerikanischen Nationen eingehen, reagieren lateinamerikanische Schriftsteller und Schriftstellerinnen mit ihrer Literatur dagegen. Instrumente dieser Subversion sind Einschreibungen der Leiblichkeit und erotischer Erfahrungen in die Materialität der Schrift. Mit diesen werden hegemoniale und nationale Formen von kulturellem Gedächtnis dekonstruiert.[41]

Es lohnt sich, auf die Analogie zwischen Körper und Territorium näher einzugehen: Wie im Petrarkismus der von der abstrakten Allegorik geleitete Blick des Dichters den Körper der Frau erobert und ihn durch die kulturelle Anatomie der christlichen Moral überschreibt, so kartographiert der Eroberer die Räume des Kontinents. Die Analogie zwischen dem vom Blick domestizierten Körper der Frau und dem eroberten Territorium gehört zu den Gründungsmythen der lateinamerikanischen Kultur. Die Analogie ist tiefergehend. Die Durchsetzung der Souveränität des Subjekts durch die Waffe der Sprache fin-

---

[41] Die metahistoriographischen Romane, die *nuevas novelas históricas*, setzen die ‚Feminisierung der Geschichtsschreibung' als Irritationsprinzip gezielt ein, ein Phänomen, das Hutcheon (1989) die Dekonstruktion der Geschichte seitens der erotischen Literatur genannt hat. Vgl. auch Borsò (2001a).

det in Lateinamerika eine Korrespondenz in der Form, in der das neue Territorium angeeignet wurde, so der Gründungsmythos der mexikanischen und der lateinamerikanischen Kultur im weiteren Sinne. Bei seiner Eroberung des aztekischen Reiches benutzt der spanische Eroberer Hernán Cortés die ihm zum Geschenk überreichte Doña Marina, eine indianische Prinzessin, als Mätresse und Übersetzerin. U. a. Tzvetan Todorov zufolge[42] erklärt Cortés' geschickte Benutzung seiner Informantin und Übersetzerin auch den raschen Sieg von kaum mehr als 500 Spaniern und einigen Alliierten wie den Tlaxcaltecas über das große Heer der Mexika unter dem Kaiser Moctezuma. Diese Doppelkodierung des Körpers der Malinche findet im Spanischen eine Entsprechung in der doppelten Bedeutung von *lengua* als Zunge, d. h. Organ des Körpers (zugleich Quelle des Geschmacks und der Sinnlichkeit), und als abstraktes Zeichensystem, also im Sinne von Sprache und Sprachsystem. In ihren zahlreichen Studien hat die mexikanische Schriftstellerin und Kritikerin Margo Glantz bei Sor Juana Inés de la Cruz, der sogenannten Zehnten Muse Mexikos, einer der wichtigsten Persönlichkeiten des mexikanischen Barock und möglicherweise der wichtigsten Lyrikerin Lateinamerikas, die Dynamik hervorgehoben, die sich im ‚Körper' der Schrift ereignet: Der Abstraktionsprozess, der die Leiblichkeit zerstört, wird u. a. in den petrarkistischen Sonetten von Sor Juana rückgängig gemacht, und die Schrift findet den Weg zurück zum Buchstaben.[43] Die Dichte des Textkörpers schreibt somit indirekte Spuren der Leiblichkeit in den Text ein. Schon im Kolonialbarock sind auf diese Weise beeindruckende Beispiele der subversiven Kraft der Körpereinschreibungen vorhanden. In zahlreichen Sonetten entlarvt z. B. Sor Juana die Sprache als Quelle der Lüge. Zweihundert Jahre vor Gertrude Stein denunziert sie den symbolischen Sinn der Rose (als Metonymie der Vergänglichkeit) als Lüge und leeres Zeichen. Darüber hinaus erobert sie den buchstäblichen Körper zurück. Die Dichterin geht (etwa in den Quartetten ihrer petrarkistischen Sonette) von den im Petrarkismus des 17. Jahrhunderts kodifizierten abstrakten syllogistischen Figuren aus, sie transformiert jedoch in den Terzetten die Allegorien

---

[42] Vgl. Todorov (1985).

[43] Vgl. den anregenden Essayband von Glantz: *Borrones Borradores. Reflexiones sobre el ejercicio de la escritura*. México 1992. Ich verweise auch auf meine Rezension in *Notas* 3 (1994: 102 ff.).

des Körpers, rekonkretisiert sie und macht aus ihnen materielle Körperorgane. Dies ist der Weg der Schrift im folgenden Sonett:[44]

> Esta tarde, mi bien, cuando te hablaba,
> como en tu rostro y tus acciones vía
> que con palabras no te persuadía,
> que el corazón me vieses deseaba.
>
> Y Amor, que mis intentos ayudaba,
> venció lo que imposible parecía;
> pues entre el llanto que el dolor vertía,
> el corazón desecho destilaba.
>
> Baste ya de rigores, mi bien, baste,
> no te atormenten más celos tiranos,
> ni el vil revelo tu quietud contraste
>
> con sombras necias, con indicios vanos:
> pues ya en líquido humor viste y tocaste
> mi corazón deshecho entre tus manos.[45]

Hier ersetzt Sor Juana die Seele durch das Herz als zentrales Organ des leibhaften Körpers, nimmt Bezug auf die physiologischen Funktionen des Organs und auf die Verausgabung von Körpersäften, die mit diesen verbunden sind. Auf die Implikationen der Medizin, etwa hinsichtlich des durch William Harvey entdeckten Blutkreislaufs, wird ebenfalls angespielt.[46] Die Desillusionierungsstrategie des barocken Diskurses, wie sie im Sinne des Motivs der *vanitas vanitatum* verwendet wird, gilt hier nicht der Destruktion der Glückseligkeit des Augenblicks; sie richtet sich vielmehr gegen die Abstraktion der

---

[44] Zitiert nach Castro Leal (1981: 45).

[45] (Cruz 1981). „Heute abend, Geliebter, als ich zu dir sprach / und an deinem Gesicht und deinen Gesten sah, / daß ich mit Worten dich nicht überzeugen konnte, / Wünschte ich, du blicktest mir ins Herz. / Und Amor, der meinem Bemühen beistand, / überwand, was unmöglich schien, / denn aus den Tränen, die der Schmerz vergoß, / trat rein das gebrochene Herz hervor. / Genug der Qual, Geliebter, genug; / Nicht länger soll die despotische Eifersucht dich bedrängen / noch niederes Mißtrauen deine Ruhe stören / durch törichte Gespinste, durch eitle Zeichen / Denn aufgelöst schon sahst und fühltest du / mein gebrochenes Herz in deinen Händen." (Üb. von Björn Goldammer / Marion Schotsch.)

[46] Auf diese Sonette gehe ich in einem Artikel zum Verhältnis von literarischer Gattung und Gender ein, vgl. Borsò (2004).

symbolischen Sprache selbst, die den Körper allegorisiert. Auch bei ihren autobiographischen Schriften hat Sor Juana einen besonderen Stellenwert. Als eine der wenigen Ordensschwestern darf sie ihre Biographie mit eigener Feder verfassen. Dagegen konnten zahlreiche Nonnen, die Tagebücher führten, ihre eigene Stimme nicht selbst zur Sprache bringen. Denn ihre Vitae wurden durch die bauchrednerische Umschreibung des Beichtvaters überformt. Die Zweifel, Leiden, Höhen und Niederungen des Klosterlebens wurden sublimiert und als Hagiographien, als moralische Exempla publiziert.

Der Weg zur Körperschrift, den Sor Juana über den Schriftkörper entdeckt, und ihr subversiver Schreibprozess haben in Lateinamerika Schule gemacht. Jedenfalls haben lateinamerikanische Schriftstellerinnen und Schriftsteller darin einen gangbaren Weg des Widerstandes gesehen. Wie sehr die Rückeroberung des Leibes durch den Körper der Schrift in Lateinamerika Tradition hat, lässt sich am Beispiel des folgenden Gedichts der peruanischen Schriftstellerin Blanca Varela darstellen:

Flores para el oído

en todas partes hay flores
    acabo de descubrirlo escuchando
flores para el oído
lentas silenciosas apresuradas
flores
para el oído

caminando por la calle
que un hombre rompe con un taladro
sentí el horror de la primavera
de tantas flores
    abriéndose en el aire
y cerrándose
de tantos ecos [...][47]

---

[47] Varela (1986: 157). Zu einer Analyse der Lyrik dieser Schriftstellerin vgl. Borsò (1998a). „Blumen für das Ohr // überall gibt es Blumen / habe ich gerade beim Zuhören entdeckt / Blumen für das Ohr / langsame stille hastige / Blumen / für das Ohr / Als ich durch die Straße ging / die ein Mann mit einem Presslufthammer / aufreißt / fühlte ich den Schrecken des Frühlings / von so vielen Blumen / die sich öffnen in der Luft / und sich schließen, / von so vielen Echos [...]." (Üb. von Conchi Palma / Marion Schotsch.)

Das Gedicht beschreibt die an Körpern vollzogene Gewalt, indem es auf den Körper der Blumen als konkrete Blumen – und nicht als Symbole – aufmerksam macht. Die Intensität der sinnlichen Gewalterfahrung wird durch Deautomatisierungseffekte vermittelt, etwa durch die Vertauschung der Sinne. Anstelle des Auges, das in der üblicherweise verblassten Metapher der Blume automatisch angesprochen wird, verlangt hier das Bild die Aufmerksamkeit des Ohrs – allerdings über das beschriebene gewaltsame Geräusch. Erst dann folgt der Blick auf das Szenario: Als zerstückelte Körper werden hier die Blumen regelrecht durch die Luft geworfen, ja vom Presslufthammer weg-'gepresst'; durch das Zusammenschließen der Blüten verteidigt sich ihr Körper buchstäblich. Die Metaphorik der Blumen für die Frau wird hier in umgekehrter Richtung aktiv – von der abstrakten Allegorie zum realen Bild des leibhaften Körpers. Das Bild der Gewalt am Körper ist so unterschwellig umso wirksamer.

5 Das Körpergedächtnis in der Schrift Lateinamerikas

Liest man die Schrift lateinamerikanischer Autorinnen im Rahmen der vorgenannten Überlegungen, so steht sie im Gegensatz zur klassisch gewordenen Interpretation lateinamerikanischer Literatur durch den in Deutschland bekanntesten Essay *El laberinto de la soledad* von Octavio Paz.[48] In diesem Essay werden der Indio, die Frau und das Territorium von Nueva España gleichgesetzt und als ‚Natur' interpretiert. Sie gelten als die dunkle Seite eines patriarchalisch-bürgerlichen Ich, dem Ich des Dichter-Fürsten, der aus dem europäischen Zentrum die Aushandlung des Vernunftsubjekts zwischen dem Eigenen und dem Fremden auf Mexiko projiziert. Von diesem Zentrum aus gesehen, sind die Mexikanerinnen und Mexikaner die durch Passivität und Verletzbarkeit gekennzeichnet; sie sind Objekte von Schändung und Vergewaltigung. Das vergewaltigende Eindringen ist auch die Gründungsfigur der Eroberung in vielen exotistischen Romanen, bei denen die *selva* als Synekdoche für das Territorium fungiert. Die Wildnis wird selbst in Romanen des

---

[48] Vgl. Paz (1950).

19. Jahrhunderts und auch in der späteren Literatur Lateinamerikas zur Metapher der irrationalen Natur und des autochthonen Kulturelements, das im Gegensatz zur europäischen Vernunft steht. Auch wird die Frau als Metonymie des wilden Kontinents verstanden. Ein hervorgehobenes Beispiel ist *Doña Bárbara* des Venezolaners Rómulo Gallegos (1929). Aber auch hier entwickelt die Textdichte eine subversive Schönheit, die sich indirekt der emanzipatorischen Botschaft widersetzt, welche die Zerstörung Doña Bárbara abverlangt. Die Gleichsetzung der Kolonialisierung anderer Kontinente mit der Beherrschung durch den Blick als Medium des Durchstoßens und Aneignens des Körpers der Frau ist – ebenso wie im orientalistischen und kolonialistischen Roman Frankreichs – auch in Lateinamerika bemerkenswert. Aber auch hier – wie im orientalistischen Roman – besteht im Text ein doppelter Diskurs: Der Blick des Kolonisators bemächtigt sich zwar des Anderen, der Blick versucht den Körper und die Natur der Welt zu disziplinieren.[49] Doch hinterlässt die Leiblichkeit Spuren im Körper der Schrift. Im intermediären Raum der Schrift prägt die Leiblichkeit Spuren in das Subjekt ein. Es sind Erinnerungsspuren an seine Integrität, aber auch an seine Verletzung, an seine Ermächtigung wie auch Entmächtigung. Diese Spuren sind sprachlicher Art, und sie inszenieren das, was das Subjekt abstößt: die Irritation durch den Anderen, die Anziehungskraft und Faszination bei der Begegnung und die Erfahrung des zumindest partiellen Verzichts auf sich selbst.

Unter dieser Perspektive, die Gilles Deleuze und Félix Guattari in *Mille Plateaux* hervorheben,[50] lassen sich die höfische Liebe wie auch das petrarkistische Modell anders lesen. Sie bergen das implizite Gedächtnis der Begegnung, ausgedrückt durch die Paradoxie der Haut als Schwelle zwischen Innen und Außen, als Raum zwischen Subjekt und Objekt. Der Körper wird in der Schrift zum Medium, in dem das Verhältnis zur Welt neu ausgehandelt werden kann.[51] Die Schrift des Körpers transformiert sich zum Raum kultureller

---

[49] In Romanen des 19. Jahrhunderts (sowohl im französischen Orientalismus als auch im lateinamerikanischen Roman) geschieht dies vermittels der positivistischen Objektivierung der Welt. Sowohl die Ermächtigung des Subjekts im ‚Studium' als auch seine Entmächtigung durch das ‚Punktum' ließen sich anhand des Modells der Fotographie nach Barthes charakterisieren.

[50] Vgl. Deleuze / Guattari (1980).

[51] Vgl. Waldenfels (1999).

Migrationen. In der Körperschrift Lateinamerikas öffnen sich andere Räume, die das Gesetz der Hybridität, d. h. der ‚Unreinheit' der Gattung, in besonderer Weise verwirklichen. Im bereits erwähnten Text gehen Deleuze und Guattari anhand von Antonin Artauds Bezeichnung des „organlosen Körpers"[52] auf die Paradoxie des Leibkörpers ein. Mit organlosen Körpern meinen sie eine Form von Leiblichkeit, die jenseits der Funktionalität des organischen Systems (als eines ‚normalisierten' und ‚medikalisierten' Systems) existiert. Entfernt vom Zentrum – mit Artaud ist hier der Kopf gemeint – wird der (organlose) Leib als Schwelle verstanden, auf der sich sinnliche Intensitäten entfalten und bewegen können. Der Körper öffnet sich dabei zu einem Raum nomadischer Verbindungen und ambivalenter Beziehungen, die die topographischen Ordnungen durchbrechen. Nicht mehr die Aneignung des Territoriums des Anderen durch ein sich ermächtigendes Subjekt ist die Modalität der Kulturbegegnung, sondern die nomadische Präsenz eines sich als reine Intensität erfahrenden Leibes.

Neben diesen Übergängen trägt der Schriftkörper auch Gedächtnisspuren der Trennung und des Verschwindens des Körpers wie auch von traumatischer Erinnerung an diesen Verlust. Dies ist wiederum in Lateinamerika mit den Traumata der Geschichte und ihrer langen Latenz verbunden, die sich in den Diktaturen des 20. Jahrhunderts historisch materialisiert haben. Auch in diesem Zusammenhang bringt die Literatur von Frauen im Gedächtnisraum der Schrift die Masse der Verschwundenen zur Sprache. Die nicaraguanische Schriftstellerin Gioconda Belli, deren Texte in Deutschland zu Klassikern geworden sind,[53] gibt ein exzellentes Beispiel für die hier besprochenen Phänomene der Körpereinschreibungen in die Schrift. Der erste, 1988 erschienene Roman *La mujer habitada* (dt.: *Die bewohnte Frau*) spielt unmittelbar auf das Gedächtnis an, das dem Körper der Frau anvertraut ist. Für die Figuration dieses Körpers übernimmt Belli den Metamorphose-Mythos der Daphne und

---

[52] Deleuze und Guattari interpretieren hier die Körpererfahrung des Grotesken, die Artaud „corps sans organes" genannt hatte (im November 1947, kurz vor seinem Tod, in dem für den Rundfunk erstellten Hörspiel *Pour en finir avec le jugement des dieux* [*Schluss mit dem Gottesgericht*]).

[53] Gioconda Belli ist zunächst als Lyrikerin bekannt geworden. Sie gilt dabei als eine moderne Sappho. Vier Lyrikbände sind zwischen 1974 und 1987 erschienen.

die Implikation der Analogie von Natur und autochthoner Kultur Amerikas. Das Gedächtnis ist eingesperrt in einen Baum, der zugleich den Raum der Geschichte Alt-Amerikas darstellt. Dem Gedächtnis obliegen das Überschreiben der Geschichte der Sieger und eine neue Deutung der Vergangenheit. Dieses Körper-Gedächtnis überwindet gewiss die Asymmetrien, und erst diese Überwindung ist die Ermöglichungsbedingung dafür, dass in einer zukünftigen Geschichte auch die politische Elite, die nach der Unabhängigkeit die Hegemonie der Eroberer fortgesetzt hat, überwunden wird. Die subversiven Waffen sind die Affirmation des körperlichen Prinzips der Liebe und der Tod des selbstidentischen Ich, und damit die Verausgabung und Entmächtigung des starken, hegemonialen Ich, denn letzteres ist die Bedingung der Kreation des Neuen. Keine der beiden Kulturen (weder die spanische noch die präkolumbische) obsiegt; auch entsteht keine neue mestizierte Kultursynthese, ein Prinzip, das indes von den politischen Diskursen zu einem als Differenz zu Europa konzipierten Identitätszeichen gemacht wurde. In diesem Roman werden die unterschiedlichen Kulturen im Frühling neu geboren und gehen mit der neuen Blüte als lokale, partikuläre und kontingente Möglichkeiten in die Zukunft ein.

Ich komme auf Europa zurück. Die im Körper der Schrift beobachteten ‚anderen' Formen der Aushandlung des Eigenen und des Fremden in der Geschlechterdifferenz sind auch in den Transpositionen des Liebesdiskurses in Barthes' *Fragments d'un discours amoureux* zu beobachten. Sie sind Instrumente jener neuen Kartographierung des Kulturellen, die man sich – mit Roland Barthes – auch für Europa wünschen möchte:

Der ‚Abwesende'

[...]

2. Historisch gesehen wird der Diskurs der Abwesenheit von der Frau gehalten: die Frau ist seßhaft, der Mann ist Jäger, Reisender; die Frau ist treu (sie wartet), der Mann ist Herumtreiber (er fährt zur See, er ‚reißt auf'). Es ist die Frau, die der Abwesenheit Gestalt gibt, ihre Fiktion ausarbeitet, denn sie hat die Zeit dazu; sie webt und singt: die Spinnerinnen, die Webstuhllieder sprechen gleichzeitig die Immobilität (durch das Surren des Spinnrades) und die Abwesenheit aus (die Reiserhythmen in der Ferne, die Meeresdünungen, die Ausritte). Daraus folgt, daß bei jedem Manne,

der die Abwesenheit des Anderen ausspricht, sich *Weibliches* äußert: dieser Mann, der da wartet und darunter leidet, ist auf wundersame Weise feminisiert. Ein Mann ist nicht deshalb feminisiert, weil er invertiert ist, sondern weil er liebt (Mythos und Utopie: der Ursprung war, die Zukunft wird den Subjekten zu eigen sein, *die Weibliches in sich bergen*).[54]

Bibliographie

AGAMBEN, Giorgio (1998). *Quel che resta di Auschwitz*. Turin: Bollati Boringhieri.
BARTHES, Roland (1984). *Fragmente einer Sprache der Liebe*. Frankfurt am Main: Suhrkamp.
BARTHES, Roland (1981). *Le grain de la voix: entretiens, 1962–1980*. Paris: Seuil.
BARTHES, Roland (1970). *L'empire des signes*. Paris: Seuil.
BARTHES, Roland (1970a). *S/Z*. Paris: Seuil.
BORSÒ, Vittoria (2004). „El petrarquismo – género literario, género sexual: una pareja perturbante", in: Walter Bruno BERG ET AL. (Hrsg.). *Fliegende Bilder, fliehende Texte. Identität und Alterität im Kontext von Gattung und Medium / Imágenes en vuelo, textos en fuga. Identidad y alteridad en el contexto de los géneros y los medios de comunicación*. Frankfurt am Main / Madrid: Vervuert / Iberoamericana, 183–207.
BORSÒ, Vittoria (2001). „Gedächtnis und Medialität. Die Herausforderung der Alterität. Eine medienphilosophische und medienhistorische Perspektivierung des Gedächtnis-Begriffs", in: Vittoria BORSÒ ET AL. (Hrsg.). *Medialität und Gedächtnis. Interdisziplinäre Beiträge zur Verarbeitung kultureller Krisen*. Stuttgart / Weimar: Metzler, 23–53.
BORSÒ, Vittoria (2001a). „La memoria de Carlota y el modelo de una histografía intercultural. Reflexiones acerca de la teoría historiográfica implícita en *Noticias del Imperio*", in: Susanne IGLER / Roland SPILLER (Hrsg.). *Más nuevas del imperio. Estudios interdisciplinarios acerca de Carlota de México*. Frankfurt am Main: Vervuert, 119–138.
BORSÒ, Vittoria (2001b). „La invisibilidad de lo real y la expresión de la escritura", *Sileno. Variaciones sobre Arte y Pensamiento* 10, 50–60.
BORSÒ, Vittoria (1998). „Der Orpheus-Mythos neu geträumt. Anmerkungen zu Jean Cocteaus Theater und Film", in: Karl HÖLZ ET AL. (Hrsg.). *Antike Dramen – neu gelesen, neu gesehen. Beiträge zur Antikenrezeption in der Gegenwart*. Frankfurt am Main: Lang, 77–97.

---

[54] Barthes (1984: 28).

Borsò, Vittoria (1998a). „La poesía del eco en la escritura de mujeres de los años 80. Blanca Varela, Giovanna Pollarolo y Carmen Ollé", in: Karl Kohut et al. (Hrsg.). *Literatura peruana hoy. Crisis y creación*. Frankfurt am Main: Vervuert, 196–215.

Borsò, Vittoria (1994). *Mexiko jenseits der Einsamkeit. Versuch einer interkulturellen Analyse – Kritischer Rückblick auf die Diskurse des Magischen Realismus*. Frankfurt am Main: Vervuert.

Borsò, Vittoria (1994a). „Margo Glantz. Borrones y borradores. Reflexiones sobre el ejercicio de la escritura (Ensayos de literatura colonial, de Bernal Díaz del Castillo a Sor Juana). México: UNAM 1992" (Rezension), *Notas* 3, 102–104.

Bronfen, Elisabeth (1999). *Trauma. Zwischen Psychoanalyse und kulturellem Deutungsmuster*. Köln: Böhlau.

Cruz, Sor Juana Inés de la (1981). *Poesía, teatro y prosa*, hg. von Antonio Castro Leal. Mexiko Stadt: Porrúa.

Deleuze, Gilles (1985). *Cinéma*, Bd. 2: *L'image-temps*. Paris: Minuit.

Deleuze, Gilles / Guattari, Félix (1980). *Mille plateaux. Capitalisme et schizophrénie*. Paris: Minuit.

Derrida, Jacques (1987). *Die Tode von Roland Barthes*. Berlin: Nishen.

Derrida, Jacques (1980). „La loi du genre", *Glyph. Textual Studies* 7, 176–201.

Ette, Ottmar (1998). *Roland Barthes. Eine intellektuelle Biographie*. Frankfurt am Main: Suhrkamp.

Foucault, Michel (1984). *Histoire de la sexualité*, Bd. 3: *L'usage des plaisirs*. Paris: Gallimard.

Foucault, Michel (1984a). *Histoire de la sexualité*, Bd. 2: *Le souci de soi*. Paris: Gallimard.

Foucault, Michel (1983). „L'écriture de soi", in: *Dits et écrits, 1954–1988*, hg. von Daniel Defert / François Ewald, Bd. 4: *1980–1988*. Paris: Gallimard, 415–430.

Foucault, Michel (1969). *L'archéologie du savoir*. Paris: Gallimard.

Glantz, Margo (1992). *Borrones y borradores. Reflexiones sobre el ejercicio de la escritura*. Mexiko Stadt: UNAM.

Heine, Heinrich (1981). *Buch der Lieder*. Frankfurt am Main: Suhrkamp.

Hutcheon, Linda (1989). *The Politics of Postmodernism*. New York: Routledge.

Kamper, Dietmar (1993). „Zur Soziologie der Imagination", in: Hans Ulrich Gumbrecht / Ludwig Pfeiffer (Hrsg.). *Schrift*. München: Fink, 193–200.

Kamper, Dietmar / Wulf, Christoph (Hrsg.) (1988). *Das Schicksal der Liebe*. Weinheim / Berlin: Quadriga.

Krämer, Sybille (2001). *Sprache, Sprechakt, Kommunikation. Sprachtheoretische Positionen des 20. Jahrhunderts*. Frankfurt am Main: Suhrkamp.

KÜSTERS, Urban (1999). „Narbenschriften. Zur religiösen Literatur des Spätmittelalters", in: Jan-Dirk MÜLLER / Horst WENZEL (Hrsg.). *Mittelalter. Neue Wege durch einen alten Kontinent.* Stuttgart / Leipzig: Hirzel, 81–109.

LORENZ, Maren (2000). *Leibhaftige Vergangenheit. Einführung in die Körpergeschichte.* Tübingen: Diskord.

LYOTARD, Jean-François (1971). *Discours, figure.* Paris: Klincksieck.

MAN, Paul de (1979). *Allegories of Reading.* New Haven, CT / London: Yale University Press.

MERLEAU-PONTY, Maurice (1964). *Le visible et l'invisible.* Paris: Gallimard.

NIETZSCHE, Friedrich (1967). „Zur Genealogie der Moral", in: *Werke in zwei Bänden*, hg. von Ivo FRENZEL. Bd. 2. München: Hanser.

PAZ, Octavio (1950). *El laberinto de la soledad.* Mexiko Stadt: FCE.

ROLOFF, Volker (2000). „Intermediale Figuren in der spanischen (und lateinamerikanischen) Avantgarde und Post-Avantgarde", in: Vittoria BORSÒ / Björn GOLDAMMER (Hrsg.). *Moderne(n) der Jahrhundertwenden. Spuren der Moderne(n) in Kunst, Literatur und Philosophie auf dem Weg ins 21. Jahrhundert.* Baden-Baden: Nomos, 385–401.

TODOROV, Tzvetan (1985). *Die Eroberung Amerikas. Das Problem des Anderen*, üb. von Wilfried BÖHRINGER. Frankfurt am Main: Suhrkamp.

VARELA, Blanca (1986): *Canto villano. Poesía reunida, 1949–1982.* Mexiko Stadt: FCE.

WALDENFELS, Bernhard (1999). *Studien zur Phänomenologie des Fremden*, Bd. 3: *Sinnesschwellen.* Frankfurt am Main: Suhrkamp.

WALDENFELS, Bernhard (1995). „Nähe und Ferne des Leibes", in: Rudolf BEHRENS / Roland GALLE (Hrsg.): *Menschengestalten. Zur Kodierung des Kreatürlichen im modernen Roman.* Würzburg: Königshausen & Neumann, 11–23.

Echo antwortet auf Narziss: Zum platonischen Topos bei Lyrikerinnen Lateinamerikas*

Eine Besonderheit der Literatur von Frauen in Lateinamerika liegt in der unverkennbaren Parallele zwischen der Randstellung der Frau im gesellschaftlichen Leben und der kulturellen Randstellung Lateinamerikas. Die Hierarchie zwischen den Geschlechtern, bei der die Frau die Rolle des Anderen einnimmt, entspricht auch der Hierarchie zwischen der europäischen und der lateinamerikanischen Kultur, bei der die Lateinamerikaner ebenfalls den Platz des Anderen eingenommen haben. Die komplexe Emanzipationsgeschichte der lateinamerikanischen Frau ist doppelt erschwert, weil sich ihre Unterlegenheit und Unmündigkeit in der kulturellen Emanzipation wiederholt. Lateinamerikanerinnen waren somit in doppelter Weise die Anderen. Aus dieser doppelten Randstellung haben jedoch lateinamerikanische Autorinnen paradoxerweise einen privilegierten Ort kritischer Reflexion über die Denkmuster des europäischen Zentrums, u. a. über die Geschlechterdifferenz, gemacht. Der Blick vom Rand wird zum (dezentrierten) epistemologischen Standort, dessen Fruchtbarkeit einige theoretische Ansätze unter Beweis gestellt haben. Mit dem ‚anderen Blick' auf das kulturelle Zentrum suchen Historiker wie Carlo Ginzburg,[1] Michel de Certeau[2] bzw. die Schule der *Annales*[3] ausgehend von Randphänomenen nach den verborgenen Seiten der Historie. Aber auch das Prinzip der Transgression symbolischer Systeme, das jenseits des kulturellen Zentrums

---

* Dieser Artikel erschien zuerst in: Astrid Böger / Herwig Friedl (Hrsg.): *FrauenKulturStudien. Weiblichkeitsdiskurse in Literatur, Philosophie und Sprache.* Tübingen / Basel: Francke 2000, 155–176. Wir danken dem Francke Verlag für die freundliche Druckgenehmigung.

[1] Indem er die Position eines einfachen Müllers einnahm *(Ginsburg 1977; 1990),* öffnete Carlo Ginzburg den Blick für die Vielfalt der Welten in der Kultur der Renaissance, ein Moment, das heute unter Einbeziehung des Prinzips kultureller Dialogizität (Michail Bachtin) zum literarhistorischen Topos geworden ist, vgl. Stempel / Stierle (1987).

[2] Vgl. Certeau (1975; 1991; 1980).

[3] Zum wissenschaftshistorischen Platz der Schule der *Annales* (Lucien Febvre, Fernand Braudel, Georges Duby, Ariette Farge, Jacques Le Goff und Roger Chartier) verweise ich auf Burke (1991).

lokalisiert wird – und damit der transgressive Charakter des Randes gewinnt für poststrukturale Ansätze grundlegende Relevanz. So spricht Michel Foucault von „anderen Räumen"[4], die sich aus paradoxalen Kreuzungen in der symbolischen Topographie der Kultur ergeben und das kulturelle Zentrum symbolischer Systeme irritieren können.[5] Zusammen mit Gilles Deleuzes ‚Methode' des paradoxalen Denkens,[6] das durch die Suche nach Ambiguität von den Systemen der Doxa streng abweicht, gab Foucaults Konzeption der „Nicht-Orte" des Symbolischen auch den Gender-Studies wesentliche Impulse.[7]

Es erfolgte die kritische Auseinandersetzung der Lateinamerikaner mit den Möglichkeiten, aus ihrer Geschichte von Unterdrückern und Unterdrückten, von Siegern und Besiegten und von Meistern und Subalternen herauszukommen, um aktiv in die Historie einzutreten und nach der erlangten Unabhängigkeit von Spanien das eigene Schicksal in die Hand zu nehmen, sowie mit einem emanzipierten Bewusstsein die eigene Geschichte selbstständig zu schreiben. Diese Auseinandersetzung hat zur Erkenntnis geführt, dass die Parodie des Zentrums, also die verzerrende Wiedergabe der Worte der Herrscher, weitaus wirksamer ist als die reine Umkehrung der Rollen, die lediglich die alten Hierarchien fortsetzt.[8] Die Arbeiten von Gayatri Spivak, die gezeigt haben, dass

---

[4] Foucault nennt solche paradoxalen Orte ‚Heterotopien', die er am Beispiel von Jorge Luis Borges exemplifiziert, aber auch schon von Gustave Flaubert, vorzugsweise in der *écriture* verwirklicht sieht, vgl. das „Préface" zu Foucault (1966) bzw. Foucault (1991). Zu den zwei Seiten der Theorie von Foucault, nämlich a) der Kritik der Macht und b) der Transgressionskraft grenzüberschreitender Räume der Kultur vgl. Görling (1997). Görling analysiert auch die Nähe zu anderen Begriffen, die Grenz- und Grenzüberschreitungsphänomene erfassen, wie z. B. Benjamins ‚Übersetzung', Bachtins ‚Dialog', Kristevas ‚Intertextualität' und das ‚abject', usw. Zur Bedeutung Foucaults für die Kultur- und Texttheorie vgl. Borsò (1991; 1994).

[5] ‚Paradoxal' wird hier im Sinne vom ‚Differentem' gemeint, wie dies Lyotard (1983) definiert hat. Es handelt sich um eine Andersheit, die einen im symbolischen System nicht auflösbaren Widerspruch erzeugt. Waldenfels (1990: 49) bezeichnet diese Form von Widerspruch, der einen Konflikt von nicht zu vereinbarenden Ordnungen ausdrückt, „Widerstreit", während der einfache Widerspruch eine Opposition meint, die in eine Ordnung integrierbar ist.

[6] Vgl. Deleuze (1993).

[7] Vgl. z. B. Balides (1990).

[8] Zur wissenschaftsgeschichtlichen Entwicklung der lateinamerikanischen Epistemologie im Bereich der Kulturgeschichte vgl. Borsò (1997). Zur dekonstruktivistischen Lektüre des Kolonialbarock und des Neobarock vgl. Borsò (1998; 1998a).

die Herrscher unfähig sind, andere Sprachen als die Sprache der Subalternen zu hören, waren hier maßgeblich.[9]

Die Kritik an der Dialektik von Herr und Knecht muss an ihrem eigenen Instrument ansetzen: der Sprache. Es ist deswegen nicht verwunderlich, dass gerade in Lateinamerika die Ansätze, die eben die Ordnung der Geschlechter als ein Phänomen der Sprache und nicht nur als empirisches Faktum ansehen, d. h. die Gender-Studies, und die kulturkritischen Arbeiten Hand in Hand gegangen sind. Denn die Definition des historischen Subjekts Lateinamerika wurde eigentlich von anderen Kulturen bestimmt. Lateinamerika war das Objekt von Vertretern missionarischer und imperialistischer Geschichte, die mit der Eroberung und Evangelisierung Amerikas den großen Auftrag der europäischen Historie zu vollenden meinten. Die Lateinamerikaner wurden aber auch zu Objekten romantischer Sehnsüchte oder auch zu Projektionsflächen sozialer Utopien europäischer Vernunft, die in den ‚edlen Wilden' das mit der Herrschaft der Vernunft erneut verlorengegangene Paradies zu finden glaubten.[10] In der Topographie des Eigenen und des Anderen waren die Lateinamerikaner stets die Anderen. So konnten Lateinamerikaner nur in der Sprache des Eroberers ‚ich' sagen. Indem der Lateinamerikaner ‚ich' sagte, verneinte er sich zugleich als eigenständiges Subjekt.

1 Die nachahmende Sprecherrolle als Waffe

Die nachahmende Sprecherrolle kann eine Waffe gegen jede Form von System und dessen Hierarchien sein; dies gilt für Frauen wie für Männer. Auch die Kritik des Bürgertums konnte und kann nur mit bürgerlichen Diskursen erfolgen, die allerdings als Zitate verwendet und damit ironisch gebrochen werden. Dies hat die Sprengkraft von Gutave Flauberts Schreibkunst ausgemacht. Das Zitieren fremder Stimmen erodiert das System – dies zeigte Roland Barthes am

---

[9] Spivak (1988) und González Echevarría (1985).

[10] Lateinamerikaner haben soziale Utopien der Europäer, die sich zum Ziele der Verbesserung eigener sozialer Strukturen lateinamerikanischer Kulturen bemächtigt und sie gleichsam ihrer autonomen Existenz beraubt haben, seit den 1970er Jahren kritisiert. Vgl. Fernández Retamar (1974); Moreno-Durán (1988) und meine Besprechung dieser Kritik in: Borsò (1994).

Beispiel *Sarrazine* von Honoré de Balzac.[11] Das Zitat wirft (als Randphänomen) auf das Original (als Zentrum) ein ironisches Licht. Die Imitation bestätigt keineswegs die Autorität des Originals, so Barthes, sondern führt vielmehr zu einer „galaxie des signifiants"[12], die das Original dekonstruiert. So zeigt die paradoxale Darstellung der Doxa ihren Widersinn und denunziert die Machtstrukturen, die dem sozialen Gebrauch der Sprache innewohnen. In ähnlicher Weise irritiert die Parodie der patriarchalischen ‚Ordnung der Geschlechter' die Natürlichkeit dieser Ordnung und gibt zu bedenken, dass sie eine historische und soziale Genese hat. All diese Momente kommen in der Verarbeitung des Platonismus in der Lyrik von Autorinnen zum Tragen. Die Gender-Studies haben deutlich gemacht, dass die Symbole des Weiblichen ein Zeichensystem sind, das nicht mit dem empirischen Sexus, mit der empirischen Frau koinzidieren muss. Die ‚poetische Logik' von Lyrikerinnen hatte dies aber schon früher implizit zum Ausdruck gebracht.

2 Echos Antwort auf Narziss

Das lyrische Ich des Petrarkismus hatte mit dem Begehren des Anderen jenes Moment zur Sprache gebracht, das das rationale Subjekt zu verneinen wünschte: die Angst vor dem Anderen. Diese Angst gilt dem Körper der Frau, weil dieser als die Inkarnation der Zeitlichkeit und des Todes erscheint, die Inkarnation der Verausgabung der Sinne und damit des Bösen, schließlich als das, was die Surrealisten mit *l'obscure objet du désir* bezeichnet haben. Die Liebeslyrik verdeckt die Angst durch den Bezug auf eine ideale Frau, deren Körper zwar das Begehren des männlichen Blickes erzeugt, deren Anmut aber lehrt, ‚richtig' zu sehen, d. h. die sinnliche Liebe in geistige Potenz zu transformieren. Damit versucht das lyrische Ich, auch den Tod zu überwinden. Aus diesen Gründen wird die Schönheit der Frau im idealen Augenblick des perfekten weiblichen Körpers fixiert, dessen Blüte von einem immer gleichen Paradigma symbolisiert wird: der Schönheit der Rose als Metapher der Jugend,

---

[11] Vgl. Barthes (1970).
[12] Ebd. (12).

des Frühlings und des Erwachens der Sinne – ein Paradigma, wofür z. B. Botticellis „Primavera" in *Nascita di Venere* (ca. 1482) emblematisch ist. Mit dem Symbol des perfekten Körpers der jungen Frau – einer Blume, die morgen verwelkt – nehmen Dichter und Künstler den Kampf gegen das Vergehen der Zeit auf, gegen den Tod. Der begehrenswerte Körper der Frau wird auf einen perfekten Zustand festgelegt; die Verzerrung dieses Zustands im alten weiblichen Körper dient als Mahnmal gegen den Tod. Die Verse über das Sterben der Frau ermöglichen es dem Dichter, den eigenen Tod zu überwinden und sich zu verewigen. Der weibliche Körper ist dabei ein Medium, ein Mittel. Der materielle Leib und seine Andersheit im Verhältnis zum idealen Modell sind unbedeutend. Genau da setzt die Arbeit von Lyrikerinnen am Petrarkismus ein. Sie verdrängen die Spuren des Vergehens der Zeit am Körper der Frau nicht. Im Gegenteil: Der alternde Körper wird betont, die eigene Veränderbarkeit, die eigene Hinfälligkeit wird angenommen. Der Erinnerungsprozess gibt sich der Alterität des Körpers hin, der ja mit der Zeit stets ein anderer wird, das Ich akzeptiert die Gebrechlichkeit, ja die Menschlichkeit; und dies macht das narzisstische Ich des Petrarkismus zwar brüchig, aber menschlicher.

Dass das Subjekt der Liebeslyrik hinter der Rhetorik des Dialogs mit dem Anderen, mit der Frau, narzisstisch ist, wird erst in der Moderne explizit. So vollenden modernistische Dichter die Auslöschung des weiblichen Körpers, denn lediglich das Symbol der Rose wird vom Dichter als Topos für seine Auseinandersetzung mit der Zeitlichkeit und der Originalität seiner Dichtung beibehalten. Die Frau wird in der Lyrik der Moderne eher abwesend oder als Allegorie zitiert.[13] Auch die modernen Lyrikerinnen übernehmen das Symbol der Rose und parodieren dieses als Zitat, wobei die ironische Wiederkehr der Stimme des Narziss' letzteren demontiert. Indes impliziert schon der Ovidsche Narziss-Mythos eine Dekonstruktion der Blindheit des Narziss gegenüber dem Anderen. Im Mythos des schönen Jünglings, Sohn des Flussgottes Kephissos, der sich in einer Quelle in sein Spiegelbild verliebt, ins Wasser stürzt und ertrinkt, ist schon eine äußerst klare Analyse der Geschlechterdifferenz enthalten. Der Narziss stirbt eigentlich, weil er im Selbst einen Anderen zu sehen

---

[13] Vgl. meine Analyse des Prosagedichts von Charles Baudelaire „Le galant tireur" (Borsò 1997a).

glaubt. Er verwechselt die Liebe zum Differenten, zum anderen Menschen also, mit der Selbstliebe. Deswegen muss er sterben. Nur die Kunst kann ihn retten, und als Kunstform, als Blume, lebt er weiter im Mythos. Die Nymphe begehrt hingegen Narziss, den Anderen, ist aber von Venus dazu verurteilt worden, über keine eigene Sprache zu verfügen und nur die Worte des Anderen zu wiederholen.

Der Mythos repräsentiert mit einer unglaublichen Klarheit das Problem der Geschlechterdifferenz in der abendländischen Kultur, wie sie die Gender-Studies analysiert haben. Wenn Lyrikerinnen nun die Position der Nymphe Echo übernehmen, parodieren sie die Objekt-Rolle, die ihnen von der petrarkistischen Lyrik zugewiesen worden war. Sie nehmen die Rolle des passiven *objet du désir* ein, jedoch so, dass sie mit diesem subversiven Akt die narzisstische Struktur des Platonismus aufdecken. In diesem subjektkritischen Zug besteht zweifellos eine wichtige Eigenschaft ‚weiblichen' Schreibens. Ausgehend von ihrer Position als ‚Objekt' wirft die Lyrikerin ein lunares Licht auf das Subjekt zurück. Mit dem Echo des Narziss' wird der weibliche Text zu einem Resonanzkörper, der seine Stimme auf ihn zurückwirft. Wenn dieses Licht oder diese Stimme zurückkehren, verzerren sie die Originalquelle. Indem sie das Original imitieren und verzerren, öffnen die Echos der Dichterinnen die Pandora-Büchse des Platonismus: eine dunkle Kammer, darin die Frau als Lustobjekt und als Projektionsfläche der Angst des Narziss'.

3 Eine ‚andere' Lektüre des Petrarkismus' am Beispiel der spanischen und hispanoamerikanischen Literaten

Mitte des 15. Jahrhunderts betritt der Petrarkismus den spanischen Boden. Die dialektische Struktur des Sonetts dient z. B. bei dem ersten sehr erfolgreichen Sonettdichter und Petrarkisten, Garcilaso de la Vega, dazu, den auch in Spanien entdeckten rationalen und individuellen Zugriff auf die Welt auszudrücken. Im Goldenen Zeitalter, also hundert Jahre später, erreicht das Sonett und damit der Petrarkismus einen Höhepunkt (von Lope de Vega sind ca. 1.500 Sonette überliefert). In diesem schlägt sich am deutlichsten der gegenreformatorische Geist spanischer Autoren nieder.¹⁴ All dies wird mit dem Körper und am Körper der Frau ausgedrückt. Einige Momente des Petrarkismus in Spanien, damit auch die Intertexte der Lyrik lateinamerikanischer Autorinnen, werden im Folgenden dargestellt.

Garcilasos berühmtestes Sonett, das Sonett XXIII, ist eine innovative Aneignung der petrarkistischen Tradition, wobei die Kombination der Topoi des weiblichen Körpers das Begehren und damit jene Seite der Anschauung des weiblichen Körpers betont, die im *Canzoniere* dem Schmerz angesichts der Erinnerung an die tote Geliebte oder der Sublimation in eine göttliche Liebe weichen muss:

> En tanto que de rosa y de azucena
> se muestra la color en vuestro gesto,
> y que vuestro mirar ardiente, honesto,
> con clara luz la tempestad serena;
>
> Y en tanto que el cabello, que en la vena
> del oro se escogió, con vuelo presto
> por el hermoso cuello blanco, enhiesto,
> el viento mueve, esparze y desordena:
>
> coged de vuestra alegre primavera
> el dulce fruto antes que el tiempo ayrado
> cubra de nieve la hermosa cumbre.
>
> Marchitará la rosa el viento helado,
> todo lo mudará la edad ligera
> por no hazer mudanza en su costumbre.¹⁵

---

[14] Für die kulturhistorischen Hintergründe im Zusammenhang mit der Behandlung des Sonetts im Spanien des 16. und 17. Jahrhunderts vgl. Borsò (1999). Einige der in diesem Aufsatz ausgeführten Analysen von Sonetten von Garcilaso de la Vega und Luis de Góngora y Argote werden hier in verkürzter Form übernommen.

[15] „Solange Rosenrot und Lilienweiße / sich widerspiegeln in der Wangen Blüte / und euer Blick, der tiefe, schamerglühte, / nicht weiß, was er zu tun, zu lassen heiße; // solang der Wind im goldenen Gegleiße / der lichten Locken übermütig sprühte / und an den schönen Hals geschmiegt sich mühte, / wie er sie spielend auseinanderreiße, // genießet heiter euer Maientage / gereifte Süße, eh des Seins Verwalter, / die jähe Zeit, das Haupt in Schnee euch tauche. // Die Rose welkt in Sturm und Hagelschlage, / und alles ändert das geschwinde Alter, / um nicht zu brechen mit uraltem Brauche" (Grossmann 1960: 81).

Das Sonett setzt den Akzent auf die Länge des Augenblicks, dem die zwei Quartette gewidmet sind. Garcilaso verknüpft direkt zwei bei Petrarca noch gewissermaßen nebeneinander bestehende Momente:[16] die Anschauung der Schönheit im Konflikt mit dem Augustinischen Verbot der *concupisciencia oculorum* (Sonett 90 „i capei") und die Erfahrung der Zeitlichkeit, die Petrarca zwar als Appell zum *carpe diem* gestaltet (245), jedoch ausgehend von der Distanz einer Situation nach dem Tod von Laura. In den Quartetten des Sonetts XC „Erano i capei d'oro a l'aura sparsi" zeichnet Petrarca den ‚rechten' Weg des Betrachtens des weiblichen Körpers. Er geht vom Sitz des Sinnlichen, den Haaren, zu den Augen, dem Fenster zur Seele, zum Gesicht als Träger der harmonischen Einheit der Gestalt, um im letzten Quartett zur Vision der ‚angelica forma' zu kommen – ein Weg des *Dolcestilnuovo*, der freilich bei Petrarca wiederum als Intertext gebrochen ist, und zwar durch den distanzierenden Zweifel im ersten Terzett bezüglich der Wahrheit der Vision. Garcilaso kehrt den Weg der Anschauung der Schönheit um: Im ersten Quartett entsteht eine auch formal gestützte Harmonie zwischen sinnlicher und reiner Liebe (Rose und Lilie, feuriger und sittsamer Blick). Wirkt das Licht des geläuterten Blickes der *doña* im ersten Quartett beruhigend, und zwar ganz im Sinne des *Dolcestilnuovo*, so gibt sich der Schauende im zweiten Quartett der *concupiscentia oculorum* hin, wenn er sich erst dann dem Sitz des Sinnlichen zuwendet, dem goldenen, offenen und vom Wind bewegten Haar, das bei Petrarca im Ausgang steht. Das sinnliche Spiel mit Haar und Hals wird in der Länge des gesamten zweiten Quartetts mit einer an Botticellis „Primavera" erinnernden Dynamik

---

[16] „Erano i capei d'oro a l'aura sparsi / che 'n mille dolci nodi gli avvolgea, / e'l vago lume oltra misura ardea, / di quei begli occhi ch'or ne son si scarsi; // e'l viso di pietosi color farsi, / no so se vero o falso, mi parea: / i' che l'esca amorosa al petto avea, / quel meraviglia se di súbito arsi? // Non era l'andar suo cosa mortale / ma d'angelica forma, e le parole / sonavan altro che pur voce umana; // uno spirto Celeste, un viso sole / fu quel ch'i'vidi; e se non forse or tale, / piaga per allentar d'arco non Sana." „Das goldne Haar war hingestreut den Winden, / die es zu tausend süßen Knoten flochten; / und jedes Feuers Helle unterjochen / die Augen, die jetzt kaum mehr davon künden. // Und Mitleidsfarben schienen Platz zu finden / im Antlitz (ist es wahr?) unangefochten) –: / den Liebeszunder meiner Brust vermochten / sie – ist's ein Wunder? – jählings zu entzünden. // Nicht war ihr Gang ein sterblich Ding der Erde: / der eines Engels war er. Und die Worte – / nicht klang es, als ob Menschenstimme spreche! // Lebendige Sonne; Geist der Himmelspforte / war, was ich sah. Und ob sie auch entwerde / nicht heilt die Wunde durch des Bogens Schwäche" (Petrarca 1989: 262).

dargestellt. Der Dichter nutzt geschickt die dramatische Spannung von Farb- und Lichtspiel und die Bewegung der Bilder, um das rückgängig zu machen, was am Ausgang stand, nämlich die innere Harmonie der ‚reinen Liebe'. Der Augenblick des Schauens wird in den Quartetten gedehnt. Die extrem lange Satzkonstruktion, die durch die Anapher ‚en tanto' zusammengehalten wird, geht nahtlos in das Terzett hinein, ja kulminiert darin, und zwar im Imperativ des ‚carpe': ‚coged'. Die Dehnung der Gegenwart arretiert die Vergänglichkeit von ‚marchitará' (V. 12). Der Text setzt den Akzent auf ‚en tanto', nämlich auf den Zwischenraum des Augenblicks. Die Augenblickserfahrung wird zum rationalen und kulturellen Vermögen, und zwar durch die Sentenz ‚todo lo mudará la edad ligera / por no hazer mudanza en su costumbre'. Der Kampf gegen den Tod wird hier zugleich sinnlich und rational gewonnen. Dieser Sieg wird durch die Fixierung des Körpers der Frau als Träger begehrenswerter Attribute erlangt, durch die sich das Wort des Dichters als Kunst verewigt.

Die sinnliche Anschauung des weiblichen Körpers wird dem gegenreformatorischen Geist hundert Jahre später zur Gefahr. Die Vergänglichkeit wird zum *horror vacui*. Die Furcht vor dem Nichts des Todes lauert hinter der Maske der Schönheit. Letzteres gilt für Luis de Góngora y Argote, einen Konvertierten, und einen ‚Kleriker', dessen gegenreformatorischer Konformismus von einem culteranistischen Hermetismus begleitet wird, der heute auch modernen Interpretationen Raum gibt. Das im Folgenden dargestellte Sonett ist eine Transformation des vorangehenden Sonetts XXIII von Garcilaso. Die poetische Struktur ist so reich, dass das Sonett eine eigene Studie verdienen würde.[17] Für unsere Fragestellung ist die Verschärfung der Rolle der Frau als Objekt der Begierde und Ziel misogyner Angriffe von Bedeutung, für die Góngora auch bekannt wurde.

> Mientras por competir con tu cabello,
> oro bruñido al Sol relumbra en vano,
> mientras con menosprecio en medio el llano
> mira tu blanca frente el lilio bello;
>
> mientras a cada labio, por cogello,
> siguen más ojos que al clavel temprano,

---

[17] Vgl. neben meinem Aufsatz zum Petrarkismus insbesondere Di Pinto (1986).

> y mientras triunfa con desdén lozano
> del luciente cristal tu gentil cuello;
>
> goza cuello, cabello, labio y frente,
> antes que lo que fue en tu edad dorada
> oro, lilio, clavel, cristal luciente,
>
> no sólo en plata o vïola troncada
> se vuelva, más tú y ello juntamente
> en tierra, en humo, en polvo, en sombra, en nada.[18]

Unmittelbar auffällig ist die Isolierung der Schönheitsattribute im ersten Quartett, und zwar in einer Weise, die die Gestalt der Frau reifiziert, ja zum Ding, zum zersplitterten Körper reduziert, was den Vorwurf der Misogynie rechtfertigt. Góngora greift die *carpe diem*-Thematik auf, die Garcilaso eingeführt hatte, um den gegenreformatorischen Umschlag einzuführen: den Übergang vom *carpe diem* zum *memento mori* des *Vanitas*-Topos. So geht Góngora auf die im *Dolcestilnuovo* ursprüngliche Dialektik zwischen der sinnlichen und der reinen Liebe zurück, eine Dialektik, die die Quartette geradezu einklammert (vom Haar zur Lilie; vom Mund zum Hals der höfischen Dame (‚gentil cuello'); gleichzeitig bezieht er jedoch die sinnliche Tätigkeit des *carpe diem* einseitig auf die Körperteile der Frau (1. Terzett: ‚goza cuello'). Hier ist der Übergang zum sinnlichkeitsfeindlichen Diskurs erfolgt. Die Ermahnung gilt der Frau, der Trägerin der Moral innerhalb der Geschlechterdifferenz. Das virtuoseste Moment des Umschlagens vom *carpe diem* Garcilasos zum *Vanitas*-Topos erfolgt durch die Tempora. Góngora zitiert das Sonett Garcilasos, um die für die Renaissance typische, neuzeitliche Entdeckung der Gegenwart zurückzuweisen. Vielmehr gebietet Góngora dem Genuss mahnend Einhalt. Das bei Garcilaso eindeutige Temporaladverb wird durch ein zweideutiges Adverb ersetzt, das Gleichzeitigkeit und Gegensätzlichkeit ausdrückt (‚mientras'), ähnlich wie

---

[18] „Solang mit deinem Haar zu eifern / pures Gold im Sonnenlicht vergebens glänzt, / solang verachtend über weitem Tale / deine weiße Stirn der Lilien Schönheit schaut, // solang mehr Augen suchen in Verlangen / deine Lippen und nicht die frühste Nelkenpracht, / solang in Stolz und kühnem Übermut / dein edler Hals Kristall noch überstrahlt, // genieße Hals, Haar, Lippen, Stirn, / eh, was in deiner goldnen Zeit / war Gold, Lilie, Nelke, leuchtender Kristall, // nicht nur zu Silber und gebrochen Violett / sich wandelt, mehr noch: und auch mit ihnen du, in / Erde, Rauch, Staub, Schatten, Nichts" (Góngora in: Felten / Valcárcel 1990: 197).

das temporale und adversative ‚während'. Die adversative Gleichzeitigkeit von ‚mientras' bewirkt, dass das, was bei Garcilaso als Dauer des Augenblicks erfahren wird (Quartette), sich mit einer raschen Fuga zum Ende des Sonetts als das ‚Nichts' erweist. Die Bewegung, die bei Garcilaso innerhalb der Augenblickswahrnehmung verdichtet war, wird hier zum schnellen Flug durch die Zeit des Lebens bis zum letzten Wort ‚nada'. So zerfällt auch der Körper der Frau zu Staub. Aber ihr Körper war bereits in den Quartetten, gewöhnlich der Sitz des Sinnlichen, tot. Schon in den Quartetten verdichten sich tatsächlich die Anzeichen des Todes: das Gold der Haare und das Weiß der Stirn sind schon überschattet, die Sonne scheint vergeblich. Die Schönheit befindet sich bereits in einer Art *rigor mortis*.[19] Die *vanitas*-Ermahnung erfolgt schon im zweiten Vers durch ‚en vano'. Der in der ursprünglichen Ode „ad Ligurinum" von Horaz enthaltene Appell zum Genießen des Augenblicks (übrigens mit dem Bild eines Jünglings) ist bei Góngora nur noch *memento mori*: der Körper der Frau zahlt die Kosten dieses Umschlagens.

Nahezu gleichzeitig mit Góngora, Mitte des 17. Jahrhunderts, schreibt in Mexiko Sor Juana Inés de la Cruz, mit der Góngora in reger Korrespondenz stand. Trotz der Anerkennung, die der sogenannten ‚Zehnten Muse' der mexikanischen Literatur zukam, galt sie für den Teil ihres Werkes, bei dem deutliche intertextuelle Aneignungen des Gongorismo erkennbar sind, nur als geniale Epigonin des spanischen Dichters.[20] Sor Juanas Werke umfassen sämtliche Gattungen der sakralen und profanen Literatur, wie Traktate, *autos sacramentales* (Mysterienspiele), Volkstheater und Liebeslyrik. Im spanischen

---

[19] Auf diesen frühen Umschlag zum *memento mori* hat ausdrücklich Di Pinto hingewiesen, vgl. Di Pinto (1986: 82 f.).

[20] Es handelt sich insbesondere um den „Primero Sueño", ein um 1685 geschriebenes Langgedicht, bei dem sowohl formal (es wird die Form der „Silva" übernommen, eine unbegrenzte Anzahl von Versen von sieben und elf Silben mit assonantischen Reimen) als auch thematisch (insbesondere im Bereich der Mythologie) Anklänge an die zwei *Soledades* von Góngora deutlich sind. Octavio Paz – und viele andere vor ihm, wie z. B. Alfonso Reyes, José de Gorostiza u. a. –, wehren sich gegen die These der Imitation. Paz hebt die deutlichen philosophischen Akzente des Gedichts von Sor Juana hervor. Auch die experimentellen Züge der Lyrik Sor Juanas greifen auf die moderne Lyrik voraus, z. B. auf Mallarmés *Un coup de dés jamais n'abolira le hasard*. Das Visionäre lasse schließlich die Experimente der Surrealisten mit dem Unbewussten erahnen, so z. B. Alfonso Reyes, vgl. Paz (1982: 469 ff.).

Mutterland widmete man der Lyrikerin aus dem Vizekönigreich schon im Jahre 1698, also unmittelbar nach ihrem Tod, eine Ausgabe ihrer gesammelten Werke. Die spanische Geschichtsschreibung zögerte nicht, Sor Juana in das Pantheon der spanischen Literatur aufzunehmen. Seit der Unabhängigkeit sakralisierten die Mexikaner die Dichterin, und es ist ein Verdienst der neueren Studien, gegen die Erbauungstendenzen der Hagiographien auch den subversiven Charakter der Dichtung dieser Autorin hervorgehoben zu haben.[21] Die Sakralisierung ihrer Literatur war eine (patriarchalische) Domestizierung ihres kritischen Geistes, des profund menschlichen und irdischen Charakters ihrer Autobiographie, sowie schließlich ihrer emanzipatorischen Ambitionen, weswegen der Bischof von Puebla ihr schließlich das Schreiben verboten hatte.[22] Die Versuche, die Dichterin heilig zu sprechen, sind als eine Art Kompensation für die tiefe Verletzung der Frau in der mexikanischen Geschlechterdifferenz zu deuten, jene unverarbeitete, schizophrene Verletzung der Urmutter Malinche, Geliebte von Cortés, zugleich Verräterin ihres Volkes, die am imaginären Ursprung der Mexikaner steht.[23]

Ein Beispiel der Irritationskraft ihrer Werke ist die Verarbeitung des Narziss-Mythos in einem ihrer *autos sacramentales*. Bei *El divino Narciso* handelt es sich um ein Mysterienspiel in Versen, erschienen 1690, einen Einakter, der zur Verherrlichung der Eucharistie an Fronleichnam gespielt wurde. Die von

---

[21] Vgl. insbesondere das 81 Seiten umfassende Vorwort von Margo Glantz zu ihrer Edition von Sor Juana Inés de la Cruz, *Obra selecta*, vgl. Cruz (1994: xi-xc). Vgl. auch Glantz' Untersuchungen der barocken Subversivität des Werkes von Sor Juana, vgl. Glantz (1992) sowie auch Borsò (1994a). Interessante Perspektiven zum Barock und zu Sor Juana eröffnen auch die Arbeiten in: Stoll / Bosse (1998).

[22] Der Grund für das Schweigen von Sor Juana nach dem Verbot durch Bischof von Puebla im Jahre 1693 ist Anlass von Spekulationen, die von Unterwerfungstheorien bis zum Versuch gehen, im Schweigen eine Form von Widerspruch in einem ‚femininen', dem Vorbild der Heiligen Mutter entsprechenden Diskurs zu sehen, vgl. z. B. Sabat de Rivers (1992) und hierzu Borsò (1995). Anders interpretiert Glantz das Schweigen von Sor Juana, und zwar in Sinne einer (subversiven) Spur jener Körpersprache, die die kirchliche Autorität (etwa durch Überschreiben der Biographien der Nonnen durch die vom jeweiligen Beichtvater verfassten Hagiographien) auszulöschen versuchte. Das Schweigen als subversive Waffe ist nicht zu verwechseln mit dem mystischen Schweigen, in dem z. B. Elaine Showalter die spezifisch weibliche Sprache zu erkennen glaubt, vgl. Showalter (1979).

[23] Vgl. Glantz (1988).

Sor Juana vorgenommenen Rollenzuschreibungen sind bemerkenswert. In diesem *auto sacramental* ist Christus der Narziss. Sein Abbild ist die menschliche Natur. Erstaunlich ist die Verkörperung des Teufels – es ist nämlich die Nymphe Echo. Von Echo, dem Teufel, verführt, wird die ‚menschliche Natur' ihrer ursprünglichen Bestimmung untreu. Um sie zu erretten, wählt der göttliche Narziss den Tod; mit ihm stirbt in einer ungeheuren Katastrophe die gesamte Schöpfung. Die platonische Kritik der Kunst ist als Grundlage dieser Personifizierung zwar wiedererkennbar; nahezu häretisch ist indes die narzisstische Konzeption Christi, insbesondere auch die sich aus der Logik des Mythos ergebende Tatsache, dass der Widerhall seiner Worte dämonisch wirken kann. Sor Juana entlarvt damit indirekt die indoktrinierende, selbstbezogene Herrschaft der Evangelisierung und erkennt zugleich die Waffe, die sich als dämonische Gefahr in der Wiedergabe der Worte des Kolonialherrn vom Standpunkt des Kolonialisierten verbirgt.[24]

4 Sor Juanas Antwort auf den Petrarkismus

In einem der bekanntesten petrarkistischen Sonette, „Miró Celia", setzt sich ein weibliches Subjekt mit dem Topos des *carpe diem* auseinander:

> Miró Celia una rosa que en el prado
> ostentaba feliz la pompa vana
> y con afeites de carmín y grana
> bañaba alegre el rostro delicado;
>
> y dijo: Goza, sin temor del hado,
> el curso breve de tu edad lozana,
> pues no podrá la muerte de mañana
> quitarte lo que hubieras hoy gozado.

---

[24] Zu dieser Interpretation von *El divino Narciso* vgl. Glantz: „Eco y silencio en *El divino Narciso*", in: Glantz (1992: 191–214). Anhand dieses *auto sacramental* entwickelt Glantz die Theorie der Subversivität des Echos als Wiedergabe der Sprache der Anderen und widerlegt dabei die (auch von Paz vertretene) These des Schweigens Sor Juanas als Unterwerfung gegenüber der klerikalischen Autorität. Die (parodistische) Repetition – als Verweigerung eines eigenen Diskurses – schließe vielmehr in der Analogie auch die teuflische Spur der Differenz ein.

> Y aunque llega la muerte presurosa
> y tu fragante vida se te aleja,
> no sientas el morir tan bella y moza;
>
> mira que la experiencia te aconseja
> que es fortuna morirte siendo hermosa
> y no ver el ultraje de ser vieja.[25]

Das auch bei den spanischen Sonetten beobachtete Thema der Gegenwart und des Zeitvergehens wird zwar wieder aufgenommen, die Moral des Sonetts ist indes eine gänzlich andere. Die Bedeutung des Augenblicks wird ausgehend von einer anderen Bewertung des Schicksals der Frau und ihrer vergänglichen Schönheit gesehen. Sor Juana streicht die Lilie, die Blume der unschuldigen Liebe, und betont Purpur und Scharlach, welche auf die doppelte Bedeutung der roten Rose in der christlich-abendländischen Symbolik anspielen. Die rote Rose ist Symbol für die Passion in einem zweifachen Sinne: Mit der Farbe Purpur weist sie auf das Blut hin und meint das Leiden des gekreuzigten Christus; Scharlach ist aber auch die Farbe der sinnlichen Leidenschaft. Schließt das erste Quartett noch an das Mahnbild des gongorinischen *vanitas vanitatum* an, so wird im Laufe des Sonetts die Betonung des ‚Leidens' im Sinne körperlicher Leidenschaft verstärkt, welche auch nach dem Tod weiterlebt und sich verewigt. Im zweiten Quartett antwortet Sor Juana auf das gongorinische ‚goza' (‚genieße'), indem sie gegen das Verschwinden der Zeit und gegen den Tod das Lob der sinnlichen Erfahrung ausspricht. Die Dichterin weigert sich in den Terzetten, den weiblichen, von den Angriffen des Alters zerstörten Leib als Mahnmal für eine platonische Moral zu konzipieren, die dem klassischen Dichter zur Verarbeitung und Überwindung des Todes verhalf. Der Körper der Frau gehört ihr. Ihr steht auch die freie Entscheidung zu, auf die Zukunft zu verzichten. Der Tod im Zustand erotischer Vollkommenheit erscheint begeh-

---

[25] „Eine Rose betrachtete Celia, wie sie im Garten / glücklich die Pracht vergebens zur Schau stellte / und mit purpur- und scharlachroter Schminke / fröhlich die zarte Stirn befeuchtete, // und sie sagte: Genieße, ohne das Schicksal zu fürchten / den kurzen Lauf des schönen Alters, / denn der Tod kann *Dir* morgen / nichts nehmen von dem, was Du heute genossen, // und selbst dann, wenn der Tod hastig herbeieilt / und sich Dein junges Leben von Dir entfernt, / bedaure, so schön, so jung, das Sterben nicht; // schau, was die Erfahrung Dir empfiehlt, / daß es ein Glück zu sterben ist, solange Du schön / und nicht vom Alter geschändigt bist." (Üb. von Conchi Palma)

renswerter als der langsame soziale Tod eines als verhasstes Antlitz verpönten Körpers. Sor Juana nimmt zwar den androzentrischen Blick ein und konzipiert weiterhin die Frau als Objekt. Sie fokussiert aber die soziale Situation der Frau, die sich hinter der sublimierenden Moral der petrarkistischen Symbolik verbirgt. Sie spricht als Echo; die Wiedergabe dieser Symbolik bewirkt jedoch eine für die Sublimationslehre teuflische Akzentuierung der Geschlechterdifferenz. Die weiteren Sonette sind bereits Metadichtung zum Petrarkismus.

In „Este que ves" evaluiert sie auf der konzeptuellen Ebene die Motive der Liebeslyrik:

> Este que ves, engaño colorido,
> que, del arte ostentado los primores,
> con falsos silogismos de colores
> es cauteloso engaño del sentido.
>
> Este en quien la lisonja ha pretendido
> excusar de los años los horrores
> y venciendo del tiempo los rigores
> triunfar de la vejez y del olvido:
>
> es un vano artificio del cuidado;
> es una flor al viento delicada;
> es un resguardo inútil para el hado;
>
> es una necia diligencia errada;
> es un afán caduco; y, bien mirado,
> es cadáver, es polvo, es sombra, es nada.[26]

Auch hier – wie in *El divino Narciso* – schließt Sor Juana an die platonische Kritik der Kunst an. Es ist die Rede der illusionierenden Sprache des Dichters, der Täuschung der Kunst, die vorgibt, die Zerstörungsarbeit der Zeit zu besiegen und sich über den Tod hinaus zu verewigen. Auch hier schleichen

---

[26] „Das, was Du siehst, farbenfrohe Täuschung, / das, was mit der Schau perfekter Kunst / und falschen Syllogismen der Farben / erscheint ist tückische Täuschung der Sinne. // Diese, in die die Schmeichelei vorgab / der Jahre Horror zu entschuldigen / und das Alter und die Vergessenheit zu besiegen, / indem sie die Härte der Zeiten bezwang // ist ein unnützes Artificium der Sorge; / ist eine zarte Blume im Wind / ist ein gegen das Schicksal unsinniger Schutz; // ist eine falsche, dumme Sorgfalt, / ist eine hinfällige Mühe; und richtig gesehen, / ist es ein Leichnam, ist es Staub, ist es Schatten, ist es nichts." (Üb. von Conchi Palma.)

sich bei der Übernahme der Topoi bedeutende Differenzen ein. Die Blume, in der Sor Juana abermals nicht primär die Schönheit, sondern die Schwäche sieht (V. 10) repräsentiert nicht die Frau, sondern ist eine metapoetische Metapher für das Dichten überhaupt. Das Sonett ist zwar im platonischen Sinne kunstkritisch (die farbenprächtige Textur der Täuschung ist vorranging ein Werk der Kunst); mit den petrarkistischen Topoi bezieht sich jedoch die Täuschung auf das Vorspielen der perfekten Schönheit der Frau. Im Laufe des Sonetts transformiert sich der Blick: Ausgehend von der illusionierenden abstrakten Idee der Perfektion kommt dieser zur sinnlichen Anschauung der Zerstörungsarbeit der Zeit, bis hin zum Leichnam. Der Blick verläuft von der Kunst zum Leben, weg von der Sublimation, hin zum Leiden. Sor Juana geht damit den umgekehrten Weg des Petrarkismus Góngoras und ersetzt die moralische, anagogische und christliche Allegorik des letzten Verses durch den Blick auf tote Leiblichkeit. Die Dichterin verhehlt den Schmerz über das Alter und den Tod nicht. Sie verbindet vielmehr die höchst rationale Tätigkeit mit der höchst emotionalen Empfindung, ein Moment, auf das man bei ihrer Lyrik immer wieder stößt.

5   Moderne Formen der Antwort auf den Petrarkismus

Das Drama der Zeitlichkeit wird zu einem besonders gefährlichen Spiel in der Moderne, in der der Mensch auf seine Existenzerfahrung zurückgeworfen wird und allein bleibt. Der Narziss steht allein vor seinem Spiegelbild ohne metaphysische Stütze zur Überwindung seiner Einsamkeit und der Erfahrung des Verschwindens. Der narzisstische Solipsismus gelangt aber damit auch an seine Grenzen.[27]

---

[27] Der Solipsismus und Narzissmus des modernen Dichters ist ein allgemein bekannter Topos der Lyrik der Moderne. Bei meiner Untersuchung eines Prosagedichts von Charles Baudelaire zeigten sich indes auf einer metapoetischen Dimension des Textes auch ein ironischer Akzent und eine intertextuelle Perspektive, die mit der Selbstironisierung des narzisstischen Subjekts auch die Schwelle zur Pluralität der Sprachen öffnen. Die Sprachen der Anderen retten den einsamen Narziss der Moderne. Es ist Echo, die Narziss vor seinem Tod bewahrt. Erst wenn Narziss das Echo der anderen Stimmen aufnimmt, wird er vor der Selbstauszehrung gerettet (vgl. Borsò 1997a).

Die parodistische Wiedergabe der Stimme des Narziss ist besonders wichtig bei zeitgenössischen Texten lateinamerikanischer Lyrikerinnen, für die nachstehend Blanca Varela paradigmatisch betrachtet werden soll. Der folgende Text ist programmatisch für eine weibliche Schreibpraxis, in der die weiter oben dargestellten Prinzipien wiederzuerkennen sind:

Identikit
sí
la oscura materia,
animada por tu mano
soy yo[28]

In diesem kurzen epigrammatischen Text wiederholt die Nymphe Echo die Worte von Narziss immer, wenn sie ‚ich' sagt. Es gibt keinen Ausweg. Ihre Sprache ist die des Narziss; ihr Körper wird durch den Blick des Narziss komponiert. Die Frau muss sich zwar symbolisch mit dem dunklen Objekt der Begierde identifizieren, jener Materie, die von der Hand des Anderen beseelt wird. Gerade aber durch die parodistische Wiedergabe ihrer sprachlichen und sozialen Situation konstituiert sich die Frau dennoch als kritisches Subjekt. In einem weiteren Text dekonstruiert die Dichterin die Geschichte des Menschen in kurzen, prägnanten Pinselstrichen: „Eva geht".

Va Eva
animal de sal
si vuelves la cabeza
en tu cuerpo
te convertirás
y tendrás nombre
y la palabra
reptando
será tu huella[29]

---

[28] „Identikit // Ja / die dunkle Materie / die Deine Hand belebt, / bin ich." (Üb. von Conchi Palma.)
[29] „Eva geht // Tier aus Salz / wenn Du den Kopf wendest / in Deinen Körper / wirst Du Dich verwandeln / und wirst einen Namen haben / und das Wort wird / kriechend / Deine Spuren sein." (Üb. von Conchi Palma.)

Blanca Varela lehnt den Mythos ab, der die Frau definiert. Sie schaut zurück in die Geschichte, aber so, dass ihr Körper dabei, anders als beim Mythos von der rückblickenden Frau von Lot (Genesis, 19, 26), nicht zur Salzsäule erstarrt. Vielmehr lässt die Dichterin aus der versteinerten Gestalt der Geschichte den Leib der Frau und die Zeichen der Vergangenheit durchscheinen. Ihre Sprache ist dabei die Spur im Palimpsest der Sprache der Anderen. Gerade durch die Ablehnung der Authentizität ihres Diskurses wirkt sie subversiv und erhält jene teuflische Kraft, die Sor Juana der Nymphe Echo zuschrieb.

Ich schließe meine Darstellung mit César Vallejo, einem der bedeutendsten Dichter der lateinamerikanischen Avantgarde, um mit den Überlegungen, die aus der Gender-Forschung gewonnen wurden, auch Ausblicke jenseits der Literatur von Frauen anzudeuten:

El poeta y su amada

Amada, en esta noche tú te has crucificado
sobre los dos maderos curvados de mi beso;
y tu pena me ha dicho que Jesús ha llorado,
y que hay un viernesanto más dulce que ese beso.

En esta noche rara que tanto me has mirado,
la Muerte ha estado alegre y ha cantado en su hueso.
En esta noche de septiembre se ha oficiado
mi segunda caída y el más humano beso.

Amada, moriremos los dos juntos, muy juntos;
se irá secando a pausas nuestra excelsa amargura;
y habrán tocado a sombra nuestros labios difuntos.

Y ya no habrá reproches en tus ojos benditos;
ni volveré a ofenderte. Y en una sepultura
los dos nos dormiremos, como dos hermanitos.[30]

---

[30] „Der Dichter und seine Geliebte // Geliebte, in dieser Nacht hast Du Dich gekreuzigt / auf beiden gebogenen Balken meines Kusses, / und Deine Trauer hat mir gesagt, dass Jesus geweint hat, / und dass es gibt einen süßeren Karfreitag als diesen Kuss. // In dieser merkwürdigen Nacht, in der Du mich so oft betrachtet, / war der Tod heiter und hat gesungen in seinem Knochen. / In dieser Septembernacht ist festlich begangen worden / mein zweiter Fall und der menschlichste

Auch in poetologischen Texten dieses peruanischen Autors erkennen wir eine vom Petrarkismus abweichende Funktion der Dichtung. Das lyrische Ich überwindet nicht die Macht des Todes durch die Anschauung der einstigen Schönheit der toten Geliebten, wie dies das petrarkistische Ich tat. Vielmehr wünscht der Dichter mit seiner Geliebten gemeinsam zu sterben. Hinter diesem romantisierenden Bild wird der Wille zu einer Umdeutung des Verständnisses des Ichs sichtbar. Als Ausgangspunkt des Gedichts dienen die Anerkennung der Erotik als Opfer und ihre Nähe zu dem mit dem christlichen Bild der Kreuzigung ausgedrückten Opfer der Liebe (1. Quartett). Das Subjekt wird mit diesem Bild umgedeutet, wird *subjectum*. Der Dichter selbst ist gebrechlich und der transzendentalen Macht des Todes unterlegen (2. Quartett). Diese Umdeutung des Ichs ist eng verbunden mit dem Verständnis der Liebe als Opfer, als erotische Verausgabung.[31] Liebe ist Aufgabe des Ichs für den Anderen, wie dies die Verschmelzung christlicher und erotischer Metaphorik verdeutlicht. Dabei schützt sich der Dichter nicht mehr vor seinem eigenen Tod durch das Opfer der Anderen, der Frau. Mit der Erfahrung der Erotik als innere Erfahrung der Selbstaufgabe findet vielmehr der Dichter zur anderen Seite der *passio*, nämlich der *compassio*, zum Mitleiden, zur Solidarität im Leiden, der Solidarität bei der Leidenschaft. Die einzige Form, den Tod zu überwinden, ist die Gemeinschaft im Leiden – so der letzte Vers des Gedichts. Präzise überwindet Vallejo den Konflikt der Geschlechter. Er ersetzt den Narzissmus der europäischen Lyrik der Avantgarden durch einen pluralistischen, demokratischen Begriff des Subjekts,[32] zu dem erst heute dezentrierte Subjekttheorien (im Rahmen von Intertextualität, Poststrukturalismus und der Forschung zur

---

Kuss. // Geliebte, wir werden beide zusammen sterben, sehr nah beisammen; / es wird vertrocknen nach und nach unsere erlesene Bitterkeit; / und es werden sich im Schatten unsere verstorbenen Lippen berührt haben. // Und dann wird es keine Vorwürfe mehr geben in Deinen heiligen Augen; / und ich werde Dich nicht wieder beleidigen. Und in einem Grabe / werden wir beide einschlafen, wie zwei Geschwisterchen." (Üb. von Conchi Palma.)

[31] Für die Nähe von Erotik und dem Heiligen in der Moderne ist das Denken Georges Batailles grundlegend, vgl. Borsò (1997b). Zur Bedeutung Batailles für die Mystik vgl. Teuber (1992).

[32] Dieses kritische Potential Vallejos im Verhältnis zur kriegsbejahenden europäischen Avantgarde hat u. a. Siebenmann (1991) hervorgehoben. Vgl. auch Yurkievich (1990). Zur Polyphonie als grundlegendes Merkmal weiblicher Sprachsubjekte vgl. Reisz (1988).

écriture féminine[33]) kommen – ein prägnantes Beispiel der Kraft der Sprache jener sogenannten Randkulturen, der Lateinamerikaner, über die wir uns logo- bzw. eurozentrisch und patriarchalisch erheben zu können glaubten.

Bibliographie

BALIDES, Constance (1990). „Foucault in the Field of Feminism", *Camera Obscura* 22, 138-149.

BARTHES, Roland (1970). *S/Z*. Paris: Seuil.

BORSÒ, Vittoria (1999). „Zwischen *carpe diem* und *vanitas*. Überlegungen zum spanischen Sonett in der Renaissance und dem ‚Siglo de Oro'", in: Theo STEMMLER / Stefan HORLACHER (Hrsg.). *Erscheinungsformen des Sonetts*. Mannheim: Narr, 79-106.

BORSÒ, Vittoria (1998). „The Status of the Other: Some Reflexions on Latin American and Spanish Baroque", in: Cedric BROWN / Therese FISCHER-SEIDEL (Hrsg.). *Cultural Negotiations. Sichtweisen des Anderen*. Tübingen / Basel: Francke, 259-281.

BORSÒ, Vittoria (1998a). „Barroco, criollismo y la formación de la conciencia nacional. Reflexiones sobre el Perú y México", in: Dieter JANIK (Hrsg.). *La literatura en la formación de los Estados hispanoamericanos (1800-1860)*. Frankfurt am Main: Vervuert, 143-177.

BORSÒ, Vittoria (1997). „Literatura y discurso o la mirada desde afuera. Impulsos de una ‚hispanoamericanística' internacional para la reorganización del saber en las ciencias humanas", in: Susanne KLENGEL (Hrsg.). *Contextos, historias y transferencias en los estudios latinoamericanistas europeos*, Frankfurt am Main: Vervuert, 183-212.

BORSÒ, Vittoria (1997a). „Die Aporie von Eros und Ich-Kult: Zur Ästhetik von Charles Baudelaire", in: Hans-Georg POTT (Hrsg.). *Liebe und Gesellschaft. Das Geschlecht der Musen*. München: Fink, 121-138.

BORSÒ, Vittoria (1997b) „‚Rêve d'une pensée hétérologique'. Georges Bataille am Ursprung ohne Ursprung", in: Christoph WEISMÜLLER (Hrsg.). *Kontiguitäten. Texte-Festival für Rudolf Heinz*. Wien: Passagen, 49-64.

BORSÒ, Vittoria (1995). „Georgina Sabat de Rivers. *Estudios de literatura hispanoamericana. Sor Juana Inés de la Cruz y otros poetas barrocos de la Colonia*. Barcelona: PPU 1992 / Roberto González Echevarría. *Celestina's Brood: Continuities of the Baroque in Spanish and Latin American Literature*, Durham, NC / London 1993" (Rezension), *Notas* 2/2, 78-84.

---

[33] Ich beziehe mich auf das Subjekt des Begehrens, wie es von Hélène Cixous und Julia Kristeva charakterisiert wird.

Borsò, Vittoria (1994). *Mexiko jenseits der Einsamkeit. Versuch einer interkulturellen Analyse – Kritischer Rückblick auf die Diskurse des Magischen Realismus*. Frankfurt am Main: Vervuert.

Borsò, Vittoria (1994a). „Margo Glantz. Borrones y borradores. Reflexiones sobre el ejercicio de la escritura (Ensayos de literatura colonial, de Bernal Díaz del Castillo a Sor Juana). México: UNAM 1992" (Rezension), *Notas* 3, 102–104.

Borsò, Vittoria (1991). „Utopie des kulturellen Dialogs oder Heterotopie der Diskurse", in: Klaus W. Hempfer (Hrsg.). *Poststrukturalismus, Dekonstruktion, Postmoderne*. Stuttgart: Steiner, 95–117.

Burke, Peter (1991). *Offene Geschichte. Die Schule der „Annales"*. Berlin: Wagenbach.

Certeau, Michel de (1991). *Das Schreiben der Geschichte*. Frankfurt am Main u. a.: Campus.

Certeau, Michel de (1980). *L'invention du quotidien*. Paris: Union Générale d'Éditions.

Certeau, Michel de (1975). *L'écriture de l'histoire*. Paris: Gallimard.

Cruz, Sor Juana Inés de la (1994). *Obra selecta*, hg. von Margo Glantz, 2 Bde. Caracas: Biblioteca Ayacucho, xi–xc.

Deleuze, Gilles (1993). *Logique du sens*. Paris: Minuit.

Di Pinto, Mario (1986). „Non sgozzate la ninfa Elisa", *Studi ispanici*, 123–143.

Felten, Hans / Valcárcel, Agustín (Hrsg.) (1990). *Spanische Lyrik von der Renaissance bis zum späten 19. Jahrhundert*. Stuttgart: Reclam.

Fernández Retamar, Roberto (1974). *Calibán. Apuntes sobre la cultura en nuestra América*. Mexiko Stadt: Diógenes.

Foucault, Michel (1991). „Andere Räume", in: Karlheinz Barck (Hrsg.). *Aisthesis. Wahrnehmung heute oder Perspektive einer neuen Ästhetik*. Leipzig: Reclam.

Foucault, Foucault (1966). *Les mots et les choses. Une archéologie des sciences humaines*. Paris: Gallimard.

Ginzburg, Carlo (1990). *Der Käse und die Würmer: Die Welt eines Müllers um 1600*. Berlin: Wagenbach.

Ginzburg, Carlo (1977). *Il formaggio e i vermi: il cosmo di un mugnaio del '500*. Turin: Einaudi.

Glantz, Margo (1992). *Borrones y borradores. Reflexiones sobre el ejercicio de la escritura*. Mexiko Stadt: UNAM.

Glantz, Margo (1991). „Las hijas de la Malinche", in: Karl Kohut (Hrsg.). *Literatura mexicana hoy. Del 68 al ocaso de la revolución*. Frankfurt am Main: Vervuert, 121–129.

Görling, Reinhold (1997). *Heterotopia. Lektüren einer interkulturellen Literaturwissenschaft*. München: Fink.

GONZÁLEZ ECHEVARRÍA, Roberto (1985). *The Voice of the Masters: Writing and Authority in Modern Latin American Literature.* Austin: University of Texas Press.
GROSSMANN, Rudolf (Hrsg.) (1960). *Spanische Gedichte aus acht Jahrhunderten.* Bremen: Scheunemann.
LYOTARD, Jean-François (1983). *Le différend.* Paris: Minuit.
MORENO-DURÁN, Rafael Humberto (1988). *De la barbarie a la imaginación. La experiencia leída.* Bogotá: Tercer Mundo.
PAZ, Octavio (1982). *Sor Juana Inés de la Cruz o las trampas de la fe.* Mexiko Stadt: FCE.
PETRARCA, Francesco de (1989). *Canzoniere*, üb. von Geraldine GABOR / Ernst-Jürgen DREYER, hg. von Geraldine GABOR. Basel: Stroemfeld / Roter Stern.
REISZ, Susana (1988). „Poesía y polifonía: de la *voz poética* a las *voces* del discurso poético en *Ova completa* de Susana Thénon", *Filología*, 23/1, 177–194.
SABAT DE RIVERS, Georgina (1992). *Estudios de literatura hispanoamericana. Sor Juana Inés de la Cruz y otros poetas barrocos de la Colonia.* Barcelona: PPU.
SHOWALTER, Elaine (1979). „Towards a Feminist Poetics", in: Mary JACOBUS (Hrsg.). *Women Writing and Writing about Women.* London: Croom Helm, 22–41.
SIEBENMANN, Gustav (1991). „César Vallejo und die Avantgarde", in: Harald WENTZLAFF-EGGEBERT (Hrsg.). *La Vanguardia europea en el contexto latinoamericano.* Frankfurt am Main: Vervuert, 337–360.
SPIVAK, Gayatri Chakravorti (1988). „Can the Subaltern Speak?", in: Cary NELSON / Lawrence GROSSBERG (Hrsg.). *Marxism and the Interpretation of Culture.* Basingstone: Macmillan Education, 271–313.
STEMPEL, Wolf-Dieter / STIERLE, Karlheinz (1987). *Pluralität der Welten. Aspekte der Renaissance in der Romania.* München: Fink.
STOLL, Andre / BOSSE, Monika / POTTHAST, Barbara (Hrsg.) (1998). *La creatividad femenina y las trampas del poder: María de Zayas, Isabel Rebeca Correa, Sor Juana Inés de la Cruz.* Kassel: Reichenberger.
TEUBER, Bernhard (1992). „Erotik und Allegorie bei San Juan de la Cruz", *Romanische Forschungen* 104, 1/2, 104–131.
WALDENFELS, Bernhard (1990). *Der Stachel des Fremden.* Frankfurt am Main: Suhrkamp.
YURKIEVICH, Saúl (1990). „Aptitud humorística en *Poemas humanos*", *Hispanoamérica. Revista de Literatura* 19, 56/57, 3–10.

Die Schrift des Subjekts an den Grenzen der Macht.
Sor Juana Inés de la Cruz*

Mit den in der neueren Forschung zunehmend thematisierten ‚literarischen Topographien'[1] hat die Literaturwissenschaft eines der Gebiete erobert, in denen die Kraft des Ästhetischen von neuem sichtbar wird. Mit der ‚Schrift des Raumes' ist nicht nur die Fähigkeit literarischer Texte gemeint, soziale, historische und politische Systeme räumlich zu konzipieren, vielmehr bringt die im Text enthaltene ‚Topologie' auch neue, andere Raumkonstellationen hervor.[2] In ihrer ästhetischen Textur implizieren literarische Texte eine autoreflexive Arbeit, die illustriert, dass Räume nicht gegeben sind, sondern erst im sprachlichen und kulturellen Vollzug hervorgebracht werden. In dieser selbstreferentiellen Kraft des Ästhetischen liegt auch die Möglichkeit, über Räume der Macht zu reflektieren und machtorientierte Topologien zu hinterfragen. Die Macht ist, wie der späte Michel Foucault phänomenologisch postulierte, ein kulturelles Feld, in dem sich Kräfte gegenüberstehen. Sie ist keine unhintergehbare metaphysische Maschine. ‚Macht wird gemacht', so der Hauptsatz der Analyse des späten Foucaults zum Verhältnis von Subjekt, Raum und Macht.[3] So können literarische Texte zu Theaterräumen der Konstellationen der Macht werden, in ihren Inszenierungen widersetzt sich – gerade auch in politisch

---

* Dieser Artikel erschien zuerst in: Yvonne-Patricia Alefeld (Hrsg.). *Von der Liebe und anderen schrecklichen Dingen. Festschrift für Hans-Georg Pott*. Bielefeld: Aisthesis 2007, 59–82. Wir danken dem Aisthesis Verlag für die freundliche Druckgenehmigung.

[1] Vgl. z. B. Weigel (2004); Borsò / Görling (2004); Stockhammer (2005). Für eine phänomenologische Problematisierung topologischer Ordnungen waren die Studien von Waldenfels entscheidend, vgl. z. B. Waldenfels (1997). Für eine historische Bestandaufnahme ‚literarischer Räume' im Zusammenhang mit der Gender-Problematik vgl. Frackowiak (1998: 37).

[2] Dabei ist der inhaltlich und symbolisch im Text erzeugte Raum vom Raum des Textes zu unterscheiden, also vom Raum der Schrift, deren Materialität neue Konstellationen hervorbringt. Mallarmés „Un coup de dés jamais abolira le hasard" ist ein bahnbrechendes Beispiel für Letzteres, vgl. Borsò (2004a). Wie produktiv die heuristische Unterscheidung vom semiotisierten Raum ‚im Text' und Raum ‚des' Textes ist, zeigt die Dissertation von Urban (2007).

[3] Vgl. Foucault (1984) und Borsò (2004a).

repressiven Epochen oder hegemonialen Kulturen – eine kulturelle Gegenmacht.[4]

Dies zeigt sich in beeindruckender Weise am Beispiel des lateinamerikanischen Kolonialbarocks, wo eine seit einigen Jahren stattfindende, kritische Revision der Rolle von Kolonialsubjekten auch verschiedene Prozesse der Selbstautorisierung offen legen konnte.[5] Die Analyse des Ästhetischen korrigierte dabei auch die traditionelle Geschichtsschreibung, ging diese doch lediglich auf die politischen Strukturen und starren hegemonialen Verhältnisse der Kolonien ein. So lässt sich z. B. aus Sicht des Ästhetischen zeigen, dass zwar die politische und kirchliche Macht die präkolumbischen Traditionen auszulöschen versuchte, im Glauben, die Wildnis auszurotten, dass aber die in die christlichen Repräsentationen eingehenden indianischen Kulturen eine kulturelle Widerstandskraft entfalteten, die die Kolonialkunst nur noch reicher machte. Ein Beispiel für die parallele Entwicklung von Macht und Widerstand im Raum des Ästhetischen sind die Inszenierungen der mächtigen, pompösen Hegemonie des katholischen Zentrums durch die barocke Architektur und die Gegenbewegung der labyrinthisch-floralen Verzweigungen der Ornamente, der Wucherung heidnischer Details und populärer Traditionen. Das zentrifugale Detail eroberte im Inneren der Kirchen die katholische Zentralität der äußeren Architektur. Ähnliches wiederholt sich im Bereich der höfischen Gesellschaft. Sie unterstand der Macht des Vizekönigs. In dieser hatte die autochthone Bevölkerung dienerische Funktionen. Nicht-Spanier waren Kolonialsubjekte, d. h. passive, untergeordnete Objekte der Macht. In der sozialen Skala der kolonialen Welt Neuspaniens hatten weder Indios noch Mestizen, d. h. diejenigen, die aus einer Heirat zwischen Spaniern und Indios

---

[4] Dieser Aufgabe haben sich die postkoloniale Forschung und die *gender studies* gewidmet. Sie haben die hegemoniale Position des Zentrums verlassen, das auf die ‚Anderen' schaut. Die sogenannte randständige Position ist ein ‚anderer' epistemologischer Ort. Er vermittelt ein anderes, ein dezentriertes Wissen, wie etwa bei zahlreichen lateinamerikanischen Autoren, Männern wie Frauen.

[5] Lateinamerikanische Schriftstellerinnen haben die Verbindung der Mythen über die Frau und jener der Eroberung Amerikas aufgenommen und ihre gemeinsame patriarchalische und eurozentrische Basis offengelegt. So z.B. die Mexikanerin Carmen Boullosa. Vgl. auch die Analyse der Analogie zwischen dem *mapping*, also der mentalen Aneignung der Neuen Welt und der kulturellen Aneignung des weiblichen Körpers von Hölz (1998).

stammten, Zugang zu politischen Ämtern. Lediglich die Kreolen, in Amerika geborene Kinder von Spaniern, konnten in die politische Hierarchie aufsteigen und sie waren es, die dann Anfang des 19. Jahrhunderts die Unabhängigkeitskämpfe initiierten.

Die hegemoniale Beziehung zwischen Kulturen ist also eine Seite der Medaille, die nur solange unhintergehbar erscheint, solange man die Verortung der Kulturen und ihr Verhältnis statisch und unveränderbar ansieht, wie dies in der von einem eurozentrischen Bewusstsein (auch von Lateinamerikanern) verfassten Geschichte Amerikas geschah.[6] Im ästhetischen Raum von Literatur und Kunst eröffnet sich jedoch ein Raum, in dem die Macht nicht nur von einer Seite fließt, sondern sich auch als Gegenmacht, als Widerstand entwickeln kann.[7]

Die mexikanische Schriftstellerin Sor Juana Inés de la Cruz ist ein herausragendes Beispiel der Widerstandskraft des Kulturellen, die sich trotz der hegemonialen Verhältnisse im urbanen Raum der barocken Kultur Nueva Españas freie Räume eroberte. In den städtischen Zentren, insbesondere in Mexiko Stadt, entstand bald eine florierende Kultur, die mit den europäischen Zentren wetteiferte. Schon im Jahre 1551 wurde eine mit Salamanca vergleichbare Universität gegründet. Neben der Theologie, insbesondere der Scholastik, waren die *artes liberales* vertreten: Grammatik, Rhetorik, Dialektik, Arithmetik, Geometrie, Musik, Astronomie sowie Latein und Griechisch. Wir wissen heute, dass diese städtische Kultur nicht allein eine Kopie der europäischen war. Vielmehr besaß sie durch die Begegnung und die Austauschprozesse mit den indianischen Traditionen eine eigene Kreativität und eine eigene Wissensproduktion.[8]

---

[6] Vom europäischen Zentrum aus gesehen erscheint die lateinamerikanische Kultur als eine defizitäre Kopie Europas ohne ‚Subjekte' auf der Bühne der Geschichte. Noch Hegel deklarierte in seiner Philosophie der Geschichte, dass die Lateinamerikaner aufgrund ihres geringen Zivilisationsgrades noch lange brauchen werden, um gleichwertige Akteure der Universalgeschichte zu werden.

[7] Zu einem Überblick der Möglichkeit transkultureller Dynamik auch in historischen Epochen vgl. Borsò (2004a).

[8] Ich verweise u. a. auf die bahnbrechende Analyse der Wissenschaftsgeschichte Mexikos durch Trabulse, z. B. Trabulse (1974; 1984).

Sor Juana Inés de la Cruz (1651–1695), eine mexikanische Ordensfrau und Äbtissin des Klosters San Jerónimo in Mexiko Stadt, erlangt schon zu Lebzeiten einen Ruhm, der sie als Dichterin und Briefkorrespondentin von Francisco de Quevedo und Luis de Góngora bis nach Spanien bekannt macht. Die spanische Literaturgeschichte hat sie in die Reihe ihrer Klassiker einbezogen.[9] Seit der Etablierung eines eigenen nationalen Diskurses Mexikos gehört die Dichterin, die sämtliche lyrischen Formen, auch und insbesondere die Liebeslyrik beherrschte, als Theaterschriftstellerin, Autorin von Traktaten, Festspielen und einer eigenen Autobiographie erfolgreich war, zum Pantheon der lateinamerikanischen Literatur unter dem Namen der ‚Zehnten Muse' Mexikos.[10]

Sor Juana wurde von ihren Zeitgenossen sowohl wegen ihrer Schönheit und beeindruckenden Persönlichkeit als auch wegen ihrer Weisheit geachtet. Kurz nach Vollendung ihres 18. Lebensjahrs zog sich Juana ins Kloster zurück, obwohl sie zu diesem Zeitpunkt Hofdame am Hof der Vizekönigin, der Gräfin de Paredes, war, die sie auch später beschützen wird. Die meisten ihrer Biographen lehnen die naheliegende Begründung einer Liebesenttäuschung ab, eine Erklärung, die sich zunächst aufdrängt, wenn man die Bejahung der sinnlichen Liebe in ihrer Lyrik kennt. Indes mag der Rückzug in das Kloster für die uneheliche Tochter eines Großgrundbesitzers, Kapitän Diego Ruis Lozano y Zenteno aus Cholula, und einer unverheirateten Frau, Isabel Ramírez, die einzige Möglichkeit gewesen sein, einen sozialen Stand zu erlangen, der Sor Juana den Zugang zu dem öffnet, was sie am meisten wünschte: ihre Studien. So erklärt sich auch die Ikonographie der Dichterin, abgebildet als Ordensfrau in selbstsicherer Pose mitten in ihrer Bibliothek.[11]

---

[9] Der spanische Philologe Marcelino Menéndez y Pelayo lobte Ende des 19. Jahrhunderts besonders die Ausdruckskraft der Dichterin.

[10] Vgl. auch schon Pfandl (1946).

[11] Ich verweise auch auf Paz' Analyse der berühmten Porträts von Juan de Miranda und Miguel Cabrera, die Sor Juana vor ihrer Bibliothek zeigen, vgl. Paz (1982: 356 ff.) Die soziale Bedeutung dieser Schriftstellerin sticht umso mehr hervor, wenn man bedenkt, dass in der hegemonialen Situation starrer höfischer Kultur die Frauen in doppelter Weise Objekte waren (Objekte der Macht der Europäer und des männlichen Blickes). Für die Frau bestand in der höfischen Gesellschaftsstruktur der Neuen Welt keine kulturelle Rolle, die sie schützte oder nobilitierte. Im Gegensatz zur europäischen Frau, die in der höfischen Kultur und in der Literatur des europäischen Mittelalters

1 Zur paradoxalen Autorisierung des Subjekts

Die Paradoxie von Domestizierung und Autorisierung des Subjekts[12] ist in der Kolonialliteratur des lateinamerikanischen 16. und 17. Jahrhunderts besonders virulent. Mit der Gewalt der Sprache assimiliert das europäische bzw. spanische Europa das Territorium des Anderen. So ist die Analogie von Körper und Territorium in den bildlichen und literarischen Zeugnissen dieser Epoche besonders ausgeprägt. Bei der Eroberung wurde die Sprache als konkrete Waffe benutzt und schon hier öffnet sich ein Raum, in dem die Paradoxie des Subjekts in Szene gesetzt werden kann. Denn die Sprache ist ein zweideutiges Instrument: Sie ist zugleich ein abstraktes Zeichensystem, das als Eroberungswaffe dienen kann, und das konkrete Indiz der Körperlichkeit. Diese Zweideutigkeit findet im Spanischen eine Entsprechung in der in den romanischen Sprachen verbundenen Etymologie von *lengua* im Sinne von Zunge, Organ des Körpers, Quelle des Geschmacks und der Sinnlichkeit und *lenguaje* als abstraktes Sprachsystem.[13] Davon ausgehend hat z. B. die mexikanische Schriftstellerin und Literaturkritikerin Margo Glantz bei Sor Juana die Doppelfunktion der Sprache analysiert. Sor Juana macht im ‚Körper' der Schrift den Abstraktionsprozess, der die Leiblichkeit zerstört, rückgängig.[14] In ihren petrarkistischen Sonetten geht die Schrift den Weg zurück zum Buchstaben; das leibhafte Sprechen gewinnt den Raum des abstrakten Sprachsystems zurück.[15] Sor Juana wendet sich gegen die moralische Anatomie[16] im neuplatoni-

---

sowie der Renaissance zwar nicht über politische Macht, jedoch oft über ebenso wichtige Formen der Einflussnahme verfügte.

[12] Vgl. weiter unten Foucaults Konzeption der Schrift als Raum der Autorisierung des Subjekts.

[13] Den Zusammenhang beider Dimensionen der Sprache mit der ‚Malinche' untersucht Glantz (1994).

[14] Vgl. z. B. Glantz (1992) und Glantz (1994a), hier insbesondere das Kapitel „Si todos los miembros de mi cuerpo fuesen lenguas". Ich verweise auch auf verschiedene Arbeiten zum Kolonialbarock. Ein Forschungsbericht findet sich bei Borsò (2004b). Zu den theoretischen Grundlagen der Einschreibung des Körpers in die Schrift vgl. Borsò (2002 [Artikel 6 im vorliegenden Band]).

[15] Leibhaftes Sprechen, das Merleau-Ponty seit *La prose du monde* (1951, publiziert 1969) ins Zentrum seines Denkens gestellt hat, meint eine dichte Textur, bei der im Textkörper indirekte Spuren der Leiblichkeit eingeschrieben sind.

[16] Die moralische Anatomie der Frau entspricht im Petrarkismus dem Sublimationsmodell des platonischen *Symposion*. So geht der Blick vom sinnlichen Zentrum, dem Haar und dem Mund,

schen Modell des Petrarkismus,[17] in dem das Subjekt die Andersheit des Leibs bekämpft um sich selbst als Vernunft-Subjekt zu ermächtigen. Petrarcas Dichtung verwandelt Laura in Buchstaben und letztendlich in jenen Lorbeer, der zu einer Eigenschaft des Dichters wird, denn mit dem Lorbeerblatt autorisiert sich Petrarca als *poeta laureatus*. Das ewige Porträt der unerreichbaren oder toten Geliebten ist also das Dispositiv, mit dem der Dichter die Differenz des Leibs und zugleich den Tod dominiert und akkulturiert. Hier wird der Körper in das formale System ‚eingescannt',[18] in Teilen dekomponiert, bei den gegenreformatorischen Sonetten des spanischen Barocks in misogyner Weise zerstückelt, alphabetisiert und als abstraktes Sprachsystem rekonstruiert. In der petrarkistischen Poesie treffen der Diskurs – oder das Gesetz – der Gattung und der Gender-Diskurs aufeinander: Die Form des Petrarkismus, insbesondere das Sonett mit seiner strengen Architektur, ist eine diskursive Aneignung des Körpers der Frau anhand der Wortgewalt des *poeta laureatus*. Es gilt aber auch das Umgekehrte, und dies in der Lyrik von Frauen wie von Männern: In den Prozessen einer anagrammatischen Lektüre und in den subversiven Prozessen der Schrift konkretisiert sich auch die ausgestoßene Körperlichkeit, das, was die moralischen Anatomien ausgeschlossen hatten. Das petrarkistische Sonett ist deshalb ein doppeltes Szenario der Querelle des Subjekts:[19] Es ist das Szenario der Ermächtigung des Ichs und seiner Entmächtigung, und auch das Szenario der Zerstückelung und Verstümmelung des Körpers und der Zurückforderung des gelebten, konkreten Leibs. Weil an der Beziehung zum Körper auch die Konstellation der Subjektivität abzulesen ist, geben die Konfigurationen und Transformationen des petrarkistischen Sonetts auch Auskunft über genealogische Krisen der Autorisierung eines moralischen Subjekts im

---

aus, um vom *amor lascivo* zum *amor divino* empor zu steigen. Auf diesem Weg beschreiben die neoplatonischen Liebestraktate, v. a. die Marsilio Ficinos (*Oratio Sexta*), die Schritte zur Einhaltung des Verbots der *concupiciencia oculorum* entsprechend dem Gebot von Augustinus' *De Remedis*.

[17] Zur systemtheoretischen Begründung des Petrarkismus vgl. Hempfer (1987).

[18] Vgl. die Analyse von Böhme (2001). Der Körper der Frau wird kartographiert; der Blick des Dichters projiziert darauf die axiologische Ordnung des Guten und des Bösen, die der Dichter für sich in Anspruch nimmt oder anklagt. Der Blick unterzieht den Körper einem Prozess der Entleibung, bekleidet ihn mit den Werten, durch die sich das Subjekt seiner Souveränität versichert.

[19] Vgl. Hassauer (1994).

Sinne der *Histoire de la sexualité*. Bevor wir darauf eingehen, sei anhand einiger Sonette die Arbeit des Ästhetischen kurz illustriert.[20]

In ihrer intertextuellen Aneignung eines berühmten Sonetts von Góngora, das für die *vanitas-vanitatum*-Allegorie des 17. Jahrhunderts exemplarisch ist, vollzieht Sor Juana eine entscheidende Wende.

Auffallend ist die metaliterarische Dimension, an der die Dichterin ansetzt. So z. B. wenn sie zu Beginn des Sonetts „Este que ves, engaño colorido"[21] ihr Argument vorführt. Die Quartette nehmen Stellung in der Debatte des *paragone* zwischen den Künsten und gegen die moralische Anatomie der Gattung, die den Körper mortifiziert und kartographiert. Das platonische Porträt[22] wird angeklagt, weil es dem Leib nicht das Recht zum Altern und zum Sterben einräumt, sondern eine atemporale, ewige und deshalb falsche Repräsentation vorspiegelt. Bedeutend ist auch hier die Artikulation des Verbs. Wo etwa das Sonett Góngoras „Mientras por competir con tu cabello"[23] die Gegenwart durch das Nichts substituiert,[24] macht Sor Juana in den für ihre

---

[20] Für eine eingehende Analyse verweise ich auf Borsò (2002 [Artikel 6 im vorliegenden Band]; 2004c).

[21] „Este que ves, engaño colorido, / Que del arte ostendando los primores, / Con falsos silogismos de colores / Es cauteloso engaño del sentido; // Este, en quien las lisonja ha pretendido / Excusar de los años los horrores / Y venciendo del tiempo los rigores / Triunfar de la vejez y del olvido, // Es un vano artificio del cuidado, / Es una flor al viento delicada, / Es un resguardo inútil para el hado, // Es una necia diligencia errada, / Es un afán caduco y, bien mirado, / Es cadáver, es polvo, es sombra, es nada" (Glantz 1994b: 12).

[22] Analog zu den hier entwickelten Thesen zeigt Glantz, dass das moralische Porträt (‚retrato como etopeya') von Sor Juana durch die Inszenierung des Narzissmus im Spiegel der konkreten Welt demontiert wird: „la mirada interior, enfrentada en el espejo que fractura el mundo, se deforma" (Glantz 1994a: XLIX). Zur Transposition des klassischen Porträts durch den Kontinentalbarock vgl. Sabat de Rivers (1992).

[23] Góngora transponiert wiederum ein Sonett von Garcilaso de la Vega, transformiert die *carpe diem*-Figur der Renaissance zum barocken *vanitas vanitatum* und ‚pulverisiert' den Augenblick. Eine anagrammatische Lektüre der Reime zeigt indes auch die ‚unreine' Materialisierung des Gesetzes der barocken *vanitas*. Hier rekomponiert sich auch die Topographie eines sensuellen (voyeuristischen) Blickes, der an den sinnlichen Stellen des Körpers – vom Haar zum Hals – herabstreift. Zur Transposition des Sonetts von Garcilaso („En tanto que de rosa y de azucena") durch Góngora vgl. Borsò (1999).

[24] Trotz der Ambiguität, die eine auch bei Góngora mögliche Lektüre gegen den Strich des Gesetzes der Gattung hervorbringt, bleibt der Aussageakt Góngoras eine Substitutionsoperation. So lauten die Terzette: „goza cuello, cabello, labio y frente, / antes que lo que fue en tu edad dora-

These relevanten Terzetten aus der Gegenwart die Schwelle zwischen Sein und Nicht-Sein: Die sechsfache Anapher der Verbform „es" (ist) am Versbeginn in den Terzetten affirmiert das Sein ‚neben' dem Nichts. Es ist die Differenz zwischen Nichts und Sein und *viceversa*. Das Sonett ist die Dramatisierung der Existenz als Verbindung von Leben und Tod, als Übergang, als Transformation des gesamten Zeitraums der Existenz. Die Verzeitlichung des Körpers und des Raumes ist die Konstellation dieses Sonetts. Die Semantik der Quartette zitiert die kodifizierten Diskursregeln des barocken *vanitas*, um aber ihre Funktion durch die von Sor Juana oft privilegierten Chiasmen zu transformieren und die Ambivalenz der Worte zu zeigen. Das Heute und das Morgen, die Glücklichen und die Unglücklichen stehen nebeneinander, sind verwandt, miteinander verbunden. Sor Juana klagt das Gesetz der Diskurse an, die das dem Neoplatonismus verpflichtete System des Petrarkismus bestimmen, nämlich das Gesetz der Sublimation. In weiteren metasprachlichen Sonetten entlarvt Sor Juana die Sprache – oder den hierfür synekdochisch verwendeten Mund – als die Quelle der Lüge. Die Maske der petrarkistischen Rhetorik und des horazischen Gebots zum erfüllten Augenblick aus Einsicht in die Vergänglichkeit, wie in der Renaissance, oder der barocken Wendung zum *vanitas vanitatum*, fällt in ihren Sonetten. Die Dichterin entwickelt einen anderen Diskurs. Im Liebessonett „Esta tarde mi bien" zeigt sich in besonderer Weise der Wunsch, die metalinguistische Kritik als Instrument zur Öffnung anderer Räume zu nutzen. Die Desillusionierungsstrategie des barocken Diskurses dient in diesem Gedicht nicht allein zur Destruktion des Glücks des Augenblicks (im Sinne des Motivs des *vanitas vanitatum*). Vielmehr richtet sich die Schrift gegen die Abstraktion der symbolischen Sprache des Körpers.[25] Da

---

da / oro, lilio, clavel, cristal luciente, // no sólo en plata o vïola troncada / se vuelva, más tú y ello juntamente / en tierra, en humo, en polvo, en sombra, en nada"; vgl. hierzu ebd. (98). Nach dem Imperativ ‚genieße' (‚goza'), der sich auf die reifizierten Körperteile bezieht, beschleunigt das Adverb ‚bevor' (‚antes') die Zeit mit einer regelrechten Fuga zum ‚Nichts' des Gedichtendes. Das linguistische Ich dieses Sonetts platziert das Nichts an dem Ort der Zeichenevidenz (der Gegenwart) – ein Nominalismus, der übrigens die in meinen Augen inadäquate These der Strukturähnlichkeit von Barock und Postmoderne (‚Neobarock') begründet, wie etwa bei Brownlee / Gumbrecht (1995).

[25] „Esta tarde, mi bien, cuando te hablaba, / como en tu rostro y tus acciones vía / que con palabras no te persuadía, / que el corazón me vieses deseaba. // Y Amor, que mis intentos ayudaba, / venció

die abstrakte Sprache trügt, ersetzt die Dichterin die abstrakte Seele durch das Herz als konkretes, leibhaftes Organ, hierbei den Diskurs des Subjekts des 19. Jahrhunderts vorwegnehmend.[26] Interessanterweise werden die Implikationen der Medizin angesprochen, etwa im Sinne des durch William Harvey entdeckten Blutkreislaufs einschließlich der physiologischen Funktionen des Organs. Auch hier setzt das Gedicht auf metaliterarischer Ebene an. Gegen das Gesetz der Gattung, die es der Schrift abverlangt, ein ‚Pharmakon' gegen die Leidenschaft bereitzustellen, obsiegt hier der im Körper eingenistete *amor*, und gerade weil er obsiegt, öffnet er die Liebeskommunikation, er wird zum Übersetzer zwischen den Liebenden. Die Maske der möglichen Lüge linguistischer Mediationen fällt zusammen. Und hinter dem allegorischen Zeichen steht nicht die Abwesenheit oder der Tod, sondern der konkrete Körper, die Realität der Säfte, die aus dem Herzen quellen und sich als Träne manifestieren. Die Topologie der Säfte überschreitet die Grenze binomischer Differenzen zwischen Innen und Außen, zwischen Identität und Alterität, zwischen Geschlechterzuordnungen. Distanz und Inkommunikation werden überwunden.[27] Die Rinde des Baums, hinter der sich Daphne verschanzt hatte, um sich von der Vereinnahmung und Zerstörung durch Apoll – durch das platonische Subjekt – zu retten, öffnet sich. Das innerste, intimste, lebensspendende, pul-

---

lo que imposible parecía; / pues entre el llanto que el dolor vertía, / el corazón desecho destilaba. // Baste ya de rigores, mi bien, baste, / no te atormenten más celos tiranos, / ni el vil recelo tu quietud contraste. // Con sombras necias, con indicios vanos: / pues ya en líquido humor viste y tocaste / mi corazón deshecho entre tus manos" (Castro Leal 1981: 45). „Heute abend, Geliebter, als ich zu Dir sprach / und an Deinem Gesicht und Deinen Gesten sah / daß ich mit Worten Dich nicht überzeugen konnte, / wünschte ich, Du blicktest mir ins Herz. // Und Amor, der meinem Bemühen beistand, / überwand, was unmöglich schien, / denn aus den Tränen, die der Schmerz vergoß, / trat rein das gebrochene Herz hervor. // Genug der Qual, Geliebter, genug; / nicht länger soll die despotische Eifersucht Dich bedrängen / noch niederes Mißtrauen Deine Ruhe stören. // Mit törichten Gespinsten, mit eitlen Zeichen: / Denn aufgelöst schon sahst und fühltest Du / mein gebrochenes Herz in Deinen Händen" (Üb. von Björn Goldammer / Marion Schotsch); vgl. hierzu Borsò (2002: 333 [Artikel 6 im vorliegenden Band]).

[26] Vgl. auch Luhmann (1994).

[27] In der Materialität der Schrift lässt sich die höfische Liebe anders lesen, etwa im Sinne von Gilles Deleuze und Félix Guattari *Mille Plateaux*. Hier wird der Körper zu einem Raum nomadischer Verbindungen und ambivalenter Beziehungen, die die moralischen Ordnungen durchbrechen. Nicht mehr die Aneignung des Anderen, sondern die nomadische Präsenz eines sich als reine Intensität erfahrenden Leibs ist von Bedeutung, vgl. Deleuze / Guattari (1980).

sierende Organ wird in die Hände des Geliebten gelegt. Eben hier vollzieht sich die Re-korporalisierung, die Transformation des Herzens in ein Fragment des Leibs.[28] Das Herz ist nicht länger der Bestandteil eines allegorischen Diskurses. Es ist mehr, es ist die bloße Positivität des Blutes, das herausfließt.[29] Hier ist die Topologie des Subjekts eine andere: Es ist ein verletzlicher und zugleich genussvoller Raum. Die *voluptas dolens* der Sublimierung ist nicht länger der Ausgangspunkt der Subjektkonstitution, wie bei Petrarca, sondern jener der De-Konstitution und gerade deshalb wird der Text zum Raum eines erotischen Subjekts. Dieses Ich spricht von einem extopischen Zentrum mit Bezug auf den Diskurs der Gattung.

In den Händen Sor Juanas wird das petrarkistische Sonett ein Miniaturszenario der Querelle gegen die diskursive Konfiguration des Petrarkismus, und zugleich auch ein Szenario, in dem das Ausgestoßene – von Frauen und Männern – sein Recht zurückfordert. So ist das Sonett zugleich ein Monument des Gesetzes der Gattung und des Genders wie auch das Szenario des Widerstreits. Die Transpositionen petrarkistischer Sonette durch Sor Juana bringen auf verschiedenen Ebenen Unruhe in das System des Petrarkismus: 1.) Während die Regeln der Gattung verlangen, dass der Vektor der Aussage vom konkreten Blick auf die sinnliche Körperlichkeit der Frau zu moralischen Werten kommt („"luci" als geläuterter Blick), geht Sor Juana den umgekehrten Weg: Von den abstrakten Zeichen zur Materialität des Körpers, vom abstrakten Syllogismus

---

[28] Auch Paz (1982: 380) unterstreicht die Metamorphose vom Abstrakten zum Partikulären als Höhepunkt des Sonetts. Paz scheint aber darin eine Ausnahme zu sehen, sei doch die Lyrik von Sor Juana der ‚konzeptuellen Konstruktion' verpflichtet, welche die platonische Idee des Blickes als Organ der Liebe entfaltet (ebd.). Tatsächlich betont Paz schon im Titel des, der Lyrik gewidmeten, Kapitels („Óyeme con los ojos" / „Höre mir zu mit den Augen") die auf das Sehen gerichtete Synästhesie. Damit bleibt Paz auf einer traditionellen Interpretationslinie, die die neuere Forschung überwunden hat. Wie meine Analyse zeigt, machen die synästhetischen Prozesse den Blick offen für die taktile, körperliche Nähe zum Objekt und zum ‚Anderen'.

[29] Die Dichtung von Frauen hat heute in Mexiko die Wege aufgenommen, die Sor Juana in diesem Sonett zeichnet, und nicht allein die Dichtung von Frauen. Wir befinden uns vor der Topographie eines sich hingebenden Subjekts, einer Position, die das Binom von Identität und Alterität hinter sich gelassen hat. Es ist eine Positionierung des Ichs im Zwischenraum der Übergänge, dem Zwischenraum der Differenzen, den Deleuze in *Mille Plateaux* skizziert, vgl. Deleuze / Guattari (1980).

und der Allegorie des Körpers hin zu den konkreten Körperorganen. Die betonte Intertextualität zur petrarkistischen Rhetorik nutzt sie also zur Rematerialisierung der Sprache. Es ist eine Rückkehr der Zeichen zu den körperlichen Indizien. Zweihundert Jahre vor Gertrude Stein entlarvt Sor Juana den symbolischen Sinn der Rose – der Metonymie der Leidenschaft und des Vergehens – als Lüge und leeres Zeichen und erobert den buchstäblichen Körper zurück. 2.) Sie ändert den zeitgenössischen Diskurs des Körpers. Im letzten Terzett von „Verde embeleso"[30] ersetzt Sor Juana z. B. das *artificium* des sinnlichen Scheins („verde embeleso"), d. h. die Trennung von Schein und Sein durch eine andere Phänomenologie: die Phänomenologie der Leiblichkeit, ihre Konkretion, den ‚taktilen' Blick – das Sehen durch die Hände statt durch das Dispositiv des rational gesteuerten Auges. Es ist jener, in verschiedenen Texten betonte, Sensualismus, der entsprechend dem großen kubanischen Dichter und Essayisten des 20. Jahrhunderts, José Lezama Lima[31] bei Sor Juana präfiguriert wird. Es ist eine Phänomenologie, die eine Vernunft des Körpers gegen das scholastische Dogma der Gegenreformation setzt.[32] 3) Neben verschiedenen Masken und Modi indirekter linguistischer Subjektivität[33] kommt Sor Juana auch zur direkten sprachlichen Konstitution des Subjekts im Kontrast zum platonistischen bzw. idealistischen Subjekt. So in den Terzetten von „Verde embeleso":
„[...] Los que, con verdes vidrios por anteojos, / Todo lo ven pintado a su deseo, / Que yo, más cuerda en la fortuna mía, / Tengo en entrambas manos ambos ojos, / Y solamente lo que toco veo." Die Aussage ‚Yo [...] tengo' (Ich [...] halte) kennzeichnet die Emergenz eines anderen Subjekts, das zwar im

---

[30] So z. B. die Terzette des metaliterarischen Sonetts „Verde embeleso": „Verde embeleso de la vida humana, / Loca esperanza, frenesí dorado, / Sueño de los despiertos, intricado, / Como de sueños, de tesoros vana. / Alma del mundo, senectud lozana, / Decrépito verdor imaginado; / El hoy de los dichosos esperando / Y de los desdichados el mañana: / Sigan tu sombra en busca de tu día / Los que, con verdes vidrios por anteojos, / Todo lo ven pintado a su deseo; / Que yo, más cuerda en la fortuna mía, / Tengo en entrambas manos ambos ojos / Y solamente lo que toco veo" (Castro Leal 1981: 42).

[31] Lezama Lima (1977: 314).

[32] Zu der für die Zeitgenossen profanierenden Verbindung von Intellekt und Erotik bei Sor Juana vgl. Glantz (1994a: LXV).

[33] Wagner / Laferl (2002: 144 f.).

17. Jahrhundert noch keine Epistemologie gründen kann, doch in Zwischenräumen der historischen Diskurse bereits eine andere Topologie des Ichs aufleuchten lässt. Der Wille, die Topologie von Subjekt und Differenz in anderer Weise zu schreiben, ist ein in den amourösen Sonetten der mexikanischen Dichterin auffälliger Weg. Sor Juana bricht offen mit dem Gesetz der Gattung und etabliert sich als diskursives Subjekt, das – wie auch im oben genannten Sonett – in der ersten Person das Wort innerhalb der Querelle ergreift, um ein anderes Modell von Subjektivität zu wagen. Die Elaboration europäischer Gattungen und Formen aus der Feder von Sor Juana verlässt die in der barocken Dichtung noch indirekten Strategien der Körperlichkeit, um in einer ungemein modernen Art zur direkten Affirmation eines leibhaften Körpers zu kommen.[34]

2 Autorisierung des Subjekts: Epistolare Gattung und Autobiographie

Sor Juanas Epistel über das Schweigen ist ein weiteres herausragendes Beispiel des subversiven Diskurses, der in der Schrift indirekt entfaltet wird. Sor Juana wird vom Bischof von Puebla, Manuel Fernández de Santa Cruz, zum Schweigen aufgefordert. Unter dem Druck verschiedener Vertreter des Klerus, u. a. des Bischofs von Mexiko, Francisco Aguilar y Seijas, tadelt er sie wegen ihrer intellektuellen Neugierde. Nach der Aufforderung zum Schweigen wird Sor Juana nicht mehr publizieren. Sie wird sich ihrem Beichtvater, dem Jesuiten Antonio Núñez de Miranda, anvertrauen, der die Dichterin – so Paz – endlich dorthin bekommt, wo er sie dreißig Jahre lang hinführen wollte: zur eigentlichen Bekehrung im Sinne des Verzichts auf das öffentliche Leben, was v. a.

---

[34] Diese These wird von Margo Glantz u. a. anhand des Verständnisses der Inkarnation Christi als „proceso corporal" illustriert, vgl. Glantz (1994a: LXVIII). In ihrer Rekonstruktion des autobiographischen Substrats ihres Werkes bringt Glantz die Selbstzeugnisse Sor Juanas hinter den verschiedenen Travestien zutage. Diese reichen von Metaphern, Allegorien, Heteronymen bis hin zu Identifikationsprozessen mit dem Leib Christi. Die Darstellung von Sor Juana folgt dem Modus der französischen Kritik, vgl. „Sor Juana por si misma" in Glantz (1994a: XXXVIII). So konstituiert sich eine Subjektivität zwischen einem „discurso edificante" (ebd.: XLI ff.) und einer „erótica ambivalente" (ebd.: LXXXV).

das Unterlassen des Publizierens profaner Schriften meint. Denn Sor Juana hatte insbesondere von 1680–1690 aus ihrer Klosterzelle nahezu einen Salon gemacht, in dem öffentliche *tertulias,* d. h. Treffen von Theologen und Persönlichkeiten des Hofes, stattfanden. Sie nahm also durch ihre Schriften und Gespräche am öffentlichen Leben teil und darin sah ihr Beichtvater die Sünde der Zerstreuung, die mangelnden Hingabe zur Liebe Gottes.[35] Mit Bezug auf Sor Juanas Schweigen nach 1692 interpretiert Paz den Rückzug der Dichterin als „abjuración", ein Abschwören nach dem Druck, den auch ihre Freunde und Gönner auf sie ausgeübt haben.[36] Sor Juana stirbt am 17. April 1695 als Opfer einer Epidemie, die im Kloster San Jerónimo ausgebrochen war. Der dreißig Jahre ältere Beichtvater war am 17. Februar 1695 gestorben. Trotz der intensiven Forschung über ihre letzten Lebensjahre, die von Dorothy Schons initiiert wurden,[37] bleiben die Ereignisse nach 1690 ein Rätsel. Sie soll die letzten Jahre ihres Lebens in ‚Reue' verbracht haben, von allen allein gelassen. Ihre Bibliothek soll an ihre Feinde und Verfolger veräußert worden sein.

Die scharfe, öffentliche, auch im spanischen Mutterland rezipierte Debatte, die durch den berühmten Briefwechsel zwischen dem Bischof von Puebla und der Geistlichen hervorgerufen wurde, ist komplex. Nachstehend einige wenige Daten: Der portugiesische Jesuit Antonio Viera (1608–1697) hatte in seinen berühmten Reden die augustinische und thomistische Lehre durch die Frage, welche die wichtigsten Tugenden Christus im Augenblick seines Todes

---

[35] Vgl. Paz (1982: 593). Paz bezieht sich u. a. auf die *Cartilla de la doctrina regiliosa,* die Hinweise von Antonio Núñez de Miranda, Beichtvater verschiedener Kloster, zum religiösen Leben der Geistlichen, vgl. ebd. (584).

[36] So heißen die entsprechenden Kapitel, in denen Paz die Reaktionen auf die Schrift Sor Juanas und ihren Rückzug in die Einsamkeit und Verschlossenheit des Klosters kommentiert: „El asedio" („Die Belagerung"), (ebd.: 567–581) und „La abjuración" („Das Abschwören"), (ebd.: 582–608). Zu den Gönnern von Sor Juana gehörten neben den Vizekönigen, insbesondere María Luisa Manrique de Lara, die durch eine besondere Freundschaft mit der Geistlichen verbunden war (ebd.: 593), und dem Bischof von Puebla, u. a. auch der Bischof und Vizekönig Payo de Rivera, der zukünftige Bischof von Yucatán, Juan Ignacio de Castorena y Ursúa. Sor Juana wurde in ihrer Zelle von verschiedenen Persönlichkeiten und hohen Funktionären besucht, und hatte auch Freunde am Madrider Hof, vgl. ebd. (356).

[37] Vgl. z. B. „Nuevos datos para la biografía de Sor Juana", *Contemporáneos* 9 (1929), zitiert nach Paz (1982: 598 f.).

gewesen seien, widerlegt. Vierzig Jahre später, im Jahre 1690, widersprach Sor Juana dem eloquenten Jesuiten. Der Bischof von Puebla, Manuel Fernández de Santa Cruz, publizierte begeistert vom Scharfsinn der Nonne im November 1690 die Notizen von Sor Juana unter dem Titel „Carta atenagórica" (d. h. Brief, der Minerva, der Göttin der Weisheit, würdig ist). Der Bischof begleitete aber die Publikation dieser Schrift Sor Juanas durch einen unter dem Pseudonym Sor Filotea de la Cruz von ihm selbst verfassten Brief an die schreibende Nonne. Sor Juana wird in diesem Brief getadelt, weil sie sich der profanen Literatur mehr widmete als der religiösen. Es ging dem Bischof darum, durch Hinweise auf die Begrenztheit der Frau hinsichtlich der Fähigkeit zur Bildung und zum Wissen, die für ihren intellektuellen Scharfsinn bekannte Nonne in ihre Grenzen zu weisen.

Während die traditionelle historische Forschung im Schweigen der Schriftstellerin letztendlich den Sieg der Macht der Kirche sah, wird heute mehr und mehr die Frage gestellt, ob das Schweigen nicht eine Form beredter Rede gewesen ist, die die Konstellation der Macht denunziert. Eine solche Spur hat zwar schon Paz gelegt, doch wirkt in seiner Interpretation der ‚Abschwörung' die Figur Sor Juanas eher tragisch und passiv.[38] Wir wollen uns dagegen mit der Möglichkeit auseinandersetzen, den Verzicht auf das Schreiben als eine aktive Handlung zu sehen, die die Dichterin in der Epistel über das Schweigen indirekt kommentiert. Michel Foucault entsprechend ist die Schrift eine der Technologien, die der Existenzsicherung dienen (*techné tou biou*).[39] Anhand der Gattung der Hypomnemata[40] und der des Briefes zeigt Foucault die ethopoietische Funktion der Schrift im Sinne eines ‚Trainings' von sich selbst

---

[38] So auch die zusammenfassenden Bemerkungen am Ende des Buches: „El sacrificio en el altar de Cristo fue un acto de sumisión ante prelados soberbios [...] los poderes que la destrozaron fueron los mismos que ella había servido y alabado" (ebd.: 608). Demgegenüber zeigt Agamben in „Der Autor als Geste" in Fortführung der paradoxalen Konzeption der Macht seitens Foucaults, dass sich – etwa in den Archiven der ‚infamen Biographien' des 18. Jahrhunderts – selbst in der Eintragung der Auslöschung paradoxerweise die Autorschaft des vernichteten Menschen als Geste einschreibt, vgl. hierzu Agamben (2005).

[39] Foucault (1994).

[40] Mit „Hypomnemata" bezieht sich Foucault auf öffentliche mnemotische Texte. Sie dienen zur Konstitution des Selbst durch die Hilfe von kollektiven *logoi*. Als Beispiel wird *Peri Euthmias* (*De Tranquillitate*) von Plutarch genannt.

durch sich selbst. In der Briefgattung, die mit dem Adressaten einen realen oder fiktiven Anderen impliziert, wird der Andere vom Subjekt genutzt, um sich selbst zu konstituieren. Hierzu wird im Schreiben des Briefes zunächst der in der Ordnung des Diskurses innegehaltene Platz des Anderen rekonstruiert. Vor dem Blick des in der Schrift inszenierten Anderen ermächtigt sich dann das Subjekt.[41] So ist die Inszenierung des Anderen eine Technik, eine Übung des Ichs zu seiner Stärkung. Die ‚inneren Bewegungen' gelten nicht etwa als verborgene psychische Wahrheiten, sie setzen vielmehr die Aushandlung des Subjekts mit dem Anderen als eine paradoxale Beziehung in Szene, welche erst in den Buchstaben der Schrift sichtbar wird. Dabei vollzieht sich der Prozess der Subjektkonstitution als Ermächtigung und Entmächtigung zugleich als Stärkung und Ausstoßung. Das ausgestoßene Fremde ist die Leiblichkeit oder eine Figuration von dieser: die Sexualität. Das Ich stärkt sich als selbstsorgendes Vernunft-Individuum und entkräftet sich in seiner Beziehung zu seiner Sexualität, zu den Leidenschaften, zum existentiellen Leib. Die ethopoietische Ökonomie der *écriture de soi*, der Schrift, durch die sich das Subjekt konstituiert, entspricht also jener Doppelbewegung, die wir auch in der Liebeslyrik des Petrarkismus beobachtet haben. Wie sehr die Ästhetik der Schrift solche Räume der Autorisierung des Subjekts bietet, zeigt sich im sprachlichen Wagnis und in der rhetorischen Virtuosität von Sor Juanas viel debattierter „Respuesta de la Poetisa a la muy ilustre Sor Filotea de la Cruz" (datiert vom 1. März 1691).

Der Brief des Bischofs an Sor Juana, der die Publikation der „Carta atenagórica" begleitete,[42] und in dem er den Namen Sor Filotea de la Cruz, also den Namen einer Nonne angenommen hatte, um sich an Sor Juana zu wenden, setzt den diskursiven Rahmen. Der Bischof lehnt zwar die Meinung derer ab, die der Frau das Studium untersagen. Der Apostel Paulus habe den Frauen das Lehren und das Studium nicht prinzipiell untersagt, doch habe er es schließlich verboten und mit diesem Verbot dem Risiko der Ablenkung vor-

---

[41] Auch Paz betont das autobiographische Moment der Epistel an den Bischof. Das Gespräch zu sich selbst sei das zentrale Moment der Rekonstruktion ihrer Biographie, vgl. Paz (1982: 538).

[42] Glantz (1994b: 447–459).

beugen wollen, die dem eitlen Geschlecht der Frau eigen sei. Diese Gefahr zeige sich in der Vorliebe Sor Juanas für die *profane litterae*, die bei ihr nicht allein zur Vorbereitung auf die religiöse Literatur diene, wie etwa bei Santa Teresa. Damit nimmt dieser Brief des Bischofs Stellung zum ersten Band der Gedichte von Sor Juana, die nach der Publikation in Madrid im Jahre 1689 nach Mexiko gelangt waren.[43]

Bei der Antwort Sor Juanas, die mit dem Titel *Respuesta de la Poetisa a la muy ilustre Sor Filotea de la Cruz* publiziert wurde, handelt es sich zunächst um eine Apologie, eine Verteidigungsrede. Auffällig ist der klare, direkte, didaktische Stil, der eher den Traktaten des 18. Jahrhunderts entspricht. Es ist ein von der barocken Rhetorik indirekter konzeptistischer und metaphorischer Argumentation bereinigter Stil. Diese formale Klarheit ist jedoch eine Täuschung. Die *elocutio*, d. h. die Struktur der Rede, verbirgt eine raffinierte Rhetorik und eine besondere Diskursstrategie, die Gegenstand meiner folgenden Analyse ist. In virtuoser Weise befolgt Sor Juana die Kunstvorschriften der *oratio* für den Modellfall der judizialen Gattung, die es empfehlen, das dominante *logos* zunächst zu übernehmen. Sor Juana inszeniert deshalb ein unterlegenes Subjekt, das sogenannte ‚koloniale Subjekt', welches eine abhängige Rolle innehat und dem das Recht zum direkten Widerspruch untersagt ist. Die Bedingungen des Diskurses sind vom Bischof vorgegeben: In seinem Brief wird die Frau als eitel bezeichnet, es mangele ihr an Vernunft und an Willen. Juana beginnt also mit der – in der höfischen Rede – einer Ordensschwester angemessenen Bescheidenheitsformel. Die *gradatio* und die Klimax dieser Formel inszenieren aber im Verlauf der Rede die Konstellation der Macht, die sie in die Rolle eines untergeordneten Subjekts zwingt, und diese Inszenierung wandelt sich zu einer Anklage gegen die Instanzen, die diese Rolle vorschreiben.

Sor Juanas Verteidigungsrede verschiebt sodann mit einer Reihe von Vergleichen aus dem Alten und dem Neuen Testament das Beziehungsfeld, von dem der Bischof ausgeht. Denn diese Vergleiche ersetzen den Bischof durch

---

[43] Dieser im Verlag *Inundación castálida* erschienene Band enthielt Hunderte von Gedichten, davon die Hälfte Lobdichtung auf Karl den II, verschiedenen Vizekönige und andere berühmte Persönlichkeiten der Zeit. Ein Drittel der Schriften war religiös, philosophisch-moralisch, historisch-mythologisch und burlesk, ein Dutzend Kompositionen hatten die profane Liebe zum Thema.

Gott. Damit stellt Sor Juana gleich zu Beginn die Berechtigung des Anklägers, des Bischofs, in Frage. Gleichzeitig beweist sie die Kraft ihres Intellekts. Danach diskutiert Juana die Funktion des Schweigens. Der Vergleich mit dem Schweigen des Heiligen Thomas gegenüber Albertus Magnus, seinem Lehrer, setzt die Hierarchie zwischen dem Bischof und der Nonne außer Kraft.[44] Es folgt eine ganze Serie gelehrter Beispiele, die mit lateinischen Zitaten durchsetzt sind. Immer wieder geht es um den politischen Sieg gesellschaftlich unterlegener Menschen, die durch ihre Weisheit die Macht erlangen, und um ihr Schweigen. Sor Juana führt z. B. die Bescheidenheitsformel von Saul an, als er König von Israel wurde, deutet aber die Bescheidenheit nicht als Zeichen der Anerkennung sozialer Hierarchien, sondern als das höhere Wissen der *modestia*, die deshalb souverän ist, weil sie immer schon auch das Wissen um die eigenen Grenzen beinhaltet. So neige sie selbst aus Weisheit zum Schweigen „forzada de mi propio conocimiento".[45] Die Bescheidenheitsformel erfährt somit eine semantische Verschiebung. Sie wird zum Indiz des Wissens. Das Schweigen ist eine mächtigere Sprache. Durch seine Emphase, nicht erklären zu wollen, drückt das Schweigen eben vieles aus.[46] Juana bezieht sich auf das Unsagbarkeitstopos des Johannes – oder auch der Mystikerinnen – im Sinne einer mächtigeren Sprache, Kraft höheren Wissens: „Audivit arcana Dei, quae no licet homini loqui".[47] Die Bedingung des Schweigens sei also nicht das Nicht-Wissen, sondern das Zuviel-Wissen.

Durch den epideiktischen Stil des Vergleichs zwischen der Gnade Gottes gegenüber Moses und der Gnade des Bischofs ihr gegenüber erhebt sie zwar ihren Gönner, bereitet ihn aber auch auf die eigene Grenzüberschreitung vor, auf ihren eigenen Wunsch nach mehr Wissen, ähnlich dem des Moses, als er das Antlitz Gottes zu sehen wünschte „Ostende mihi faciem tuam".[48] Und die Überschreitung folgt unmittelbar danach, wenn sie – als Antwort auf das Gebot, die religiöse Literatur vorzuziehen – auf die erotischen Me-

---

[44] Cruz (1994: 450).
[45] Ebd. (451).
[46] Das Schweigen „explica mucho en el énfasis de no explicar" (ebd.: 451).
[47] Ebd. (451).
[48] Ebd. (452).

taphern des Hohenlieds hinweist.[49] Unverständlich sei ihr doch das Verbot des Bischofs hinsichtlich profaner Literatur. Denn dafür, dass sie lieber profane Verse schreibe, sei die Inquisition verantwortlich, die mit Argusaugen auf die religiöse Orthodoxie achte. Denn, so Sor Juana: „[...] yo no quiero ruido con el Santo Oficio, que soy ignorante y tiemblo de decir alguna proposición malsonante [...]".[50] Juana insistiert deutlich und mutig auf der Macht der Inquisition, die für ihre Präferenz für die profane Literatur verantwortlich sei – ein virtuoses Beispiel ist die Zurückweisung der Klage durch die *remotio*.[51] Sollte Juana schuldig sein, so wäre sie es nur als Opfer einer tyrannischen Macht. Die Anklage wird hier in lateinischer Sprache deutlich ausgesprochen: „Vos me coegistis".[52]

Damit hat Juana die Konstellationen der Macht offengelegt. Nun kann die *confessio* folgen. Aber auch hier verwandelt Juana die Konstellation der Macht. Der Adressat ihrer Rede ist hier nicht mehr der Bischof, sondern Gott selbst. Nach dem Beispiel der augustinischen *Confessiones* bekommt das Schreiben des Briefes die Funktion, das eigene Subjekt zu konstituieren, aufzurichten, zu ermächtigen. Die Praktik der Rede Sor Juanas ist das Zitieren fremder Reden, um sich mittels der *loci* der Erinnerung selbst zu konstituieren.[53] Juana inszeniert ihr Subjekt in stringenter Weise: Die Signatur ihres Lebens ist das Wissen.

Die *confessio* ist also nicht nur die Antwort auf den Zwang, Verborgenes ans Licht zu tragen, und sich zum Geständnis zu bewegen. Der soziale Zwang zum Diskurs der Beichte wird vielmehr offen angesprochen: Schon als dreijähriges Kind habe sie ihrer Mutter gegenüber verborgen gehalten, dass sie lesen könne, aus Angst bestraft zu werden, weil sie lesen lernte, ohne dass man es

---

[49] Ebd. (453).

[50] Ebd. (453): „[...] ich möchte keinen Streit mit der Inquisition, da ich nicht wissend bin und aus Angst zittere, schlecht geformte Sätze zu sagen [...]" (Üb. von Vittoria Bosò).

[51] Bei der Analyse der rhetorischen Figuren stütze ich mich auf Lausberg (1963).

[52] Cruz (1994: 454).

[53] Das explizite Verb *confieso* wird erst zu einem späteren Zeitpunkt ausgesprochen und ist von einer Reihe mythischer und historischer Beispiele für Helden und Heldinnen begleitet (ebd.: 467 f.).

ihr befohlen habe. *La golosina*, das lustvolle Verlangen der Kinder nach Essen, empfand sie für das Lesen. Die Erfahrung des Lesens und Schreibens wird durch erotische Metaphern beschrieben. Die Zurückhaltung im Lesen, die ihr Eintritt in den Stand der Novizin abverlangte, steigerte nur den ‚Appetit'.[54] Wissensdurst ist also der Motor ihres Lebens. Nun stellt Juana offen den Anspruch, den Glauben an Gott auf der Kenntnis der Theologie als Wissenschaft zu fundieren, was wiederum die Kenntnis der anderen Wissenschaften voraussetzt, und zwar: die der Logik als Methode der Interpretation der Heiligen Schrift; der Rhetorik[55] als jener Disziplin, die die Deutung der indirekten Rede (Metaphorik, Tropen etc.) ermöglicht; der Physik, um die Symbole der Heiligen Schrift zu deuten, der Arithmetik, um die Zählung der Zeit nachzuvollziehen; der Geometrie, um den Umfang des Arche Noahs, der Stadt Jerusalem usw. angemessen zu verstehen; der Architektur, um den Tempel Salomons in allen Einzelheiten der architektonischen Kunst zu würdigen.[56] Das Gleiche gilt für die Geschichte und für die Jurisprudenz. Die Bibel wird schließlich zum Ansporn, die Multiplizität der Formen des Wissens und der Manifestationen der Welt zu kennen. Juana räumt zwar ein, dass die Wissenschaft ohne die Erkenntnis der Seele, d. h. ohne den Weg der Sublimation, wertlos sei,[57] abstraktes Wissen werde aber der Vielfalt der Welt nicht gerecht. Der Text verweilt tatsächlich lange auf dem Lob der Multiplizität und der vielfältigen Differenzen der weltlichen Dinge.[58] Aus Gründen der Vielfalt der Welt sei der Wissensdurst eine *lex potentior*. Wenn Juana die Leidenschaft für das Studium einen Dämon, eine „negra inclinación",[59] eine sie überwältigende Kraft nennt,

---

[54] So Cruz: „*privatio est causa appetitus*" (ebd.: 456).

[55] Vgl. ebd. (456).

[56] Ebd. (457).

[57] Ebd. (458).

[58] Ebd. (458). Verschiedene Figuren des Verhältnisses von Einheit und Vielheit werden zitiert, etwa die Kette des Seins, ein Bild, das Sor Juana dem Magnetismus von Atanasio Kircher zuschreibt; zum anderen transformiert auch hier Sor Juana das Schuldbekenntnis hinsichtlich der Zerstreuung des Wissens und macht daraus die Affirmation der These in Bezug auf die notwendige Interdisziplinarität, also eines die Ordnung der einzelnen Wissenschaften überschreitenden Studiums (ebd.: 458). Auf beides verweist auch Paz (1982: 543 f.).

[59] Cruz (1994: 460).

so stellt sie auch eine Analogie zwischen der göttlichen Anrufung und der Anrufung der Wissenschaft her: „Bien se deja en esto conocer cuál es la fuerza de mi inclinación".[60]

Spätestens hier wird klar, dass Juana die *confessio* zu einem Ermächtigungsdiskurs transformiert hat,[61] wobei die Ermächtigung zugleich eine Spaltung des Subjekts nach sich zieht: „¡Rara especie de martirio donde yo era el mártir y me era el verdugo!"[62] Von hier aus beginnt der Aufschwung in die Demontierung der sozialen Macht. Juana geht auf die soziale Inkompatibilität von innerer Leidenschaft und öffentlicher Äußerung ein und analysiert luzide die soziale Wirkung, die sich bei der Übertretung des Verbots des Schweigens einstellt. Die Praxis Athens, die Individuen aus Angst vor der Entwicklung möglicher Tyrannen verbannte, habe sich bis Machiavelli fortgesetzt, der die öffentlichen Zeichen persönlicher Tugenden verbieten wollte, weil sie das Licht des Fürsten zu verdecken drohten. Nach diesem Prinzip erklärt Sor Juana die Schuld der Pharisäer an der Ermordung Christi. Christus, ein Individuum, dessen Zeichen die Masse anzusprechen wusste, musste als Gesetzesübertreter, als Revolutionär stigmatisiert und zum Tode verurteilt werden. Nicht Reichtum, Schönheit, Wissen verursacht Neid, sondern der Verstand. Wer mehr versteht, ist eine Bedrohung, denn der Verstand ist das Kriterium der Differenz zwischen Gott und Mensch und zwischen den Menschen. „Rarus est, qui velit cedere ingenio":[63] Selten ist derjenige, der bereit ist, im Ingenium nachzu-

---

[60] Ebd. Paz sieht in diesem Bericht die Fortsetzung des Abenteuers des Intellekts, das der Inhalt des „Primero Sueño", des früheren Langgedichtes ist. Es handelt sich um einen der wichtigsten, die Moderne vorwegnehmenden Texte, vgl. Paz (1982: 537).

[61] Sor Juana bezieht sich auch direkt auf Santa Teresa: „Dice la Santa Madre y madre mía Teresa, que después que vio la hermosura de Cristo quedó libre de poderse inclinar a criatura alguna [...]" (Cruz 1994: 462). Zum Autorisierungsdiskurs der Autobiographie Santa Teresas de Jesús verweise ich auf meine Studie: Borsò (2004d).

[62] Die luzide Analyse Sor Juanas scheint die doppelte Struktur von Fremd- und Selbstbestimmung vorwegzunehmen. Juana nennt ihr ‚Ich' einen ‚Märtyrer' (sie kann sich also nur als ‚Märtyrer' autorisieren); zugleich als Henker von sich selbst ist sie auch ‚mich', also das passive Objekt der gesellschaftlichen Zwänge. Der Einklang mit Foucaults Analyse der paradoxalen Struktur der Subjektivität im zweiten Band der Geschichte der Sexualität ist überdies frappierend, vgl. Foucault (1990).

[63] Cruz (1994: 463).

geben. Die Dornenkrone, die den König der Menschheit verspotten sollte, war, so Juana, zu allererst eine schmerzhafte Demütigung des Hauptes Christi, des höchsten Ortes des Wissens. Die guten Taten Christi waren auch für die Pharisäer unzweifelhaft, dennoch musste er sterben. Warum, fragt er: „Ich habe Euch die guten Werke meines Vaters gezeigt. Wegen welchem Werk steinigt Ihr mich? Wir steinigen Dich nicht wegen der guten Werke, sondern wegen Deiner Blasphemie." („Multa bona opera estendi vobis ex Patre meo, propter quod eorum opus me lapidastis – De bono opere non lapidamus te, sed de blasphemia").[64] Für das Wissen ist die Art zu obsiegen der Schmerz, dies ist die abschließende *sententia*.[65]

Nicht mehr das Regelwerk des Bischofs, sondern Christus ist hier das Maß für die Beurteilung ihrer Schuld. An diesem Maßstab gemessen kennt das Wissen keine Hierarchien und keine Grenzen. Ironisch wirft sie dem Bischof, der sich hinter dem Namen Sor Filotea verbirgt, seine Vorurteile über die Geschlechterdifferenz wie ein verzerrtes Spiegelbild zurück: „Pero, señora, ¿qué podemos saber las mujeres sino filosofías de cocina? [...] Si Aristóteles hubiera guisado, mucho más hubiera escrito".[66]

Diese Litotes, eine ‚*dissimulatio*-Ironie', deckt das Verbot auf; die unzähligen Beispiele weiser Frauen aus den biblischen Erzählungen widersprechen dem Verbot: Deborah, die Königin von Saba, Abigail, Ester, Rahab, Anna.[67] Aber auch die Gentilen, d. h. die vorchristlichen Beispiele werden erwähnt, von Minerva über die ägyptischen, griechischen und römischen Frauen, um schließlich zu den christlichen Heiligen und zu den Zeitgenossinnen zu kommen: Isabel, Frau von Alfons dem Weisen, oder Christine Alexandra, Königin von Schweden. Erst auf der Grundlage dieser Beispiele stellt Sor Juana die Kernfrage, ob es den Frauen gestattet sein soll, die heiligen Texte zu inter-

---

[64] Ebd. (464).

[65] „[...] pues esto no ha sido más de una simple narración de mi inclinación a las letras" (ebd.: 467).

[66] Ebd. (467). „Aber, Señora, können wir Frauen etwas anderes wissen als die Philosophie der Küche? Wenn Aristoteles ein Koch gewesen wäre, hätte er noch mehr geschrieben" (Üb. von Vittoria Borsò).

[67] Vgl. auch: „Otras infinitas, en otras especies de prendas y virtudes" (ebd.: 468).

pretieren und gar zu lehren. Sor Juana zitiert Paulus: „Mulieres in Ecclesia taceant, non enim permittitur eis loqui"[68] und interpretiert die Sentenzen mit einem virtuosen Syllogismus: Weil sie nicht wissen, müssen die Frauen studieren, und solange sie studieren, können sie nicht reden: Das Schweigen ist Indiz von Wissen.

Entsprechend der *ars rhetorica* gibt schließlich nicht der Spott, sondern der Bescheidenheitstopos die Schlussformel. Ihre Schrift nennt Juana „borrones de mi ignorancia"[69], „maculatura" und diese Schriften habe ja der Bischof vor dem Schweigen gerettet, wie Moses vom Wasser des Nils gerettet wurde, fügt die Dichterin hinzu. Sie appelliert mit dieser Anspielung an die *largeresse*, an den Großmut des Adressaten. Die Überlegenheit der Christen über die Römer entsprang nicht der Zerstörung des Feindes, sondern der Toleranz dem Feind gegenüber. *Humilitas* ist Zeichen von Weisheit. Juana interpretiert ihr eigenes Schweigen, ihr eigenes Nachgeben. In der Figur der *dissimulatio* wird ihr Schweigen beredt. Und sie unterlässt eine letzte ironische Entlarvung der Kommunikationssituation nicht, wenn Sie auf der letzten Seite ihres Briefes an Sor Filotea de la Cruz um Vergebung für die „casera familiaridad", für den familiären Stil bittet, sollte sie, im Glauben, mit einer Ordensschwester zu sprechen, die Distanz nicht respektiert haben.[70]

Der für das Kolonialsubjekt typische epideiktische Diskurs und die Apologie, die an den Kontext der kolonialen Hegemonie anknüpfen, werden von Sor Juana zitiert, um die Asymmetrien ironisch zu entlarven und die eigene Subjektivität zu konstituieren. Das Zitat der sozialen Differenzierungen wird zum Raum des Schreibens, ein Raum, in dem die Schriftstellerin sich selbst autorisieren kann. Daran lässt Sor Juana keinen Zweifel. Es sind Strategien, die die Machtdiskurse nachahmen, um sie zu demontieren und Übergänge zu anderen Konstellationen zu schaffen, wie in der Lyrik. Hier, im Brief zum Schweigen, definiert die Schriftstellerin ihr intellektuelles Subjekt deutlich. Sie ermächtigt sich durch ihr Recht auf weltliches und theologisches Wissen und durch den

---

[68] Ebd. (469).
[69] Vgl. Glantz (1992).
[70] Cruz (1994: 479).

Anspruch auf die Freiheit zu deuten. Die Apologie und die *confessio* verwandeln sich in eine Autoaffirmation.[71] Der hermeneutische Diskurs transformiert sich in einer Form des autobiographischen Diskurses, in dem die Forschung den Keim für das intellektuelle Subjekt der Unabhängigkeit erkannt hat.[72] Die Bearbeitung europäischer Gattungen und Formen durch die Feder von Sor Juana verlässt schon Ende des 17. Jahrhunderts die in der barocken Dichtung noch indirekten Strategien der Körperlichkeit, um zur direkten Affirmation einer Subjektivität zu kommen, in der Körper und Intellekt sich nicht mehr feindlich gegenüber stehen. Der Diskurs einer solchen Art von Subjektivität wird auf die Moderne warten müssen.

Bibliographie

AGAMBEN, Giorgio (2005). *Profanierungen.* Frankfurt am Main: Suhrkamp.
BHABHA, Homi K. (1994). *The Location of Culture.* London / New York: Routledge.
BÖHME, Hartmut (2001). „Erotische Anatomie. Körperfragmentierung als ästhetisches Verfahren in Renaissance und Barock", in: Claudia BENTHIEN / Christoph WULF (Hrsg.). *Körperteile. Eine kulturelle Anatomie.* Hamburg: Rowohlt, 228–253.
BORSÒ, Vittoria / GÖRLING, Reinhold (2004). *Kulturelle Topografien.* Stuttgart: Metzler.
BORSÒ, Vittoria (2004a). „Grenzen, Schwellen und andere Räume", in: Vittoria BORSÒ / Reinhold GÖRLING (Hrsg.). *Kulturelle Topografien.* Stuttgart: Metzler, 13–41.
BORSÒ, Vittoria (2004b). „Del barroco al neobarroco", in: Pedro AULLÓN DE HARO (Hrsg.). *Barroco.* Madrid: Verbum, 1003–1060.

---

[71] Zur Autorisierungsfunktion des epideiktischen und autobiographischen Diskurses, in dem die Forschung den Keim der Unabhängigkeit erkannt hat, vgl. Moraña (1994). In Bezug auf das, was das *l'obscure objet* der Biographie von Sor Juana genannt wurde, nämlich die Frage, ob ihr Schweigen eine Bekehrung oder die Folge von Zwängen sei, zeigt auch Margo Glantz in verschiedenen Studien die Pertinenz der hier verfolgten Thesen. Glantz geht u. a. auf die Rekonstruktion des politischen Gebrauchs des religiösen Diskurses und der diskordanten Schriften von Sor Juana auch im Bereich des höchsten Tabus ein, nämlich der theologischen Predigt seitens einer Frau, z. B. Glantz (2000) Vgl. besonders ihre Zusammenfassung: „Reitero: el proceso de Sor Juana fue instruido intramuros, soto capa, y al final de dicho proceso se la obligó a abjurar [. . .]" (ebd.: 244). Ich verweise auch auf die Darstellung des höfischen Kontexts und der Diskurse in den ersten Biographien durch Wagner / Laferl (2002: 71 f.; 112 f.).

[72] Ich verweise auf Moraña (1994). Sie bezieht sich dabei auf die Theorie des Hybriden von Homi Bhabha, vgl. Bhabha (1994: 41).

Borsò, Vittoria (2004c). „El petrarquismo – género literario, género sexual: una pareja perturbante", in: Walter Bruno Berg et al. (Hrsg.). *Fliegende Bilder, fliehende Texte. Identität und Alterität im Kontext von Gattung und Medium / Imágenes en vuelo, textos en fuga. Identidad y alteridad en el contexto de los géneros y los medios de comunicación.* Franfurt am Main / Madrid: Vervuert, 183–207.

Borsò, Vittoria (2004d). „Religiöse Mystik als subjektive Erzählung: Santa Teresa de Jesús", in: Johannes Laudage (Hrsg.). *Frömmigkeitsformen in Mittelalter und Renaissance.* Düsseldorf: Droste, 332–360.

Borsò, Vittoria (2002). „Der Körper der Schrift und die Schrift des Körpers. Transpositionen des Liebesdiskurses in europäischer und lateinamerikanischer Literatur", in: Vittoria Borsò et al. (Hrsg.). *Schriftgedächtnis – Schriftkulturen.* Stuttgart: Metzler, 323–342.

Borsò, Vittoria (1999). „Zwischen *carpe diem* und *vanitas*. Überlegungen zum spanischen Sonett in der Renaissance und dem Siglo de Oro", in: Theo Stemmler / Stefan Horlacher (Hrsg.). *Erscheinungsformen des Sonetts.* Mannheim: Narr, 79–106.

Brownlee, Marina Scordilis / Gumbrecht, Hans Ulrich (1995). *Cultural Authority in Golden Age Spain.* Baltimore / London: John Hopkins University Press.

Castro Leal, Antonio (Hrsg.) (1981). *Sor Juana Inés de la Cruz. Poesía, teatro y prosa.* Mexiko: Porrúa.

Cruz, Sor Juana Inés de la (1994). „Respuesta de la poetisa a la muy ilustre Sor Filotea de la Cruz", in: *Obra selecta*, hg. von Margo Glantz, Bd. 2. Caracas: Biblioteca Ayacucho, 450–491.

Deleuze, Gilles / Guattari, Félix (1980). *Mille plateaux. Capitalisme et schizophrénie.* Paris: Minuit.

Foucault, Michel (1994). „Ecriture de soi", in: *Dits et écrits, 1954–1988*, hg. von Daniel Defert / François Ewald, Bd. 4: *1980–1988.* Paris: Gallimard, 415–430.

Foucault, Michel (1990). „Der Gebrauch der Lüste", in: Peter Engelmann (Hrsg.). *Postmoderne und Dekonstruktion.* Stuttgart: Metzler, 244–274.

Foucault, Michel (1984). „Le sujet et le pouvoir", in: *Dits et écrits, 1954–1988*, hg. von Daniel Defert / François Ewald, Bd. 4: *1980–1988.* Paris: Gallimard, 222–243.

Frackowiak, Ute (1998). „Dichterinnen im Siglo de Oro", in: Ute Frackowiak (Hrsg.). *Ein Raum zum Schreiben. Schreibende Frauen in Spanien vom 16. bis ins 20. Jahrhundert.* Berlin: Tranvía, 37–60.

Glantz, Margo (2000). *Sor Juana: la comparación y la hipérbole.* Mexiko Stadt: Conaculta.

Glantz, Margo (1994). „La Malinche: la lengua en la mano", in: Margo Glantz (Hrsg.). *La Malinche, sus padres y sus hijos.* Mexiko Stadt: UNAM, 75–98.

GLANTZ, Margo (1994a). „Prólogo", in: *Sor Juana Inés de la Cruz. Obra selecta*, hg. von Margo GLANTZ, Bd. 1. Caracas: Ayacucho, XI–XC.

GLANTZ, Margo (1994b). *Sor Juana Inés de la Cruz. Obra selecta*, hg. von Margo GLANTZ, 2 Bde. Caracas: Biblioteca Ayacucho.

GLANTZ, Margo (1992). *Borrones y borradores. Reflexiones sobre el ejercicio de la escritura*. Mexiko Stadt: UNAM.

HASSAUER, Friedrike (1994). *Homo. Academica: Geschlechterkontrakte, Institution und die Verteilung des Wissens*. Wien: Passagen.

HEMPFER, Klaus W. (1987). „Probleme der Bestimmung des Petrarkismus. Überlegungen zum Forschungsstand", in: Wolf-Dieter STEMPEL / Karlheinz STIERLE (Hrsg.). *Die Pluralität der Welten. Aspekte der Renaissance in der Romania*. München: Fink, 253–277.

HÖLZ, Karl (1998). *Das Fremde, das Eigene, das Andere. Die Inszenierung kultureller und geschlechtlicher Identität in Lateinamerika*. Berlin: Erich Schmidt.

LAUSBERG, Heinrich (1963). *Elemente der literarischen Rhetorik*. München: Max Hueber.

LEZAMA LIMA, José (1977). „La curiosidad barroca", in: *Obras completas*, hg. von Cinto VITER, Bd. 2: *Ensayos. La expresión americana*. Madrid: Aguilar, 302–325.

LUHMANN, Niklas (1994). *Liebe als Passion. Zur Codierung von Intimität*. Frankfurt am Main: Suhrkamp.

MORAÑA, Mabel (Hrsg.) (1994). *Relecturas del Barroco de Indias*. Hannover, NH: Ediciones del Norte.

PAZ, Octavio (1982). *Sor Juana Inés de la Cruz o las trampas de la fe*. Mexiko Stadt: FCE.

PFANDL, Ludwig (1946). *Die zehnte Muse von Mexiko. Juana Inés de la Cruz. Ihr Leben, ihre Dichtung, ihre Psyche*. München: Hermann Rinn.

SABAT DE RIVERS, Georgina (1992). *Estudios de literatura hispanoamericana*. Barcelona: PPU.

STOCKHAMMER, Robert (2005). *TopoGraphien der Moderne. Medien zur Repräsentation und Konstruktion von Räumen*. München: Fink.

TRABULSE, Elías (1984). *El círculo roto*. Mexiko Stadt: FCE.

TRABULSE, Elías (1974). *Ciencia y religión en el siglo XVII*. Mexiko Stadt: El Colegio de México.

URBAN, Urs (2007). *Der Raum des Anderen und andere Räume. Zur Topologie des Werkes von Jean Genet*. Würzburg: Königshausen & Neumann.

WAGNER, Birgit / LAFERL, Christopher F. (2002). *Anspruch auf das Wort: Geschlecht, Wissen und Schreiben im 17. Jahrhundert. Suor Maria Celeste und Sor Juana Inés de la Cruz*. Wien: Universitätsverlag.

WALDENFELS, Bernhard (1997). *Studien zur Phänomenologie des Fremden, Bd. 1: Topographie des Fremden*. Frankfurt am Main: Suhrkamp.

WEIGEL, Sigrid (2004). „Zum *topographical turn*. Raumkonzepte in den Cultural Studies und den Kulturwissenschaften", in: Sigrid WEIGEL (Hrsg.). *Literatur als Voraussetzung der Kulturgeschichte. Schauplätze von Shakespeare bis Benjamin.* München: Fink, 233–247.

Tier und Maschine:
Margo Glantz an den Schwellen der Differenzen*

Schon im Titel ihres 2001 erschienenen Erzählbandes *Zona de derrumbe* zeigt sich eine Geste, ein Ausdruck von Körperlichkeit,[1] der für das gesamte Schreiben Margo Glantz' charakteristisch ist, ganz gleich, ob es sich um ihre Deutung des Werks von Sor Juana Inés de la Cruz, ihre Romane oder ihre Artikel und Essays über mexikanische Literatur des 20. Jahrhunderts handelt.[2] Es ist ein Schreiben und ein Lesen der mexikanischen und westlichen Kultur unter dem subversiven Zeichen des Einsturzes, eine Geste, die die Autorin seit ihrer Übersetzung des Werks von Georges Bataille ins Spanische kennt,[3] denn bei Bataille erhält die surrealistische Destruktion eine andere Färbung, einen Anflug von Dissidenz in Bezug auf die Traumsprache des Unbewussten, der vom orthodoxen Surrealismus der Montparnasse-Gruppe (Breton, Éluard, Soupault, Aragon)[4] in naiver Weise gesucht wurde. Für Bataille bedeutet das Umstürzen der westlichen Tradition ein allmähliches Untergraben der Fundamente des binomischen Denkens, das dieser zugrunde liegt. Umsturz bezieht sich daher auf das Niederreißen der ‚tragenden Säulen' der westlichen Phi-

---

* Dieser von Eva Srna übersetzte Artikel erschien zuerst in: Claudia Leitner / Christopher F. Laferl (Hrsg.). *Über die Grenzen des natürlichen Lebens, Inszenierungsformen des Mensch-Tier-Maschine-Verhältnisses in der Iberoromania.* Wien: LIT Verlag 2009, 191–220. Wir danken dem LIT Verlag für die freundliche Druckgenehmigung.

[1] Ich verstehe diesen Begriff im Sinne Warburgs als Ausdruck des Pathos, von Energien, die aus der Spannung zwischen Affekten und kulturellen Modellen und deren Ritualisierungen stammen, vgl. Warburg (1992: 171) und Böhme (2006).

[2] Ich beziehe mich dabei v. a. auf Glantz' Essaysammlung *Esguince de cintura* (Glantz 1994b).

[3] Vgl. Bataille (1979; 1981).

[4] Bataille ist durch seine Mitarbeit an der Zeitschrift *La révolution surréaliste* von 1925 bis 1929 mit dem Surrealismus verbunden. Viel wichtiger ist jedoch die Zeitschrift *Documents*, die 1928 von Michel Leiris, André Masson und Georges Limbours gegründet wurde und die ab 1946 *Critique* hieß. Nach dem Zweiten Surrealistischen Manifest (1929) trennt sich die subversive Gruppe der Rue Blomet mit Bataille und seinen Freunden, darunter Michel Leiris, Jean Cocteau, Antonin Artaud, Alexandre Kojève und Roger Caillois von der surrealistischen Bewegung um André Breton, vgl. Glantz (1995: 14 f.).

losophie und Anthropologie,[5] die sich auf den Dualismus berufen, und es ist zugleich ein Einsturz, ein Stürzen, das Verlieren der aufrechten Position.[6] Reflexionen über die Symbolik des Fußes und über scheinbar unbedeutende Gegenstände wie Schuhe gewinnen so eine zutiefst philosophische Bedeutung. Es ist eine Geste, die in der scheinbar frivolen Thematik des Romans *Historia de una mujer que caminó por la vida con zapatos de diseñador*[7] gipfelt, dem Roman, der Gestalt annimmt, als die Schriftstellerin die sechs verwandten Erzählungen von *Zona de derrumbe* überarbeitet, fünf weitere hinzufügt und die Figur der autobiographischen Erzählerin Nora García, bereits Protagonistin in *El rastro*,[8] stärker herausarbeitet, eine Figur, die dem Werk *Historia de una mujer* einen Rahmen gibt und die Erzählungen miteinander verbindet. In einer von ihnen, einem wahren *poème en prose*, taucht erneut der eindeutig programmatische Titel „Zona de derrumbe" wieder auf. Hier die Transkription des Textes:

Zona de derrumbe

¿No es curioso? Coinciden en el tiempo la preocupación por la limpieza del lenguaje y la reglamentación de las fosas sépticas.

¿La política de la lengua con la política de la mierda?

En el *Elogio de la sombra*, Tanizaki dice, entre otras cosas, que extraña esos lugares antiguos y sombríos donde se cagaba, antes de que los norteamericanos – los pu-

---

[5] Denis Hollier interpretiert das Werk Batailles als einen Kampf gegen die unterdrückende Architektur der westlichen Kultur und ihrer Werte, denen er sich in *Notre-Dame de Reims*, seiner ersten Schrift (wahrscheinlich aus dem Jahr 1918), noch verpflichtet fühlte. Ein Fragment dieser Schrift wurde von Hollier (1993: 35–43) publiziert. Es handelt sich um das Denkgebäude Hegels, Bataille kannte die Philosophie Hegels durch die Kommentare Kojèves, vgl. Hollier (1993: 31).

[6] Die enge Verbindung dieser Thematik mit Bataille wird schon am Anfang von *Esguince de cintura* deutlich: „La posición erecta que el hombre le ganó al mono cuando se bajó de las ramas altas a las que la prehistoria lo confinaba, lo convierte a su vez en un árbol (Bataille) cuya erección es perfecta. El pie es también la huella de la muerte, pues a pasos rápidos marchamos hacia ella" – ‚Die aufrechte Position, durch die der Mensch den Affen übertraf, als er von den hohen Ästen herabstieg, auf die ihn die Vorgeschichte verwiesen hatte, macht ihn seinerseits zum Baum (Bataille), der vollkommen aufrecht steht. Der Fuß ist aber auch die Spur des Todes, denn mit raschen Schritten eilen wir ihm entgegen' (Glantz 1994b: 11).

[7] Der Titel bedeutet so viel wie ‚Geschichte einer Frau, die in Designerschuhen durchs Leben ging'.

[8] Glantz (2002). Mit diesem Roman war Glantz Finalistin des Premio Herralde de Novela.

ritanos por antonomasia – se apoderasen de ese sitio y lo convirtiesen en un lugar saludable, deslumbrante, casi siempre blanco.

Hay que descargar el lenguaje como se descarga el vientre, apuntaba Ronsard, y yo, Nora García, lo reitero.[9]

Abbruchzone / Einsturzzone

Ist es nicht seltsam, dass die Sorge um die Reinheit der Sprache und die Einführung von Klärbecken zeitlich zusammenfallen?
Die Politik der Sprache mit der Politik der Scheiße?

In *Lob des Schattens* schreibt Tanizaki unter anderem, dass er jene althergebrachten und schattigen Aborte vermisse, derer sich später die Nordamerikaner – die Puritaner schlechthin – bemächtigten, um sie in hygienische, glänzende, fast immer weiße Orte zu verwandeln. Man muss die Sprache entlasten, so wie man den Bauch entlastet, bemerkte Ronsard, und ich, Nora García, kann das nur unterstreichen.

Der Textausschnitt ist eine Umsetzung des Prinzips der *glossopoétique* Batailles[10] und jener ‚Verschwendung' (*dépense*), die anagrammatische Sprache verursacht, wenn Gegensätze einander angenähert und Analogien umgedreht werden – in Glantz' Text geschieht dies durch den assonierenden Reim zwischen den beiden ‚Politiken', deren Parallelismus durch die Struktur des aus zwei Halbversen zu je neun Silben zusammengesetzten Satzes unterstrichen wird. Mit Hilfe der Paronomasie, d. h. der phonetischen Verbindung von Gegensätzen, vereint der ‚unorthodoxe' französische Surrealist durch die Magie des Reims *oeil* (Auge) und *orteil* (Zehe), die beiden gegensätzlichsten Elemente der westlichen Kultur, wobei Ersteres seit Platon als Werkzeug des Wissens und der Vernunft gilt, während Letzteres ein Überbleibsel der tierischen Natur des Homo sapiens darstellt. Indem er auf programmatische Weise Räume verbindet, die sich in der westlichen Philosophie ausschließen, bringt Bataille das homogene Denkgebäude zum Einsturz, das die westliche Philosophie auf der Grundlage von Ein- und Ausschließungen aufgebaut hat. Auf diesel-

---

[9] Glantz (2005: 142).

[10] Es handelt sich um jenes Verfahren, das von der Materialität, der Vervielfachung und den Resonanzen der anagrammatischen Sprache ausgeht, ein Verfahren, das Bataille *besogne* (Arbeit) nennt und das gegen die Sinnbildung gerichtet ist, vgl. Borsò (1997: 52). Bataille, Leiris, Griaule und andere erproben die *glossopoétique*, vgl. Bataille-Leiris (2004).

be Weise geht auch Glantz vor, wenn sie einen schrägen, bösen Blick auf die epistemologische Ordnung der Unterschiede wirft, um dem Text wieder einen materiellen, eschatologisch ambivalenten Raum[11] zu eröffnen, der zugunsten der Vernunft, der Reinheit der Sprache, der platonischen Eschatologie und der Sprachpolitik in den Schatten verbannt worden war.[12]

Glantz' Schreiben öffnet sich dem Raum, der aus ‚niederer Materie' besteht und den das platonische Denken ausgrenzte und dennoch brauchte, um Gestalt annehmen zu können. Als aufmerksame Leserin von Bataille folgt sie in ihren Texten dem Paradigma jener Schriftsteller, für die, wie es Judith Butler in *Bodies that Matter*[13] ausdrückt,[14] die Materie des Körpers Gewicht haben soll. Im oben erwähnten *poème en prose*, das ich näher besprechen möchte, ist einer von ihnen der japanische Autor Jun'ichiro Tanizaki, auf dessen Essay-

---

[11] Die Ambivalenz des Begriffs *escatología* im Spanischen entspricht dem von der Schriftstellerin angestrebten Schreibprozess: Eschatologie bedeutet dort sowohl die auf den letzten Sinn der Dinge ausgerichtete teleologische Philosophie als auch den Umgang mit allem, was mit Exkrementen zu tun hat.

[12] Daher sagt Glantz: „¿No es curioso? Coinciden en el tiempo la preocupación por la limpieza del lenguaje y la reglamentación de las fosas sépticas / ¿La política de la lengua con la política de la mierda?" (Glantz 2005: 142) – ‚Ist es nicht seltsam, dass die Sorge um die Reinheit der Sprache und die Einführung von Klärbecken zeitlich zusammenfallen? / Die Politik der Sprache mit der Politik der Scheiße?'.

[13] Butler (1993).

[14] Im Anschluss an Irigarays Kritik der westlichen Philosophie, die seit Aristoteles Materie mit dem niedrigen, weiblichen und tierischen Ausgeschlossenen (als den rein rezeptiven und reproduktiven Seinsformen) assoziiert und Form dagegen als ursprünglich denkt, mit produktiven Konnotationen verbindet und dem männlichen Prinzip zuschreibt, unterscheidet Butler zwischen Materialität und Materie. Die Materie ist weder irreduzibel noch ursprünglich; sie ist lediglich eine Auswirkung des binären Diskurses seit Aristoteles, ja Materie sei der Ort selbst des binären Systems, vgl. Butler (1995: 54). Die Feminisierung der Materie innerhalb des binären Denkschemas ist nur die nachträgliche Folge des Diskurses, der die Materialität definiert, wobei Zuschreibungen willkürlich sind. Materialität ist ohne Körperschema zu denken vgl. ebd. (83). Mit Materialität zielt Butler auf eine Revision des Fundaments der Philosophie ab. Denn Materie ist nicht von der Form abhängig; vielmehr ist die Materialität das Medium, aus dem die Form entstehe. Genau die offene Materialität erlaubt ein *gendering*, d. h. einen aktiven Prozess der Subjektivität. Als das, was den Körper betreffe, sei die Materialität für den Körper und für das Subjekt „von Gewicht" (ebd.: 56). Die Kritik am aristotelischen binären Denken, wie sie schon von Foucault formuliert wurde, verbindet den performativen Ansatz Butlers mit Kernpunkten von Giorgio Agambens Formulierung einer Philosophie des Offenen.

Band *Lob des Schattens*,[15] eine Einführung in die japanische Ästhetik, die Erzählerin Bezug nimmt. Tanizaki beschreibt darin Randbereiche der alten japanischen Traditionen, beginnend mit den althergebrachten schattigen und luftigen stillen Örtchen und deren abgeschiedener Intimität, die vom antiseptischen und uniformen Ambiente der modernen hygienischen Einrichtungen tabuisiert und beseitigt wird. Tanizaki öffnet die sinnliche Wahrnehmung für unerwartete Momente, die, wie der Schriftsteller meint, die alten Autoren des Haiku durch unvermutete Geräusche, Geschmacks- und Geruchsempfindungen inspirierten. Es ist dies eine liminale Zone, die, weit davon entfernt, der abstrakten und metaphorischen Bedeutung des romantischen Halbdunkels zu entsprechen, mit der Materialität und Konkretheit des Körpers in Zusammenhang steht. Mit ihrem Hinweis auf ‚die Klärbecken' und ‚jene althergebrachten und schattigen Aborte' bekennt sich Glantz zu einer unverblümten, schamlosen Schreibweise, die keine Rücksicht auf die Macht und die Moral des herrschenden Diskurses nimmt.[16] Wie bei Tanizaki verliert die Welt der Schatten in der Metaphysik der Sprache an Kraft, wobei aber gleichzeitig die Spannung zwischen der abstrakten Poetologie und dem konkreten Raum des Körpers, zwischen der Sprache als Metonymie des Denkens und dem Sprachvollzug als körperlicher Performanz erhalten bleibt.[17]

In dem Textausschnitt, der sich der elementarsten und gröbsten Funktion der Körperlichkeit widmet, dreht die Autorin den japanischen Ästhetizismus, den José Juan Tablada in die mexikanische Poesie einführte, und den philoso-

---

[15] Tanizaki (1996) möchte wenigstens im Gebäude der Literatur die Schatten wieder einziehen lassen – so die Metapher aus der Architektur, die den Essay des japanischen Dichters beschließt.

[16] Der Ekel ist ein Zeichen für etwas, das durch eine ursprüngliche Abtrennung *(abjection)* ausgeschlossen wurde und dessen Rhetorik der Affekt ist, vgl. Kristeva (1993: 48).

[17] Der Doppeldeutigkeit des Begriffs der Sprache, einerseits verstanden als Metonymie eines abstrakten Systems von Zeichen bzw. als Waffe der Eroberung und andererseits als konkretes Zeichen der eroberten Körperlichkeit – Synekdoche des Körpers –, entsprechen im Spanischen der Begriff der Sprache *(lenguaje)* im Sinne eines abstrakten Sprachsystems und der der Sprache als Zunge *(lengua)* als eines Körperteils und einer Quelle des Geschmacks und der Sinnlichkeit. Die gemeinsame sprachliche Wurzel von *lengua* und *lenguaje* verstärkt im Spanischen die Zweideutigkeit des Sprechakts, vgl. Glantz (1994a: 75–98). Zur Sprache als Synekdoche des Körpers siehe auch Spivak (1999).

phischen Moralismus, den Octavio Paz vom I Ging[18] ableitete, um und entzieht ihnen den Boden. Es ist kein Zufall, dass der Text mit dem Hinweis auf Pierre de Ronsard endet, einem der Architekten des Französischen als Nationalsprache und dem Schöpfer jenes literarischen Raumes, der den Platonismus in der Tradition Petrarcas in eine offene Erotik der Leidenschaft transformierte: „Man muss die Sprache entlasten, so wie man den Bauch entlastet, bemerkte Ronsard, und ich, Nora García, kann das nur unterstreichen."[19]

Es geht nun darum, die oben genannten Beobachtungen, die für die gesamte Literatur Glantz' gelten, zu präzisieren und das allgemeine Thema dieser Arbeit, d. h. den Übergangsbereich zwischen Mensch, Tier und Maschine, näher zu beleuchten. Dabei erlauben es uns sowohl die Syntax, mit deren Hilfe die einzelnen Erzählungen in *Zona de derrumbe* angeordnet sind, und ihre Umformung zu *Historia de una mujer,* als auch die Essays von Glantz über die Symbolik des Fußes im Kontext der mexikanischen Literatur,[20] der im Werk der Schriftstellerin enthaltenen Anthropologie und Philosophie nachzuspüren. Diese zeigt sich bereits in „Memoria de las apariencias", der Erzählung, mit der *Historia de una mujer* eingeleitet wird und wo Glantz die Kultur des Schuhs behandelt.

1 Von *Zona de derrumbe* zu *Historia de una mujer.* Die Mikrophysik der Macht und das Offene

„Palabras para una fábula" (,Worte für eine Erzählung'), mit der *Zona de derrumbe* eröffnet wird, beschließt *Historia de una mujer.* Es handelt sich um eine Erzählung in der ersten Person, gelegentlich unterbrochen durch Reflexionen in der dritten Person oder persönliche Erinnerungen (in Klammern)

---

[18] Entsprechend Glantz' Analyse des Romans *Farabeuf* (1965) benutzt Salvador Elizondo die Metapher des I Ging für ein Schreiben, das sich mit dem herrschenden Diskurs nicht identifiziert. Grundlage hiervon sind die Fragmentierung des Blickes und eine Transformation von Figuren in Ideogramme. Elizondo gelingt es, sich gegen Mythen abzugrenzen und einen mythopoetischen Prozess in Gang zu setzen (Glantz 1994b: 158–159).

[19] „Hay que descargar el lenguaje como se descarga el vientre, apuntaba Ronsard, y yo, Nora García, lo reitero" (Glantz 2005: 142).

[20] Glantz (1994b).

über die inneren Erfahrungen einer Frau, die – nachdem sie einen Knoten in der Brust entdeckt hat – auf eine Mammographie wartet und diese auch über sich ergehen lässt. Durch die Beschreibung der Erfahrungen und Erinnerungen dieser Frau, die sich angesichts der Unsicherheit über ihre physische Integrität am Rande des Abgrunds, vielleicht sogar an der Grenze zwischen Leben und Tod befindet, bringt Glantz die Verletzlichkeit des Menschen zum Ausdruck, dem man die Symbole der Menschlichkeit geraubt hat. Obwohl das Thema der Röntgenuntersuchung und der möglichen operativen Entfernung der Brust die intimste Form weiblicher Identität in Frage stellt, wird man sehen, dass die Form seiner Ausführung bei Glantz Geschlechter- und Artgrenzen überschreitet. Das Wesen, das sich dem unmenschlichen Auge der medizinischen Technologie unterwirft, tritt tatsächlich in eine Zone ein, in der es auf die zentralen Merkmale seiner Identität verzichten muss. Dieser Übergang ist schon im Voraus als Schwelle zwischen dem Menschlichen und dem Tierischen gekennzeichnet: „Cuando la enfermera me dice desnúdese de la cintura para arriba y póngase la bata, me dan ganas de hacer pipí"[21] – ‚Als die Krankenschwester zu mir sagt: Machen Sie sich von der Taille aufwärts frei und nehmen Sie die Schürze um, möchte ich am liebsten Pipi machen', so beschreibt die Erzählerin die motorisch-animalische Reaktion des lebenden Körpers (Leib), die bei allen Lebewesen, egal ob Mensch oder Tier, in extremen Stresssituationen dominiert.[22]

Die Erzählung wird durch zwei Ströme rhythmisch gegliedert: Wir sind einerseits mit der Mikrophysik der Macht konfrontiert, die durch verschiedene

---

[21] Glantz (2005: 156).

[22] Vgl auch Glantz (2001: 16). Die Erzählerin fährt fort: „[S]igue dándome instrucciones con un tono muy gentil, levemente derogatorio, como si se dirigiera a un débil mental o simplemente a un cuerpo que será despojado de sus vestimentas y quedará a su merced, aunque no totalmente porque sólo tendrá en sus manos medio cuerpo [. . .] haciendo el simulacro de considerarme humana" (Glantz 2005: 156; Glantz 2001: 16 f.) – ‚[S]ie gibt mir weitere Instruktionen, in freundlichem Ton und mit leicht erhobener Stimme, als würde sie sich an eine Schwachsinnige wenden oder einfach nur an einen Körper, der seiner Hüllen beraubt und ihr ausgeliefert sein wird, allerdings nicht vollkommen, denn sie wird nur einen halben Körper in der Hand haben [. . .] und so tun, als hielte sie mich für einen Menschen'. Die Seitenangaben beziehen sich hier und in den folgenden Verweisen auf identische bzw. annähernd identische Passagen in beiden Texten *Historia de una mujer* (2005) und *Zona de derrumbe* (2001).

Formen der Vorherrschaft des klinischen Auges von Ärzten und Krankenschwestern charakterisiert ist; dabei beobachten wir die allmähliche Reduktion des Menschen zu einem bloßen Studien-‚Objekt', einem System von zwar lebenden Einheiten und Organen, aber ohne Menschenrechte. Es handelt sich um eine Ausprägung des *Homo sacer,* eines Wesens ohne Rechte in der Polis, das (straflos) getötet, aber nicht geopfert werden kann.[23] Andererseits gelingt es dem Text, die Potentialitäten des Sagens[24] auszuschöpfen und den Widerstand einer Körperlichkeit auszudrücken, die durch das Sichtbar-Werden der ursprünglichen Indifferenz zwischen dem Menschlichen und dem Tierischen offene Räume abgewinnt und damit gleichzeitig zu einer interstitiellen Identität findet. Damit nähern wir uns den zentralen Punkten der Ambivalenzbereiche zwischen der Mikrophysik der Macht und dem gegen sie gerichteten Widerstand, einem Paradoxon, mit dem sich Michel Foucault in seinen letzten Arbeiten beschäftigte und das auch zwei unterschiedlichen Überlegungen Giorgio Agambens zugrunde liegt: das Schaffen von Trennungen (durch Ein- und Ausschließung) und die Potentialitäten des Lebens, die gerade in den Ambivalenzbereichen der Machtausübung in Erscheinung treten. Agamben untersucht Ersteres in *Homo sacer* und Letzteres in *L'aperto. L'uomo e l'animale.*[25]

Die Mikrophysik der Macht kommt an mehreren Stellen zum Ausdruck. Die Erzählerin betont z. B. die hegemoniale Macht der Institution[26] und die

---

[23] Vgl. Agamben (2002). Bei Glantz findet sich die *Homo sacer*-Thematik u. a. folgendermaßen ausgeführt: „Espero, lagrimeando, con el sentimiento de algo oscuro, infantil, viscoso, algo que se mete dentro, en el estómago, un sentimiento de invalidez, estoy convertida en un ser anónimo, una gente cualquiera, alguien, simplemente alguien, alguien que puede tener un enfermedad temible" (Glantz 2001: 25 f.; Glantz 2005: 168) – ‚Ich warte, mit Tränen in den Augen, mit einem dunklen, unbestimmten, kindlichen Gefühl im Magen, das immer wieder hoch kommt, einem Gefühl der Invalidität, ich werde in ein anonymes Wesen verwandelt, in eine x-beliebige Person, einfach in irgendjemanden, jemanden, der möglicherweise eine furchtbare Krankheit hat'.

[24] Der Begriff ‚Potentialität' stammt von Agamben (2000).

[25] Agamben (2002a).

[26] „¿[C]ómo pueden ocuparse de tantos enfermos, llamarlos por su nombre en voz alta y cortés, conducirlos luego por los largos pasillos, abrir una puerta, decirles que se desvistan, que se pongan una bata desechable, que vuelvan a esperar sentados, pero casi desnudos, sin ropa interior, sin ropa exterior, sin aretes, sin reloj, sin collares, sin equipaje, sólo con el cuerpo que va a ser examinado y ellas con zapatos de tacón tan alto?" (Glantz 2005: 154); vgl. auch Glantz (2001:

fortschreitende Reduktion des Körpers zu einem anatomischen Objekt unter dem panoptischen Auge, das seit dem anatomischen Theater des Vesalius im 16. Jahrhundert den klinischen Blick dominiert:[27] „El tono de la enfermera es pegajoso, dulzón, siempre burocrático, como si literalmente estuviese en sus manos, un cuerpo entre muchos otros cuerpos, uniforme, desprovisto, ¿tatuado?" – ‚Der Ton der Krankenschwester ist süßlich, klebrig, strikt bürokratisch, als hätte sie mich buchstäblich in der Hand, einen Körper unter vielen anderen Körpern, gleichförmig, entblößt – tätowiert?'.[28] Das Subjekt leidet unter dem Verlust seines sozialen Status angesichts des Blickes der Krankenschwester,[29] sein Körper wird zu einem Organ, das der Gewalt der Technologie ausgesetzt ist:[30] „Me acerco a la plataforma móvil donde deben colocarse cada uno de los pechos antes de que sean oprimidos, rozo con mi pecho la placa radiográfica" – ‚ich nähere mich der beweglichen Plattform, auf die beide Brüste gelegt werden müssen, bevor sie plattgedrückt werden, ich berühre mit meiner Brust die Röntgenplatte'.[31]

---

15) – ‚[W]ie schaffen sie es, sich um so viele Kranke zu kümmern, sie laut und höflich beim Namen zu nennen, sie dann durch lange Gänge zu führen, eine Tür zu öffnen, ihnen zu sagen, sie mögen sich ausziehen, sich eine Wegwerf-Schürze anziehen, sich wieder hinsetzen und warten, aber fast nackt, ohne Unterwäsche, ohne Oberbekleidung, ohne Ohrringe, ohne Armbanduhr, ohne Halsketten, ohne Gepäck, nur mit ihrem Körper, der untersucht werden soll, und sie in Schuhen mit so hohen Absätzen?'.

[27] „Soy un objeto con pechos, aunque los pechos sean a la vez un objeto erótico, ¿la parte más deseada del cuerpo femenino, convertida en simple objeto de laboratorio? [...] [C]uando ya mi pecho se ha estirado y perdido su forma y parece una lonja de carne aplanada como las que aplanan en las carnicerías" (Glantz 2005: 158; ebd. 2001: 19) – ‚Ich bin ein Objekt mit Busen, und obwohl der Busen auch ein erotisches Objekt ist, soll der begehrteste Teil des weiblichen Körpers zu einem reinen Untersuchungsobjekt gemacht werden? [...] [S]obald meine Brust plattgedrückt ist und ihre Form verloren hat und aussieht wie eine Scheibe Fleisch, die vom Fleischhauer flach geklopft wird'.

[28] Glantz (2005: 158).

[29] Der Text zweier Passagen von *Zona de derrumbe*, die in *Historia de una mujer* eliminiert wurden, lautet so: „[S]ujétese el pecho y levante la carita, mi vida [...], así me gusta, m'hijita, así, así, chulita, corazón" (Glantz 2001: 19) – ‚[H]alten Sie die Brust fest und heben Sie ihren Kopf, mein Schatz [...], so ist es gut, mein Kind, ja, so, meine Beste, mein Herzblatt'.

[30] Die Krankenschwester bezeichnet den Druck der Maschine auf den Körper mit dem Begriff *magullar* (quetschen), vgl. Glantz (2005: 157) und ebd. (2001: 19).

[31] Glantz (2005: 157) und ebd. (2001: 18).

Während die panoptische Maschine das Subjekt jedoch an die Grenzen seiner eigenen Erfahrung bringt, in jenen Bereich, in dem die Mikrophysik der Macht das Subjekt auslöscht und seinen sozialen Körper zerstört, erhält die Körperlichkeit durch die sich auflösende Materialität der Formen eine besondere Dichte und verhilft der Frau zu einer neuen Art von Subjektivität. Tatsächlich stellt die Erzählerin schon bald, noch während sie auf das Ergebnis der Untersuchung wartet, den Fetischismus rund um den weiblichen Busen in Frage, der mit Hilfe des Spiegels die Frauen unterwirft und zugleich die ‚Form' des Busens einem *morphing* unterzieht, einem ständigen Wechsel der Vorbilder – vom runden, schwellenden, stolzen Busen der Marilyn Monroe in den 1950er Jahren bis hin zum flachen, jugendlichen, Unisex-Busen der anorektischen Mode.[32] Ähnlich wie es Frida Kahlo in der Malerei, Orlan in ihren Performances oder Cindy Sherman in der Fotografie tun, verwandelt Glantz die Literatur in eine Bühne, die die Mikrophysik der Macht zur Schau stellt, Licht auf jene Monster wirft, die der Traum von der technischen, den Körper beherrschenden Vernunft hervorgebracht hat, und führt mit dem Kugelschreiber eine ästhetische Operation aus, indem sie ihren eigenen Körper tätowiert und sich an Stelle der verstümmelten Organe die erotischen Formen vorstellt, wie man sie in Modezeitschriften findet oder mit Prothesen rekonstruiert, die technisch immer raffinierter werden. Die Worte loten die Sprache an der Grenze der Ordnung des Symbolischen aus, den Ausdruck der Subjektivität an der Grenze des Befremdlichen, sie denunzieren die Mythologie der Mode als Hilfsmittel der Amputation und zugleich den Gebrauch der Mode als Ausdrucksmittel einer sinnlichen Körperlichkeit.

Die sprachliche Äußerung ist daher zugleich Denunziation und Erfahrung von interstitiellen Formen der Subjektivität,[33] Formen, die die Polarität zwischen dem Künstlichen und dem Natürlichen aufheben:

> He oído decir que las prótesis de silicona son mejores, más naturales y firmes al tacto y algunas tan sedosas y lisas como los pechos de las adolescentes; otras prótesis

---

[32] Vgl. Glantz (2005: 159) und ebd. (2001: 20).

[33] Die Äußerung denunziert das binäre Denkschema und stellt es in Frage, wie Irigaray es fordert; gleichzeitig werden die Bedingungen sichtbar, unter denen der Diskurs die Materialität bestimmt und sie verändert, vgl. Butler (1993: 53).

están texturizadas y por ello son más suaves, ligeras y sensuales. Hay aditamentos a la moda que solucionan los problemas

‚Ich habe gehört, dass die Silikon-Prothesen besser, natürlicher und fester im Griff sind und einige sogar so seidig und glatt wie die Brüste junger Mädchen, andere wieder haben eine spezielle Textur und sind deshalb weicher, leichter und sinnlicher. Es gibt modische Hilfsmittel, die die Probleme lösen'[34]

Dies sagt die Erzählerin und bemüht sich um einen alltäglichen und leichten Ton, um spektakuläre Äußerungsformen zu vermeiden, eine Haltung, die an die Forderung Italo Calvinos nach *leggerezza* erinnert.[35] Dieser erste Teil einer ‚Erziehung der Gefühle' an der Grenze zum Tod mündet in eine Erotisierung der Sprache, die durch das grausame Benennen der tödlichen Bedrohung durch den Tumor auch jene erotische Erfahrung möglich macht, die Georges Bataille mit dem Heiligen und dem Tod assoziierte. Die Verbindung von Eros und Thanatos ist im folgenden Ausschnitt durch die Sprache der Liebe geprägt und wird durch intertextuelle Einschübe aus dem Hohelied Salomos rhythmisch gegliedert:

Auch ich betaste meine Brust, entdecke neuerlich den Knoten, eine mögliche Invasion bösartiger Zellen, die sich ausbreiten und die harmonische Form meiner Brust zerstören, meine Brüste, junge Zwillinge von Gazellen, die unter den Lilien weiden, deine Brüste, ein Lustgarten von Granatapfelbäumen mit edlen Früchten, Zyperblumen mit Narden, Safran, Kalmus und Zimt, mit allerlei Weihrauchsträuchern, Myrrhe, Aloe und den seltensten und feinsten Gewürzen, so steht es in der Bibel [...], aber in meiner Brust, nicht weit von der aufgerichteten Brustwarze entfernt, gibt es einen Fremdkörper, der in mich eindringt, der mein Herz in tausend Stücke reißt.[36]

Diese Zone der ‚In-Differenz', die die Autorin in anderen Zusammenhängen ‚hybrid' nennt, ist das Symptom einer interstitiellen Artikulation, die

---

[34] Glantz (2005: 162) und ebd. (2001: 22).

[35] Vgl. Calvino (1989) und Borsò (2002).

[36] „Me palpo yo también el pecho, advierto de nueva cuenta el nódulo, una invasión probable de células malignas, avanzan y destruyen la forma armónica de mi pecho, mis senos, dos crías mellizas de gacela pastando entre azucenas, tus senos un huerto de granados con frutos exquisitos, lirios con nardos, azafrán, caña y canela, árboles de incienso, mirra, áloe y los más extraños y mejores aromas, como canta la Biblia, y a pesar de todo, [...] en mi pecho, no muy lejos del pezón erguido, hay una presencia extraña que me invade, me parte el corazón en mil pedazos" (Glantz 2005: 175 und ebd. 2001: 32 f.).

bereits in *Zona de derrumbe* anklingt und in *Historia de una mujer* an Prägnanz gewinnt. In der Äußerung sind die Unterschiede zwischen dem ‚Natürlichen' und dem ‚Künstlichen' oder ‚Kulturellen' oder auch die zwischen dem ‚Menschlichen' und dem ‚Tierischen' nicht mehr lokalisierbar. In der Erzählung „Palabras para una fábula" drückt sich das durch eine *mise en abyme* des Textes besonders deutlich aus, als Nora García, die Erzählerin, sich auf den Roman bezieht, den sie gerade liest, während sie auf die Röntgenuntersuchung wartet. In dem Roman geht es um die Beziehung zweier Schwestern zueinander, die ‚weder zwischen ihren beiden Körpern, noch zwischen ihrer beider Leben irgendeine Grenze gelten lassen' („no reconocen ningún límite entre sus dos cuerpos ni entre sus dos vidas",[37] die jedoch durch zwei Arten von Trennungen oder ‚Schnitten' voneinander isoliert werden: durch die Geburt eines Kindes und durch ‚zwei Operationen, einen Kaiserschnitt und eine operative Entfernung der Gebärmutter' („dos operaciones, una cesárea y una histerectomía".[38] Im Versuch, die Grenzen zu überschreiten, verhalten sich Roman und Realität wie kommunizierende Gefäße:

> Aprovecho que la enfermera se ha ido, me siento y reanudo la lectura de la novela que estaba leyendo en la sala de espera, la abro al azar, aparecen los senos de la parturienta con sus pececillos saltarines, o hilitos de leche en cada uno de los pezones"[39]

> ‚Ich nütze die Gelegenheit, als die Krankenschwester gegangen ist, um mich hinzusetzen und mit der Lektüre des Romans fortzufahren, den ich im Wartezimmer gelesen habe, ich öffne ihn auf gut Glück und es erscheinen die Brüste der Wöchnerin mit ihren springenden Fischchen, den dünnen Milchfäden auf beiden Brustwarzen'[40]

Die oben beschriebenen Prozesse werden durch die Änderungen, die Glantz in *Historia de una mujer* vorgenommen hat, noch deutlicher: Von der Untrennbarkeit der Formen und der „niederen Materie",[41] die durch die Verdinglichung

---

[37] Glantz (2005: 155) und ebd. (2001: 15).
[38] Ebd. (2005: 155) und ebd. (2001: 15).
[39] Ebd. (2005: 163) und ebd. (2001: 23).
[40] Ebd. (2005: 163) und ebd. (2001: 23).
[41] Es handelt sich, nach Bataille, um den Prozess des Herstellens von Heterogenität, vgl. Borsò (1997: 56 f.).

des Körpers entsteht, sobald das klinische Auge von ihm Besitz ergreift und ihn in „nackte Materialität" verwandelt, stammt die Energie des bloßen „Vegetierens". Das panoptische Auge spaltet sich in fragmentierte Blicke auf, die sich in zahlreiche Einzelheiten von Alltagsszenen zerstreuen. Zum Mythos der Mutterschaft, welcher der Frau die Funktion der Empfängnis und Fortpflanzung zuweist, gehört der materielle Vorgang des Stillens. Sehen wir uns eine solche Szene näher an: Die Erzählerin beschreibt – in der dritten Person und in Klammern – das Bild einer Mutter mit ihrem Neugeborenen:

,Nora García sitzt auf dem Bett, sie hat eine Brust entblößt, das Kind schnappt sich wütend die Brustwarze, Nora verzieht schmerzerfüllt das Gesicht, presst mit der Hand Milch aus der Brust, damit das Kind besser trinken kann, der kleine Mund öffnet sich immer wieder wie ein Saugnapf und drückt fest mit dem Zahnfleisch zu [...]. Juan sieht gedankenverloren zu, wie seine Frau das Baby stillt'.[42]

Der voyeuristische Blick von Juan, dem Ehemann, konstituiert sich und wird gleichzeitig wieder aufgelöst, denn die konkreten Einzelheiten des Stillakts zerstören den geheiligten Mutter-Mythos. Die Erzählerin fährt fort mit ihren Überlegungen und Erinnerungen und bekämpft dabei den Mythos der Mutterschaft auch in Hinblick auf seine vermeintliche ‚Natürlichkeit', indem sie sich auf die Muttermilch bezieht: „La leche humana no sólo contiene nutrientes para cl bebé. También es una fuente de numerosos contaminantes, entre ellos el DDT" – ‚Die menschliche Muttermilch enthält nicht nur Nährstoffe für das Baby, sondern auch zahlreiche Schadstoffe, u. a. DDT'.[43] Wieder in

---

[42] „Nora García está sentada en la cama, tiene descubierto un solo pecho, el niño se agarra furiosamente del pezón, ella hace una mueca de dolor, aprieta con su mano el seno para que salga la leche y el niño mame, la boquita vuelve a abrirse como ventosa apretando con sus encías niñas [...]. Juan contempla absorto a su mujer dándole de mamar al bebé" (Glantz 2005: 165 f.).

[43] Ebd. (166). Der Mythos der Mutterschaft bricht endgültig zusammen, als die Erzählerin an die negativen Auswirkungen des Stillens auf den Körper denkt und eine Parallele zur Brustprothese zieht, die bei Sabina ‚innerlich verfault ist' („se le pudrió dentro" [ebd.: 171]). „El músculo de los senos es frágil [...]. Al pasar el tiempo o con la maternidad, esa parte se vuelve blanda, fofa, caída, con un pezón terminado en punta, circundado por una zona a veces nudosa y sujeta a las lesiones, a las herencias (los genes), a la devastación, a la náusea y, finalmente, a la muerte. Después de amamantar a su hijita dos semanas, Rosa sufrió una enfermedad común entre las parturientas, una mastitis" (ebd.: 171) – ‚Der Brustmuskel ist empfindlich [...] Mit der Zeit oder durch die Mutterschaft wird er weich, schlaff, hängend, mit einer spitzen Brustwarze, die manchmal von einer runzeligen Zone umgeben ist; er ist Verletzungen, der Vererbung (den Genen), verheerenden

Klammern gesetzt und unter Verwendung derselben Worte wie in der vorangegangenen Szene des Stillens, zerstört das Gedächtnis der Erzählerin, indem es sich mit dem Ödipus-Mythos beschäftigt, den psychoanalytischen Symbolismus der Kastration, um ein Bild zutage zu fördern, das zwar aus dem kulturellen Gedächtnis verdrängt wurde, aber trotzdem unvergesslich bleibt – der körperliche Vorgang des Sterbens der Klytämnestra: ‚Aus dem abgeschnittenen Hals der Klytämnestra quillt ein gewaltiger, unstillbarer Blutstrom. Ihre Brüste sind schon völlig ausgetrocknet.'[44] Wenn sich daraufhin über dieses Bild das der Jungfrau Maria schiebt, „también ella ha amamantado a su hijo, y también él ha apretado con fervor ese pecho entre sus encías desdenradas" – ‚auch sie hat ihren Sohn gestillt und auch er hat ihre Brust heftig mit seinem zahnlosen Zahnfleisch bearbeitet',[45] ereignet sich im Text das Wunder eines körperlichen und aufmerksamen Blickes, der auf die Liturgie, die das Auge zur Sublimation zwingt, zwar reagiert, sich aber gleichzeitig dagegen auflehnt.[46] Durch die Wiederholung der Formen erhält das Bild eine erotische Färbung und deckt gleichzeitig den Fetischismus auf, der dem Mutter-Mythos zugrunde liegt.

Während der Text in der Folge über die Reduktion der Frau als Sexualobjekt hinausgeht, eröffnet er einen Zwischenraum, der nicht nur die Themen Natürlichkeit und Künstlichkeit oder Organ und Prothese umfasst, sondern auch die Unterschiede zwischen dem Menschlichen und dem Tierischen, der Frau und der Kuh, der Frau und der Hündin.[47] Dabei lösen sich die Gegensätze immer

---

Einwirkungen, dem Ekel und schließlich dem Tod ausgesetzt. Nachdem Rosa ihre kleine Tochter zwei Wochen lang gestillt hatte, bekam sie eine Mastitis, eine Krankheit, unter der Wöchnerinnen häufig leiden'.

[44] „Del cuello tajado de Clitemnestra brota incontenible un chorro enorme de sangre. Sus pechos ya están secos" (ebd.: 167).

[45] (Ebd.: 168).

[46] (Ebd.: 167 f.) Die Schriftstellerin hat sich ausführlich mit der Verschiebung beschäftigt, die Sor Juana Inés de la Cruz in Bezug auf die Topographie der Sinne in der christlichen Liturgie vornahm, indem sie den Sehsinn gegenüber dem von Thomas von Aquin eingeführten Dogmatismus der Stimme bevorzugte, vgl. z. B. Glantz (1992; 2000a).

[47] Der aufnehmende Raum ist bei Butler der zentrale Punkt der Umformung des Begriffs der Chora (leerer Raum). Weit davon entfernt, das Wesen der Frau zu definieren, ist Platons Begriff der Chora, nach Butlers Auslegung von Platons *Timaios*, ein „Intervall", ein vager Raum ohne

mehr auf. Wenn sich die Erzählerin anfangs durch die Art, mit der die Krankenschwester mit ihr über ihre Brüste redet, verletzt fühlt – „¿[A]caso soy una vaca?", [B]in ich vielleicht eine Kuh?'[48] – und sich belustigt fragt, ob man etwa Geräte zur Erkennung von Krebs in den Eutern von Kühen ‚Euterographie-Geräte' nennt,[49] werden durch die Verbindung zwischen dem Menschlichen und dem Tierischen am Ende der Erzählung beide Gruppen einander gegenübergestellt, ohne jedoch einer Hierarchie zu gehorchen: „Al hámster de mi nieta se le cayeron los senos, se le desprendieron del cuerpo como si antes los hubiese tenido asegurados solamente con una cinta Velcro" – ‚Der Hamster meiner Enkelin bekam einen Hängebusen, er löste sich vom Körper, als ob er vorher mit einem Klettband befestigt gewesen wäre.'[50]

Der Übergang zwischen dem menschlichen und dem tierischen Körper bringt die aufrechte Position des Homo sapiens ins Wanken.[51] Gerade in dieser In-Differenz-Zone gibt der Text Antwort auf die Frage, mit der die Erzählerin die Geschichte beginnt: ‚[W]ie soll man mit Worten Gefühle und Affekte definieren?' („¿Cómo definir con palabras los sentimientos y los afectos?"),[52] nachdem sie sich vor den Computer gesetzt hat, der ‚dem Dichter Recht gibt, rot wird und alle schmutzigen Wörter rot unterstreicht – diese Huren, die unaufhörlich kreischen – diese Wörter, die in keinem Wörterbuch stehen'.[53] Der

---

Ursprung, d. h. vor jeder Formbildung (Butler 1995: 8l). In der Kritik am binären Denkschema, das Materie, Tier und Frau gleichsetzt, finden wir Gemeinsamkeiten mit Agambens Begriff des „Offenen". Freilich stellte auch schon Donna Haraway fest, dass ‚die hündische Schreibweise' einen Zweig der feministischen Theorie darstellt, die sich gegen alle geschlossenen und ausschließenden Kategorien wendet, so auch gegen den Gegensatz zwischen Kultur und Natur, vgl. Haraway (2003: 8).

[48] Glantz (2005: 161).

[49] Ebd. (161) und ebd. (2001: 21).

[50] Ebd. (2005: 161). Ein Beispiel für jene Passagen, die in *Historia de una mujer* hinzugefügt wurden.

[51] Dieser Raum ist der Gegenstand der Erzählung „Animal de los semblantes", die ich im zweiten Abschnitt meiner Ausführungen behandeln werde. Das Umstürzen der aufrechten Gestalt des Menschen ist auch die Absicht Haraways in *The Companion Species Manifesto* (Haraway 2003), ein weiterer Schritt im Versuch, den Begriff des Subjekts in der technokratischen Ära neu zu fassen.

[52] „¿Cómo definir con palabras los sentimientos y los afectos?" (Glantz 2005: 151).

[53] „[...] le da la razón al poeta, se ruboriza y subraya con rojo las malas palabras – esas putas que siempre chillan – esas palabras que no existen en el tesauro" (ebd.: 151).

Verweis auf das Gedicht „Las Palabras" von Paz[54] ist das Leitmotiv, welches das Thema der Sprache rhythmisiert. Die Erzählerin dreht jedoch die Aussage um, auf die Paz in dem Gedicht Nachdruck legt: die allmächtige Funktion der poetischen Sprache. Denn Paz beruft sich auf die Gewalt der Dichterworte,[55] um daraus die Allmacht der Sprache der Poesie abzuleiten. Der letzte Vers lautet: „[H]ázlas, poeta / haz que se traguen todas las palabras" –‚[M]ach sie, Dichter / mach dass alle Wörter verschluckt werden'[56] In der Poetologie, die Paz der Gedichtsammlung *Libertad bajo palabra* vorangestellt hat, zeigt sich darüber hinaus ein hegemoniales Verhältnis zwischen dem Subjekt und dem Objekt des Blickes, zwischen dem Dichter und der Frau: ‚Ich erfinde den Freund, der mich erfindet, meinen Nächsten; und die Frau, meinen Gegensatz: Turm, den ich mit Fahnen kränze, Mauer, die meine Gischten erklimmen, zerstörte Stadt, die langsam unter der Herrschaft meiner Augen wiederersteht'.[57] Die Freiheit des Dichters wächst mit seiner Macht, gleich einem Pygmalion den Anderen / die Andere zu formen und zu unterwerfen.

Die Erzählerin von *Historia de una mujer* übersetzt die Worte des Dichters jedoch so, dass sich das oben genannte Verhältnis umkehrt. Ihr Schreiben gibt der Sprache den Körper zurück und beleuchtet auch die Gewalt gegen den Körper anderer (Frauen und Männer), die ausgeschlossen und vergewaltigt werden, wie die Reflexionen in Klammern zeigen:

> ‚Wenn wir die Worte des Dichters übersetzen, ist der Körper einer Hure ein geschlagener, zerstochener, ausgetrockneter, kastrierter Körper, ein Körper, der verrenkt, aufgeschlitzt, (zum eigenen Gebrauch) versüßt und (als Nahrungsmittel) genossen werden kann [...].'[58]

---

[54] Paz (1988: 125).

[55] Der erste Vers lautet: „Dales la vuelta, cógelas del rabo (chillen, putas)" – ‚Verkehre sie, pack sie am Schwanz (kreischt, ihr Huren)'.

[56] Ebd. (125).

[57] „Invento al amigo que me inventa, mi semejante; y a la mujer, mi contrario: torre que corono de banderas, muralla que escalan mis espumas, ciudad devastada que renace lentamente bajo la dominación de mis ojos" (ebd.: 72).

[58] „Si traducimos las palabras del poeta, un cuerpo de puta es un cuerpo azotado, pinchado, desecado, castrado; un cuerpo que puede torcerse, destriparse, endulzarse (darle por su lado), sorberse (usarse como alimento) [...]" (Glantz 2005: 186).

Gleichzeitig macht der Text den interstitiellen, offenen Raum einer von jeder Geschlechtsidentität befreiten Körperlichkeit sichtbar. Diese Überführung und Umformung der Hierarchien der Geschlechter zum Offenen hin vollzieht sich durch den Akt der Befreiung des Körpers von den Formen, die seine Menschlichkeit auf Kosten des Tieres definieren.

Die zunehmende Hybridisierung des Diskurses zwischen der menschlichen und der tierischen Ordnung einerseits: „El pecho, simple estructura anatómica que produce leche en las mujeres, siguiendo los mismos procesos fisiológicos de todos los mamíferos con glándulas mamarias" – ‚Die Brust, eine einfache anatomische Struktur zur Milchproduktion bei Frauen, unterliegt denselben physiologischen Prozessen wie bei allen Säugetieren mit Milchdrüsen'[59] – und dem männlichen und weiblichen Geschlecht[60] andererseits ist eine Herausforderung für das abendländische Denken. Dies gilt etwa, wenn die Erzählerin die Möglichkeit in Betracht zieht, dass in Ausnahmefällen „algunos pechos masculinos hayan cumplido las mismas funciones que los pechos femeninos" – ‚männliche Brüste dieselbe Funktion erfüllt haben könnten wie die weiblichen (wird in den Brüsten von operierten Transvestiten auch Milch gebildet?)'.[61] Am Ende der Erzählung nehmen Menschen und Tiere in der Szenerie und Topographie des Textes benachbarte Positionen ein:

> Beim Menschen sind die beiden Brüste an der Vorderseite des Körpers angeordnet [...] und überragen das Brustbein deutlich – wenigstens bei Frauen – und gleich darunter befinden sich das Herz und die Lungen. Bei Kühen und Hündinnen liegen die Milchdrüsen auf dem Bauch, zwischen den Beinen; der Kuheuter hat Zitzen und Hündinnen haben zwei Reihen von Brustwarzen, oder etwa nicht? Bei einigen Frauen – manchmal sogar bei Männern – kann es vorkommen, dass ihnen zusätzliche Brustdrüsen knospen?, sprießen?, wachsen? Unwillkürlich stelle ich mir meinen Bu-

---

[59] Ebd. (187).

[60] „[U]na amputación tiene similitudes extrañas (pero simples) con el acto mismo de podar un árbol. La amputación se define clásicamente como el acto quirúrgico que separa [...] una parte anatómica saliente como la mama o el pene (Mama, pene..., pene, mama)" (ebd.: 183 f.) – ‚[E]ine Amputation hat eine seltsame (aber deutliche) Ähnlichkeit mit dem Beschneiden eines Baumes. Die Amputation wird klassischerweise durch die chirurgische Maßnahme der Abtrennung [...] eines anatomisch vorstehenden Teils definiert, etwa der weiblichen Brust oder des Penis (Brust, Penis..., Penis, Brust)'.

[61] „¿[...] producirán leche los senos de los travestís operados?" (ebd.: 187).

sen übersät mit Zitzen vor wie bei einer steinernen Sphinx, so wie sie reihenweise in Parks oder an Freitreppen von Schlössern aufgestellt werden.[62]

Durch die Art, wie der Diskurs geführt wird, verwischen sich die Unterschiede und aus dem Material der Sprache heraus entsteht ein offener Raum, in dem sich die trennenden Grenzen auflösen. Der Busen ist nicht mehr nur ein reines Lustobjekt des Mannes, sondern ein wichtiges Organ in unmittelbarer Nähe des Herzens und der Lungen. Der Text zerstört einmal mehr das binäre Denkschema und damit gleichzeitig die ausgrenzende Macht der anthropologischen Maschine, die den gesellschaftlichen Diskurs bestimmt, einen abstrakten, klinisch reinen Diskurs, der durch den Euphemismus der Fachbegriffe die grausame Realität der Amputation überdeckt, ganz gleich, ob es sich um weibliche oder männliche Organe handelt. Der herrschende Diskurs hat die Macht, den Körper zu definieren und schließt dabei die konkrete Körperlichkeit aus.[63] Dieselbe Funktion übernehmen z. B. auch die lateinischen Fachbegriffe, die von den Ärzten im Gespräch mit Patienten verwendet werden, sagt die Erzählerin in den neu hinzugefügten Passagen von *Historia de una mujer*:

> Dieses Wort [ablatio-onis], das an Resektion und Amputation denken lässt, Begriffe, die als Synonyme gebraucht wurden, war praktisch aus dem chirurgischen Fachjargon des 20. Jahrhunderts verbannt worden, ist aber seltsamerweise in den letzten Jahren wieder eingeführt worden, um die diskrete Resektion von organischen Geweben zu bezeichnen, die mit nur geringfügig invasiven chirurgischen Maßnahmen

---

[62] „En los humanos – más bien en las humanas – los dos pechos están colocados en la parte delantera del cuerpo, [...] situados en clara prominencia sobre el esternón si se trata de una hembra, también se alojan, dentro, el corazón y los pulmones. Las vacas y las perras tienen las glándulas mamarias en el vientre, entre las patas; la ubre de las vacas está provista de tetillas y las perras tienen dos hileras de pezones, ¿acaso no es verdad? A veces a algunas mujeres – y hasta a algunos hombres – les pueden ¿brotar?, ¿salir?, ¿crecer? glándulas mamarias suplementarias. Me imagino de inmediato con el pecho cubierto de tetillas, como una esfinge de piedra, de esas que se colocan en hileras en algunos de los parques o las escalinatas de los palacios" (ebd.: 187 f.).

[63] Mit dem Hinweis auf den chirurgisch-technischen Fachjargon der USA, wo für alle Organe der Begriff ‚Ablation' (operative Entfernung) verwendet wird, auch für die Zerstörung von Krebsherden in der Prostata durch Kälteeinwirkung (Kryochirurgie), wohingegen der Begriff in Mexiko sich nur auf die weibliche Brust beschränkt, meint die Erzählerin: „He aquí una prueba más de cómo las palabras [...] pueden significar también aquello que los que dominan o mandan deciden que signifiquen" (ebd.: 178) – ‚[E]in Beweis mehr dafür, dass die Worte auch das bedeuten können, was sie nach Ansicht derer, die das Sagen haben oder regieren, zu bedeuten haben'.

durchgeführt wird [ich bin empört, was heißt da geringfügig?, soll die Verstümmelung einer oder beider Brüste etwa ein geringfügiger Eingriff sein?].[64]
Während sie auf die Diagnose wartet, bedient sich Nora García in ihrer Erzählung einer hysterischen Sprache, d. h. einer viszeralen Sprache, die die pathologische Metapher umkehrt und die Stelle der materiellen Körperlichkeit einnimmt, ohne einer Hierarchie der Arten zu gehorchen. Die Erzählung stellt die Potentialität der Sprache unter Beweis, um dem Raum zu geben, was der medizinische Fachjargon ausklammert:[65] die Erfahrung des Körpers an den äußersten Grenzen der Erfahrbarkeit, des Schmerzes, der Erotik und der materiellen Intensität des Lebens. Im Material der Buchstaben, im Klang der Silben, was Roland Barthes „die Körnung der Stimme"[66] nannte, finden sich die Spuren, die die Präsenz eines sprechenden Subjekts übertragen oder vermitteln, ein Subjekt, das sich durch seine körperliche Beziehung zum Raum und nicht durch Gegensätze definiert.[67] Einmal mehr setzt Glantz die biopolitische Maschine außer Kraft und lässt die Potentialität der Sprache hervortreten. Es ist die Geste Batailles, gefärbt durch spätere Leseerfahrungen: die der Transgression von Foucault und die der Potentialität des Archivs von Agamben. Die Memoiren von Verschwundenen, Verurteilten und Vertriebenen sind zweifellos ein Beweis für die Macht der Befehlshaber, aber auch ein Archiv der Lebensgeschichten von Dissidenten und von Gesten des Widerstands. Zu zeigen, dass es der Macht nicht gelingt, das Leben vollkommen verschwinden zu lassen, ist das Ziel Agambens, wenn er Foucault in Zusammenhang mit Archiven des

---

[64] „Esta palabra [ablatio-onis] que evoca exéresis y amputación, términos de los que se utilizó como sinónimo, ha estado prácticamente arrumbada del lenguaje quirúrgico del siglo XX, hasta que ha sido curiosamente reintroducida en los últimos años para aplicarla a las discretas exéresis de tejidos orgánicos realizados con procedimientos de cirugía mínimamente invasiva [me indigna, ¿cómo que mínimamente?, ¿le parece una operación menor la mutilación de uno o de los dos senos?]" (ebd.: 177).

[65] Vgl. Nancy (2002; 2003); Gumbrecht / Pfeiffer (1998); Gumbrecht (2004).

[66] Die Stimme ist eine Synekdoche der irreduziblen Individualität, die keine Identität, sondern vielmehr eine eigene Sprache darstellt. Es handelt sich um irritierende Differenzen, um Friktionen. Barthes (1981) assoziiert dieses Prinzip der Schrift mit dem Körper. Im selben Sinne ist Barthes' Auffassung von Fotographie zu verstehen, vgl. Barthes (1980).

[67] Vgl. Borsò (2005).

18. Jahrhunderts („Das Leben der infamen Menschen") nochmals liest.[68] Eine ähnliche Absicht verfolgt Glantz' Erinnern an die operative Entfernung der rechten Brust der Schriftstellerin Frances (Fanny) Burney, die 1811 in Paris zu einem chirurgischen Eingriff ohne Anästhesie ‚verdammt' wurde. Auch hier gelingt es, durch die Darstellung unbedeutender, alltäglicher Vorgänge und durch Glantz' schonungslose Schreibweise sowohl die Gewalt des Eingriffs und die klinischen Blicke auf den Körper[69] als auch die Potentialität des sprechenden Subjekts wieder in den Mittelpunkt zu rücken:

> Wer hält mir diese Brust fest?, fragte der Chirurg kaltblütig und zückte das schreckliche Instrument aus Stahl, das vor den Augen der Schriftstellerin aufblitzte und vor den Augen der anderen Ärzte, Krankenpfleger und Schaulustigen, die gekommen waren, um der Operation beizuwohnen, auch sie alle gewalttätig. Und Farny Burney, die diesen blutigen Eingriff, der ohne Anästhesie und ohne die geringsten aseptischen Maßnahmen durchgeführt wurde, noch dreißig Jahre überleben sollte, begann im selben Augenblick hemmungslos zu schreien, als der gefürchtete Stahl in ihre Brust eindrang und sich einen Weg durch Venen, Arterien, das Fleisch und die Nerven bahnte: Sie stieß einen einzigen, langgezogenen Schrei aus, der unendlich fortdauerte, während der Arzt den Schnitt durchführte und die Brust von Ihrem Körper trennte.[70]

Der hemmungslose Schrei ist das Kennzeichen für ein *devenir étranger* der Sprache,[71] die sich ein Neu-Schreiben des Körpers vornimmt; er ist ein Zei-

---

[68] Vgl. Agamben (2005: 61).

[69] In *Historia de una mujer* ist die Passage mit Fanny viel allgemeiner, während die Erzählerin in *Zona de derrumbe* mit peinlicher Genauigkeit die Gegenstände aufzählt, die vor den Augen Fannys auf dem Operationstisch bereitliegen: „Pero al mirar la gran cantidad de vendas, compresas, esponjas, pinzas, tijeras, cuchillos, bisturíes, alcohol, se sintió desfallecer" (Glantz 2001: 30) – ‚Doch beim Anblick all der Verbände, Kompressen, Schwämme, Pinzetten, Scheren, Messer, Skalpelle und Alkoholflaschen war sie der Ohnmacht nahe'.

[70] „¿Quién me sostiene este seno?, dijo fríamente el cirujano blandiendo el terrible instrumento de acero que brillaba ante los ojos de la escritora, y ante los otros médicos, enfermeros y mirones que habían venido a presenciar la operación, con gran violencia de su parte. Y Fanny Burney, quien sobrevivió treinta años a esta sangrienta intervención efectuada sin anestesia y sin asepsia alguna, en el momento mismo en que el temible acero fue introducido en su pecho, abriéndose paso entre las venas, las arterias, la carne, los nervios, empezó a gritar sin pudor, lanzando un solo grito prolongado: duró interminablemente mientras el médico hacía la incisión y separaba el pecho de su cuerpo" (Glantz 2005: 173) und (ebd. 2001: 31).

[71] Ich beziehe mich auf Gilles Deleuze (1993: 9): „Le problème d'écrire: L'écrivain, comme dit

chen für dieses andere Alphabet, diese andere Art des Lesens (kein Zitat, sondern Umschreibung der Schreibreflexion in der Erzählung), die von der Erzählerin inszeniert wird, indem sie mit einem blauen Kugelschreiber den Konturen der Adern ihrer linken Hand folgend, eine Tätowierung zeichnet. In der Erzählung „Palabras para una fábula" gelingt es ihr, die Krankheit (Metastase) in einen Text zu verwandeln, in dem Geschlechter und Spezies Teil einer gemeinsamen Komposition werden (Metaplasma).[72] Als sich Nora García schließlich wieder anzieht und damit ihre soziale Identität wiederherstellt, nachdem sie dem anatomischen Auge der Maschine ausgeliefert gewesen war, liest sich die Poetologie des Textes folgendermaßen:

> Die Wörter kreischen, bleiben mir in der Kehle stecken, ich bringe keinen Ton heraus. Ich versuche, sie umzudrehen, ich gebe ihnen Zuckerbrot und Peitsche, ich nenne sie Huren, ich packe sie beim Schwanz, ich trockne sie aus, ich kastriere sie, zertrete sie, verdrehe sie, ich rupfe sie, weide sie aus, schleife sie, schlucke sie. Los, kleine Hure mit der eiskalten Schamröte, los, komm, gehen wir zum Teufel.[73]

Damit endet die Erzählung ebenfalls mit einem Zitat aus dem Gedicht „Las palabras" von Paz. In Glantz' Text ist das Zitat von anderen Stimmen umgeben, und dieser Rahmen führt zu einer Transformation von Paz' narzisstischer Aussage mit Allmachtsanspruch. Das geschieht einerseits durch das von der Schriftstellerin zu Beginn des Zitats eingefügte Wort „Ich versuche", ein Beleg sowohl für die Geste des Schreibens als auch für die Verletzlichkeit

---

Proust, invente dans la langue une nouvelle langue, une langue étrangère en quelque sorte. Il met à jour de nouvelles puissances grammaticales ou syntaxiques. Il entraîne la langue hors de ses sillons coutumiers, il la fait délirer. Mais aussi le problème d'écrire ne se sépare pas d'un problème de voir et d'entendre, en effet, quand une autre langue se crée dans la langue, c'est le langage tout entier qui tend vers une limite ‚asyntaxique', ‚agrammaticale', ou qui communique avec son propre dehors. La limite n'est pas en dehors du langage, elle en est le dehors: elle est faite de visions et d'auditions non-langagières, mais que seul le langage rend possible. [...] La littérature est une santé."

[72] Donna Haraway verwendet tatsächlich den poetischen Tropus Metaplasma, um den Austausch zwischen den Spezies hervorzuheben, welche die Biomacht trennt, vgl. Haraway (2003: 20).

[73] „Las palabras chillan, atoradas en mi garganta, no alcanzo a pronunciar sonido. Trato de darles vuelta, las azoto, les doy azúcar en la boca, las llamo putas, las cojo del rabo, las seco, las capo, las piso, las tuerzo, desplumo, destripo, arrastro, trago. Anda, purilla del rubor helado, anda, ven, vamonos al diablo" (Glantz 2005: 190) und (ebd. 2001: 43 f.).

des Subjekts, andererseits durch die Integration der Schlussverse des zehnten Fragments im Gedicht „Muerte sin fin" von José Gorostiza.[74] Der Refrain, der sowohl Gorostizas „Muerte sin fin" als auch Glantz' „Palabras para una fabula" beschließt, stammt aus dem Volksmund, es ist ein Zitat aus einem Kinderspiel: ‚Klopf-klopf! Wer da? Der Teufel'.[75]

Margo Glantz geht wie Gorostiza vor, der die Macht des Teufels in Fleisch umwandelt, das sich im Gesang, im Traum und im Blick aufbraucht, und der den Tod zu einem ewigen Sterben macht. Ihr Schreiben führt zur Entgrenzung der Unterschiede und zur Emergenz eines enteigneten Subjekts in einem immanenten und unbestimmten Raum, dem hierarchische Abgrenzungen zwischen dem Menschlichen und dem Tierischen nachträglich sind. Wahrhaft programmatisch ist die Kurzgeschichte „Contingencia", die vierte Erzählung in *Historia de una mujer*:

Kontingenz
Als sie erwachte, stellte Nora García verwirrt fest, dass ihr Bauch übermäßig gewachsen war: Sie fiel vor Schreck auf die Knie.[76]

Glantz schreibt damit die Mikro-Erzählung Augusto Monterrosos „Der Dinosaurier" („Cuando despertó, el dinosaurio todavía estaba allí." – ‚Als er erwachte, war der Dinosaurier immer noch da')[77] im Sinne der Kontingenz um. Anstelle des Themas der Zeit und der Macht der Literatur in Bezug auf den weiten Zeithorizont der Geschichte schlägt Glantz die körperliche Beziehung des Subjekts zum Raum vor. Ihre Mikro-Erzählung unterstreicht die Kontingenz der unerwarteten Verwandlung, eine Verwandlung, die die Schwerkraft sowie die Hinwendung zur Materialität des Körpers und deren umformender

---

[74] Gorostiza ist, neben Rulfo, ein Vorgänger von Glantz auf dem Sitz, den sie seit 1995 in der Academia Mexicana de la Lengua innehat. Darüber hinaus wurde ihr 2004 der Nationalpreis für Kunst und Wissenschaft auf dem Gebiet der Linguistik und Literatur verliehen.

[75] „¡Tan-Tan! ¿Quién es? Es el Diablo." – In „Muerte sin fin" wird der Teufel als Urheber einer Bewegung bezeichnet, die Gott als metaphysisches Prinzip zu Fall bringt: „[Y] en la carne que se gasta / como una hoguera encendida / por el canto, por el sueño / por el color de la vista" (Gorostiza 1982: 68). Siehe auch Borsò (2000).

[76] CONTINGENCIA: „Cuando despertó, Nora García comprobó, azorada, que su vientre había crecido con desmesura: caía a plomo sobre sus rodillas" (Glantz 2005: 57).

[77] Monterroso (1959: 32); ebd. (2007: 37).

Kraft betont. Die Formen sind nicht von vornherein da. Sie sind vielmehr das Ergebnis der Position des Subjekts im Raum und seines Blickes auf diesen.

2 An der Schwelle der Arten: ‚Tier mit zwei Gesichtern' oder die Schrift des Offenen

Die Behandlung der Themen der Technomedizin und der Haustiere in „Animal de dos semblantes" erlaubt es Margo Glantz, sowohl die Mikrophysik der Macht als auch die Potentialitäten des Dagegen-Anschreibens zu erforschen. In *De anima* grenzt Aristoteles als Erster den Menschen vom Tier ab, indem er dieses durch seine bloße Ernährungsfunktion definiert, es als ein vom Logos ausgeschlossenes Wesen betrachtet und so den Begriff des Menschlichen auf Kosten des Tieres entwickelt. Hand in Hand damit wird die anthropologische Maschine in Gang gesetzt, d. h. jener Automatismus, der die Hierarchien festsetzt und von Fall zu Fall über die Formen entscheidet, die – ausschließend – dem Wesen des Menschen entsprechen. Die anthropologische Maschine arbeitet mit dem Kunstgriff einer doppelten Ein- und Ausschließung. Dieser Prozess wird, wie Foucault ausführt, zu einer biopolitischen Maschine, als sich die Politik ab dem 18. Jahrhundert nicht mehr durch die Berufung auf externe Prinzipien (Gott oder den König) konstituiert, sondern durch eine interne Grenzziehung, die die Rationalität des herrschenden Regimes definiert und begrenzt.[78] Darüber hinaus führt die Zunahme an Technologien zur Intensivierung der Machtbeziehungen.[79] Foucault beobachtet in der Mitte des 18. Jahrhundert eine Zäsur, die auftritt, als sich die Ausgrenzung innerhalb des menschlichen Körpers vollzieht. Die von Aristoteles eingeführte Regel, d. h. die Definition des Menschen als lebendes Tier, das zu einer politischen Exis-

---

[78] Vgl. Foucault (2004: 12). Foucault betont die vorausentscheidende Wichtigkeit des Agenda-Settings: „[L]e partage se fait entre agenda et non agenda, les choses à faire et les choses à ne pas faire" (ebd.: 14).

[79] Vgl. Foucault (1994: 576). Der Humanismus Foucaults (und vielleicht auch der Spinozas) erfordert den Tod ‚des Menschen' als Prinzip und begreift seine Geburt als „travail de soi sur soi", als einen kontinuierlichen Prozess, in dessen Verlauf wir uns und unsere Welt immer neu schaffen.

tenz fähig ist, verändert sich auf folgende Weise: „Der moderne Mensch ist ein Tier, in dessen Politik sein Leben als Lebewesen auf dem Spiel steht".[80]

Die oben genannte Zäsur ist die zentrale Frage für Agamben, wenn er in *Homo sacer I* die Entstehung des *Homo sacer* im Inneren des Körpers – sowohl des gesellschaftlichen als auch des individuellen – annimmt. Die Zonen der Unbestimmtheit, denen gegenüber sich die souveräne Macht etabliert, beschränken sich nicht mehr nur auf den gesellschaftlichen Körper, sondern treten täglich bereits in der Definition des Begriffs *bios* als dem wertvollen Leben, das geschützt werden muss, im Inneren des individuellen Körpers auf. Die Definition des Menschen und, laut Agamben, die Entscheidung über die politisch und juridisch gültige Qualität des menschlichen Lebens werden der wissenschaftlichen Untersuchung des Körpers überlassen, was zur Diagnose führt, dass der Ausnahmezustand das Fundament der Moderne darstellt. Man braucht nur an die souveräne Macht der Technomedizin in Zusammenhang mit täglichen Entscheidungen über Leben und Tod zu denken. Tatsächlich liegt die Biomacht heute, nachdem sie für wissenschaftliche Grenzziehungen zwischen den ‚Rassen' gesorgt hat, bei den biogenetischen Technologien: bei Entscheidungen auf Grund des Mikroskops, der Röntgenstrahlen, der genetischen Analyse oder der Genom-Bestimmung. Gerade angesichts der Unsicherheit im Zusammenhang mit der Definition des menschlichen Körpers bekräftigen die Technomedizin sowie Institutionen und deren Vertreter ihre eigene souveräne Macht mit Hilfe ständiger Unterscheidungen zwischen einem menschlich vertretbaren Leben und dem nackten Leben, dem reinen Vegetieren im Sinne des *Homo sacer*, der in der Polis keine Rechte hat.[81] Die Stoßkraft des Widerstands und der Kritik sollte sich daher laut Agamben darauf richten, das binäre Denkschema in Frage zu stellen, das der Praxis der Ein- und Ausschließungen zugrunde liegt. Eine solche Kritik entspricht auch der Absicht Foucaults, der nach Möglichkeiten sucht, jene Maschine außer Kraft zu setzen, die zur Allianz zwischen technologischen Steigerungen und der Intensivierung der Machtbeziehungen führt. Agamben findet im Begriff des ‚Offenen' eine solche Mög-

---

[80] Foucault (1977: 171); siehe auch Agamben (2002: 13).
[81] Vgl. Agamben (1995). Zur Auslegung des *Homo sacer* durch Glantz vgl. Glantz (2000: 106–108).

lichkeit der Entkoppelung. Denn die anthropologische Maschine, die zwischen *logos* und Tier – als dem Lebewesen, dem die Humanität fehlt – unterscheidet, schließt durch die Schaffung eines hierarchischen, ausgrenzenden Systems das, was vorher offen war. Ein solches Vorgehen funktioniert Agamben zufolge über einen *missing link,* eine Zone der Ununterschiedenheit, einen weder menschlichen noch tierischen Ausnahmebereich, einen Raum der Artikulation zwischen dem Menschlichen und dem Nicht-Menschlichen. Man muss daher den Begriff des ‚nackten Lebens' neu definieren. Dabei macht Agamben in *L'aperto* eine Feststellung, die in Zusammenhang mit unseren Überlegungen von höchstem Interesse ist: Die Entscheidung in Bezug auf derartige Unterscheidungen geht von einer unbewiesenen Annahme aus, nämlich von jener, dass zwischen dem, was menschlich ist und was nicht, grundsätzlich nicht unterschieden werden könne.[82] Wenn man die Frage stellt, was das ‚nackte Leben' oder ‚das Leben' sei, sollte man dagegen, nach Agamben, von jenem ursprünglichen, weder menschlichen noch tierischen Bereich ausgehen, der *vor* der topischen Einteilung liegt, mit der man seit Aristoteles das nutritive bzw. vegetative Leben des *homo sapiens* abgrenzte.

Kennzeichen für das Offene sind Übergangsformen, Schwellen zwischen dem Tierischen und dem Menschlichen, hybride Ausdrucksformen, die in Hinblick auf die heutigen Technologien von höchster Bedeutung sind. In *L'aperto* geht Agamben von der Betrachtung einer Miniatur in einer hebräischen Bibel des 13. Jahrhunderts aus, die in der Bibliotheca Ambrosiana von Mailand aufbewahrt wird und auf der eine Darstellung des Messianischen Gastmahls am Jüngsten Tag zu sehen ist. Er fragt sich nach dem Grund, warum die Gerechten in dieser Miniatur mit Tierköpfen dargestellt wurden und schlägt als Antwort vor, dass „der Künstler [...] bedeuten wollte, daß am letzten Tag die Beziehungen zwischen Tieren und Menschen eine neue Form annehmen und daß sich der Mensch selbst mit seiner tierischen Natur versöhnen würde".[83] Es handelt sich dabei auch um die Streitfrage zwischen Kojève und Bataille über

---

[82] Vgl. Agamben (2002a: 43 f.).
[83] Ebd. (11); Agamben (2003: 13).

das Thema einer möglichen posthistorischen Phase in Hegels Geschichtsphilosophie, und von eben dieser Frage geht Agamben aus.[84]

Die Erzählerin von „Animal de dos semblantes" begibt sich nun gerade in diese Zone der In-Differenz und hebt den nicht bewiesenen Unterschied zwischen dem Menschlichen und dem Tierischen auf. In der ersten Person erzählt, geht es in der Geschichte um Nora Garcías Alltagsleben, in dem Haushunde (und Katzen) eine wesentliche Rolle spielen, nicht jedoch im traditionellen Sinne. Auf der einen Seite verwöhnen die Hunde der Geschichte ihre Herren nicht auf unterwürfige Weise; auf der anderen Seite versetzt sie das Auge der Erzählerin nicht, einer hierarchischen Ordnung entsprechend, an den Rand der Gesellschaft.[85] Das Bestiarium der Margo Glantz ist auch nicht mehr nur der Spiegel von tribalen Impulsen der Menschen, was immer noch der topischen Artikulation der anthropologischen Maschine des Aristoteles entsprechen würde. Vielmehr sind sowohl die Hundebesitzer als auch die Hunde Tiere mit zwei Gesichtern. Die Artikulation der Erzählerin macht die Liminalität sowohl des Menschen als auch des Tieres deutlich und rettet so Tiere und Menschen vor der Gewalt der menschlichen Herrschaft. In die Alltagsgeschichte werden hin und wieder Hinweise auf die Wiederholung der Logik der Ausgrenzung im Laufe der Geschichte der Moderne eingeflochten, in der die anthropologische Maschine, dem jeweiligen Bild des Menschlichen entsprechend, immer wieder Verschwundene hervorbringt – für die Nazis sind z. B. Hunde menschlich und Juden Tiere, die man vernichten muss und auch

---

[84] Agamben führt aus, dass der Mensch sich nach Kojèves Meinung am Ende der Zeiten in Einklang mit der Natur befinden würde, während für Bataille die Geste der Negativität des Menschen, wenn auch grundlos, bestehen bleiben würde (Agamben 2002a: 13) sowie Agamben (2003: 15). Allerdings lehnt Bataille nach seiner Beschäftigung mit der Heterogenität in der Kunst die Form des Menschlichen ab und sucht die Freundschaft zwischen Mensch und Tier, vgl. Hollier (1993: 142). Besonders im *Dictionnaire critique* wurde die Topographie der Organe des Körpers auf den Kopf gestellt, z. B. durch die Verbindung von Gegensätzen wie dem Auge und der großen Zehe; die Organe sind schon unwiederbringliche Fragmente für ein Projekt, das auf ein totalisierendes und ausschließendes Körperbild hinausläuft, vgl. ebd. (144).

[85] Für andere Autoren, z. B. für Carlos Fuentes, sind Hunde die ‚Opfer' hegemonialer Systeme, Wesen von unten, die Mitleid und ein Gefühl der Revolte wecken, vgl. z. B. Fuentes (1981). Eine solche Auffassung ist eine weitere Bestätigung des binären Denkschemas.

andere faschistische Regime lassen Menschen verschwinden.[86] Zu Beginn der Geschichte bezieht sich die Erzählerin wie folgt auf die Willkür der anthropologischen Maschine:

> Immer wenn ich mit meinen Enkelkindern rede, fragen sie mich, ob der Hund, den sie mir geschenkt haben, schon gestorben oder weggelaufen ist, denn alle, die ich ihnen geschenkt habe, sind einer nach dem anderen – wie durch die Verwünschung einer Zigeunerin – verschwunden, als lebten wir unter einem faschistischen Regime, aber die Nazis haben die Hunde, anstatt sie zu töten, spazieren geführt, während sie die Juden in den Krematoriumsöfen vernichtet haben und Pater Las Casas erzählt die Geschichte von einem Hund namens Becerrillo, der speziell dazu abgerichtet war, Indios zu töten.[87]

In die unterhaltsame Erzählung werden immer wieder Anspielungen auf historische und politische Vernichtungsaktionen eingestreut, ein wahrer Schrecken für Leserinnen, die sich allzu sehr auf die Harmlosigkeit des Themas verlassen. Der Text erhält so eine politische Note. „Der gleichförmige Ton der Ausführungen stellt die Katastrophen der Geschichte und die scheinbar unbedeutenden Alltagsereignisse auf eine Ebene und erreicht damit die Absicht der Erzählung: die hybride Koextensivität der mexikanischen Gesellschaft mit den Hunden, sowie die Übergänge zwischen den ‚Höhen' der intellektuellen Salons und den ‚Tiefen' tierischer Bedürfnisse aufzuzeigen, „a caballo entre lo doméstico y lo callejero, de pura raza, pero híbrido, un animal de dos sem-

---

[86] Vgl. Glantz (2005: 58) und ebd. (2001: 45).

[87] „Cada vez que les hablo a mis nietos me preguntan si ya se murió o se escapó el perro que ellos me regalaron porque los que yo les regalé a ellos han ido desapareciendo poco a poco, como si se tratase de una maldición gitana o como si viviésemos en un régimen fascista, aunque los nazis, ellos, en lugar de matar perros los sacaban a pasear mientras exterminaban a los judíos en los hornos crematorios y el padre Las Casas cuenta la historia del perro llamado Becerrillo, entrenado especialmente para matar indios" (Glantz 2005: 58) und (ebd. 2001: 45). Später wiederholt Nora García ihren Gedanken über das Verschwinden ihrer Hunde und die Analogie zum politischen Terror: „[M]is perros adoptan la figura de los desaparecidos, triste figura no hace mucho acuñada en nuestra sociedad contemporánea para designar a su vez a quienes fueron torturados o eliminados por ciertos regímenes militares" (ebd. 2005: 62) – ‚[M]eine Hunde nehmen die Gestalt der Verschwundenen an, eine traurige Gestalt, die erst vor nicht allzu langer Zeit in unserer modernen Gesellschaft erfunden wurde, um diejenigen zu bezeichnen, die von gewissen Militärregimes gefoltert oder beseitigt worden sind'. In *Historia de una mujer* gibt Glantz damit der Konnotation, die sich in *Zona de derrumbe* auf den „Cono Sur" beschränkt hatte (ebd. 2001: 47), eine allgemeinere Bedeutung.

blantes" – ‚auf dem Sprung zwischen dem Haus und der Straße, reinrassig aber hybrid, ein Tier mit zwei Gesichtern'.[88] Die Erzählung verläuft in einem spannenden Rhythmus von Digressionen dort, wo es um die Hervorhebung der Persönlichkeit einzigartiger Hunde und deren verschiedene Eigenarten geht, so als wenn es sich um Menschen handeln würde.

Der Bezug zur Biomacht wird in jenen Passagen von „Anima de dos semblantes", die in *Historia de una mujer* neu hinzugefügt worden sind, direkt hergestellt. Durch die Erwähnung der wissenschaftlichen Erkenntnisse über die genetischen Unterschiede von Hunderassen weist die Erzählerin darauf hin, dass die Geburt der Naturwissenschaft im 19. Jahrhundert zur genetischen Isolierung der Rassen führte, ‚als sich Hundeclubs und Regeln der Reinrassigkeit zu etablieren begannen'.[89] Die Zerstörung der Mythologie der Reinheit und die Formulierung einer Anthropologie des Offenen, d. h. der kontinuierlichen Übergänge zwischen den Arten – was die Erzählerin ‚hybrid' nennt – ist eines der zentralen Themen. Die Hunde und Hündinnen der Familie stellen die Regel der Reinrassigkeit in Frage. Was Groucho betrifft, meint sie: ‚[O]bwohl er reinrassig war, ein sehr edler Hund, wagte es niemand, ihn zu stehlen: Er war unsauber';[90] Lola dagegen, ‚aus zwei Arten gemischt und mit zwei Gesichtern',[91] ist ‚schwarz und weiß, oder besser gesagt, weiß und schwarz und nicht reinrassig, sondern hybrid, eine Promenadenmischung (mir gefällt das englische Wort *mongrel*).'[92]

Indem sie die verschiedenen Formen der Ausschließung oder auch die Marotten von Menschen anprangert, die Hunde lieben, setzt die Erzählerin die Rituale hart gegeneinander, d. h. die Kultur der Sentimentalität und die animalische Anthropologie einerseits und das Unverständnis des wissenschaftlichen Positivismus bzw. der technologischen Untersuchungsmethoden ande-

---

[88] Ebd. (2005: 61) und ebd. (2001: 52).

[89] „[C]uando empezaron a establecerse los clubes de perros y las reglas de la pureza" (ebd. 2005: 66).

[90] „Aunque era de raza pura, un perro muy fino, nadie se atrevía a robárselo: estaba sucio" (ebd.).

[91] „[A]nimal de dos especies o semblantes" (ebd.: 72).

[92] „[N]egra y blanca, mas bien blanca y negra, y no de raza pura sino mezclada, híbrida (me gusta la palabra inglesa mongrel)" (ebd.: 67). – *Mongrel* bedeutet: Mischling, Kreuzung, Straßenköter.

rerseits.⁹³ Der Titel im Singular, „Animal de dos semblantes", weist schon von vornherein auf das Offene hin und zugleich auf die Frage nach der Beziehung zwischen Seele (*anima*) und Nahrung oder zwischen *logos* und vegetativem Leben. Tatsächlich macht die Artikulation des Subjekts von Anfang an keinen Unterschied zwischen tierischer und menschlicher Begleitung: ‚[I]ch habe zwei Töchter, sie heißen Federica und Corina. Ich habe auch einen Sohn und ich hatte einen Mann, der Juan hieß. Ich heiße Nora, Nora García. Und meine Hunde haben Laika, Taiga, Groucho, Jethro [...] geheißen'.⁹⁴ Groucho hat ‚ein trauriges Gesicht',⁹⁵ Lolita wird von der Erzählerin ‚bewundert', obwohl sie irritierend ist.⁹⁶ In der Erzählung hat weder das „Menschliche" noch das „Tierische" einen eindeutigen Ort. So berichtet die Erzählerin über Laika: ‚[W]ir mussten sie immer anketten, sie behandeln, als ob sie eine Hündin wäre'.⁹⁷

Ohne die Tiere zu vermenschlichen, ist der Diskurs auf der Suche nach einer Anthropologie des Körpers, jenseits – oder diesseits – der anthropologischen

---

⁹³ Geräte zur wissenschaftlichen Klassifikation von Arten sind nicht dazu geeignet, Anzeichen von Gefühlen in der Physiognomie von Tieren oder in der Archäologie ihrer ‚Überreste' abzulesen, wie man sie in den sogenannten Elefantenfriedhöfen findet, vgl. ebd. (71 f.).

⁹⁴ „Yo tengo dos hijas, se llaman Federica y Corina. También tengo un hijo y tuve un marido que se llamaba Juan. Yo me llamo Nora, Nora García. Y mis perros se han llamado Laika. Taiga, Groucho, Jethro [...]" (ebd.: 60).

⁹⁵ Ebd. (64).

⁹⁶ Ebd. (64).

⁹⁷ „[T]eniamos que dejarla amarrada, tratarla como si fuera perra" (ebd.: 2). – Über *Bestiario* von Juan José Arreola sagt Glantz Folgendes: „Los animales de Arreola son animales amorosos, o mejor, son bestias amorosas y sus apareamientos son lascivos, venales, repugnantes como el sapo que ‚aparece ante nosotros con una abrumadora calidad de espejo' [...]. Arreola continúa violentando y enredando los opuestos, acomodando uno junto a otro los textos que se contradicen en su palabra teórica, pero que se refuerzan como imágenes. Las contradicciones son formidables y se alinean agresivamente, arsenal de armamentos dispuestos a estallar como alguna vez estallaron las bestias frente al hombre" (Glantz 1994b: 7) – ‚Die Tiere bei Arreola sind liebende Tiere, oder besser, liebende Bestien, und ihre Paarungen sind lasziv, käuflich, widerlich wie die Kröte, die „mit der unangenehmen Eigenschaft eines Spiegels vor uns auftaucht" [...]. Arreola verletzt ununterbrochen die Gegensätze und bringt sie durcheinander: [E]r setzt Texte nebeneinander, die sich in ihrer theoretischen Aussage widersprechen, sich aber als Bilder gegenseitig verstärken. Die Widersprüche sind großartig, und angriffslustig marschiert ein ganzes Arsenal von Waffen auf, bereit loszuschlagen, wie einmal die Bestien angesichts des Menschen losgeschlagen haben'.

Maschine, die Materie und Form, Geschlechter und Arten voneinander trennt. Als sie über die Hundeliebe zwischen Jethro und Mata Hari erzählt, deren Verschwinden ‚erotisch und nicht politisch begründet war',[98] bemüht sich die Erzählerin um eine Sprache, die Körper und Seele verbindet:

> Als Jethro ins Haus kam, verschwand Mata Hari, für mich eine Dame mit Leib und Seele; sie litt an einer Scheinschwangerschaft (aus allen ihren Zitzen floss Milch) und wir glaubten, dass sie – so wie es die Figuren in den Schundromanen tun, die ihre Mutter oder ihr Kind verloren haben (oder wie die Mütter oder Großmütter der Plaza de Mayo, die ihre Kinder oder Enkel suchen) – weggelaufen war, um den armen Jethro zu suchen, der jedoch schon zuvor, ausgiebig beweint, in Tepoztlán begraben worden war.[99]

Von diesem situierten Blickpunkt aus, dem hybriden Ort der Straßenköter[100] und ihrer Begleiter, der Menschen, beleuchtet die Erzählerin den Terror der politischen und sozialen Ausgrenzungen.[101]

3 Körperliche Vermittlung von Visualität: Die Schrift des Körpers und die Grenzen der Sichtbarkeit

Durch das Herstellen einer neuen Beziehung zwischen der Körperlichkeit des Subjekts und dem Raum behandelt der Roman das Thema der Visualität. Die Schrift des Körpers, mit der im Roman das Urteil des Aristoteles über das vegetative Leben der Tiere umgestoßen wird, eröffnet durch die unmittelbare Körperlichkeit des Tieres auch einen Raum für Überlegungen in Zusammenhang

---

[98] „[...] era erótica y no política" (ebd. 2005: 79).

[99] „Al llegar el Jethro a la casa, desapareció Mata Hari, para mí, una dama con cuerpo y corazón; había desarrollado un embarazo imaginario (le salía leche de cada una de sus tetas), creímos que, como los personajes de folletín que han perdido a su madre o a su hijo (o las Madres o Abuelas de la plaza de Mayo buscando a sus hijos o nietos), había salido a buscar al pobre del Jethro, para entonces ya enterrado y llorado en Tepoztlán" (ebd.: 80).

[100] Die Erzählerin bezeichnet sich programmatisch als Anhängerin von Cervantes, dessen Hunde auch Straßenköter sind, vgl. ebd. (86).

[101] Siehe auch die Analyse des paradoxen Zusammenhangs zwischen der Vertreibung der Hunde aus der Stadt zu Beginn der Moderne und ihrer unfreiwilligen Rückkehr und Vermehrung in der modernen Stadt: ‚Mülldeponien und Hunde gehen Hand in Hand' („basureros y perros van de la mano" [ebd.: 87]) sagt die Erzählerin und weist auf die metonymische Figur des Abfalls hin, der für das Aus- und Eingeschlossene steht, das die Modernisierung der Städte begleitet.

mit der Visualität. Auf diesbezügliche Probleme zielt u. a. eine metapoetische Passage in „Palabras para una fábula" ab:

> Wenn die Begriffe des Enthusiasmus und der Inspiration ein geeignetes Mittel darstellen, um meinen Zustand zu beschreiben, hoffe ich, zeigen zu können, dass das Wort, dessen einzige Bühne die Äußerung ist, die Unanständigkeit zum Ausdruck bringen muss: das Bild einer Frau, die sich entkleidet und fühlt, dass kalte Lichter über ihren Körper laufen.[102]

Die Art der Äußerung des Romans gleicht tatsächlich einem Theaterraum, in dem die Vermittlungsversuche der Körperlichkeit gegenüber den Abenteuern des Blickes inszeniert werden. Es ist ein Abenteuer zwischen dem Voyeurismus des Subjekts und dem Widerstand des Objekts, zwischen der Sichtbarkeit und den Resten von Unsichtbarkeit, die auch unter der Herrschaft des Sichtbaren mit all ihren panoptischen Vorrichtungen bestehen bleiben. Nora Garcías Blick geht vom ‚Einsturz' des Körpers aus.[103] Die Schamlosigkeit der Tiere ist eine Herausforderung für den Blick; das ist das Thema einer Anekdote über die Hündin Lola, die sterilisiert werden musste, da sie ‚schon sehr jung ein wildes Leben zu führen begann wie Nabokovs Lolita':[104]

> Ein paar Tage nach der Operation begann auf ihrer Vagina eine Art blutiger Tumor zu wachsen und wenn sie sich niederlegte und die Beine hob, wie es alle Hunde

---

[102] „Si las nociones de entusiasmo y de inspiración constituyen el medio necesario para entender lo que me pasa, espero demostrar que la palabra, cuya única escena es la de la enunciación, exige referirse a la indecencia: la imagen de una mujer que se desnuda el torso y siente que su cuerpo es recorrido por unas luces frías" (ebd.: 181) und (ebd. 2001: 37).

[103] Eine Metareflexion über die Phänomenologie des Blickes findet sich in „Zapatos: Andante con variaciones", wenn Nora García, im Zahnarztstuhl sitzend, auf ihre neuen Schuhe blickt: ‚[I]ch lasse mich fallen, entspanne mich, unterwerfe mich ihm total, bin ihm ausgeliefert, Kopf und Körper in vollkommen horizontaler Lage. Wenn ich den Kopf ein wenig hebe, sehe ich aus dem Augenwinkel, dort unten, meine Fußspitzen' („[M]e dejo caer, me relajo, me entrego totalmente a él, estoy a su merced, la cabeza perfectamente horizontal con el cuerpo. Si levanto un poco la cara, veo de reojo la punta de mis pies, allá abajo" [Glantz 2005: 43]). Indem sie in fast horizontaler Lage auf ihren Körper blickt, sucht die Erzählerin nach dem Mittel, die Beziehung zu ihrem Körper materiell sichtbar zu machen. Das Bild scheint eine Bearbeitung von Ernst Machs Abbildung „Der Komplex der bildlichen Empfindungen" zu sein, der zur Entdeckung der Alterität des ‚Leibes' führte. Zur phänomenologischen Fragestellung von Maurice Merleau-Ponty (1964) verweise ich auf meinen Artikel, vgl. Borsò (2004).

[104] „[...] empezó su vida airada desde muy joven como la Lolita de Nabokov" (Glantz 2005: 73) und (ebd. 2001: 58).

tun, ekelte ich mich furchtbar vor der eitrigen Wunde oder dem Geschwür, es war, als würde sie ihr Kleid hochheben und mir ihr Innerstes zeigen, ihr geschminktes Geschlecht, als wäre es ein Gesicht, eines, auf dem sich die Sexualität in reiner, geradezu monströser Form ausdrückt, denn es stellt auf rein visueller Ebene das zur Schau, was wir immer verbergen, es posaunt aus, was die Worte verschweigen, und der Betrachter kann dem Blick nicht standhalten, er fühlt eine Aversion, vom lateinischen Wort *aversa*, was soviel heißt wie: den Blick abwenden.[105]

Das Verhalten der Tiere unmittelbar zu beobachten konfrontiert uns auf brutale Weise mit den Grenzen des Blickes sowie mit den Ausschließungen und Abtrennungen, die durch die moralische Konstitution des Subjekts erzwungen werden. Andererseits ereignet sich das Sehen in der westlichen Kultur von der platonischen Höhle aus, entsprechend der Ordnung der moralischen und rationalen Konstruktion des Subjekts, ein Thema, das Glantz durch ihre Lektüre Batailles kennt. Dadurch, dass sie in „Animal de dos semblantes" Hunde in Szene setzt, beteiligt sie sich auch am Geschlechter-Diskurs, da sie das Spiegelbild der Frau verändert, die Kohärenz eines natürlichen Organismus zerstört und die Struktur auflöst.[106] Glantz' Bemerkungen über die Erzählung „Pueblerina"[107] von Juan José Arreola sind diesbezüglich aufschlussreich. Denn die

---

[105] „Unos días después de la operación, le empezó a crecer una especie de tumor sanguinolento en la vagina y cuando se echaba y levantaba las patas, como hacen todos los perros, la llaga o buba me producía un asco infinito, era como si se levantase el vestido y me mostrara su interior, el sexo maquillado como si fuera un rostro, un rostro por el que asoma la sexualidad en estado puro, casi monstruosa por su carácter: exhibe en un plano meramente visual lo que siempre ocultamos, vocifera lo que las palabras callan, y el que contempla no puede sostener la mirada, ha sentido aversión, de aversa, palabra latina: significa simplemente desviar la mirada" (ebd. 2005: 74) und (ebd. 2001: 59).

[106] Dasselbe sagt Glantz über Juan José Arreola in *Esguince de cintura* (Glantz 1994b: 90). In ihrer Auslegung Arreolas stellt Glantz mit Recht ein feministisches Anliegen fest, das sein Schreiben, möglicherweise unbeabsichtigt, charakterisiert. In seiner Parallelerzählung der Geschichte der Menschheit zeigt Arreola, dass ‚der Mensch das wilde Tier besiegt, es domestiziert, wohingegen die Frau, das domestizierte Wesen schlechthin, ihrerseits den Mann besiegt. Ein hybrides Wesen aus Fleisch und Blut, doch fast immer ohne Geist, wird zum zentralen Paradigma: Geistlos besiegt sie das Wesen, das Geist in höherem Maße besitzt, den Mann' („[E]l hombre vence a la bestia, la doméstica, pero el ser doméstico por excelencia, la mujer, vence a su vez al varón. Un ser híbrido, compuesto de carne y hueso, pero casi siempre carente de espíritu se convierte en el paradigma esencial: sin ingenio, derrota al ser que lo posee en mayor grado, el varón" [ebd.: 89]).

[107] Don Fulgencio erwacht eines Tages – auf Grund der Hörner, die ihm seine Frau aufgesetzt

Hörner Don Fulgencios sind nicht nur ein Symbol für die Verletzung seiner Männlichkeit durch die Frau, sondern sie untergraben zugleich auf ironische Weise die Macht und materialisieren das, was die Macht auszulöschen trachtet: die Fleischlichkeit der Liebe.[108]

Glantz' Auslegung Arreolas stellt die Bedeutung der Materie, deren Metapher die Frau ist, auf Kosten der abstrakten Form, die den männlichen Geist symbolisiert, unter Beweis – die Jagdsymbolik ist in dieser Hinsicht bezeichnend. Glantz drückt es so aus: ‚Die platonische Höhle, die paläontologische Grotte hält den Mann in ihrer ‚sumpfigen' Tiefe fest, die er in der Doppelgestalt der Mutter und der Geliebten, der Dame und der Hure, der Schönen und der Bestie zugleich verehrt und verabscheut'.[109] Laut Glantz begibt sich Arreola in die sumpfige Tiefe der ‚Höhle' und denunziert die Gleichsetzung des männlichen Prinzips mit der Errichtung der Macht; sie zitiert die westliche platonische Tradition von der *Göttlichen Komödie* bis zum Petrarkismus, um das binomische Gebäude zum Einsturz zu bringen, mit dem das westliche Denken die aufrechte Position des Menschen bekräftigt und die Erinnerung an seinen einstigen Aufenthalt in den Höhlen von Lascaux verdunkelt.[110] Mit

---

hat – als seltsames Tier, ‚verwandelt in ein stolzes Exemplar eines Krausnackens mit prächtigen Hörnern', wobei der gehörnte Don Juan ‚sowohl seine Schuhe als auch sein Gehörn poliert' („convertido en soberbio ejemplar de rizado testuz y espléndidas agujas"; „lustra a la vez sus zapatos y su cornamenta" [ebd.: 90]).

[108] Ebd. (92).

[109] „La caverna platónica, la espelunca paleontológica, retienen al varón en su profundidad ‚cenagosa', repudiada y venerada en la doble figura de la madre y la amante, de la dama y la puta, de la bella y de la bestia" (ebd.: 93). – Mit Recht hebt Glantz die Ambivalenz der theoretischen Diskurse Arreolas hervor. Es kommen darin Verehrung und Hass vor, die Metapher der Frau als ‚Treibsand' und die traditionelle Sicht der Frau als Gefahr, aber auch als ‚das wahre Wesen, das ursprüngliche Wesen, das vollkommene Geschöpf, das uns in sich trug' und das durch die Trennung der Geburt auch die Geschlechter hervorbringt: den Geist, der mit den Flügeln des Mannes entflieht und ‚die Frau, mit noch mehr Materie in fleischlicher und feuchter Form behaftet' zurücklässt („el verdadero ser, el ser original, la criatura total que nos llevaba dentro"; „y ha quedado la mujer más recargada de materia en una forma carnosa y húmeda" [ebd.: 93]).

[110] Wenn Glantz von den zwei Gesichtern der platonischen Höhle im Werk Arreolas spricht („Caverna platónica contemplada desde lejos y caverna cenagosa penetrada son las tripas y las rosas confundidas" [ebd.: 95]), beweist sie damit einmal mehr ihre Anleihen bei Bataille. In *Lascaux ou la naissance de l'art* (1955) sieht Bataille im prähistorischen Bild der Höhlen von Lascaux nicht nur

ihrer Analyse der Visualität in *Historia de una mujer* gibt Glantz durch die Anspielung auf die Orpheus-Tradition eine Antwort auf den Mythos des verhängnisvollen Blickes, der Eurydike vernichtet und den direkten Blick verbietet.[111] Die *amores perros*,[112] die Hundelieben, erzählen von der Nähe, dem Verlust, dem Abschiedsschmerz, der Sehnsucht nach dem Anderen, und dadurch werden jene Gegensätze einander angenähert, die durch feindliche Blicke – auf ‚Männer, Frauen, Kinder, Verschwundene, Hunde und Katzen, Tiere mit zwei Gesichtern' („los hombres, las mujeres, los niños, los desaparecidos, los perros y los gatos, animales de dos semblantes",[113] – für immer getrennt werden.

4 Seinen Lebensweg gehen: Ein Lob der materiellen Körperlichkeit auf der Oberfläche der Welt

Einer Vorrede gleich beginnt *Historia de una mujer* mit der Erinnerung Nora Garcías an ihre intime Beziehung zu Designer-Schuhen, ihre Odyssee auf der Suche nach Ferragamo, ihre Obsession für Schuhmode. Im Titel und am Ende des Kapitels wird in dem Satz, der die ganze Erzählung hindurch ständig wiederholt wird, nämlich, „caminar el camino de su vida", das Wort ‚camino' weggelassen.[114] Diese Elision lässt auf eine verdeckte Anspielung schließen,

---

die Entstehung des homo sapiens durch das Töten von Tieren, sondern auch die Urszene des Körpers als Opfer und der körperlichen Unterdrückung zugunsten der Konstruktion des rationalen Wesens, vgl. Borsò (1997: 54).

[111] Vgl. Glantz (2005: 76) und ebd. (2001: 72).

[112] Auf ähnliche Weise wird im Film *Amores perros* anhand des Themas der Promiskuität im Leben von Männern, Frauen und Hunden das Missgeschick behandelt, das sowohl durch äußere Einflüsse als auch durch persönliche Eigenheiten verursacht wird. Der Film von Alejandro González Iñárritu wurde im Jahr 2000 herausgebracht. In *Historia de una mujer* wird am Ende der Erzählung „Animal de dos semblantes" die Statue des Golem erwähnt, des jüdischen Mythos von der unvollendeten Form mit besonderen Kräften, was eine indirekte Anspielung auf Mario Bellatin ist, dessen *Perros héroes. Tratado sobre el futuro de América Latina* (2003) u. a. die Vorstellungskraft der Hunde thematisiert.

[113] Glantz (2005: 93) und ebd. (2001: 72).

[114] „[...] escribir la historia de la mujer que caminó por la vida con zapatos de diseñador" (Glantz 2005: 46).

nämlich auf die auf einen Satz aus der *Göttlichen Komödie*, „in mezzo del camin di nostra vita", dessen Aufwärtsbewegung die Schriftstellerin umkehrt.[115] Es ist der Fuß, der geht, eine Metonymie des Tieres, eine Materialisation der chthonischen, viszeralen Spannung, die das Subjekt verkörpert – einmal mehr ein Umstürzen der platonischen Auffassung von der Entwicklung des Subjekts in der westlichen Kultur. ‚Der Fuß', sagt Margo Glantz in „De pie sobre la literatura mexicana", einem Text, der zugleich als einleitender Essay zu *Esguince de cintura* und zu José Tomés de Cuéllar fungiert, ‚trägt den Menschen: Er ist die Stütze seiner Person [...], der Pfeiler oder die Säule, die uns aufrecht hält'.[116] Der einleitende Essay ist nicht nur eine geistreiche Interpretation Batailles und seiner Bedeutung, wenn es darum geht, den „Manichäismus, der eine Dualität postuliert" zurückzuweisen und sich auf die Suche nach dem „dritten Wesen" zu machen, d. h. nach der Einheit zwischen dem Edlen und dem Unedlen, Niedrigen – ein Thema, das sich durch die wichtigsten Strömungen der französischen Philosophie des 20. Jahrhunderts zieht[117] – sondern er ist auch eine hervorragende Mikro-Geschichte des westlichen Denkens, das sich auf eben diesen Manichäismus stützt und der Frau den Platz des Niedrigen zuweist. Im Rahmen meiner Ausführungen möchte ich ganz besonders auf die Beziehung zwischen dem Fuß und der zoologischen Metapher hinweisen:

> Der weibliche Fuß scheint entblößt zu werden, doch die Verkleidung des Schuhs reizt den Blick, der sich, hinter dem Fächer verborgen, im Ritus des *cortejo*, des Flirtens, versteckt und die beiden Pole nicht zeigt.
>
> Allerdings eine trügerische Idealisierung. Vor Begierde zu vergehen, ja sich geradezu zu wälzen, weckt nicht gerade ideale Vorstellungen, sondern eher zoologische. Im Staub wälzen sich manche Tiere, und der Schlamm, mit dem die Ehre bedeckt wird, erinnert an den Morast, in dem sich die Schweine suhlen [...]. Das Wort, mit dem die verletzte Scham das Enthüllen des Fußes betrachtet, der die Begierde weckt

---

[115] Der Weg, der gegangen werden muss, kommt auch in den Schriften der Heiligen Teresa von Ávila wiederholt vor, vgl. ebd. (26 f.). Der Bezug zu Dante ist explizit: „La idea es trazar un paralelismo entre la mujer que tiene que andar simplemente un camino amoroso o el camino in mezzo del camin di nostra vita, digamos, y, paralelamente, a manera de alegoría" (ebd.: 27).

[116] „El pie sostiene al hombre: es el soporte de su persona [...], pilastra o columna que nos sostiene erectos" (Glantz 1994b: 11).

[117] Siehe z. B. auch den Hinweis auf Barthes in *Esguince de cintura* (ebd.: 12).

und die Pole der Augen – von der Arktis zur Antarktis – ablenkt, löscht mit seinem Schnee sowohl den Staub als auch die Begierde aus und verletzt sie vielleicht sogar mit seinen Schritten.[118]

Wir haben es hier mit einem Paradebeispiel für den engen Zusammenhang zwischen Essay und Roman im Werk von Glantz zu tun. Der dichte Text dieser Passage lässt bereits die Absicht erkennen, die die Autorin mit dem Roman verfolgt, und macht die Tendenz des Blickes deutlich, in der Topographie des Körpers mit unterschiedlichen Intensitäten zum Verborgenen hin abzuschweifen. Im Verweis auf die Vorliebe Flauberts ‚für die Grenzbereiche des nicht Gesagten', sowohl die sexuelle Vereinigung als auch ‚das Trinken, Essen und Urinieren', wird dies wieder aufgegriffen.[119] Von daher stammt auch die „Ästhetik des Schuhs", die Glantz in Cuellars *Baile y cochino* analysiert, womit sie die beginnende Moderne im Werk des Autors aus dem 19. Jahrhundert nachweist und zugleich die Genealogie einer mexikanischen Literatur skizziert, die sich in Nuancen vom nationalen Kanon unterscheidet.

In der Erzählung „Zapatos: Andante con variaciones", die den Roman *Historia de una mujer* einleitet, sind die Funktion des Niedrigen in der westlichen Anthropologie und eine Mini-Geschichte des Schuhs die beiden Themen der Aphorismen, die in die Erinnerungen der Nora García eingefügt sind. Die Darstellung oder Inszenierung[120] der Bedeutung der Schuhe für das Spiegelbild der Frau ist zugleich eine Parodie auf das Sich-Aufrichten, um die Statur zu vergrößern, worauf die Geschichte so großen Nachdruck legt.[121] Tatsächlich

---

[118] „El pie femenino parece desnudarse pero el afeite del calzado condena la mirada que, oculta en el abanico, se esconde en el cortejo, encubriendo los dos polos. Idealización traicionera, sin embargo. Revolcarse en el deseo evoca imágenes poco ideales y nos acerca más a imágenes zoológicas. En el polvo se revuelcan ciertos animales y el lodo con que se cubre la honra recuerda el lodazal donde hozan los marranos [...]. La palabra con que el pudor ofendido mira el desembozo de unos pies que revuelcan el deseo alterando los polos de los ojos, del ártico al antártico, cancela con su nieve tanto el polvo como el deseo y quizá lo viole con sus pasos" (ebd.: 14).

[119] Ebd. (15).

[120] Zu dieser Ansicht kommt auch die Erzählerin in ihren Metareflexionen: ‚53 / Während sie an die Schuhe denkt, weiß Nora García, dass sie einen Text schreiben wird, der einem Opernlibretto ähnlich sein soll' („53 / Mientras piensa en los zapatos, Nora García sabe que escribirá un texto que tiene que parecerse a los libretos de opera" (Glantz 2005: 41).

[121] Vgl. ebd. (14).

ist die Erzählung „Zapatos: Andante con variaciones" eine indirekte Erforschung des Aufschreibens von Erinnerung. Es ist ein Schreiben, das auf jeden Heroismus verzichtet, ein Schreiben über die Geschichte des Westens aus postkolonialer Sicht, das den Kolonialismus mit synthetischen Bildern analysiert, während humoristische Gegenüberstellungen die enge Beziehung zwischen binären Denkmustern und politischen Vernichtungsmaßnahmen aufdecken und untergraben.[122] Die Anspielungen auf die politische Macht sind einmal mehr ein Versuch der Intervention, der Parteinahme der Schriftstellerin.[123]

Durch das Leitmotiv der Schuhe schreibt Glantz eine Geschichte vom Blickpunkt der konkreten Materialitäten aus. Es handelt sich um eine Mikro-Geschichte, die eine ‚andere Sicht' der Vergangenheit ermöglicht und die Geschichte des Westens von der Bibel[124] bis zum Beginn der Moderne im 19. Jahrhundert umfasst.[125] Die Erzählung ist darüber hinaus eine Erforschung der Potentialitäten des autobiographischen Schreibens. Die Artikulation des Subjekts der Erzählerin-Protagonistin schwankt zwischen der ersten und dritten Person.[126] Autobiographische Züge sind eindeutig vorhanden. Dennoch ist

---

[122] ‚Bei Nabokov verkommt die Tragödie oft zu einer subtilen Parodie; in meinem Fall wird die Parodie zu einer Farce, so wie die amerikanischen Hunde der Minderwertigkeit verfielen, als Kolumbus entdeckte, dass sie nicht bellten. Und meine Eltern waren schon an und für sich minderwertig (russische Juden) [und hat nicht Hitler das so bestimmt und die Juden vernichtet?]. Meine Eltern kamen nicht einmal nach Amerika, in das echte Amerika, sondern nur nach Mexiko, südlich des Rio Bravo, wo die Einwohner verachtenswert sind' – „En Nabokov muchas veces la tragedia degenera en una parodia sutil; en mi caso, la parodia cae en la farsa como los perros americanos caveron en la inferioridad cuando Colón descubrió que no ladraban. Y mis padres eran ya de por sí inferiores (judíos-rusos) [¿no lo determinó así Hitler y exterminó a los judíos?]. Mis padres ni siquiera llegaron a América, la verdadera, sino a México, al sur del Río Bravo, donde los habitantes somos despreciables" (ebd.: 16).

[123] ‚Welchen Vergleich gibt es zwischen jemand, dessen Tragödie bloß ein Exil von einer proletarischen Siedlung in die andere war während seiner Kindheit war, und einem Exilierten von der Nobilität eines Landes, das einen Gogol, Dostojewski, Tschechow und, natürlich, auch einen Nabokov hervorgebracht hat?' – „¿Cómo puede equipararse a alguien cuya tragedia ha sido sólo un exilio de colonia en colonia proletaria durante su infancia, con un exiliado de la nobleza de un país que produjo a Gógol, Dostoievski, Chéjov, y, claro, a Nabokov *afterwards*?" (ebd.: 15).

[124] Siehe die Anspielung auf Moses (ebd.: 11 f.).

[125] Ebd. (45).

[126] Vgl. z. B. ebd. (19 f.).

287

Nora García eine autonome Persönlichkeit, und gerade ihre Autonomie hat die Funktion, das autobiographische Gedächtnis mit dem Fremden in sich selbst, mit den Grenzen der Selbsterfahrung zu konfrontieren. Nora García ist also ebenfalls ein „Tier mit zwei Gesichtern", das Alter Ego der Margo Glantz und zugleich ein Mittel der Überschreitung.[127] Allerdings ist die Beziehung der beiden Figuren zueinander diskontinuierlich und zweideutig. Als Paraphrase auf Flauberts Ausspruch über die Romanfigur Madame Bovary könnte man Glantz den Satz, „Nora García, c'est moi" in den Mund legen. Tatsächlich ist ihre Identität mit der Figur eine ambivalente, durch Ironie ins Gegenteil verkehrte Identität. Wie im Fall der Beziehung Flauberts zu Emma wird diese Ironie durch die persönliche Fokalisierung und die erste Person (in *Historia de una mujer*) ausgedrückt. Die romantischen Illusionen der Madame Bovary, über die sich der Erzähler ironisch äußert,[128] sind zugleich Nora Garcías Illusionen in Bezug auf die Mode, die Reisen, die Liebesbeziehungen. Indem sie sich ausdrücklich auf den Brief Flauberts an seine Geliebte Louise Collet bezieht, weist Glantz auf ihre eigene Position als Erzählerin hin, eine Position der Überschreitung, die Nora García einnimmt, um die Aufmerksamkeit auf den fleischlichen Körper zu lenken, den der Romantizismus „des Herzens" verbirgt.[129] Es geht darum, Diskurs und Natur zu trennen, die Mythen des Natürlichen zu entmythifizieren.

In „Zapatos: Andante con variaciones" erkennt man hinter der Erziehung der Gefühle der Nora García den philosophischen Anspruch der Schriftstellerin, für die die Erotik eine Ausdrucksform der Emergenz des Subjekts darstellt, das Thema des Romans *Apariciones*.[130] Der Kunstgriff in *Apariciones*, d.h. der Aufbau des Textes als Palimpsest zweier verschiedener historischer Persön-

---

[127] Wenn die Schriftstellerin sagt: ‚7 / Es ist Zeit, zu gestehen, dass diese Geschichte autobiographisch ist und deshalb durch und durch ehrlich' – „7 / Es hora de confesar que esta historia es autobiográfica, y por tanto profundamente sincera" (ebd.: 13), verwandelt der aphoristische Charakter des Satzes den ironischen Ton in eine unauflösbare Zweideutigkeit.

[128] Vgl. ebd. (32; 36).

[129] Ebd. (32).

[130] Glantz (1996). In diesem Roman ist die Mystik der Raum, der die Grenzen zwischen Subjekt und Objekt öffnet; die Überschreitung widersetzt sich den Ausgrenzungen, die vom Subjekt der Vernunft vorgenommen werden.

lichkeiten, wodurch die Diskurse und Positionen des Subjekts in Frage gestellt werden, liegt nun ausschließlich im Raum, wo das Ich geschrieben wird. Die einzelnen Fragmente lösen den Diskurs aus der organischen Logik, sie werden zerschlagen, zerstückelt und bleiben aus diesem Grund beweglich.[131] Das entwurzelte Subjekt kann sich auch nicht auf ein Zentrum beziehen, es ist nicht mehr Herr in seinem Haus. Das Verhältnis zwischen körperlicher Konkretion und symbolischer Abstraktion der Sprache, zwischen Verdrängung und Ausdruck, ist ein dauerndes Anliegen in Glantz' Werken. Die Subjektivität von Glantz ist deshalb eine Gegen-Epistemologie, die von dem ausgeht, was die westliche Philosophie ausgeschlossen hat: von der Beziehung zum eigenen Körper, der Phänomenologie des Körpers, seiner Konkretion im Raum. Glantz macht das Schreiben zu einer ‚Zone des Unbestimmten'. Dabei ist der autobiographische Diskurs zugleich das Mittel, um die kulturelle Topographie auf andere Weise neu zu schreiben.

Bibliographie

AGAMBEN, Giorgio (2005). „Der Autor als Geste", in: *Profanierungen*. Frankfurt am Main: Suhrkamp.
AGAMBEN, Giorgio (2003). *Das Offene. Der Mensch und das Tier*. Frankfurt am Main: Suhrkamp.
AGAMBEN, Giorgio (2002). *Homo sacer. Die souveräne Macht und das nackte Leben*. Frankfurt am Main: Suhrkamp.
AGAMBEN, Giorgio (2002a). *L'aperto. L'uomo e l'animale*. Turin: Bollati Boringhieri.
AGAMBEN, Giorgio (2000). *Potentialities: Collected Essays in Philosophy*. Stanford, CA: Stanford University Press.
AGAMBEN, Giorgio (1998). *Homo sacer I. Il potere sovrano e la nuda vita*. Turin: Einaudi.
BARTHES, Roland (1981). *Le grain de la voix: entretiens, 1962–1980*. Paris: Seuil.
BARTHES, Roland (1980). *La chambre claire*. Paris: Gallimard.

---

[131] Durch seine ‚Heterogenität', d. h. durch die thematische Kombination der barocken Welt der religiösen Mystik mit der profanen Liebe, des Voyeurismus mit der Begierde, der Krise mit der Banalität wird im Roman *Apariciones* die Überschreitung des Körperbildes inszeniert. Auch in *Apariciones* wird mit dem Autobiographischen gespielt, jedoch ohne klare Identitätsgrenzen der Erzählerin, denn das Subjekt lebt in verschiedenen Räumen und Welten. Die Öffnung des Subjekts auf andere Räume hin geschieht durch deutliche intertextuelle Verweise auf die Heilige Teresa von Ávila und Sor Juana Inés de la Cruz.

BATAILLE, Georges / LEIRIS, Michel (2004). *Échanges et correspondances*, hg. von Louis YVERT. Paris: Gallimard.
BATAILLE, Georges (1981). *Lo imposible*. Mexiko Stadt: Premià.
BATAILLE, Georges (1979). *Historia del ojo*, üb. von Margo GLANTZ. Mexiko Stadt: Premià.
BATAILLE, Georges (1955). *Lascaux ou la naissance de l'art*. Paris: Skira.
BELLATIN, Mario (2003). *Perros héroes. Tratado sobre el futuro de América Latina*. Mexiko Stadt: Alfaguara.
BÖHME, Hartmut (2006). *Fetischismus und Kultur. Eine andere Theorie der Moderne*. Reinbek: Rowohlt.
BORSÒ, Vittoria (2005). „Proust und die Medien: Écriture und Filmschrift zwischen Sichtbarkeit und Unsichtbarkeit", in: Uta FELTEN / Volker ROLOFF (Hrsg.). *Proust und die Medien*. München: Fink, 31–60.
BORSÒ, Vittoria (2004). „Entre lo visible y lo invisible. La autonomía de los objetos en la poesía de García Lorca y en el cine de Luis Buñuel", in: Volker ROLOFF / Uta FELTEN (Hrsg.). *Spielformen der Intermedialität im spanischen und lateinamerikanischen Surrealismus*. Bielefeld: Transript, 33–55.
BORSÒ, Vittoria (2002): „Proposte della letteratura del Novecento per il nuovo millennio: *Lezioni americane* di Italo Calvino", in: Enrico MALATO ET AL. (Hrsg.). *La civile letteratura. Studi sull'Ottocento e Novecento offerti ad Antonio Palermo*, Bd. 2. Neapel: Liguori, 373–392.
BORSÒ, Vittoria (2000). „De la soledad a la pluridad de las voces. ‚Modernidad' en *Muerte sin fin* de José Gorostiza", in: Inke GUNIA ET AL. (Hrsg.). *La modernidad revis(it)ada. Literatura y cultura latinoamericanas de los siglos XIX y XX. Estudios en homenaje a Klaus Meyer-Minnemann*. Berlin: Tranvía / Walter Frey, 319–334.
BORSÒ, Vittoria (1997). „‚Rêve d'une pensée hétérologique'. Georges Bataille am Ursprung ohne Ursprung", in: Christoph WEISMÜLLER (Hrsg.). *Kontiguitäten. Texte-Festival für Rudolf Heinz*. Wien: Passagen, 49–64.
BUTLER, Judith (1995). *Körper von Gewicht. Die diskursiven Grenzen des Geschlechts*. Berlin: Berlin-Verlag.
BUTLER, Judith (1993): *Bodies that Matter*. New York: Routledge.
CALVINO, Italo (1989). *Lezioni americane*. Mailand: Garzanti.
DELEUZE, Gilles (1993). *Critique et clinique*. Paris: Seuil.
FOUCAULT, Michel (2004). *Naissance de la biopolitique. Cours au Collège de France, 1978–1979*, hg. von Michel SENELLART, Leitung von François EWALD / Alessandro FONTANA. Paris: Gallimard / Seuil.
FOUCAULT, Michel (1994). „Qu'est-ce que les Lumières?", in: *Dits et écrits, 1954–1988*, hg. von Daniel DEFERT / François EWALD, Bd. 4: *1980–1988*. Paris: Gallimard, 562–578.

FOUCAULT, Michel (1977). *Sexualität und Wahrheit*, Bd. 1: *Der Wille zum Wissen*. Frankfurt am Main: Suhrkamp.
FUENTES, Carlos (1981). *Agua quemada*. Mexiko Stadt: FCE.
GLANTZ, Margo (2005). *Historia de una mujer que caminó por la vida con zapatos de diseñador*. Barcelona: Anagrama.
GLANTZ, Margo (2002). *El rastro*. Barcelona: Anagrama.
GLANTZ, Margo (2001). *Zona de derrumbe*. Rosario: Beatriz Viterbo.
GLANTZ, Margo (2000). „Das Schlimmste ist immer möglich", *Lettre Internationale* 49, 106–108.
GLANTZ, Margo (2000a). *Sor Juana: la comparacion y la hipérbole*. Mexiko Stadt: Conaculta.
GLANTZ, Margo (1996). *Apariciones*. Mexiko Stadt: Alfaguara.
GLANTZ, Margo (1994). „Prólogo", in: *Sor Juana Inés de la Cruz. Obra selecta*, hg. von Margo GLANTZ, Bd. 1. Caracas: Biblioteca Ayacucho, XI–XC.
GLANTZ, Margo (1994a). „La Malinche: la lengua en la mano", in: Margo GLANTZ (Hrsg.). *La Malinche, sus padres y sus hijos*. Mexiko Stadt: UNAM, 75–98.
GLANTZ, Margo (1994b). *Esguince de cintura. Ensayos sobre narrativa mexicana del siglo XX*. Mexiko Stadt: Conaculta.
GLANTZ, Margo (1992). *Borrones y borradores. Reflexiones sobre el ejercicio de la escritura*. Mexiko Stadt: UNAM.
GLANTZ, Margo (1995). „Mirando por el ojo de Bataille", Vorwort in: Georges BATAILLE. *Historia del ojo*, üb. von Margo GLANTZ. Mexiko Stadt: Ediciones Coyoacán.
GOROSTIZA, José (1982). „Muerte sin fin", in: *José GOROSTIZA. Homenaje nacional a los Contemporáneos. Antología poética*, hg. von Luis Mario SCHNEIDER. Mexiko Stadt: Instituto Nacional de Bellas Artes.
GUMBRECHT, Hans Ulrich (2004). *Diesseits der Hermeneutik. Die Produktion von Präsenz*. Frankfurt am Main: Suhrkamp.
GUMBRECHT, Hans Ulrich / PFEIFFER, Ludwig (Hrsg.) (1998). *Materialität der Kommunikation*. Frankfurt am Main: Suhrkamp.
HARAWAY, Donna (2003). *The Companion Species Manifesto: Dogs, People and Significant Otherness*. Chicago: Prickly Paradigm Press.
HOLLIER, Denis (1993). *La prise de la Concorde suivi de Les dimanches de la vie. Essais sur Georges Bataille*. Paris: Gallimard.
KRISTEVA, Julia (1993). *Pouvoirs de l'horreur. Essai sur l'abjection*. Paris: Seuil.
MERLEAU-PONTY, Maurice (1964). *Le visible et l'invisible*. Paris: Seuil.
MONTERROSO, Augusto (2007). „Der Dinosaurier", in: Franz HOHLER (Hrsg.). *112 einseitige Geschichten*. München: Luchterhand.

MONTERROSO, Augusto (1959). „El dinosaurio", in: *Obras completas (y otros cuentos)*. Mexiko Stadt: UNAM.
NANCY, Jean-Luc (2003). *Die Erschaffung der Welt oder die Globalisierung*. Zürich / Berlin: Diaphanes.
NANCY, Jean-Luc (2002). *La création du monde ou la mondialisation*. Paris: Galilée.
PAZ, Octavio (1988). *Libertad bajo palabra, 1935–1953*, hg. von Enrico Mario SANTÍ. Madrid: Cátedra.
SPIVAK, Gayatri Chakravorty (1999). *Imperative zur Neuerfindung des Planeten / Imperatives to Re-Imagine the Planet*, hg. von Willi GOETSCHEL. Wien: Passagen.
TANIZAKI, Jun'ichiro (1996). *Lob des Schaffens. Entwurf einer japanischen Ästhetik*. Zürich: Manesse.
WARBURG, Aby (1992). „Einleitung zum Mnemosyne-Atlas (1929)", in: Ilsebill BARTA-FLIEDL / Christoph GEISSMAR (Hrsg.). *Die Beredsamkeit des Leibes. Zur Körpersprache in der Kunst*. Salzburg / Wien: Residenz.

Medien und Moderne

Espejismos in Literatur und Malerei der *Contemporáneos*. Eine intermediale Lektüre*

1

Die *Contemporáneos* stellen eine „otra vanguardia" dar, so José Emilio Pacheco.[1] Es handelt sich um *el grupo sin grupo*, wie sie sich selber bezeichnen, bestehend aus José Gorostiza, Xavier Villaurrutia und Jorge Cuesta, die durch ihre Essays – eine Gattung, die von allen *Contemporáneos* gepflegt wird – vornehmlich aber durch ihre Lyrik bedeutsam sind, sowie Jaime Torres Bodet, Salvador Novo, Bernardo Ortiz de Montellano, Gilberto Owen, Carlos Pellicer und die Maler Agustín Lazo und Rufino Tamayo.[2] Als Erben des Ateneo de la Juventud stellen die *Contemporáneos* eine Art Avantgarde dar, die, statt ikonoklastisch das Neue zu suchen, die Anschließbarkeit an kosmopolitische Konzeptionen von Kultur und Kunst beanspruchen, die Literatur der USA sowie die Kolonialkultur eingeschlossen hat. Ihre Poetologie lässt sich deshalb weniger durch die Affirmation des Neuen auf der Basis der Negation des Vergangenen als durch die Ironie charakterisieren, d. h. jenes Prinzip, das auf den

---

* Dieser Artikel erschien zuerst in: Jutta Blaser / Wolf Lustig / Sabine Lang (Hrsg.). *„Miradas entrecruzadas". Diskurse interkultureller Erfahrung und deren literarische Inszenierung. Beiträge eines hispanoamerikanischen Forschungskolloquiums zu Ehren von Dieter Janik*. Frankfurt am Main: Vervuert 2002, 203–224. Wir danken dem Vervuert Verlag für die freundliche Druckgenehmigung.

[1] Pacheco (1979).

[2] Die *Contemporáneos* haben sich in Opposition zu den *Estridentistas* verstanden, deren wichtigste Vertreter Manuel Maples Arce, Luis Quintanilla und Germán List Azurbide sind. Die *Estridentistas*, die sich am Italienischen Futurismus orientieren, bejahen die Revolution und den technologischen Fortschritt. Das revolutionäre Pathos findet Ausdruck in der ‚schrillistischen' Syntax und Semantik. Das poetologische Manifest und die poetischen Kreationen sind im Einzelnen vom italienischen Futurismus zu differenzieren. Wie Meyer-Minnemann (1982: 39) in seiner Analyse des komplexen Phänomens der *Estridentistas* gezeigt hat, handelt es sich um den „einmaligen Fall einer Zusammenarbeit zwischen Vanguardia und staatlichen Institutionen, in der die anfängliche bilderstürmerische Haltung des *Estridentismo* zunehmend einer Art Bildungs- und Aufklärungsarbeit weicht". Zu den *Contemporáneos* vgl. neben dem Aufsatzband von Olea Franco und Stanton (1994) auch die Studien von Sheridan (1985; 1988) und Schneider (1994).

durch die Entzweiung von Natur und Geschichte und die Erfahrung der Zeitlichkeit herbeigeführten Bruch zwischen Sprache und Welt reagiert.[3] Damit ist für die *Contemporáneos* die Wahrnehmung des Neuen mit der *memoria*[4] der Traditionen durchzogen. Schon aus diesen Gründen sollen im Folgenden die *Contemporáneos* nicht allein an avantgardistischen Doktrinen gemessen, sondern auch anhand einiger Prinzipien der Modernität betrachtet werden, die ihnen kongenial sind und mit denen sie sich im Rahmen ihrer Zeitschriften, u. a. durch Übersetzungen und Editionen internationaler zeitgenössischer Autoren, intensiv beschäftigten. Eines dieser Prinzipien ist die im Kontext der Phänomenologie gestellte Frage der ‚Visibilität' bei der Wahrnehmung von Bildern. Der formale Weg, in dem sich diese Frage äußert, sind die *espejismos* des Barock und damit Textstrategien, die nur auf den ersten Blick traditionell erscheinen. Die barocken Spiegelungen, die Täuschungen und Illusionen bewusst machen sollen, materialisieren vielmehr im Kontext der Avantgarden das Problem der Visibilität.

2 Barock und Modernität

In Spanien ist die Nähe von Barock und Modernität beispielhaft erkennbar geworden durch die Verfahren des *esperpento* von Ramón del Valle-Inclán oder mit der Wiederentdeckung Luis de Góngoras durch Federico García Lorca im Zusammenhang mit dessen 300. Todestag im Jahre 1927.[5] Hispanoamerikanische Autoren des 20. Jahrhunderts sehen im Kolonialbarock nicht nur literarische Quellen erster Kulturmestizierung und damit erster eigenständiger Literaturzeugnisse Lateinamerikas, sondern auch Strukturprinzipien, an die auch die Literatur des 20. Jahrhunderts anschließt. Alejo Carpentier betont dabei

---

[3] Zu dieser genealogischen Bedeutung des 18. Jahrhunderts für die Moderne (und Postmoderne) vgl. die Einleitung zu: Borsò / Goldammer (2000) sowie die darin enthaltenen Beiträge von Bernhard Waldenfels, Ottmar Ette, Félix Duque, Gianni Vattimo, Reinhold Görling, Walter B. Berg sowie Alois Hahn und Cornelia Bohn.

[4] Vgl. die Untersuchung von Goldammer (2000) zu Identität und Erinnerung in den frühen Prosaexperimenten der *Contemporáneos*.

[5] García Lorca (1980).

die metaphorische Imagination des Kolonialbarock[6] und José Lezama Lima die Widerspiegelungen und *desengaños*, die sich in der Moderne auf metakultureller Ebene abspielen.[7] Schließlich entfaltet Severo Sarduy,[8] ausgehend von diesem Prinzip, die postmoderne Ästhetik des Neobarock. Die Genealogie des Welt- und Sinnentzugs, der erst in der Moderne als Episteme verfügbar sein wird, lokalisiert Roberto González Echevarría[9] schon in *La Celestina* – einem Klassiker, der als Schwellentext zwischen Kulturen und Epochen in die Weltliteratur eingegangen ist und deren Spuren sich in vielfältigen Übertragungs- und Transferphänomenen sowie in ironischen und selbstreflexiven Texten des Kolonialbarock, des kontinentalen Barock bis hin zum Neobarock ablesen lassen.[10] Die Korrespondenz zwischen dem Barock und der Modernität im Sinne eines (im Barock nur impliziten und ideologisch aufgefangenen)[11] Vorstoßens zur Erfahrung des Weltentzugs führt direkt zu einem der Kardinaltexte der Reinterpretation des Barock im 20. Jahrhundert: Walter Benjamins *Ursprung des deutschen Trauerspiels*.[12] Die Weltentwertung durch extreme Illusionstechnik der spanischen bzw. italienischen Barockliteratur gilt seitdem als Vorspiel moderner Artifizialität und Selbstbezüglichkeit. Auch im Trauerspiel des spa-

---

[6] Carpentier (1973: 40–41) sucht die Ontologie Amerikas: „Nuestro arte siempre fue barroco: desde la espléndida escultura precolombina y el de los códices, hasta la mejor novelística actual de América, pasándose por las catedrales y monasterios coloniales de nuestro continente. Hasta el amor físico se hace barroco en la encrespada obscenidad del ‚guaco' peruano. No temamos, pues, el barroquismo en el estilo, en la visión de los contextos, en la visión de la figura humana enlazada por las enredaderas del verbo y de lo ctónico, metida en el increíble concierto angélico de cierta capilla (blanco, oro, vegetación, revesados, contrapuntos inauditos, derrota de lo pitagórico) [...] El legítimo estilo del novelista latinoamericano actual es el barroco".

[7] Zum Barock-Begriff von Carpentier und Lezama Lima vgl. Borsò (1994: Kap. V).

[8] Sarduy (1974).

[9] González Echevarría (1993).

[10] Ich verweise auf meine Rezension zum Buch von González Echevarría; vgl. Borsò (1995). Unter den neueren Untersuchungen zur Bedeutung des Kolonialbarock für das Bewusstsein Amerikas sowie zu den Beziehungen zwischen dem Kolonialbarock und dem postkolonialen Denken vgl. Schumm (1998).

[11] Dabei gehört der Weltentzug im ausgehenden 19. Jahrhundert zur Episteme, nicht jedoch im 17. Jahrhundert, bei dem vielmehr eine *renovatio* des mittelalterlichen Analogismus festzustellen ist, wie Küpper (1990) gezeigt hat. Vgl. zuletzt auch Küpper / Wolfzettel (2000).

[12] Entstanden zwischen 1916 und 1925, vgl. Benjamin (1928).

nischen Goldenen Zeitalters – bei Pedro Calderón de la Barca – sieht Benjamin das mythische Ganzheitsdenken trotz der Theatralisierung christlich-moralischer Botschaften nur noch durch die Montage willkürlicher Allegorien repräsentiert, die nach dem Zusammenbruch des Rettungsgedankens des 17. Jahrhunderts dann in der Moderne – etwa bei Charles Baudelaire – die historische Signatur einer nicht mehr natürlich motivierten Beziehung zwischen Zeichen und Dingen sein werden.[13] Die (prämodernen) Erschütterungen im ausgehenden 16. Jahrhundert zeigen deswegen eine relative Analogie zur Krise kapitalistischer Wirtschafts- und Produktionsformen, zur Infragestellung der Erkenntnissicherheit der Naturwissenschaften und zum Verlust der metaphysischen Sicherheit im ausgehenden 19. Jahrhundert.[14] Dem Einsturz des kosmologischen Weltbilds im 16. Jahrhundert entspräche das Zweifelhaftwerden der empirischen Realität gegen Ende des 19. Jahrhunderts, so auch Gustav Hockes Begründung des Analogismus zwischen Manierismus und Moderne. Während jedoch im Neomanierismus das Visionäre und Traumhafte als Strukturmerkmal der Moderne betont wird, werden in der Ästhetik des Neobarock die Vereinigung des Disparaten (*concordia discors*) und deren komplementäre Erscheinung betont, nämlich die Uneinigkeit des Einigen (*discordia concors*) als unauflösbare und fundamentale Form des Widerstreits.[15] Hier sind wir mit einem Grundprinzip avantgardistischer und postavantgardistischer Poetik konfrontiert, das sich in der Wiederentdeckung der Allegorie und der Figur als Expressivität des Bildmaterials jenseits des diskursiven Denkens[16] zeigt.

---

[13] Das Dingzeichen ist nicht mehr natürlich, sondern hat Warencharakter. Die Literatur versucht, nach dem Modell der Schriftlichkeit die Bruchstücke der Dingwelt vor der zerstörenden Verwandlung zu retten. In der modernen Literatur wird die barocke Krise des Deutens zum zwangsläufigen Scheitern und Zerfall eines auf (mimetische) Ergebnisse ausgerichteten Lesens. Der barocke Nominalismus wird in Form metakritischer Distanz und als Bewusstsein des Seins der Sprache reaktualisiert. De Man (1979) verbindet die moderne Deutung Benjamins mit postmodernem, Derridas Dekonstruktion verpflichtetem Denken. Postmoderne Deutung der Allegorie und Einführung des Begriffs des Neobarock gehen auf Sarduys *Neobarroco* (1974) zurück. Zu Sarduy vgl. auch González Echevarría (1987; 1993).

[14] Vgl. Borsò (1998a: 33–36; 395–396): „Barock" und „Neobarock".

[15] Im Sinne des Konzepts des „différend" nach Lyotard (1971).

[16] Lyotard (1971) plädiert für eine stärkere Berücksichtigung dieser Funktion des Figurativen

Unter den *Contemporáneos* ist besonders bei den Dichtern José Gorostiza und Xavier Villaurrutia auf die barocke Metaphorik hingewiesen worden. Octavio Paz vergleicht etwa Gorostizas *Muerte sin fin* mit dem *Primero sueño* von Sor Juana Inés de la Cruz[17] und betont auch die Nähe der Zehnten Muse Mexikos zu Góngora. *Muerte sin fin* sei „la huella de Góngora sometida a operación de cámara de vacío"[18] Ähnliches äußert er im Zusammenhang mit Villaurrutia.[19] Die Sprache von Villaurrutias Dichtung sei ein „puente colgante sobre el vacío del lenguaje" als „borde del precipicio, en la orilla arenosa y estéril, allí se planta la poesía de Villaurrutia, echa raíces y crece. Prodigioso árbol transparente hecho de reflejos, sombras, ecos".[20] Bei Villaurrutia öffnen die Metaphern nicht den Weg zu einer ‚anderen Realität', sondern sind eine „producción de reflejos", „[de] una galería de ecos", wobei die Verdoppelung der Bilder nicht eine Synthese, sondern die *contradicción* als Denkfigur ergibt,[21] ganz im Sinne der obengenannten *concordia discors*.

Bei dem Versuch, die Strukturprinzipien im Zusammenhang von Barock und moderner bzw. avantgardistischer Lyrik zu systematisieren,[22] möchte ich auf die Bildlichkeit und Visualität eingehen. Ich werde mich auf die *espejismos*, auf die Spiele der Illusionierung und Desillusionierung beziehen.

---

gegen die Unterordnung des Traummaterials unter die Traumsymbolik und damit auch gegen die Unterordnung der Vorstellungsrepräsentanz unter den Traumsinn bzw. den Traumgedanken. Vgl. auch Roloff (2000).

[17] Vgl. Borsò (2000).

[18] Paz (1987: 166).

[19] Paz betont zwar die große Vorliebe Villaurrutias für französische Autoren, jedoch auch die Bedeutung von Lope de Vega hinsichtlich der ‚Faltungen' des Sprachmaterials und der Spiegelungen der Worte (ebd.: 469); zu den Faltungen der Sprache: „El pliegue, al desplegarse, es el salto detenido antes de tocar la tierra" (ebd.: 479).

[20] Ebd. (478).

[21] Ebd. (479).

[22] Zur Bedeutung des amerikanischen Barock etwa in der Ästhetik des Modernismo vgl. López (1999) oder in der avantgardistischen Ästhetik von Carpentier vgl. Stawicka-Pirecka (1996).

3 Barocke Spiegelungen, Moderne und das Problem der Visibilität

Dass die Moderne die ‚Visibilität' problematisiert, hat zunächst eine epistemologische und diskurshistorische Begründung. Die Problematisierung des Sichtbaren steht gewiss im Zusammenhang mit der Kritik der Hegemonie des positivistischen Blickes im 19. Jahrhundert. Aber auch eine Kritik der (romantischen) Ästhetikkonzeptionen, die dem Auge des Dichters seherische Fähigkeiten zuschreiben, ist damit impliziert. Tatsächlich stoßen wir mit der Problematisierung des Sichtbaren durch die *Contemporáneos* auch auf eine poetologische Kritik der Omnipotenz des romantischen *poeta vates* – auch dies ein Aspekt, der Villaurrutia mit einer bestimmten Avantgarde verbindet, die mit dem modernen Spiel der barocken Spiegelungen die Undurchsichtigkeit (*opacidad*) der ‚Dinge' anstrebt, welche sich der Vereinnahmung durch den Blick (und durch die Erkenntnis) entziehen und schließlich zu einer Verunsicherung des Verhältnisses von Subjekt und Objekt führen. Der Betrachter steht ratlos vor den mysteriösen Verbindungen zwischen den Dingen, vor einer irritierenden *coincidentia oppositorum* oder *discordia concors*, einer Uneinigkeit des Einigen. Er fühlt sich bisweilen selbst von den Dingen betrachtet.[23] Dieses Moment ist durchgängig bei einer ‚anderen' Avantgarde zu finden, die nicht zu den ‚orthodoxen' Bewegungen des Surrealismus im Sinne von André Breton gehörte. Einige Vertreter dieser ‚anderen' Avantgarde sind in Lateinamerika durchaus rezipiert worden, z. B. Jean Cocteau und die Italiener Massimo Bontempelli sowie die Brüder De Chirico, Giorgio und Andrea (Alberto Savinio). Nicht zuletzt Arturo Uslar Pietri hatte Kenntnis vom magischen Realismus Bontempellis und von der *Pittura metafisica* von Savinio und De Chirico. Parallelen zwischen *Nostalgia de la muerte* von Xavier Villaurrutia, insbesondere den Passagen und Schatten, die das Szenario bevölkern, und den Gemälden von De Chirico und Yves Tanguy sind unmittelbar auffällig.[24] Die Undurch-

---

[23] Zur Veränderung der Beziehung von Subjekt und Objekt in der Kunst der Moderne und Postmoderne als Folge der Irritation der Wahrnehmung und damit der Schwächung des Erkenntnissubjekts durch die Kunst vgl. etwa Elkins (1996).

[24] Vgl. auch Quirarte (1994: 109).

sichtigkeit – die Intransitivität der Welt und die Irritation des Erkenntnissubjekts, das sich selbst angesichts einer nicht beherrschbaren, fremden Welt als von den Dingen angestarrt sieht – ist eine Strukturbedingung moderner und avantgardistischer Texte, auf die z. B. Mario di Pinto im Zusammenhang mit der Allegorie der „Caracola" bei Federico García Lorca hinweist.

Caracola[25]
Me han traído una caracola.

Dentro le canta
un mar de mapa.
Mi corazón
se llena de agua
con pececillos
de sombra y plata.

Me han traído una caracola.

Die Dinge existieren jenseits des Blickes des Dichters, und zwar unabhängig von diesem; sie sind undurchsichtig, fremd, heterogen und geheimnisvoll, dies habe Federico aus der Lehre der *poesía pura* von Juan Ramón Jiménez gelernt: „Las cosas nos están mirando y nosotros no podemos mirarlas", so Mario di Pinto. Für den Blick sind die Dinge einer heterogenen Welt ‚das Andere' geworden. Die These der Undurchdringlichkeit der Welt hat eine Affinität zur Phänomenologie. Sie impliziert den Verzicht auf eine ontologische Sicherheit über die Realität, da sich die Heterogenität des Realen nur als Wahrnehmung eines Fremden manifestiert und sich bei Maurice Merleau-Ponty schließlich in der intersubjektiv erfahrenen Leiblichkeit als Chiasmus zwischen Subjekt und Objekt bzw. zwischen dem Ich und der Fremdheit seines Leibes konstituiert.[26]

Wenn ich nun das intermediale Verhältnis zwischen Dichtung und Malerei behandle, so geschieht dies durchaus mit der Absicht, mich von jenen Poetologien zu distanzieren, die dem Künstler die priesterliche Weihe des Seher-

---

[25] García Lorca (1996: 361). Das Gedicht „Caracola" stammt aus der Sektion „Canciones para niños" des von Lorca zwischen 1921 und 1924 geschriebenen und 1927 publizierten Gedichtbands *Canciones*.

[26] Ich beziehe mich auf verschiedene Studien von Waldenfels; vgl. besonders Waldenfels (1997; 1999).

tums verleihen und der plastischen Imagination des Dichters die Fähigkeit zuschreiben, durch symbolische Weltkonstrukte die referenziellen Leerstellen zu füllen. Seit der Romantik erreicht der *vates* eine neue Transitivität zu den Dingen, d. h. er durchdringt das Andere mittels der Wahrnehmung des Unsichtbaren. In dem Sammelband zu den *Contemporáneos*, den Rafael Olea Franco und Anthony Stanton herausgegeben haben,[27] zeigt der mexikanische Dichter Vicente Quirarte die für die Avantgarde charakteristischen Konvergenzen zwischen Autoren und Künstlern der Gruppe auf, wie z. B. zwischen Villaurrutia bzw. Cuesta und Lazo, aber auch zwischen diesen und internationalen zeitgenössischen Malern. Die Korrespondenz zwischen *Nostalgia de la muerte*, der Hauptphase im Schaffen Villaurrutias, und surrealistischen Malern wie Yves Tanguy und der *Pittura metafisica* von De Chirico liegen auf der Hand. Villaurrutia ließ sich von den Prinzipien der Malerei inspirieren: „Si el fin de la poesía es hacer pensar en lo impensable, acaso el objeto de la pintura no sea otro que hacer visible lo invisible."[28] Quirarte selbst lässt die Interpretation dieses Satzes offen. In den Beiträgen zum Verhältnis von Dichtung und Malerei unter der Kapitelüberschrift „La mirada plástica" besteht jedoch die Tendenz, Belege für die Omnipotenz der plastischen Imagination des Dichters zu suchen. Es gilt, das Postulat von Villaurrutia entsprechend der Sichtbarmachung des Unsichtbaren nochmals kritisch zu interpretieren, u. a. im Zusammenhang mit der paradoxalen Verflechtung von Sichtbarem und Unsichtbarem in der Erfahrung der Leiblichkeit, auf welche die Phänomenologie, insbesondere Merleau-Ponty,[29] hingewiesen hat. Die Malerei, schon im Paragone-Streit der Renaissance als Modell für die vollkommene Mimesis gesehen, wird bekanntlich zusammen mit der Musik seit dem Symbolismus zum Vorbild antimimetischer Dichtung. Indes berufen sich die Interpreten der Kunstkritiken von Villaurrutia auf die Sichtbarmachung des Unsichtbaren mit der These, dass erst der plastische Blick des Dichters diesen zum Seher mache. In dem Aufsatzband des Colegio de México ist diese These ein Leitmotiv

---

[27] Olea Franco / Stanton (1994).
[28] Villaurrutia (1966: 745).
[29] Merleau-Ponty (1964).

bei der Interpretation des Verhältnisses der *Contemporáneos* zur Malerei. Was heißt aber ‚plastisches Vermögen' und ‚Seher' für die Ästhetik der Moderne? Seit der Entstehung des Hiats zwischen Natur und Geschichte in der Goethe-Zeit und über die Romantik hinaus war die Symbol-Ästhetik auch für weite Strecken des 20. Jahrhunderts grundlegend. Das Symbol verlieh dem Kunstwerk jenes plastische Vermögen, das die Evidenz der natürlichen Motivation – und damit die Sinntransparenz – wiederherstellen konnte. Genau einer solchen Ästhetik entsprechen jene Positionen, die noch in der Moderne das Vakuum einer entfremdeten Welt mit der Visibilität der plastischen Imagination füllen. Das Allegorische eignet sich hingegen nicht für eine solche Ästhetik. Tatsächlich visualisiert die Allegorie nur eine Idee, d. h. etwas, das empirisch nicht notwendigerweise existiert oder evident ist. In der Allegorie erfolgt die Visualisierung durch die Negation von dem, was empirisch-real sichtbar ist. Die Deutung des in *Reflejos* – Kunstkritiken und poetologische Reflexionen Villaurrutias – hervorgehobenen ‚plastischen Blickes' – jenes Blickes des Schriftstellers, der dazu befähigt, mit Bildern zu schreiben – führt zu ganz unterschiedlichen ästhetischen Prinzipien, je nachdem, ob man dem symbolischen oder dem allegorischen Prozess den Vorzug gibt. Symbolisch meint die *mirada plástica* eine Potenzierung der Durchsichtigkeit des Kunstwerks und damit auch eine Steigerung des kognitiven Potentials; das Symbolische wäre hier als eine Art Prothese der Vernunft zu sehen. Allegorisch gedeutet meint die *mirada plastica* die Selbstreflexivität einer abstrakten Idee, gegen welche die Materialität der Objekte mit undurchsichtigen Rätseln Widerstand leistet. Wenn wir aber die Sinne in den Blick nehmen wollen, die mit der Moderne die Autonomie von der Vernunft suchen – man denke an die Synästhesie –, dann müssen wir das Schauen als sinnliche Tätigkeit unabhängig von seiner Funktion als Instrument der Erkenntnis konzipieren. Dass es sich dabei um ein fundamentales Problem für die Avantgarde handelt, wird klar, wenn man an die Möglichkeiten des Traumes denkt, jene Modalität der Imagination, die für die barocke Kunst ebenso bedeutend ist wie für die Avantgarde. Auch beim Traum gilt es zwischen einer die Stofflichkeit des Traumes und die Vorstellungsrepräsentanz beachtenden Traumanalyse und der symbolischen Traumdeutung des späten Siegmund Freud bzw. der orthodoxen Position des Surrealismus zu unterscheiden. Letztere ordnet die materielle Erscheinung des Traumes einem Traumsinn unter, der für André Breton der Ausdruck einer ‚anderen Logik', der Logik des Unbewussten, ist. Hier wird der Traum als kognitives Instrument des Unbewussten verstanden und in seiner Materialität zerstört. Anderes meint dagegen die These, der Traum sei die Schwelle, an der die Vision erfolge, eine Art *mise en abyme* und Selbstreflexivität des Blickes, bei dem das Subjekt sich selbst ‚sehen sieht'.[30]

Im Folgenden werde ich mich mit intermedialen Beziehungen in Werken aus den 30er Jahren befassen, mit Bezug auf den Dichter Xavier Villaurrutia und den Maler Agustín Lazo.[31] Jorge Cuesta illustriert die Bedeutung von Lazos Malerei für seine eigene Poetologie und die Poetologie der *Contemporáneos* anhand des Essays „Una pintura superficial", den er Lazo widmet.[32] Wie die Malerei sollte die Poesie ein *examen de la vista* sein, eine Prüfung des Blickes, d. h. eine Prüfung, welcher der Blick durch die Konfrontation mit ungewohnten, wider die Vernunft gehenden Wegen der Wahrnehmung unterzogen wird. Andere Fähigkeiten wie Sinnlichkeit, auf die unter der topischen Opposition zwischen *cerebro* und *corazón* angespielt wird, und insbesondere eine andere, sich aus der „organización de los medios de expresión" ergebende Logik sollen den Wahrnehmungsweg neu gestalten. Bei der Malerei wie bei der Poesie geht es nicht um das komponierte Bild sondern um die Wahrnehmung der Bewegung und der Zeit, in der die Gestalt überhaupt erst entsteht.[33] Cuesta trifft das zentrale Moment der Ästhetik Lazos. Denn tatsächlich problematisiert der Maler in seinen eigenen kunstkritischen und ästhetiktheoretischen Werken den Blick. In seinen Kommentaren über die surrealistische Malerei unterscheidet

---

[30] Ich verweise auf meine Analyse des Traumes bei Cocteau (1998a).
[31] Die Malerei von Lazo (und von Rivera) behandelt Villaurrutia (1966) in seinem Essay „Fichas sin sobre para Lazo".
[32] Vgl. Cuesta (1964).
[33] Vgl. auch die Bedeutung der Wahrnehmung des Zeitflusses in der Organisation der Bilder bei Antonio Machado (*Campos de Castilla*), wobei die Organisation des Bildmaterials nicht etwa nach der Logik der Aktion und der Bewegung, sondern nach dem Fließen der Zeit erfolgt, worin Deleuze (1983–1985) das Prinzip des kinematographischen Bildes gesehen hat, vgl. Borsò (2001).

er z. B. zwischen einem ‚mythischen Surrealismus', entsprechend der Mythisierung des Unbewussten durch Breton, und der *Pittura metafisica* von De Chirico, dem seine eigene eher entspräche.[34]

Bei De Chirico betont Lazo die fließende Grenze zwischen Realität und Traum und die Ungewissheit bezüglich der Instrumente der Wahrnehmung, eine Unsicherheit, die durch die semantische Heterogenität einer hyperrealistischen Welt erzeugt wird, bei der sich der Diskurs des Traumes und der Realität in einem unaufhebbaren Widerstreit befinden. Der Zweifel hinsichtlich der diskursiven Lokalisierung des Wirklichen, der auch die Traumkonzeption von Cocteau definiert, werde, so Lazo, durch die Technik der Collage eines Max Ernsts oder die Montagetechnik nach Sergej M. Eisenstein erzeugt. Lazo unterstreicht die Irritation der Wahrnehmung durch die Verbindung heterogener Dinge, die aus sich wechselseitig ausschließenden Ordnungen stammen, wie z. B. ein Stück Alltag und phantastische Szenarien. Die Begegnung heterogener Stoffe und Materialien, deren Differenz wahrnehmbar ist wie in der Collage, schockiert den Blick. „La vida construida en el espíritu y la materialmente objetiva"[35] begegnen sich in einem heterotopischen und somit heterogenen Ort, der in die nach der sprachlogischen Syntax geregelte Ordnung der Welt nicht integrierbar ist – so definiert Michel Foucault die ‚Nicht-Orte' der literarischen und künstlerischen Heterotopien.[36] Dieser Ort ist auch der Ort des Traumes. Das Material einer derartigen *imagen plástica* schockiert den Betrachter, irritiert die Kohärenzregeln der Vernunft, aber auch den ‚Seher' im Sinne des *vidente*. Denn der ‚unmögliche Ort' des Traumes hat kein Korrelat in der Topographie des Realen. Das Bild verdunkelt vielmehr die Sicht auf die empirische Welt oder auch auf einen diskursiv erfassbaren Sinn der psychischen Wirklichkeit. Ein solch opaker Spiegel wirft vielmehr den Blick des Betrachters zurück auf sich selbst,[37] die kognitive Leistung dieser Bilder bezieht

---

[34] Lazo (1986).

[35] Lazo (1986: 96).

[36] Zum Heterotopie-Begriff als Strukturprinzip von Kunst und Literatur vgl. Borsò (1994a; 1995) und Görling (1997); insbesondere im Zusammenhang mit Medienwechsel im Sinne des Hybriden vgl. Borsò (1994a) und Schneider / Thomsen (1997).

[37] Darauf weist Paz in Bezug auf Villaurrutia hin: „El poeta es un fantasma y el eco de su grito al

sich auf eine metaepistemologische Dimension, nämlich auf den Umgang des Betrachters mit der psychischen und sozialen Welt. Eine solche Konzeption der *mirada plástica* meint etwas anderes als die Interpretation des Blickes im Sinne einer potenzierten Sicht, etwa in Bezug auf die Welt des Unbewussten als das Andere der Vernunft. Die ironische Selbstspiegelung des Blickes – eines Blickes, der versucht, sich die Welt zu Eigen zu machen – eröffnet vielmehr eine ‚andere Sicht' auf die Vernunft selbst.[38] In diesem Sinne kann man die intermediale Ästhetik der *Contemporáneos* ein *examen de la vista*, eine Prüfung des Blickes, nennen.

Besonders Villaurrutia wählt die Malerei als Modell seiner Poetologie mit dem Wunsch, die Literatur an die Verfahren der plastischen Kunst heranzuführen. Der Künstler thematisiert wie der moderne Maler das Ereignis des Blickes; entsprechend fasst auch Vicente Quirarte das zentrale Moment in der Poetologie der *Contemporáneos* zusammen. Der Künstler sei „el enamorado capaz de perpetuar, en el dominio estético, el hallazgo momentáneo de su mirada".[39] In diesem Satz kann man gewiss den Begriff *hallazgo* hervorheben und damit die Epiphanie der Erkenntnis und die Fähigkeit des Sehers betonen; man kann aber auch die Umstände dieses ‚Fundes' hervorheben, d. h. die Flüchtigkeit, den Zufall und den speziellen Modus, nämlich den Liebesakt, die Bereitschaft, sich als Liebender dem Anderen zu öffnen und sich von diesem beeindrucken zu lassen. Quirarte tendiert dazu, die Omnipotenz des Blickes des *poeta vates* zu betonen, der die Objekte seiner eigenen inneren Vision unterordnet. In den Kunstkritiken von Villaurrutia selbst finden wir

---

golpear contra el muro es un puño que golpea un pecho desierto, una página en blanco, un espejo empañado que se abre hacia una galería de ecos" (Paz 1987: 478–479).

[38] Diesem Verfahren entsprechen auch die Funktionsweise und die Konzeption des Traumes bei Jean Cocteau. An seinem Theaterstück und am Film *Orphée* lässt sich z. B. zeigen, dass der Traum die Grenze der Vision ist, d. h. eine Art von *mise en abyme* des Blickes, eine Selbstreflexion des Blickes, der vom Anderen, vom Tod angezogen ist. Statt diese Grenze transitiv, d. h. für die Vernunft durchlässig und transparent zu machen, verdichtet Cocteau das Material, den Stoff des Traumes so, dass es zur unüberwindbaren Schwelle wird, an der die Beziehung zwischen dem Selbst und dem Anderen neu ausgehandelt werden muss. Im Film gibt sich der an dieser Schwelle befindliche Träumer (Jean Marais) der schönen Madame la Mort (in der Gestalt von María Casares) hin, vgl. Borsò (1998).

[39] Quirarte (1994: 107).

indes andere Akzente, etwa wenn Villaurrutia begeistert die Gemälde Watteaus kommentiert und die *opacidad*, d. h. die Undurchlässigkeit der „ventana hacia el mundo",[40] schätzt. Diese Deutung findet sich auch in kunsttheoretischen Äußerungen von Jaime Torres Bodet, etwa wenn er am Ende seiner Autobiographie *Tiempo de arena* (1955) die *maestri veneziani* Tizian, Tintoretto und Veronese behandelt. Auch Torres Bodet betont die barocken Faltungen und Spiegelungen, welche die Visibilität der empirischen Welt verneinen und das Spiel der Blicke inszenieren. Bodet sucht bei den venezianischen Malern ebenfalls den Augenblick, in dem der in der Repräsentation versteinerte Raum durch das Licht belebt wird und der Einbruch der Zeitlichkeit den Betrachter überrascht.[41] Diese Spiegelungen des barocken Theaters werfen den Blick zurück zum Betrachter. Sie sind eine Verdoppelung des eigenen Blickes: Man sieht sich schauen. Zum Beleg dieser These muss nicht erst die umstrittene Analyse von Velázquez' *Las Meninas* durch Foucault[42] bemüht werden. Vielmehr finden wir schon bei Lezama Limas Definition der Strukturmerkmale des *barroco americano* anhand von Sor Juana Inés de la Cruz ähnliche Feststellungen:

– Der *Primero sueño* von Sor Juana sei „lo más opuesto a un poema de los sentidos".[43] Das allegorische Gedicht sei anstelle eines sinnlichen Textes vielmehr eine „labor intelectual", vergleichbar mit einer „go-

---

[40] Über Watteau schreibt Villaurrutia in „Atmósferas": „En Watteau, constantemente, acaba de llover detrás del cristal de una ventana, que no hay que abrir jamás: se mezclarán, aguados, los colores todos" (Villaurrutia 1966: 1086). Quirarte versteht diese mimesiskritische Referenz auf Watteau im Sinne einer vitalistischen Bejahung des Alltags, vgl. Quirarte (1994: 109).

[41] In Bezug auf Bodet vgl. Flores (1994: 121). Die Bedeutung des Augenblicks, der von der Bewegung des Lichtes unterstrichen wird, betont Agustín Lazo in seinem Essay zur sogenannten surrealistischen Kunst, und zwar in Bezug auf De Chirico. Dort spricht er vom „fuego sobrenatural de su luz [...] el elemento ‚fuga' en sus composiciones" (Lazo 1986: 96). Es handelt sich um das weiter oben erwähnte Zeitbild nach Deleuze, aber auch um das Prinzip, das Pascal Bonitzer schon in der barocken Malerei präfiguriert sieht, insbesondere im plötzlichen Lichteinfall und in der dezentrierten Bewegung der Figuren barocker Gemälde und Zeichnungen, vgl. Bonitzer (1985: 125).

[42] Foucault (1966).

[43] Lezama Lima (1977: 314).

losina intelectual";[44] eine schöne Metapher, mit der Lezama Lima der Sublimationslehre des platonischen *Symposiums* widerspricht. „Erotismo" wird zu einer subversiven Kraft, die, so Lezama Lima, mit dem kritischen Vermögen der Aufklärung vergleichbar ist.
- Die „espejismos barrocos" inszenieren den Narzissmus des Schauens („ponen en escena el narcisismo del acto de mirar").

Ist mit der ersten These („lo más opuesto a un poema de los sentidos") die intellektuelle Arbeit gemeint, die mit der allegorischen Interpretation der *mirada plástica* im Vorangehenden koinzidiert, so findet sich in der zweiten These zum *Primero sueño* von Sor Juana eine Korrespondenz mit der schon angesprochenen Theorie des Traumes. Der barocke Traum inszeniert das narzisstische Subjekt: „Es el hombre que viene al mirador [...], que se instala cerca de la cascada lunar que se construye en el sueño de su propia pertenencia."[45] Der Traum ist nicht die Chiffre der Natur, d. h. Chiffre des Anderen. Das Subjekt findet im Traum nicht die Transitivität zu einer wie auch immer gearteten ‚anderen Welt', sondern vielmehr deren undurchdringliches Enigma. Die intellektuelle Aktivität des Traumes, welche die *vigilia*, d. h. Wachsamkeit, impliziert, findet in den barocken Illusionsspielen einen *espejo devorador*, einen Spiegel, der den Betrachter einverleibt, in das Bild hineinzieht. Wie geschieht dies im Text? Die dunklen Metaphern und die heterotopischen Gestalten machen aus dem Textmaterial eine *substancia resistente*,[46] ähnlich einem opaken Spiegel, der das eigene Bild dem Blick zurückwirft. *Vigilia*, Wachsamkeit, ist auch für Villaurrutia das besondere Moment des Traumes.

---

[44] Ebd. (309).
[45] Ebd. (304).
[46] Carpentier (1976: 161).

4 Intermediale Resonanzen: Xavier Villaurrutia und Agustín Lazo

Bei der Darstellung der Parallelen zwischen Jean Cocteau und Xavier Villaurrutia vergleicht Luis Maristany[47] das Verhältnis von Villaurrutia und Lazo mit dem zwischen Cocteau und De Chirico. Die traumbehafteten Bilder in der wenig erfolgreichen Malerei Villaurrutias, aber auch in seinen Gedichten, begründen zunächst diese Analogie,[48] wie nachfolgendes Beispiel illustriert:

Nocturno de la estatua
Soñar, soñar la noche, la calle, la escalera
y el grito de la estatua desdoblando la esquina.
Correr hacia la estatua y encontrar sólo el grito,
querer tocar el grito y sólo hallar el eco,
querer asir el eco y encontrar sólo el muro
y correr hacia el muro y tocar un espejo.
Hallar en el espejo la estatua asesinada,
sacarla de la sangre de su sombra,
vestirla en un cerrar de los ojos,
acariciarla como a la hermana imprevista
y jugar con las fichas de sus dedos
y contar a su oreja cien veces cien cien veces
hasta oírla decir: „estoy muerta de sueño".[49]

Paz' Charakterisierung von Villaurrutia entspricht diesem *Nocturno*: „Una voz perdida incendiando una calle, una estatua que se levanta y grita sin gritar, un cielo que es un suelo que es un espejo que duplica no los cuerpos sino las palabras."[50] Das Szenario des Gedichts wird in den ersten zwei Versen entworfen. Es dient als Rahmen für den Traum. Schon hier sehen wir die Atmosphäre der Bilder von De Chirico. Die Beschreibung des Traumes im Innenteil des Gedichts erinnert wiederum an *Orphée* (1926) von Jean Cocteau.

---

[47] Maristany (1992).
[48] Calvo (1994: 131).
[49] Villaurrutia (1931). Die „Nocturnos" werden den ersten Teil von *Nostalgia de la muerte* bilden, erstmals publiziert 1938 in der Editorial Sur, Buenos Aires. „Nocturno de una estatua" wird von Paz (1987: 472) zitiert und kurz interpretiert.
[50] Paz (1987: 469).

Orphée ist nicht der omnipotente romantische *vates*, der durch seine dichterische Kraft die Durchlässigkeit zum Anderen erreicht. Vielmehr demontiert die Materialisierung von Orphées Traum die Metaphysik des Mythos. Schon seit der ersten Verfilmung *Le sang du poète* (1932) wissen wir, dass der Tod des Dichters eine Bedingung der Poesie und die Grundlage seiner Poetik ist, wobei wir in Foucaults Einleitung zur französischen Ausgabe von Binswangers *Traum und Existenz* (1954) genau den von Cocteau inszenierten Narzissmus des Subjekts und den Traum des eigenen Todes als Bedingung für die Ermöglichung der Traumimagination finden.[51] Auch Villaurrutia spielt auf den Tod des Dichters an („Hallar en el espejo la estatua asesinada", V. 7) und auf den Prozess des Träumens, der den Tod des Ichs imaginiert. Das Gedicht endet mit einer wiederum an Cocteau erinnernden Ironie, die das Register des Erhabenen endgültig erniedrigt: „Estoy muerta de sueño". Der Traum entpuppt sich als Schlaftrunkenheit. Der Dichter ist schläfrig und begehrt den Schlaf, wie er zu Beginn des Traumes die Statue begehrte und verfolgte.[52] Die Statue als Synekdoche der plastischen Kunst und als Metonymie der vollkommenen Kunst leistet Widerstand. Durch die schnelle Bewegung der Zeit ist sie für den Blick nicht erfassbar. Der Dichter ist vielmehr durch die Statue mit einer Reihe von *desengaños* konfrontiert: Die Suche nach der Dichtung führt zum Schrei, zum Echo, zur Mauer, die eigentlich nur ein Spiegel ist, in dem die Statue zwar schließlich sichtbar wird, jedoch nicht greifbar ist. Die Entmythisierung der Erhabenheit durch den *estilo coloquial* zu Gedichtende ist ebenso evident wie die Obsession der Suche, die durch die Aneinanderreihung der Sätze betont wird. Das Gedicht unterstreicht die Echos der Worte und die Widerspiegelungen des Bildes. In obsessiver Weise wird die Suche nach der Transitivität zum Anderen angezeigt, und zwar vom Körper der Statue zum Schrei und damit vom optischen zum akustischen Kanal; dieser Suche antwortet die Opazität des Anderen: Echo, Mauer und Spiegel.

---

[51] Vgl. Borsò (1998).
[52] Man erinnere sich an die Metapher der Jagd im Essay von García Lorca (1980) zur Metaphorik von Góngora.

Was geschieht hier? In dem Augenblick, in dem das Betrachtete Resistenzen gegen den Blick entwickelt, erfährt der Dichter auf der einen Seite die eigene Ohnmacht als *vates*, auf der anderen Seite öffnet er sich aber auch zur sensuellen Dichte des Körpers des Anderen. Dies belegt die Häufung der sinnlichen Tätigkeiten: „vestir" (V. 9), „acariciar" (V. 10), „jugar con las fichas de sus dedos" (V. 11), „contar a su oreja" (V. 12). Es erinnert spielerisch an Goethes römische Elegien und die Synästhesien, die der Dichter im Schoß der Geliebten entdeckt. Der unerfüllte Wunsch nach dem Anderen, der durch die Sprechakte ausgedrückt ist, tötet (depotenziert) zwar den traditionellen Dichter als ‚Seher', belebt aber in der Sinnlichkeit des Textmaterials die tote Materie, den Anderen (V. 13). Schon in der Gedichtsammlung *Reflejos* (1926) hatte Villaurrutia die Stabilität der Beziehung zwischen dem Sehenden und den Objekten des Blickes durch Echos und Widerspiegelungen irritiert.[53] Auch in seiner Prosa, z. B. in *Damas de corazones*, einem Roman, der in seiner Erstausgabe Zeichnungen von Villaurrutia enthielt, tendieren die Beschreibungen dazu, die reale Welt zu denaturalisieren, wobei auch im Roman die dichte Mikrostruktur und die Sensualität der Gegenstände eine *mise en abyme* des Subjekts bewirken:

En el agua del aire se desvanecen las ondas que hicieron, al caer, las palabras.
[...]
Las cosas se adivinan entre la niebla. Necesito entrecerrar los ojos para captar una forma. Inútilmente. Todo se desdibuja en el aire. Un viento fuerte basta para aniquilar todos los colores, para deshacer todos los fantasmas de cosas, para acabar con el cuadro impresionista.

De pronto un nuevo paisaje se detiene, se solidifica, se parte en bonitos trozos geométricos superpuestos aislados [...]. En seguida, forman el cuadro siete letras que hacen una palabra: *Picasso*.[54]

---

[53] Ich beziehe mich insbesondere auf die Gedichte „Eco", „Espejo", „Cuadro", „Alba", „Poesía". In letzterem, einem metapoetischen Gedicht, heißt es z. B.: „Tu voz, voz de eco / es el rebote de mi voz en el muro, / y en tu piel de espejo / me estoy mirando mirarme por mil Argos, / por mí largos segundos". Überdeutlich ist die Konkurrenz zwischen der semantisch geäußerten Selbstreflexivität des eigenen Blickes, der im Anderen einen Spiegel seiner selbst findet, und der phonetischen ‚Faltungen' in den anagrammatischen Zeichenprozessen, welche schließlich die grundsätzliche Ambivalenz der Sprache und die Kontingenz der Bedeutung in Abhängigkeit zur zeitlichen Wahrnehmung inszenieren.

[54] Villaurrutia (1966b: 583–584).

Der Raum der *escritura* ist flüssig, verwirklicht die Ästhetik, welche die *Contemporáneos*, ausgehend von der Erfahrung der Zeitlichkeit – d. h. dem Einbruch der Zeit in den Raum – formuliert haben, u. a. sensibilisiert durch die moderne Malerei, die Fluidität der Gegenstände im Impressionismus und die Abhängigkeit des Raumes von der Zeit in kubistischen Bildern. Auf diese Prinzipien weisen die unterschiedlichsten Essays sowohl im Zusammenhang mit der Entdeckung der Zeitlichkeit im Sinne der Präfiguration des kinematographischen Bildes schon durch die barocken Maler Tizian, Tintoretto und Veronese (Jaime Torres Bodet) als auch im Zusammenhang mit den technologischen Determinanten der Wahrnehmung hin.[55]

Die Parallelen zu De Chirico sind auch bei den Bildern von Lazo auffällig. Bei dem im Folgenden besprochenen Bild *Figura de hombre sentado en un sofá* handelt es sich um eine Mischtechnik auf Papier (36,5×25 cm).[56] Das zentrale Thema ist das Schauen, bereits durch die Figur im Zentrum markiert. Das Bild zeigt einen Schauenden, in halber Drehung sitzend mit einem halb dem Zuschauer zugewandten Rücken. Der dargestellte Mann, ähnlich wie im Gedicht von Villaurrutia, möchte die Objekte berühren, denen er sich mit dem Blick zuwendet. Er möchte sie plastisch berühren, also mit dem Tastsinn, und zugleich anschauen. Der ‚Ort', wo sich der Mensch niedergelassen hat, das Sofa, befindet sich nahezu an der ‚Grenze', wie vor einem Fenster. Aus diesem treten Fragmente von Realität – allegorische Reste – hervor, museale Stücke, die heterogen nebeneinander liegen, wie Zitate eines historistischen und bürgerlichen Szenarios. Über die Ironie des bürgerlichen Kitsches hinaus bleibt die empirische Welt wegen materieller Obstakel – z. B. des pompösen, bürgerlichen Vorhangs – dem Blick versperrt. In der Tat sind die dargestellten Fragmente der Realität nur imaginiert; sie sind Spiegelungen von Intertexten, Sedimente im Gedächtnis des ‚Sehers'. Die Schwelle zum äußeren Feld ist

---

[55] Vgl. auch Flores zu Bodet (1985). Ortiz de Montellano (1938) betont beispielsweise die Instabilität der Bilder durch die Beschleunigung der Wahrnehmung mittels der Technik (*Aeroplano*) oder durch die Konstruktion von Szenarien, die eine Fotografie erst ermöglichen (*Fotografía*), eine mimesiskritische These, auf die Benjamins Thesen zur Fotografie ebenfalls hinweisen.

[56] Dieses Bild entstammt dem Ausstellungskatalog *Los surrealistas en México*, hg. von Luis Mario Schneider (1986), und ist dort unter der Nr. 122 aufgeführt.

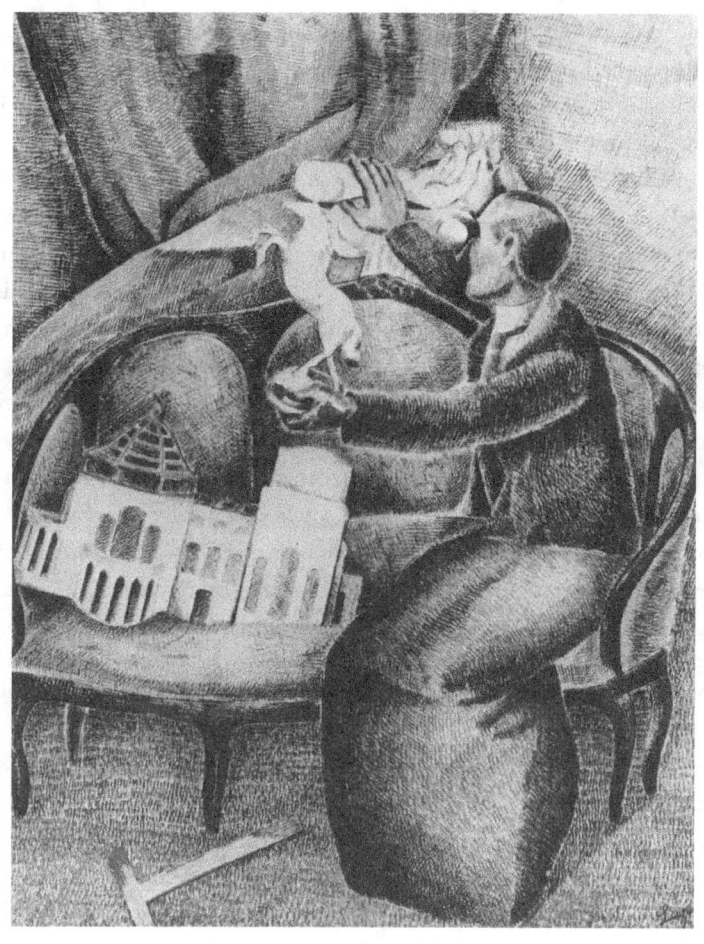

Agustín Lazo, *Figura de hombre sentado en un sofá*

nicht passierbar, ist verdunkelt. Schauen wir die Materialisierung des Traumes an: Die Disposition des Gemäldes entspricht einer traumähnlichen Begegnung von heterogenen Dingen. Interessant ist es, dass die Komposition des Bildes den Akzent auf die Begegnung zwischen der Hand des Menschen legt, die berührt, und der Hand der Statue, die berührt werden soll – beides im Zentrum des Bildes. Der Blick findet sich vor einem entnaturalisierten Szenario. Die heterogene Syntax, d. h. die Verbindung der Dinge, denen der ‚Seher' begegnet und die Spannung zwischen Bild und Betrachter heben die Beziehung zwischen dem Sehenden und dem Gesehenen hervor.

Das zentrale Moment des Bildes ist die *mise en scène*, d. h. die Allegorie des Blickes und der doppelten Natur des Schauens: einerseits Begehren, Suche nach sinnlicher Begegnung mit dem Anderen (Handberührung); andererseits das Vorfinden von toten Fragmenten der plastischen Kunst als Metonymie der zerrütteten vollkommenen Kunst der Antike. Der narzisstische Wunsch, den Anderen in der mimetischen Illusion darzustellen und zu vereinnahmen, wird selbstbezüglich inszeniert. Die Hand der Statue ist ebenfalls nur ein Fragment, das melancholische Zitat einer Vergangenheit, die im Traum mit der Gegenwart koexistiert. Die ‚Vision' ist der Prozess, der sich im Intervall, in der Passage und im Begehren ereignet. Sie ist auch eine *vigilancia*, eine Reflexion über das Träumen. Und auf die *vigilancia* verweist wiederum Villaurrutia im Zusammenhang mit den traumähnlichen Bildern von Cocteau:

> Conviene tener presente que, sin desdeñar la corriente de irracionalismo, antes bien asimilando las nuevas posibilidades y aportaciones de esta forma de libertad, otros espíritus se mantienen –aun dentro del sueño– en una vigilia, en una vigilancia constantes.[57]

Dieser Traum ist eine Figuration des Chiasmus zwischen Sichtbarkeit und Unsichtbarkeit der Leiblichkeit, durch den Merleau-Ponty die von Edmund Husserl festgestellte Fremdheit des Körpers als „Interkorporeität" deutet.[58] Das diskursive Ich, das den Körper komponiert, findet sich einem Leib gegenüber, der sich der epistemologischen und positivistischen Aneignung durch das Auge entzieht. Die Moderne gelangt nicht zum Sehen des Anderen, sondern zur

---

[57] Villaurrutia in: Paz (1987: 467). Auch in einer „Carta a Bernardo Ortiz de Montellano" spricht Villaurrutia vom „poeta lúcido, despierto" (ebd.: 468).

[58] Ausgehend von der Fremdheit des Leibes, spricht Merleau-Ponty vom existentiellen Leib als Chiasmus, als Schwelle, bei welcher der Körper zugleich Subjekt und Objekt des Blickes ist. Mit dem paradoxalen Ereignis des Blickes in Bezug auf den Körper (im gleichen Körper ist einmal das Auge betrachtendes Subjekt und betrachtetes Objekt, die Hand fassend und gefasste Hand) verbindet Merleau-Ponty in *Le visible et l'invisible* (1964) das Paradoxon der Leiberfahrung mit dem Problem der Erkennbarkeit und der Visibilität der Leiblichkeit.

Grenze der Visibilität, und an dieser Grenze beginnen Kunst und Literatur, das Abenteuer des Blickes zu suchen und in Szene zu setzen. Die barocken Illusionsspiele und Spiegelungen sind das begehrte Instrument des Experiments mit der Sichtbarkeit. Der Satz Cuestas, die Ästhetik der *Contemporáneos* sei „un examen de la vista", ist in diesem Sinne zu verstehen. Durch die Verdichtung des Materials, durch die Paradoxa und die dunklen Metaphern, schließlich durch das allegorische Arrangement des Zeichenmaterials – der Bildlichkeit – bleibt die Vision immer nur Prozess. Es ist aber ein Prozess, in dem das Subjekt sich dem Anderen exponiert, in dem sich das Verhältnis von Subjekt und dem Anderen umkehrt: Es ist der Andere, der als aktives Prinzip im Konzert aller Sinne auf den Betrachter einwirkt und in diesem die Passage, den Übergang der Vision, als Ereignis entstehen lässt. Die *mirada plástica* ist das Eintauchen in die Spiegelungen und ‚Faltungen' eines Ichs, das sich selbst inszeniert und demontiert, d. h. eines Ichs, das sich durch den Anderen verletzen lässt. Es ist eine Ästhetik, die auch jenes kulturethische Prinzip enthält, das wir erst aus der heutigen postkolonialen Perspektive mit aller Deutlichkeit erkennen.

Bibliographie

BEHRENS, Rudolf / GALLE, Roland (Hrsg.) (1995). *Menschengestalten. Zur Kodierung des Kreatürlichen im modernen Roman*. Würzburg: Königshausen & Neumann.

BENJAMIN, Walter (1928). *Ursprung des deutschen Trauerspiels*. Berlin: Rowohlt.

BONITZER, Pascal (1985). *Peinture et cinéma. Décadrages*. Paris: L'Étoile.

BORSÒ. Vittoria (2001). „Temporalidad y alteridad: la arqueología de Castilla en la obra de Antonio Machado", in: Jochen MECKE (Hrsg.). *Discursos del 98. Albores españoles de una modernidad europea*. Madrid / Frankfurt am Main: Iberoamericana / Vervuert, 231–252.

BORSÒ, Vittoria (2000). „De la soledad a la pluralidad de las voces. ‚Modernidad' en *Muerte sin fin* de José Gorostiza", in: Inke GUNIA ET AL. (Hrsg.). *La modernidad revis(it)ada. Literatura y cultura latinoamericanas de los siglos XIX y XX. Estudios en homenaje a Klaus Meyer-Minnemann*. Berlin: Tranvía / Walter Frey, 319–334.

BORSÒ, Vittoria (1998). „Der Orpheus-Mythos neu geträumt. Anmerkungen zu Jean Cocteaus Theater und Film", in: Karl HÖLZ ET AL. (Hrsg.). *Antike Dramen neu gelesen, neu gesehen. Beiträge zur Antikenrezeption in der Gegenwart*. Frankfurt am Main: Lang, 77–79.

Borsò, Vittoria (1998a). „Literaturtheorien des Barock" und „Neobarock", in: Ansgar Nünning (Hrsg.). *Metzler Lexikon Literatur- und Kulturtheorie. Ansätze, Personen, Grundbegriffe*. Stuttgart: Metzler, 33–36; 395–396.

Borsò, Vittoria (1995). „Georgina Sabat de Rivers. *Estudios de literatura hispanoamericana. Sor Juana Inés de la Cruz y otros poetas barrocos de la Colonia*, Barcelona: PPU 1992 / Roberto González Echevarría. *Celestina's Brood: Continuities of the Baroque in Spanish and Latin American Literature*, Durham, NC / London 1993" (Rezension), *Notas* 2/2, 78–84.

Borsò, Vittoria (1994). *Mexiko jenseits der Einsamkeit. Versuch einer interkulturellen Analyse – Kritischer Rückblick auf die Diskurse des Magischen Realismus*. Frankfurt am Main: Vervuert.

Borsò, Vittoria (1994a). „Luis Buñuel: Film, Intermedialität und Moderne", in: Ursula Link-Heer / Volker Roloff (Hrsg.). *Luis Buñuel. Film, Literatur, Intermedialität*. Darmstadt: Wissenschaftliche Buchgesellschaft, 159–179.

Borsò, Vittoria (1991). „La Capital Contemporánea de todos los tiempos: Salvador Novo", *Neue Romania* 10, 75–89.

Borsò, Vittoria / Goldammer, Björn (Hrsg.) (2000). *Moderne der Jahrhundertwende(n). Spuren der Moderne(n) in Kunst. Literatur und Philosophie auf dem Weg ins 21. Jahrhundert*. Baden-Baden: Nomos.

Carpentier, Alejo (1973). „Problemática de la actual novela latinoamericana", in: *Tientos y diferencias*. Montevideo: Arca, 7–43.

Cuesta, Jorge (1964). *Poemas y ensayos*, hg. von Miguel Capistrán / Luis Mario Schneider, 4 Bde. Mexiko Stadt: UNAM.

Deleuze, Gilles (1983–1985). *Cinéma*, Bd. 1: *L'image-mouvement*, Bd. 2: *L'image-temps*. Paris: Minuit.

Elkins, James (1996). *The Object Stares Back: Of the Nature of Seeing*. New York: Simon & Schuster.

Flores, Miguel Ángel (1985). „El realismo mágico en la narrativa hispanoamericana", in: Miguel Ángel Flores. *El realismo mágico en el cuento hispanoamericano*. Mexiko Stadt: Premià, 17–24.

Foucault, Michel (1994). „Des espaces autres", in: *Dits et écrits, 1954–1988*, hg. von Daniel Defert / François Ewald, Bd. 4: *1980–1988*. Paris: Gallimard, 752–762.

Foucault, Michel (1966). *Les mots et les choses. Une archéologie des sciences humaines*. Paris: Gallimard.

Franco Calvo, Enrique (1994). „Notas sobre Xavier Villaurrutia y la crítica de arte", in: Rafael Olea Franco / Anthony Stanton (Hrsg.). *Los Contemporáneos en el laberinto de la crítica*. Mexiko Stadt: El Colegio de México, 129–135.

GARCÍA LORCA, Federico (1996). *Obras completas*, hg. von Miguel GARCÍA-POSADA, Bd. 1: *Poesía*. Barcelona: Galaxia Gutenberg / Círculo de Lectores.
GARCÍA LORCA, Federico (1980). *Prosa*. Madrid: Alianza Editorial.
GÖRLING, Reinhold (1997). *Heterotopia. Lektüren einer interkulturellen Literaturwissenschaft*. München: Fink.
GOLDAMMER, Björn (2000). „Im Spiegelkabinett der Texte: Identität und Erinnerung in den frühen Prosaexperimenten der *Contemporáneos*", in: Heike BROHM ET AL. (Hrsg.). *Erinnern, Gedächtnis, Vergessen. Akten des XV. Nachwuchskolloquiums der Romanistik (9.–12.6.1999) in Düsseldorf*. Bonn: Romanistischer Verlag, 87–102.
GONZÁLEZ ECHEVARRÍA, Roberto (1993). *Celestina's Brood: Continuities of the Baroque Spanish and Latin American Literature*. Durham, NC / London: Duke University Press.
GONZÁLEZ ECHEVARRÍA, Roberto (1987). *La ruta de Severo Sarduy*. Hannover, NH: Ediciones del Norte.
KÜPPER, Joachim / WOLFZETTEL, Friedrich (Hrsg.) (2000). *Diskurse des Barock: Dezentrierte oder rezentrierte Welt?* München: Fink.
KÜPPER, Joachim (1990). *Diskurs-Renovatio bei Lope de Vega und Calderón. Untersuchungen zum spanischen Barockdrama. Mit einer Skizze zur Evolution der Diskurse im Mittelalter, Renaissance und Manierismus*. Tübingen: Narr.
LAZO, Agustín (1986). „¿Existe un arte sobrerrealista?" (1938), in: Luis Mario SCHNEIDER (Hrsg.). *Los surrealistas en México*. Mexiko Stadt: Secretaría de Educación Pública, 90–99.
LEZAMA LIMA, José (1977). „La curiosidad barroca", in: *Obras completas*, hg. von Cintio VITER, Bd. 2: *Ensayos. La expresión americana*. Madrid: Aguilar, 302–325.
LÓPEZ, James J. (1999). „El barroco americano en el Modernismo: el pensamiento estético de Martí y Herrera y Reissig", *Taller de Letras* 21, 33–62.
LYOTARD, Jean-François (1971). *Discours, figure*. Paris: Klincksieck.
MAN, Paul de (1979). *Allegories of Reading*. New Haven, CT: Yale University Press.
MARISTANY, Luis (1992). „,Mes mensonges c'est vérité, sévérité même en songe'. Notas sobre la presencia de Cocteau en Villaurrutia", *Hora de Poesía* 83/84, 143–152.
MERLEAU-PONTY, Maurice (1964). *Le visible et l'invisible*. Paris: Gallimard.
MEYER-MINNEMANN, Klaus (1982). „Der Estridentismus", *Iberoamericana* 6, 31–42.
OLEA FRANCO, Rafael / STANTON, Anthony (Hrsg.) (1994). *Los Contemporáneos en el laberinto de la crítica*. Mexiko Stadt: El Colegio de México.
ORTIZ DE MONTELLANO, Bernardo (1938). *Red*. Mexiko Stadt: Cultura.
PAZ, Octavio (1987). „Xavier Villaurrutia en persona y en obra", in: Octavio PAZ. *México en la obra de Octavio Paz*, hg. von Luis Mario SCHNEIDER, Bd. 2: *Generaciones y semblanzas*. Mexiko Stadt: FCE, 445–479.

Paz, Octavio (1978). *Xavier Villaurrutia en persona y en obra*. Mexiko Stadt: FCE.
Pacheco, José Emilio (1979). „Notas sobre la otra vanguardia", *Revista Iberoamericana* 106/107, 327–334.
Quirarte, Vicente (1994). *Enseres para sobrevivir en la ciudad*. Mexiko Stadt / Aguascalientes: Conaculta / Instituto Cultural de Aguascalientes.
Roloff, Volker (2000). „Intermediale Figuren in der spanischen (und lateinamerikanischen) Avantgarde und Postavantgarde", in: Vittoria Borsò / Björn Goldammer (Hrsg.). *Moderne der Jahrhundertwende(n). Spuren der Moderne(n) in Kunst. Literatur und Philosophie auf dem Weg ins 21. Jahrhundert*. Baden-Baden: Nomos, 385–401.
Sarduy, Severo (1974). *Barroco*. Buenos Aires: Sudamericana.
Schneider, Imela / Thomsen, Christian W. (Hrsg.) (1997). *Hybridkultur. Medien. Netze. Künste*, Köln: Wienand.
Schneider, Luis Mario (1994). „Los Contemporáneos: la vanguardia desmentida", in: Rafael Olea Franco / Anthony Stanton (Hrsg.). *Los Contemporáneos en el laberinto de la crítica*. Mexiko Stadt: El Colegio de México, 15–20.
Schneider, Luis Mario (Hrsg.) (1986). *Los surrealistas en México*. Mexiko Stadt: Secretaría de Educación Pública.
Schumm, Petra (Hrsg.) (1998). *Barrocos y modernos: nuevos caminos en la investigación del Barroco iberoamericano*. Madrid / Frankfurt am Main: Iberoamericana / Vervuert.
Sheridan, Guillermo (1988). *Índices de „Contemporáneos": revista mexicana de cultura (1928–1931)*. Mexiko Stadt: UNAM.
Sheridan, Guillermo (1985). *Los Contemporáneos ayer*. Mexiko Stadt: FCE.
Stawicka-Pireka, Barbara (1996). „La selva en flor: Alejo Carpentier y el diálogo entre las vanguardias europeas del siglo XX y el Barroco latinoamericano", *Cuadernos Americanos* 59, 92–99.
Villaurrutia, Xavier (1966). *Obras*, hg. von Miguel Capistrán. Mexiko Stadt: FCE.
Villaurrutia, Xavier (1966a). „Damas de corazones", in: *Obras*, hg. von Miguel Capistrán. Mexiko Stadt: FCE, 583–584.
Villaurrutia, Xavier (1966b). „Fichas sin sobre para Lazo", in: *Obras*, hg. von Miguel Capistrán. Mexiko Stadt: FCE, 1044–1046.
Villaurrutia, Xavier (1931). *Nocturnos*. Mexiko Stadt: Fábula.
Waldenfels, Bernhard (1999). *Studien zur Phänomenologie des Fremden*, Bd. 3: *Sinnesschwellen*. Frankfurt am Main: Suhrkamp.
Waldenfels, Bernhard (1997). *Studien zur Phänomenologie des Fremden*, Bd. 1: *Topographie des Fremden*. Frankfurt am Main: Suhrkamp.

Carlos Fuentes – Die globale Welt eines Kosmopoliten des 20. Jahrhunderts*

Im Schreiben von Carlos Fuentes wird ein Zug besonders deutlich: Sein Wille, an der Avantgarde der jeweils neuen kulturellen und literarischen Entwicklungen teilzuhaben. Mit seiner modernen Obsession für den Wandel der Moden hat dieser Schriftsteller oft literarische Entwicklungen (bis hin zu sogenannten postmodernen bzw. postkolonialen Formen) des Schreibens antizipiert. Seit *Cambio de piel* (1967) arbeitet er an der Konstitution und Definition eines gemeinsamen Gedächtnisses der Kulturen. Die Tendenz, die auch in *Terra nostra* (1975) deutlich war, globale Räume und Zeitkonstellationen zu konzipieren, wird schließlich in *El espejo enterrado* (1992) auch im Bereich der kulturellen Epistemologie erprobt. Mit dieser multimedialen Essaysammlung versucht Fuentes, auch den Übergang in das Medienzeitalter zu schaffen.

Im Folgenden frage ich nach dem Standort des Schriftstellers und nach der Qualität der in seinen Romanen entworfenen globalen Raumkonstellationen. Wie stehen diese im Verhältnis zu der Mobilität der Kulturen, etwa im globalen Raum der Netzwerktechnologien, auf die er mit den intermedialen und interkulturellen Netzwerken seiner letzten Schriften anspricht? Anders gefragt: Gelingt es diesem Schriftsteller, in dessen Werk die ganzen Bewegungen des 20. Jahrhunderts defilieren, der Sprung in das 21. Jahrhundert? Es geht also um die Frage, welche Modernität im Schreiben von Fuentes konzipiert ist. Reichen die Visionen seiner Modernität auch in das 21. Jahrhunderts hinein? Diese Frage, die sich auch deswegen aufdrängt, weil Fuentes das in *El espejo enterrado* geborgene kulturelle Wissen gewissermaßen als Erbschaft des 20. Jahrhunderts für die Welt des 21. Jahrhunderts inszeniert, ist schließlich eine hervorragende Leitschnur, die Romane und Essays dieses Schriftstellers zum Anlass seines 70. Geburtstags im Jahre 2001 historisch zu situieren.[1]

---

* Dieser Artikel erschien zuerst in: Barbara Dröscher / Carlos Rincón (Hrsg.). *Carlos Fuentes' Welten. Kritische Relektüren*. Berlin: edition tranvía 2003, 125–152. Wir danken dem tranvía Verlag für die freundliche Druckgenehmigung.

[1] Eine längere Fassung des auf Einladung von Carlos Rincón und Barbara Dröscher am 24.10.2001 in Berlin gehaltenen Vortrags ist in der von Frank Leinen herausgegebenen Festschrift zum 60.

Das Œuvre von Carlos Fuentes ist ein gigantisches Wandgemälde und zugleich eine Art *comédie humaine* der modernen Welt des 20. Jahrhunderts. Deren Laboratorium sind zunächst Lateinamerika bzw. Mexiko, dann aber, ab *Terra nostra*, der westliche Teil des Globus, die Alte und die Neue Welt. Mit kubistischen Techniken des Nebeneinanders wird die Zeit in die simultane Fläche des Raumes projiziert. Die zeiträumlichen Konfigurationen seiner Romane sind zunächst ‚modern' im Sinne der klassischen Moderne, weil mit der Überwindung der Chronologie, der Linearität der Handlung und der Statik von Räumen die realistische Literatur verabschiedet wird, die die nationalen Gesellschaften des 19. Jahrhunderts repräsentierte. Als Gegensatz zum bürgerlichen Roman des Realismus sind in seinen Romanen Zeit und Raum als Erinnerungsprozesse modelliert, und immer handelt es sich um die Erinnerung an kulturelle Begegnungen und die daraus entstandenen *mesalliances*, die erstmalig mit dem Begriff des Bastardentums in seinem Essay *La nueva novela hispanoamericana* (1969) thematisiert werden. Die kulturelle Alterität, das ‚Bastardentum', das schon André Gide in *Les faux-monnayeurs* (1935) zu dem Ursprung des modernen ambivalenten Helden machte, wird hier zum neuen Signum der Kulturen. Später repräsentieren die Alterität der Geschichte und der krisenhafte Ursprung das fundierende Prinzip der Kulturgeschichte beider Welten. Diese Geschichte, die in *El espejo enterrado* geschrieben wird, ist die letzte Stufe des Modernitätsprojekts des Kosmopoliten, ein Projekt zwischen Utopie und Kritik.

Geburtstag von Karl Hölz erschienen (2002). Dort habe ich das Werk Fuentes' in drei Schreibepochen unterteilt, mit dem Ziel, die Archäologie seiner Denkfiguren aufzuspüren. Darüber hinaus wurde die Ambivalenz der Alteritätskonzepte von Fuentes behandelt. Der vorliegende Beitrag geht von einer Zusammenfassung der Entwicklung Fuentes' aus, der Fokus liegt aber auf die Zeit- und Raumstrukturen sowie auf Fuentes' Konzept des Mediums. Den Rahmen stellt das Modernitätskonzept Fuentes' dar, sowie die Frage nach seiner Genealogie, seiner Eingrenzung aber auch seines gegenwärtigen Bezugs.

1 Zwischen Utopie und Kritik:
Von der Modernität zum Trauma der Geschichte

Mit der Koexistenz der Zeiten verabschiedet Fuentes statische, hegemoniale Konzepte von Tradition und leitet die eigentliche mentale Emanzipation Lateinamerikas ein, weg vom Dilemma zwischen einem vermeintlich authentischen Ursprung in der indianischen Kultur und dem heilsgeschichtlichen Telos des bürgerlichen Fortschrittsdenkens nach europäischer *façon*. Diese ‚moderne' Verabschiedungsgeste ist ein wichtiger Beitrag, den Fuentes bereits mit dem ersten, 1958 erschienenen Stadtroman, *La región más transparente*, leistet, ein Roman, der gegen den Kanon der sich erstmals der europäischen und internationalen Aufmerksamkeit erfreuenden lateinamerikanischen Autoren des Magischen Realismus und des regionalistischen Indigenismus wandte und zum ersten international anerkannten literarischen Porträt der Stadt Mexiko wurde.

Das riesige kubistische Wandgemälde[2] illustriert die vielfältigen Gesichter der Stadt durch fragmentarische Handlungen, Zeitsprünge und heterogene Skizzen. Die Romanstruktur ist modernistisch: Die Ereignisse sind in kleinste Einheiten segmentiert und erhalten einen Zusammenhang nur durch die Gegenwart der Stadt als Schauplatz. Neu auch gegenüber dem in den 20er Jahren in Europa aufgekommenen Stadtroman (etwa Alfred Döblins *Berlin Alexanderplatz* oder auch Camilo José Celas *La colmena*) sind die hybriden Konstellationen dieser Stadt, die auf den Ruinen von México Tenochtitlán erbaut worden ist.[3] Das Tempo des modernen Lebens teilt sich den Raum mit den ewigen Emblemen der antiken Mythologie. Schon der Titel, der auf die Bezeichnung

---

[2] Mit Bezug auf Baudelaires Interpretation durch Walter Benjamin spricht Honold von den Stadtbildern Fuentes' als Schauplätzen mit der Qualität des Eigedenkens. Verbunden mit dem Erinnerungsvermögen des Protagonisten erfährt der Schauplatz „eine charakteristische Verschiebung hin zur Historisierung des Imaginären selbst" (Hölz 1992: 161).

[3] Vgl. García Canclinis Begriff der *culturas híbridas* hinsichtlich der Koexistenz archaischer und moderner kultureller Elemente im Kulturraum Stadt (García Canclini 1990). Bei diesem Roman von Fuentes findet man neben der modernen Architektur auch archaische Embleme, wie den weißglühenden Kaktus und die Schlange aus Sternen. Es sind Fragmente des Gründungsmythos, der den Beginn des Eroberungskriegs der Azteken von Norden nach Süden einleitet und heute das nationale Emblem auf der Flagge des mexikanischen Staates darstellt.

des Hochtals von Mexiko durch Alexander von Humboldt anspielt, weist darauf hin. Der Ort hat die Erscheinung des Hybriden. Wir werden uns fragen müssen, um welche Art von ‚Hybridität' es sich dabei handelt.

Zunächst aber sollen die Entwicklungsstufen im Schreiben von Fuentes zusammengefasst werden. Das moderne Emanzipationsrezept dieses Schriftstellers bedeutet, sich in die moderne Zeit zu situieren und die exotisierenden Tendenzen des Indigenismus und des Magischen Realismus auch durch die Zeitlichkeitserfahrung den politischen Prozess und das gesellschaftliche Schicksal der Modernisierung kritisch zu betrachten. Fuentes' Blick ist auf die Gegenwart und die Zukunft gerichtet, ohne indes das Modernisierungsprojekt kritiklos gutzuheißen.[4] Gegen die Zukunftsorientierung der linearen und segmentierten Zeit im bürgerlichen Fortschrittsdenken nutzt er – wie Octavio Paz – den Stachel der Bergson'schen Dauer des Augenblicks und der Zeitlosigkeit des Mythos. Dies ermöglicht es, in der Gegenwart den historischen Verlauf der revolutionären Vergangenheit zu kritisieren.[5] Die Revolution ist in Mexiko das Ereignis, das die gesellschaftliche und politische Modernisierung einläutet. Begründet die Revolution in Mexiko sowohl die sozialen Utopien wie auch das offizielle nationale Gedächtnis im 20. Jahrhundert, so zeigt Fuentes in seinem zweiten großen Roman, *La muerte de Artemio Cruz* (1962), ausgehend von der Erinnerung des Protagonisten das Scheitern der sozialpolitischen Revolution. Dabei vollzieht Fuentes die Kritik des linken Intellektuellen an der Elite der institutionalisierten Revolutionspartei Mexikos, die die Verbürgerlichung des Revolutionsgedankens verschuldet hat. Gegen das historische Scheitern der Revolution setzt er hier die Revolution des Schreibens.

---

[4] Im Gegenteil: In allen seinen Essays übernimmt Fuentes die Skepsis Adornos hinsichtlich des Endes der Kunst in einem technischen Zeitalter.

[5] Fuentes kommt in seinen Erzählungen und Romanen immer wieder zu diesem Thema zurück. Stets gilt zwar die Kritik der Revolution der Errettung des Revolutionsgedanken selbst – hierin liegt das moderne Signum dieses Schriftstellers. In *La muerte de Artemio Cruz* werden die mexikanische Geschichte der Revolution und die im nationalen Bewusstsein erfolgte mythische Überhöhung kritisiert. Zwanzig Jahre später, in *Gringo viejo* (1985), impliziert Fuentes' Kritik sowohl den mexikanischen Revolutionsmythos, der das Modernisierungsprojekt Mexikos begründet hatte, als auch die rationale Hegemonie moderner Gesellschaften, verkörpert durch die US-amerikanische Gesellschaft.

Das bedeutet, dass der Revolutionsgedanke selbst in *La muerte de Artemio Cruz* noch intakt ist, dass aber die Revolution nur noch durch den revolutionären Stil des Romans verantwortet wird. Bei den experimentellen Momenten des Revolutionsromans spielt neben der Spaltung des Protagonisten[6] die Zeit abermals die wichtigste Rolle. Die Gegenwart der Erinnerung des sterbenden Protagonisten hat die Kraft, die Vergangenheit einer korrupten Revolutionselite performativ zum Vorschein zu bringen.[7]

Statt der Revolutionshelden setzt Fuentes deshalb sich selbst als ‚modernen Held' ins Szene.[8] Die ‚moderne' Utopie der durch das Buch vollendeten Revolution gibt der Erkenntniskraft des linken Intellektuellen die wichtigste Rolle, denn dieser ist fähig, auch die Katastrophen der Zukunft zu prophezeien. So wird z. B. das Scheitern der Revolution[9] am 2. Oktober 1968, sechs Jahre nach dem Erscheinen des Romans, zur politischen Wirklichkeit, und auch die Zeitschichtungen, die in beiden Romanen entstanden, werden zur wirklichen Wiederkehr des Traumas der Eroberung Mexikos.[10] Ab diesem Zeitpunkt

---

[6] Der Protagonist spaltet sich in drei Personen: Ich, Du und Er. Durch die Aufspaltung der Stimmen in der Erinnerung des Protagonisten inszeniert Fuentes das groteske Schauspiel der mexikanischen Geschichte, der mexikanischen Revolution und Nachrevolutionszeit, die in der mexikanischen Gesellschaft eng miteinander verbunden sind (Hölz 1992: 53–66).

[7] Hölz betont die Offenheit des Romans, getragen durch die Transformation des Protagonisten im Augenblick des Todes: „Artemio wird ein ‚anderer', so wie auch die ‚prozesshaften Wiederholungen' die Möglichkeiten der historischen und politischen Transformation nicht ausschließen [. . .]. Nicht zufällig lässt daher Fuentes den Roman mit dem Ausblick auf das Jahr der kubanischen Revolution schließen. Fuentes sieht in ihr wichtige Forderungen der mexikanischen Aufstandsbewegung, wie die Entthronung der Finanzoligarchie, verwirklicht. Diese Aufgabe bleibt für Mexiko noch als Appell bestehen. Die mythische Vergegenwärtigung hat sie zum Erkenntnisgegenstand erhoben" (ebd.: 517 f.).

[8] Carlos Fuentes wird fortan zum Protagonisten der literarischen Szene Mexikos. Er ist stets bestrebt, noch vor seinen anderen Zeitgenossen, quasi als Seismograph, neue Entwicklungen zu antizipieren. Er ist überzeugt von den prophetischen Fähigkeiten der Imagination bei ihrer Analyse der politischen Wirklichkeit – auch hier mit dem Willen, die Signatur des modernen Intellektuellen zu seinem Selbstbild zu machen. Vgl. Interview mit Fuentes durch Castillo (1988: 153).

[9] Fuentes' Abgesang auf die Revolution ist viel spektakulärer als in *Pedro Páramo* (1955) von Juan Rulfo, dem eigentlich ersten Roman, der die Revolution definitiv zu Ende gebracht hatte, vgl. Borsò (1994).

[10] Ich beziehe mich auf das politische Scheitern der Nation, als vom mexikanischen Staat unter der Präsidentschaft von Gustavo Díaz Ordaz das Massaker an Tausenden von Studenten auf

überwindet das Zeitkonzept Fuentes' die zukunftsorientierte, affirmative Moderne der Avantgarden definitiv.[11] Denn nach Tlatelolco kann die Utopie des Buches als vollkommener Gegenentwurf zur Realität, wie sie die Literatur der historischen Moderne postuliert hatte, bald nicht mehr genügen. Der Emanzipationsauftrag des modernen Helden ändert sich. War bisher der Gedanke der Revolution intakt und war diese durch die Literatur verantwortet, so obliegt es seiner Literatur, die Unmöglichkeit der historischen Errettung durch das Politische zu zeigen. Der Roman *Cambio de piel* (1967) und der Essayband *Tiempo mexicano* (1971) markieren diese kritische Perspektive, die als zweite Phase des Schaffens von Fuentes bezeichnet werden kann.[12]

Auch hinsichtlich der Behandlung der Zeit und des Raumes, die uns hier interessiert, gibt es eine entscheidende Änderung,[13] wie sich in *Cambio de piel* zeigt. In diesem Roman erweitert sich der Raum des Romans. Dieser verbindet erstmals den amerikanischen mit dem europäischen Kontinent. Neben der mythischen Zeit der aztekischen Ritualien, deren Emblem die Stadt Cholula ist, einer Zeitschichtung, die schon in *La región más transparente* behandelt wurde, und dem Mexiko der 30er Jahre, bewegen sich hier die Protagonisten auch zwischen Mexiko und dem Schauplatz eines Konzentrationslagers im Deutschland nach dem Holocaust. Auch hier ergeben sich die Zeitschichtungen in der Erinnerung der Figuren, Javier und Elisabeth, la Dragona. Es kommt aber eines hinzu. Angesichts des Scheiterns der politischen Utopie ist hier der eigentliche Protagonist die Schrift.[14] Metaliterarisch reflektiert Fuen-

---

dem mythischen Platz von Tlatelolco angeordnet wurde. Das Zerschlagen der Utopie durch die Staatsgewalt wird im mexikanischen Bewusstsein ein tiefes Trauma hinterlassen.

[11] Vgl. die luzide Kritik am Surrealismus durch Paz (*Los hijos del limo*), durch den die Gegenwart im Sinne der teleologischen Zukunftsbezogenheit des Christentums interpretiert wird und das Christentum zugleich säkularisiert wird, vgl. Schulz-Buschhaus (1997).

[12] Zur Rekonstruktion der Phasen des Schaffens von Fuentes vgl. Borsò (2002).

[13] Tlatelolco hinterlässt Spuren, wie bei Paz' *Postdata* (1970), dem Essayband, in dem Paz zu einer kritischen Perspektivierung der aztekischen Kultur kommt. Hier verabschiedet Paz den paradiesischen Ursprungsmythos der vorkolumbischen Welt und integriert mit Bezug auf den Totalitarismus des aztekischen Systems den indigenen Ursprung Mexikos in den Ablauf einer krisenhaften Geschichte.

[14] Der experimentelle narrative Stil wird weiter entfaltet. Die Ambiguität der Erzählsituation ist noch zusätzlich dadurch gesteigert, dass der Erzähler Freddy Lambert einen undefinierten Status

tes über die Funktion der Schrift in der Moderne und arbeitet an Javier, der Schriftstellerfigur, das eigene Verhältnis zur modernistischen Ästhetik ab, um gleichzeitig eine Metamorphose seiner experimentellen Erzähltechniken zu vollziehen.[15] Die antimimetische, selbstreferentielle Schrift des 20. Jahrhunderts muss, so Fuentes, den Kompromiss zwischen der eigenen Autonomie und der Kulturkritik suchen[16] und die ästhetische Differenz zu einem analytischen Instrument machen. In Zentrum der Kritik steht nicht mehr die gescheiterte Revolution- und Modernisierungsutopie sondern die verdrängte Alterität der gesellschaftlichen Ordnung, die im Namen der Vernunft konstruiert wurde. Die Schrift konstituiert auch das kulturelle Gedächtnis. War die Erinnerung, die schon immer Instrument der Kritik der Gegenwart (*La muerte de Artemio Cruz*), so ist das Gedächtnis, das in *Cambio de piel* entsteht, ein Ort, in dem Emanzipations- und Zukunftsutopien nur noch gebrochen sind. Die Erinnerung zeigt die Wirkung der gesellschaftlichen Ausgrenzungen im Namen der Vernunft. Wie Goya mit dem *Capricho 43* am Ende des Jahrhunderts der Vernunft jene aus der Vernunft selbst geborenen Monstren zum Vorschein brachte, so geht aus diesem Roman aus dem Jahr 1972 hervor, dass das Nazi-Regime nicht die Perversion der Vernunft sondern die Vollendung ihrer Ausgrenzungs- und Verdrängungslogik ist. Der emanzipatorische Auftrag der Vernunft wird von dem eingeholt, was sie ausgegrenzt hat: das Barbarische und Monsterhafte. Die Aufgabe der Kunst ist demnach nicht, einen utopischen Ort jenseits des Barbarischen zu finden, sondern die Unüberwindbarkeit desselben zu zeigen. Das Monsterhafte bewohnt zwar die Gegenwart Mexikos, ist die Kehrseite der Modernisierung und Demokratisierung;[17] das Ritual der

---

hat. Er spricht von Javier in der dritten Person, adressiert aber Elizabeth in der zweiten Person. Das Geheimnis in der Erzählsituation hat erstmalig eine metaliterarische Dimension.

[15] Ich verweise auf die luzide Studie von van Delden (1998).

[16] Javier spielt auf das Ideal der ‚reinen Poesie' an, die Mallarmé zum Schweigen verurteilt hatte, obgleich Mallarmé selbst durch das poetische Experiment seines *Un coup de dés jamais n'abolira le hasard* (1995) die beweglichen Konstellationen der Literatur des 20. Jahrhunderts antizipiert hatte. Anhand von Javier inszeniert Fuentes die zwei entgegengesetzten Extreme des späten 19. Jahrhunderts, die positivistische, gesellschaftskritische Position des Naturalismus und die ästhetische Differenz der Kunst, verstanden als Autonomie der *poésie pure*.

[17] Fuentes arbeitet auch sein eigenes Verhältnis zur verborgenen Gewalt der mexikanischen Kultur heraus, emblematisch dargestellt in der von Javier erfahrenen Gewalt bei seiner Rückkehr

reinigenden Metamorphosen legt die Kontinuität der Traumata der Geschichte offen; darüber hinaus betrifft aber diese historische Botschaft nicht mehr allein die Geschichte des „barbarischen" Kontinents Lateinamerikas sondern das Zentrum der Zivilisation selbst: Europa.

Was ergibt sich hinsichtlich der zeiträumlichen Konstellationen? a) Erstmalig werden verschiedene Zeiten sowie geographische und kulturelle Orte in einem gemeinsamen historischen Raum vereinigt; b) mit der metaliterarischen Bearbeitung der Rolle der Schrift wird die Gegenwart des Erinnerns, die den historischen Raum entwirft, zur Gegenwart des Schreibens. Der Protagonist ist nicht Mexiko sondern der Schriftsteller selbst, dem also der Emanzipationsauftrag obliegt. Die Kritik der Modernisierung und der Entwurf der Zukunft liegen nicht mehr in der historischen Deutung der politischen Gegenwart verborgen, wie in *La región más transparente*, sondern nur noch im existentiellen Vollzug des schreibenden Protagonisten. Im ersten Roman geschah die Kritik der faktischen Geschichte, um ihre Bedeutung für die Gegenwart zu entdecken. In *Cambio de piel* ist der gegenwärtige Augenblick des erkennenden Schreibens, in dem der Schriftsteller die Schichtungen der Zeit modernistisch repräsentiert, auch die Verheißung einer besseren Zukunft.[18] Der Glaube an die politische Möglichkeit einer zukünftigen gesellschaftlichen Emanzipation, auf dessen Grundlage Fuentes einst den Gang der Geschichte kritisierte, um diese zu erretten, ist hier verloren. Die historischen Mythen, die in die Erinnerung und in das Schreiben transkribiert werden, bringen die dunklen Seiten der Geschichte zum Vorschein, die die Gegenwart bewohnen. Fuentes' Position scheint jene kritische Sicht des Historischen zu sein, die aktuelle Positionen der *postcolonial studies* zum Fokus kulturwissenschaftlicher Studien gemacht

---

nach Mexiko, als er einem *mariachi* auf der Plaza Garibaldi begegnet. So ist auch der Titel des Romans zu verstehen, der auf das aztekische Ritual des *cambio de piel*, d. h. des Überziehens des Körpers des Priesters mit der Haut des Opfers anspielt. Das Ritual ist nicht ein vergangenes Zeichen von Barbarei, sondern Bestandteil der Gegenwart.

[18] Die Konzentration der Vergangenheit in der Gegenwart des Schreibens macht das Schreiben zur Schwelle eines zukünftigen Entwurfs. Der Schritt von hier aus zur existenzialistischen Lehre von Søren Kierkegaard und Martin Heidegger, auf deren Grundlage Fuentes in *Tiempo mexicano* (1971) eine weitere Ausprägung der Figur der Gegenwart entwerfen wird, ist kurz. Aus der existentialistischen Lehre gewinnt Fuentes allerdings die Stärkung der Position des eigenen Subjekts.

haben.[19] Auch der Raum der nationalen Geschichte wird definitiv verlassen, um jenen zwischen den Kontinenten zu betreten: *Mare nostrum*. Die globale Welt von *Terra nostra* und von *El espejo enterrado* ist die dritte Konstellation in den Schriften Fuentes'.

2 Zeiträumliche Konstellationen einer globalisierten Welt: Der Ersatz der Teleologie der Geschichte durch das Telos der Schrift

Peregrino, der Protagonist von *Terra nostra*, verbindet die Schicksale der Kontinente in einem Zentrum: Paris, der Ort, an dem der Roman beginnt und wohin die zyklische Struktur zurückführt. Paris – das wissen wir auch aus den Romanen von Julio Cortázar – war für die intellektuelle Elite Lateinamerikas zu bestimmten Zeiten auch das Zentrum aller Bewegungen zwischen den Kontinenten. Fuentes lokalisiert die Zeit des Rahmens im Jahre 1999, der Schwelle zum neuen Jahrtausend, als würde die prophetische Imagination nun einen Ausblick auf die Kultur des 21. Jahrhunderts geben. Damit bezieht der Schriftsteller in *Terra nostra*, einem ca. 800 Seiten umfassenden Roman, seine kubistischen Schreibpraktiken auf die ‚westliche' Seite des Globus. Wie ein Triptychon aufgebaut, dessen Teile durch die Bewegung Peregrinos verbunden werden, entwirft der Roman das gigantische Gemälde der Alten und der Neuen Welt. Am Anfang steht die düstere Welt am Hof von Philipp II., zugleich der Ursprung der Kolonialkultur. Ein tyrannisches Spanien verantwortet das Schicksal einer undemokratischen Neuen Welt. Die „Neue Welt" (2. Teil des Romans) ist von schiffbrüchigen Europäern und von den von ihnen auf sie projizierten Mythen bevölkert. Hier werden die Intertexte aus den *conquista*-Chroniken deutlich markiert. Aufgrund der *postmodern* anmutenden,

---

[19] Die Ästhetik dieses und der späteren Romane wird als ‚postmodern' charakterisiert. ‚Postmoderne' Literatur ist in Lateinamerika von Anfang an einen Kompromiss mit der Geschichte eingegangen; sie hat die Funktion, die lange Latenz der historischen Traumata offen zu legen. *Cambio de piel* lässt sich in die Gattungsästhetik der *nueva novela histórica* integrieren, die seit *Yo el Supremo* (1972) des paraguayischen Schriftstellers Augusto Roa Bastos zu einer der führenden Gattungen der hispanoamerikanischen Literatur geworden ist. Dieser Roman und v. a. der spätere *Terra nostra* haben gemeinsame Charakteristika mit der metahistoriographischen Gattung, die in Lateinamerika die *nueva novela histórica* genannt wird, vgl. Borsò (2001: 119–138).

fragmentarischen Struktur und der labyrinthischen Wucherung von Intertexten, von nebeneinander bestehenden Handlungssträngen mit vielen Zentren kann erst der Leser den Zusammenhang und die Gesamtschau rekomponieren. Trotz dieser postmodernen Form hat indes der Roman ein Telos, eine historische Verheißung. Und diese findet sich ‚in der anderen Welt' und in der literarischen Imagination. Denn im dritten Teil des Romans handelt es sich um eine ästhetische Topographie, welche geheimnisvolle, durch hybride Gestalten getragene Zusammenhänge offenlegt[20] und eine heilsgeschichtliche Perspektive entwickelt, die hier nicht auf die Politik sondern auf die Kultur und Literatur bezogen wird. Im dritten Teil herrschen – gegen die düsteren Gestalten der Geschichte – Hoffnung bringende literarische Figuren: Celestina, Don Quijote, Don Juan. Die Welt der Literatur ist angesichts der langen Latenz der genealogischen Krise bei der Entstehung des Kontinents und in seiner faktischen Geschichte der einzige Ort der Hoffnung. Utopia, die in *Cambio de piel* nur ironisch gebrochen war, wird hier wieder entdeckt. Sie ist aber im späten 20. Jahrhundert nur noch ein literarischer Ort, ein Ort der Inszenierung der kompromisslosen Aushandlung zwischen Monster und Ordnung, Fremdem und Heimischem im Unheimlichen der faktischen Geschichte. Nach dem Scheitern der Emanzipation durch die Geschichte der Totalitarismen auf dem lateinamerikanischen Kontinent neigt also auch Fuentes zur Kompensation durch die Thematisierung der Utopie des Schreibens. Dies ist ein in den 80er Jahren in bezug auf die sogenannte *nueva novela histórica* immer wieder thematisierter Zug.[21]

Die barocken Heterotopien dieses Romans dienen als konvexer Spiegel, der das Monster aus den Labyrinthen der gesellschaftlichen Ordnung an die Oberfläche führt. Diesen konvexen Spiegel, der entsprechend einer neobarocken Ästhetik die Ordnung verzerrt, die Identität kontaminiert, das Barbarische in der Zivilisation, das Monster im Garten Eden zeigt, macht Fuentes zu einer kulturkritischen Technik, zum Erkenntnisinstrument von *El espejo enter-*

---

[20] Philipp II. vereint z. B. Züge verschiedener Habsburgerkönige in seiner Person, Handlanger des Tridentinischen Konziliums. Die Figuren sind zu verschiedenen Zeiten an diversen Schauplätzen anwesend und begegnen sich an Kristallisationsorten der Geschichte wie dem Escorial.
[21] Vgl. z. B. Menton (1993).

rado. Fuentes' gesellschaftskritische Botschaft betrifft in diesem Roman die Geschichte, und es gibt historisch keine reine Utopie mehr. Dennoch auch hier stellen wir fest, dass trotz der heterotopischen Konzeption der Konstellationen und des Raumes der Ort des Schreibens ein souveräner, autonomer, überlegener Ort bleibt. Von diesem Ort aus holt der allmächtige Schriftsteller den Minotaurus aus dem Zentrum des Labyrinths hervor. Das Telos der Schrift ist es, sich selbst und ihre eigene Performanz in Szene zu setzen.

3 Fuentes und der globale Leser

In *El espejo enterrado*, dem kulturhistorischen Essaybuch aus dem Jahre 1992, das zugleich ein Monument zur Erinnerung an das 500jährige Jubiläum der sogenannten Entdeckung sein will, kommt zur Dekonstruktion der Geschichte ein neues Element hinzu: das Bewusstsein der multikulturellen Natur der Zeichen in einer inzwischen globalisierten Medienwelt. Das Buch, das dementsprechend von einer CD begleitet ist, behandelt Kardinaltexte und -bilder des Textkorpus, auf die sich der Postkolonialismus bezieht, von den präkolumbischen Kodizes und den Ikonographien der Eroberung und Missionierung zur barocken Malerei der Alten und der Neuen Welt einschließlich Sor Juana Inés de la Cruz und ihrer Bibliothek, der Ikone der barocken Urbanität von Nueva España.[22] Die kulturelle Ikonographie Spaniens und Lateinamerikas wird kontrapunktisch rekonstruiert: Es sind die beunruhigenden Visionen von El Greco, die parallelen Welten des Diesseits und Jenseits des spanischen Malers Francisco de Zurbarán, die Spiegelungen Diego Velázquez', die Monster der Vernunft, die Francisco Goyas *Capricho 43* als eine Geburt aus den Schatten des Lichtes der Aufklärung erscheinen lässt, die weiteren Provokationen Goyas, wie die *Maja desnuda* und das fade, falsche Licht bei der Wiedergabe der königlichen Familie von Karl IV., und schließlich das Entsetzen der mexikanischen Erschießung von Maximilian im Gemälde von Édouard Manet. Die

---

[22] Weitere paradigmatische Momente der Geschichte Amerikas betreffen selbstverständlich die Ikonographie der mexikanischen Revolution, die *murales*, und schließlich auch die groteske und humoristische Selbstdekonstruktion moderner Bürgerlichkeit, etwa in den Bildern des kolumbianischen Malers Botero.

Prinzipien der Kulturanalyse stehen nun seit *Terra nostra* fest: Die Geschichte Amerikas ist nur als gleichzeitige Geschichte beider Kontinente erzählbar.[23] Und auch hier obliegt es der Kunst und der Literatur, die verborgenen Seiten der Geschichte offen zu legen.[24]

Was ist die Funktion der Bilder? Was wird in ihnen sichtbar? Zunächst sei festgestellt, dass die mediale Dimension dieses Werkes Fuentes' Schreibstrategie der Verführung zeigt. Er entfaltet in diesem Buch das symbolische Kapital einer am Ende des 20. Jahrhunderts durch die postkoloniale Kritik aufgeklärten Lesergemeinschaft, die statt der Rekonstruktion der faktischen Geschichte die Wirklichkeit der Bilder und der kulturellen Zeichen erwartet. Das Wiedererkennungspotential dieser kulturhistorischen *idées reçues* authentifiziert die Narration der Geschichte, wie Fuentes selbst – luzide in seinen Referenzen – markiert: „El problema con los estereotipos nacionales, claro está, es que contienen un grano de verdad, aunque la repetición constante lo haya enterrado".[25]

Die Wahrheit der Geschichte Spaniens und Lateinamerikas liegt in der kulturellen Performanz der Zeichen für die hispanische Welt verborgen, die Fuentes' Text inszeniert. Von den „Cuevas de Altamira" zu den „Corridas de toros" stehen ihre Gewalt und ihr ambivalenter Ausdruck am Anfang der Geschichte: politisch und erotisch, repressiv ausgrenzend und in der Suche nach dem Anderen sich selbst transzendierend. Es ist die janusköpfige Gestalt jener Kultur der habsburgischen Monarchie des 16. und 17. Jahrhunderts, die die Grenzen Europas zum Raum jenseits der Säulen des Herkules öffnete. Diese doppelte Figur, der wir seit *Cambio de piel* begegnet sind, ist die verborgene Geschichte der modernen Welt seit der Frühen Neuzeit. Sie ist aus der Begegnung von Kulturen entstanden und sie setzt sich durch Ereignisse der Gewalt, durch weitere *desaparecidos* wie aber auch durch eine hohe kreative Kraft fort. Diese Kraft ist die der heutigen ‚multikulturellen Gesellschaft', so die Diagnose von

---

[23] Die Geschichte muss erzählt werden, weil sie die Gegenwart durchkreuzt (Fuentes 1992: 361).
[24] In *Geografía de la novela* verweist Fuentes ausdrücklich auf die Funktion des Romans, durch seine polyphonen Möglichkeiten (mit nicht markiertem Bezug auf Bachtins Metapher der Kampfarena der Sprache) das Unsichtbare, das Ungesagte und das Vergessene aufzudecken (ebd. 1993).
[25] Ebd. (1992: 30).

Fuentes. Im letzten Kapitel des Buches findet der Leser den *espejo desenterrado*, so die Überschrift des letzten Abschnittes. Ähnlich der Episode des Manuskripts Melquiades', das der letzte der Aurelianos am Ende von *Cien años de soledad* und am Ende seines Lebens dechiffriert, bietet auch Fuentes am Ende seines Buches den Schlüssel für den Sinn der kulturellen Geschichte, verstanden nicht als faktische Geschichte sondern als historische Performanz kultureller Zeichen. In der Performanz der Zeichen findet Fuentes das Rezept für die Emanzipation der globalisierten, technokratischen Gesellschaft, die sich 500 Jahre nach der Entdeckung Amerikas an der Schwelle zum 21. Jahrhundert befindet. Mit Bezug auf Goyas *Saturno devorando a sus hijos* ermahnt Fuentes seine Zeitgenossen, nun die Botschaft Goyas zu erkennen. Es ist die unentrinnbare historische Tragik der spanischen und hispanoamerikanischen Welt, die vom Autor zum Laboratorium der Welt auserkoren wurde. Die von Fuentes gefundene Erklärung lautet: „Nuestra modernidad más exigente nos pide que abracemos al otro a fin de ensanchar nuestra posibilidad humana. Las culturas perecen aisladamente, pero nacen o renacen en el contacto con otros hombres y mujeres."[26]

Im Spiegel zeigt sich, dass die Alterität inhärenter Bestandteil der Identität ist. Fuentes schlägt hier eine Positivierung des Begriffs der Alterität vor. Die kulturelle Kreativität ist in der Begegnung mit dem Anderen zu suchen. Fuentes sucht nun die Alterität selbst in Mexiko und projiziert auf die mexikanische Gesellschaft und Kultur die eigenen Alteritätsbilder: Mexiko, so Fuentes am Ende seines Buches, habe tatsächlich die *cultura popular* entdeckt und in der Massengesellschaft auch die Quelle ihrer Kreativität und der *sociedad civil* identifiziert, so der mexikanische Kosmopolit von der Höhe der Colonia San Jerónimo mit Bezug auf Carlos Monsiváis, den Intellektuellen der *contracultura popular*, eine Autorität in der heutigen intellektuellen Landschaft Mexikos. In seiner Revision der neuesten Kulturgeschichte Mexikos trifft Fuentes, der elitäre Schriftsteller der Moderne, auch die eigene Alterität: Es ist die *cultura popular*, jene Ästhetik des ‚Randes', die die Alterität der bürgerlichen und antibürgerlichen Ästhetik Fuentes' darstellt.

---

[26] Ebd. (384).

Seit den 90er Jahren scheint Fuentes die Hoffnung auf kulturelle Errettung in die Zeichen der aktuellen massenmedialen und globalisierten Kultur zu verlegen, und dies zeigt sich auch in seinen engagierten Plädoyers für den Aufstand in Chiapas, für den *subcomandante* Marcos, für die Erneuerung der zapatistischen Energien am Ende dieses Jahrhunderts. Ein letzter Wandel zugunsten einer Enthierarchisierung der Kulturen, weg von elitären, auf europäischen Traditionen basierenden, kosmopolitischen Konzeptionen hin zu einer massenkulturellen Ästhetik, von der Lateinamerika Vorreiter gewesen ist?

Die Entdeckung der Alterität in der Identität und die das Buch abschließenden Konzepte, die ein Zusammenleben der Kulturen befürworten, scheinen Fuentes' Botschaft für die Kultur des 21. Jahrhunderts, für die Hoffnung auf die Zukunft, für die Zeit nach 1992 darzustellen: „Durante los pasados quinientos años, la medida de nuestro fracaso ha sido la incapacidad para lograr esto [scil. encontrar al otro]. La oportunidad de hacerlo a partir de hoy es nuestra única esperanza".[27]

Es scheint so, als habe Carlos Fuentes nach dem Weg von der Umkehrung der Dependenzthese zur krisenhaften Begegnung der Kulturen nun in *El espejo enterrado* postkoloniale Positionen aufgenommen, welche in der transkulturellen Verfasstheit von Kultur den Keim kultureller Kreativität sehen.[28] Sein Spiegel öffnet tatsächlich über die Geschichte der Ausgrenzungen hinaus den Blick für jene von der Imagination zu restituierenden ‚multikulturellen' Traditionen,[29] wie die der drei Kulturen in Spanien. Es ist die bessere Seite der europäischen Kultur, die auf dem amerikanischen Kontinent in potenzierter Weise verwirklicht ist. Postkolonial ist in der Tat Fuentes' Kompromiss mit der Geschichte, d. h. seine Suche nach der langen Latenz der Traumata im Zusammenhang mit der kolonialen Genese Lateinamerikas. Diese Genese verantwortet beide Seiten: die Gewalt ebenso wie die kulturelle Potenz. Post-

---

[27] Ebd.: 388.
[28] Bhabha (1994).
[29] „Nur die Literatur ist in der Lage, die Vielfalt der anderen Möglichkeiten [scil. der Geschichte] aufzubewahren, das Fremde nicht zu vernichten: ein Museum der verpassten Gelegenheiten der Geschichte, der ungelebten anderen Seiten der Medaille, des Zweifels und der Hoffnung" (Kleinert 1992: 190).

kolonial erscheint schließlich auch der seit *Cambio de piel* bestehende Entwurf eines gemeinsamen historischen Raumes. Dennoch: trotz der Rezeption des *linguistic* und *anthropologic turn* und trotz der Kritik eurozentrischer Identitätskonzepte des 20. Jahrhunderts bleibt das Prinzip der Ästhetik Fuentes' an eine elitäre Konzeption der messianischen Funktion der Kunst gebunden. Wir haben es mit dem Erbe der modernistischen Ästhetik zu tun, die zwar die politischen Utopien des 19. Jahrhunderts verabschiedet hat, jedoch den Messianismus durch die Utopie der Kunst fortpflanzt. Betrachtet man die Allianz zwischen der ästhetischen Differenz und dem kulturhistorischen Heilsplan, der in *El espejo enterrado* entwickelt wird, dann wird klar, dass Fuentes' Konzeption der Geschichte immer noch providenziell ist. Das wiedergefundene kulturelle Emanzipationsprojekt einer im Entwurf der Gegenwart gestaltbaren erfüllten Zukunft, die nicht mehr von der faktischen Geschichte verantwortet werden kann, übernehmen die der Feder des Schriftstellers entspringende Kulturbilder. Diese Konzeption setzt das Modernisierungsprojekt fort, gewiss nicht mit den positivistischen und naturalistischen Epistemen des 19. Jahrhunderts sondern auf der Basis einer konstruktivistischen, am Maßstab der Zeichen der Weltkultur orientierten Performanz.

Diese Position von Fuentes wird in seiner Verortung der *cultura popular* als die ‚Alterität' in der mexikanischen Kultur deutlich. Dies ist ein elitäres Missverständnis der Funktion der *cultura popular* von Carlos Monsiváis, und es lohnt sich, die Unterschiede zu konturieren,[30] denn sie definieren klarer den Ort des Schreibens selbst, von dem aus die Visionen Fuentes' entstehen.

4 Ein Exkurs und ein Gegenmodell: Carlos Monsiváis. Massenmedien und Transformationskraft des Kulturellen. Globale Beweglichkeit, Partikularismen und Differenzen in den globalen Netzwerktechnologien

Wie weit der Fuentes von *El espejo enterrado* vom Verständnis einer *cultura popular* im Sinne von Carlos Monsiváis entfernt ist, soll kurz dargestellt

---

[30] Vgl. auch Borsò (2002a).

werden. Seit den ersten Chroniken (*Días de guardar*, 1970) und später (z. B. *Entrada libre. Crónicas de la sociedad que se organiza*, 1987) erarbeitet Monsiváis einen neuen Begriff der Masse in der Mediengesellschaft, der den abwertenden Begriff von Gustave Le Bon und José Ortega y Gasset ersetzen soll, nämlich jenes Konzept, das die Masse als technisch manipuliert und psychologisch unautonom definiert.[31] Die Masse wird in Monsiváis' Literatur zu einem Inszenierungsraum, in dem die offizielle symbolische Ordnung und ihre Hierarchien zu Fall gebracht werden. Die politische Krise Mexikos wird als Krise der Eliten umgewertet. Ein weiterer gewichtiger Unterschied besteht darin, dass Monsiváis auch die Polarisierungen zwischen Krise und Errettung überwindet, die bei Fuentes noch ein binäres System darstellen, denn die Literatur übernimmt für Fuentes die Funktion, in Opposition gegen die Gesellschaft die Wirklichkeit zu erretten. Für Monsiváis ist zwar die Geschichte auch nicht durch die moderne Kultur und ihre technologische Aufrüstung zu heilen. Statt jedoch das Scheitern der Geschichte in einen globalen, von der Literatur verantworteten, in sich also homogenen Raum der Bilder aufzuheben und die Krise literarisch zu kompensieren, wie wir es bei Carlos Fuentes beobachten konnten, markiert Monsiváis' ironische Rede den apokalyptischen Lauf der sozialen Modernisierungsutopien, um zugleich die positive Seite der technologischen Moderne und ihre Mediationen im Hinblick auf die gesellschaftlichen Veränderungen offen zu legen, nämlich die Mobilität von Kulturen und ihre transkulturellen Bewegungen im Raum der Massenmedien.

In „De los orgullos que dan (o deberían dar) escalofríos", einer Skizze aus *Los rituales del caos*,[32] nimmt Monsiváis direkt Bezug auf die Apokalypse-Konzeption von Fuentes. Für Fuentes bedeutet Apokalypse die Zerstörung kultureller Werte. Seine apokalyptischen Beschreibungen seien eine Antiutopie, die Offenbarung des Verlusts der Ordnung, die mit der Antiutopie zugleich bejaht wird:

> Entre los más incrédulos, los escritores. No hay antiutopías, la ciudad no es el gran peso opresivo (eso lo siguen siendo las regiones) sino la libertad posible a costo muy

---

[31] Monsiváis (2000).
[32] Monsiváis (1995).

> alto; en la práctica, nada más alejado del ánimo capitalino que las profecías de Carlos Fuentes en *Cristóbal Nonato*, y en el realto „Andrés Aparicio", de *Agua quemada*. Según Fuentes, la ciudad ha llegado a su límite. [. . .]. Incuso el universo de Cristóbal Nonato (desolación ecológica, política, social, lingüística) se deja invadir por el relajo. En el fondo, si la catástrofe es muy cierta, el catastrofismo es la fiesta de los incrédulos, donde se funden la irresponsabilidad, la resignación y la esperanza, y en donde –doctrina no tan secreta de la Ciudad de México– cunden las sensaciones del fin del mundo, con la aglomeraciones que son el infierno de lo contiguo, y la apoteosis de las turbas que consumen el aire y el agua, y que de tan numerosas parecen flotar sobre la tierra. [. . .] A la ciudad con signo apocalíptico la habitan quienes, a través de su conducta sedentaria, se manifiestan como optimistas radicales.[33]

Monsiváis positioniert sich gegen dieses Konzept. Zwar befindet sich die Megalopolis in einem politischen, ökologischen und sozialen Zustand extremer Krise, doch heißt die Krise – ganz im Sinne der griechischen Etymologie (Krisis) – auch Entscheidung zu einer potentiellen Transformation. Daher wird México Distrito Federal als „ciudad post-apocalíptica" weiterleben: „Lo peor ya ocurrió (y lo peor es la población monstruosa cuyo crecimiento nada detiene)".[34] Die Ironie hält beide Stimmen in Spannung zueinander, die kritische und die bejahende. Bejaht wird die Energie, die sich im Zwischenraum zwischen den ‚Belohnungen' entfaltet, die jeder Konsument dem Chaos der Stadt für sich entreißt und die das unmögliche Leben erlebbar machen. Die Inszenierung der Promiskuität der Stadt ist aber nicht apokalyptisch im heilsgeschichtlichen Sinne. Der Zufall ist vielmehr rhizomatisch, macht die Oppositionen instabil, öffnet Zwischenräume. Der Zufall ist jene kreative Kraft, die in der Rede des Chronisten, welcher sich zwischen den kulturellen Topographien bewegt, die Dynamik aufrechterhält. Jeder vom Schriftsteller zitierte Diskurs (national, elitär, populär) wird im nächsten Moment aufgehoben. Der Prozess des Sagens schafft einen Raum, in dem das eben Gesagte selbstironisch demontiert wird. Die Heterotopien der Stadtchroniken entwerfen keinen globalen Raum, sondern relativieren die Beständigkeit von Positionen und Identitäten und schaffen Übergänge zwischen partikulären Orten, verbinden das Globale mit dem Lokalen.

---

[33] Ebd. (21).
[34] Ebd. (21).

Im Vorwort von *Los rituales del caos* beschreibt Monsiváis mit Bezug auf Guy Debord die doppelte Funktion der Massenmedien. Die Massenmedien erzeugen einerseits das Spektakel, bei dem das Auge dem Medium anvertraut ist[35] und in dem das Subjekt dem Konsum und der Industrialisierung der Bilder unterworfen ist. Diesen Fall nennt Monsiváis „el falso caos". Dieses Chaos ist nicht befreiend sondern normalisierend. Es bedient sich der Mittel des Spektakels, um eine Art Diktatur der elektronischen Faszination unter der Ökonomie des Konsums zu etablieren. Auf der anderen Seite geht es dem Schriftsteller um das „wahre Chaos", bei dem der Mensch nicht an die Erlösungsutopie des Konsums und seiner Ordnung glaubt: „no imagina detrás de cada show los altares consagrados al orden".[36] Statt der Verheißung einer Erlösung werden hier kulturelle Kräfte entfesselt, die Monsiváis – ebenfalls mit Bezug auf Debord – „das Vergnügen" und „die fluide Sprache der Anti-Ideologie" nennt. Vergnügen heißt auf Spanisch *diversión*, ein Wort, das die gleiche Wurzel wie *diversidad* und *divergencia* hat. Vergnügen und Flüssigwerden der Sprache sind Effekte des Lachens, betont der Schriftsteller: Ironie, Humor, Entspannung. Die Fluidität der Sprache Monsiváis' wird vom akustischen Rhythmus und den Registern der Oralität gesteigert. Im inszenierten kulturellen Raum ist nicht das Auge das zentrale Organ der Wahrnehmung. Denn das Auge verortet die Masse, grenzt sie ein. Die Dynamik des Textes Monsiváis' ist dagegen jene, die – wie in Deleuzes rhizomatischem Modell – de-markiert, und Zwischenräume schafft.

Tatsächlich schaut Monsiváis nicht aus einer sicheren Höhe in einen globalen Raum hinein; ein solcher globaler Raum untersteht noch einem Blick, in dem Reste des von Michel Foucault beschriebenen Panoptikums erkennbar sind. Der Ort, von dem aus Monsiváis schreibt, situiert sich dagegen inmitten des massenmedialen Raumes. In seinen Skizzen der Stadt befindet sich der Sprecher mitten in der Menge der Stimmen; seine Position im Raum ist beweglich. Nicht einen souveränen Blick auf den globalen Raum entdecken wir also in diesen Chroniken, vielmehr befinden sich Blick und Ohr auf einer Hö-

---

[35] „Fíjate en la pantalla" (ebd.: 29).
[36] Ebd. (16).

he mit den vielen Menschen der Stadt; die Sinne sind offen, empfänglich für die dissonanten Differenzen, aber auch für die Ähnlichkeiten zwischen ihnen. Unterschiedlich ist insbesondere das Konzept des Mediums. Für Monsiváis fungieren die Massenmedien als epistemologischer Ort, und er selbst wird nicht müde, für seinen Begriff von *cultura popular* die Bedeutung der Massenmedien hervorzuheben. Das Medium ist mehr als ein ästhetischer Kanon. Die Medien des 20. Jahrhunderts – das Kino, das Fernsehen, die Rockmusik, die Videclips – haben nationale Mythen modernisiert, zugleich internationalisiert und damit verändert. Dies ist die Hauptthese der medienhistorischen Kulturgeschichte, die unter dem Titel des mit dem Premio Anagrama de Ensayo preisgekrönten *Aires de familia* im Jahre 2000 erscheint. Die kulturellen Konzeptionen von Monsiváis haben mit epistemologischen Moden – von der Alteritäts- zur Hybriditätsdiskussion – nichts zu tun, obgleich postkoloniale Theorien durchaus zu ähnlichen Ergebnissen gekommen sind. Der epistemologische Ort von Monsiváis' Soziologie und Kulturanalyse der Massenmedien ist eine moderne Medientheorie, die von Anfang an in seiner *escritura*, seiner Ironie und seinen Sprachspielen erkennbar wird. War das Kino der individuelle Raum von kollektiven Träumen, so ist nach den 80er Jahren das Fernsehen das Medium der Inszenierung globaler Spektakel.[37] Das Kreative an massenmedialen Ereignissen ist dabei die transkulturelle Dynamik, die die nationale Monumentalität und ihre hegemoniale Gewalt zu Fall bringt.[38] Die Transformationsprozesse der Moderne werden in *Aires de familia* dargestellt. Es sind Transformationen, die nicht der Imagination des Schriftstellers entspringen, sondern von den Massenmedien, ihren Bildern und ihren Migrationen verantwortet werden.[39] Durch das Medium Kino ergibt sich z. B. ein

---

[37] Dies ist Thema einer weiteren Chronik von Massenereignissen, bei der es um weltweite Fernsehübertragungen von Fußball geht. Hier ist die Stimmung ebenso global wie lokal. Internationalität und mit Nationalismen durchdrungene Mythologien werden zugleich evoziert.

[38] Dank der Massenmedien vermögen Kulturen, einen je partikulären Akzent, z. B. des *barrio*, mit internationalen, grenzüberschreitenden Bewegungen zu verbinden. Nationale Mythen sind zwar auch darin nicht auszurotten, doch werden sie durch den Witz der Alltagskulturen gleichsam demontiert.

[39] Es geht z. B. um die Migrationen des Kinos als Phänomen des *borderland* zwischen Kalifornien

Quantensprung: Die tägliche Assimilation von ‚Geschmäckern' und ‚Stilen' macht bewusst, dass Traditionen ein internationales Phänomen sind. *Aires de familia* ist die Geschichte der internationalen, transkulturellen und transmedialen Bewegungen der Massen in Lateinamerika. Die historische Kohärenz ist nicht durch die Geschichte der Nation, des Geistes (wie im 19. Jahrhundert), der Zivilgesellschaft oder der Intellektuellen (wie im 20. Jahrhundert) gegeben – allesamt Konzepte, die Verortungen und Ausgrenzungen verantwortet haben (als *gleba, vulgo, populacho* usw.). Die Kohärenz der Geschichte Monsiváis' liegt vielmehr in der Suche nach den kulturellen und medialen Transformationen innerhalb und zwischen Kulturen, denn erst aus diesen entspringen kulturelle und soziale Kräfte. ‚Massenkultur' heißt also jener durch die massenmediale Kommunikation geöffnete, dynamische Raum zwischen den Kulturen. Die ausgehend von diesen Räumen geschriebene Kulturgeschichte Mexikos ist weit weg von der offiziellen, sakralisierten Kultur der Dichterfürsten, weg von der Moralisierung der Armut und der Gewalt, weg vom Epos der *mexicanidad* und dessen tragischer Auslegung in der Figur der *soledad* und ihrer Mythen. Sie fliegt rasant in das 21. Jahrhundert. Bei der somit erreichten Umdeutung der Masse denkt man unweigerlich an die Medienkonzeption von Walter Benjamin, aber auch an Siegfried Kracauer im Zusammenhang mit den ‚neuen' Medien (in den 30er Jahren die Photographie und der Film). Hier ist der Dichter nicht autonom von der Masse und steht nicht im Gegensatz zur Technik und der Massengesellschaft. Vielmehr wird die Kreativität aus den Mitteln der Technik gewonnen, die zwar den Verlust der (elitären) Aura herbeiführen, aber – etwa durch die technische Montage – auch die Chance der Irritation und Transformation offizieller Diskurse. Gattungen, Identitäten, Geschichte, Elite- und Massenkultur erscheinen dann als zufällige und variable Verortungen.

---

und Mexiko. Gegenüber Hollywood empfindet man zwar Respekt, aber die Anpassung an die technologischen und kulturellen Determinanten verschiedener lateinamerikanischer Länder und der äußerst lebendige Dialog mit dem nationalen Publikum ändern auch die Gesetze Hollywoods.

5 Carlos Fuentes und der verpasste Quantensprung in die Topologie des 21. Jahrhunderts

Gerade im Verhältnis zu den Massenmedien und der Massenkultur wird der fundamentale Unterschied zwischen der elitären, eher klassischen Modernität Fuentes' und der subversiven, die verschiedenen Phasen der Verabschiedung überlebenden Modernität von Monsiváis erkennbar. Die Moderne Fuentes' basiert auf den Konstellationen des 19. Jahrhunderts. Er ist einerseits von der Macht der Bilder und der medialen Möglichkeiten moderner Technologien angezogen; dies haben wir im Zusammenhang mit *El espejo enterrado* gesehen. Schon aber seit *La nueva novela hispanoamericana* und *Tiempo mexicano* bedeuten andererseits Massenmedien für ihn – im Sinne der Kritik Adornos – das Ende der Kunst, ein Aspekt, den Fuentes besonders in Bezug auf die amerikanische Kulturindustrie problematisiert. Ähnliches gilt im Zusammenhang mit der Technokratie heutiger Gesellschaften am Ende des 20. Jahrhunderts – eine gewiss berechtigte Skepsis.

Dennoch: Der Sprung in das Medienzeitalter, welches das Skandalon Benjamins zu Beginn des 20. Jahrhunderts darstellte, wird durch Fuentes nicht ganz vollzogen. Es ist jener Sprung, den Jesús Martín-Barbero zu einer neuen Theorie der Mediation durch die Massenmedien geführt hat, eine Position, die mit linguistischen Performanz-Theorien vergleichbar ist. Der Quantensprung, der zu einer der heutigen globalen Welt angemessenen beweglichen Epistemologie führt, ist ein anderer als die Geste der Verabschiedung und der Errettung. Während sich die Autonomie des Dichters der historischen Moderne auf der Basis einer ideologischen Opposition zur Masse konstituierte, steht seit Benjamins Reproduktionsessay diese Autonomie nicht im Gegensatz zur Technik und zur Massengesellschaft. Vielmehr wird sie mit den Mitteln der Technik gewonnen, die zwar den Verlust der Aura herbeiführen, aber auch die Chance einer die sozialen Diskurse irritierenden Montage geben. Die technische Montage dient der Aufdeckung der Fiktionalität von Gattungen, Identitäten, Geschichte. Sie offenbart aber insbesondere die Konstruiertheit und Bedingtheit der Oppositionssysteme, die die Syntax zwischen den Dingen und der Sprache aufrechterhalten, wie Foucault für die Montage der Heterotopien in der chinesischen Enzyklopädie von Jorge Luis Borges feststellte. Zur Feststellung der Instabilität, Nachträglichkeit und Bedingtheit dieser Oppositionen ist Fuentes nicht vorgedrungen. Dies zu sehen, bedeutet ein nomadisches Bewusstsein, das nicht allein die Überkreuzung von Identität und Alterität erkennt, sondern die Bewegung zwischen den Differenzen vollzieht. Es ist eine kulturelle Situation, in der man den kulturellen Raum nicht von einem Zentrum aus denkt, sondern vom Standort derjenigen, die an den Rändern leben und den Rand zum Prinzip ihrer Denkfreiheit machen. Diese Schriftsteller sind anders als Fuentes, der dagegen die Leerstelle des Zentrums mit der erfüllten Gegenwart des Schreibens kompensiert und vom Zentrum aus allein die Ränder zum Gegenstand seines Studiums gemacht hat. In diesem Zentrum hat er die Utopie eines paradiesischen Ortes der Literatur entworfen, von dem aus die Errettung der Gesellschaft, der nationalen Geschichte, der globalen Kultur angestrebt worden ist. Im 19. Jahrhundert befanden sich an diesem Ort soziale Utopien; im 20. Jahrhundert ist es der Ort der Imagination, der Augenblick des Schreibens oder des digitalen Verarbeitens. Dieser Ort ist immun gegenüber dem Aufschub der Differenz. Die Utopie eines Ortes ohne Zentrum verschiebt den Zentralismus anderswohin, wo man ihn nicht vermutet. Die Kritik der Barbarei des Anderen, der Barbarei im Andern, die Aufdeckung des Monsters hinter der Ordnung des Anderen verkennt die Verantwortung des Schriftstellers bei der Produktion selbst dieser Konstellationen, wie der Kolumbianer Rafael Humberto Moreno-Durán schon in seinem 1976 erschienenen, luziden Essayband *De la barbarie a la imaginación* diagnostiziert hat.[40]

6   Die Performanz eines modernen Helden: Inszenierungen und Selbstinszenierungen

Bei der Lektüre von *El espejo enterrado* drängt sich immer wieder das Konzept der gestalterischen Kraft der Schrift im Sinne des performativen Vollzugs. Auch hier scheint Fuentes den seit den 90er Jahren nicht zuletzt durch die

---

[40] Moreno-Durán (1976).

Theorie von Judith Butler[41] aufgekommenen Ansätzen zu entsprechen, die die performative Kraft kultureller Zeichen stärker als ihre Struktur in den Vordergrund stellen. Was heißt aber ‚Performanz'? Es geht um die kulturellen Praktiken und um den Übergang zu Transformationsprozessen, mit denen Kultur als Emergenzereignis, als kontingente Manifestation konzipiert werden kann. Ein solches Konzept von Kultur wurde auch durch die Beweglichkeit nahegelegt, die die Transformationen der Netzwerk-Technologien auf globalem Maßstab herbeigeführt haben. Die Konzepte von Inszenierung und *mise en scène* gehören zur Semantik der Performanz.[42] Mit der Kunst des 20. Jahrhunderts – z.B. den Mobiles von Alexander Calder aber auch der Musik von John Cage – und nun mit den Netzmedien wurde, ganz im Sinne der mit Monsiváis illustrierten Beispielen, deutlich, dass ‚neue', zufällige, emergente, variable Räume konstituiert werden, bei denen Raummarkierungen flüssig, Schließungen zugleich Öffnungen, Grenzen zugleich Schwellen sind. Ein fundierendes Moment der Moderne, nämlich die Kontingenz des Realen und die flüchtige und bewegliche Differenzierung des Sichtbaren, ist auch zu einem zentralen Moment der Massenmedien geworden, wie Paul Virilio, aber auch Monsiváis deutlich machen. Dabei ist der Raum keine vorgegebene Entität, sondern bildet sich in Abhängigkeit von Zeit- und Sprachkonstellationen und auch von der Dynamik der Transformationen, die, wie Martín-Barbero gezeigt hat, vom Medium und dem Wechsel zwischen den Medien erzeugt werden.

Weiterhin hat die visuelle Kultur gezeigt, dass Blicke den Raum konstituieren[43] und dass Räume nicht adäquat erfasst werden können, wenn sie lediglich als Analogon zum Zeit-Raum-Kontinuum (oder auch dessen Transgressionen) konzipiert sind. Räume sind seit der Phänomenologie keine ‚geometrischen' Topographien mehr,[44] d.h. keine strukturell vorbestimmten Gestalten, son-

---

[41] Butler (1998).

[42] Neben dem auf linguistische Theorien, auf Foucaults Mikrophysik der Macht und auf die theatralische Inszenierung der Konstellationen des Subjekts zugehenden Ansatz von Butler (1997) sind Theorien zu erwähnen, die auch einen direkten Bezug zum Theater haben, wie z.B. diejenige von Erika Fischer-Lichte, deren Performanz-Konzept auf Theater als sozialem Ereignis basiert, vgl. Fischer-Lichte (2000). Zur Kritik dieser Konzeption vgl. Borsò (2004).

[43] Waldenfels (1999).

[44] Certeau (1988: 216).

dern anthropologische Räume (Maurice Merleau-Ponty).[45] Sie sind mit der Wahrnehmung entstehende Topologien und Praktiken der Produktion des Raumes.[46] Die Ambivalenz von Räumen ist demnach nicht privilegierten Orten zuzuschreiben, wie Bachtin es hinsichtlich der Populärkultur tat, aber auch wie wir es bei Fuentes beobachtet haben. Die Raumambivalenz hat vielmehr mit dem phänomenologischen ‚Sein-in-der-Welt' zu tun, d. h. mit dem Verwobensein des Subjekts und des Körpers in den raumzeitlichen Konstellationen. Für diese Konstellationen geht die Stabilität und Transparenz sichtbarer Ordnungen verloren, wie wir seit Marcel Proust wissen.[47] Daher gelten Räume als grundsätzlich ambivalent und die strukturellen Disktinktionen als nachträgliche Akte, die als solche deutlich werden, wenn Narrationen Transformationen inszenieren. Die Moderne findet ihre Genealogie im Zusammenbruch der geometischen Räume und eröffnet damit die Möglichkeit einer anderen Denkweise des Raumes, bei der Differenzierungen als zufällige, variable und ambivalente Strukturen gelten.[48] Die Heterogeneität ist dann nicht das Resultat eines priviligierten Subjekts, eines Dichter-*vates*, sondern sie ist ein Effekt der Zeitlichkeit und manifestiert sich in einem sich zurücknehmenden Ich; sie bietet sich einem von der Welt beeindruckten Blick an. Gerade in diesem

---

[45] Vor der Phänomenologie haben es moderne Kunstwerke begonnen, die natürliche Einstellung auf Raumzeit-Ordnungen in Frage zu stellen und über die Bedingung der Repräsentation, insbesondere über die Blicke und die Konstitution von Räumen zu reflektieren.

[46] Beispiel für topologische Betrachtung des Raumes ist *La Méditerranée et le monde méditerranéen à l'époque de Philippe II*, von Fernand Braudel (1976).

[47] Unter dem Gesichtspunkt des Handels sind Grenzen v. a. Kontaktzonen. Was morphologisch als eine topische Demarkation erscheint, wird unter dem pragmatischen Gesichtspunkt des Handelns zu einer topologischen Praxis im Sinne eines multiplen Kontaktraums. Regionen sind Interaktionsräume, so Michel de Certeau (1988: 232). De Certeau zeigt, dass Raumstrukturen, wie z. B. Oppositionen, erst generiert werden, während gleichzeitig an ihren Grenzen Übergänge und Transformationen entstehen. Räume sind deshalb paradoxal, sie sind einerseits Demarkationsstrukturen zwischen zwei Körpern wie auch andererseits Konktaktflächen zwischen zwei Körpern. Kommunikation und Separation sind eins, vgl. ebd. (233).

[48] Es geht um das Denken von unabschließbaren Differenzen (Certeau 1988: 356), das Derrida mit dem Konzept der *différance* formuliert und das u. a. auf die Ambivalenz von Gattungsgrenzen (literarische und geschlechtsbezogene Grenzen) verweist, denn Demarkationen tragen aufgrund der Wirkung von angrenzenden Räumen zugleich die Kraft der Dekonstitution der Grenzen in sich. Das Gesetz der Grenzen ist zugleich ein Gesetz der Reinheit wie auch das der Unreinheit, so Derrida (1980).

Zusammenhang fällt ein für die Moderne weiteres wichtiges Moment ins Gewicht: der Status des Subjekts und der Verlust seiner Souveränität gegenüber der Welt. Tatsächlich ist die Kritik des starken Subjekts ein in der modernen Kunst zentrales Moment. Es ist zu fragen, ob die Konstruktion des Sinnes und die Wahrheit der Welt als Heterogenität – statt Homogenität – nicht von neuem ein starkes transzendentales Subjekt wieder einführt, das sich auf die Evidenz und Stabilität der Gegenwart stützt.[49] Der Tod des Autors ist bei solchen Schriftstellern – zu denen Carlos Fuentes nach meiner Auffassung zählt – trotz der postmodernen Rhetorik (Fragmentalisierung, Polyphonie, Intertextualität, Heterogenität) nur ein formaler; ein panoptisches Auge wird wieder geboren, mit dem selben Anspruch nach (heterogener) Totalität – ein Anspruch, der eine Omni-Temporalität sowie eine absolute, unendliche Universalität voraussetzt, die keine Grenzen kennt.[50] Trotz der Entnaturalisierung des Geistes, die eine Zeichen- und Medienwelt nach sich zieht, wie die in der Literatur von Fuentes vorliegt, basiert der Transzendentalismus der multikulturellen Universalkultur (wie auch der Transdezentalismus von Edmund Husserl) auf einem starken Subjektbegriff, der sich durch die Evidenz wieder konstituiert. Diese Subjektivität wird durch die Andersheit und die Temporalität in Frage gestellt.[51] Gegenüber dieser Rücknahme des Subjekts, das von Benjamin bis Jacques Derrida jüdische Wurzel hat, steht Fuentes in der (romantischen) Tradition der Säkularisierung des göttlichen Wortes und der Imagination des sakral gewordenen profanen Autors.

Narrationen des Raumes[52] und die Schrift[53] fungieren nicht als Aufbewahrungsdispositiv sondern als durch die Lektüren in der Zeit bewegliche und instabile Praktiken, in denen das Subjekt mit der Temporalisierung des Be-

---

[49] In *L'écriture et la différence* bezieht Derrida die Kritik Edmund Husserls an Wilhelm Diltheys Begriff des objektiven (und natürlichen) Sinnes, weil dieser eine Totalität präsupponiert, deren Manifestationen von einer totalen Subjektivität geregelt sind (Derrida 1967).

[50] Mit diesen Argumenten wendet Derrida die Kritik Husserls an Dilthey wieder auf Husserl (ebd.: 237).

[51] Ebd. (244).

[52] Vgl. Certeau (1988).

[53] Vgl. Derrida (1967).

wusstseins und mit seiner Differenz in Kontakt tritt.[54] Die Identitäten werden flüssig.

Unter diesem Gesichtspunkt ändert sich auch die Funktion des Mediums. Es ist nicht mehr lediglich das Mittel der Konkretisierung vorexistierender Strukturen, sondern konstituiert erst die Struktur, und diese ändert sich entsprechend dem Medium, das sie produziert.[55] Im Zusammenhang mit der Performanz wird auch deutlich, warum die Medien und die Übergänge zwischen ihnen als Quellen der Produktion neuer Formen gelten, so dass die Reproduktionstechnik nicht notwendigerweise das Ende der Kunst herbeiführt, wie Carlos Fuentes in Bezug auf Adorno meinte. Vielmehr entstehen daraus neue Sprachen. Diese Implikationen des performativen Moments sind entscheidend für das Verstehen der Modernität. Das Subjekt selbst ist nomadisch, beweglich, seine diskursiven Konstellationen sind die derjenigen, „que viven en los márgenes y hacen de ellos no sólo su objeto de estudio, sino [...] el lugar móvil de su reflexión".[56] Es sind die Bedingungen der *diáspora*, präzisiert Martín-Barbero.[57] Neben den Entwicklungen, die mit der Performanz von Räumen ange-

---

[54] Das Konzept der Alterität der Zeit (d. h. der Temporalität in der Phänomenologie des Subjekts) übernimmt Derrida von Emmanuel Levinas, dem Philosoph der Ethik des Anderen. Der topologische Raum der Schrift ist dadurch ein fragiler, beweglicher Raum in stetiger Transformation, wie wir es schon aus der Schrift von Proust kennen. Die Performanz dieses Begriffs ist nicht elitär, sondern erklärt auch dynamische Transformationsprozessen von Kulturen im Raum der Massenmedien, etwa im Sinne der *cultura popular*.

[55] Der Performanz-Begriff von Butler basiert auf Foucaults Mikrophysik der Macht, und zwar insbesondere in den letzten Schriften über die Geschichte der Sexualität (Foucault 1984). Die Konstitution von Subjektivität ist eine paradoxale Handlung (auf Kosten des Leibes) und impliziert die eigene Dekonstitution (durch die Irritation des Leiblichen, des Sinnlichen). Weiterhin bezieht sich Butler auf den Begriff der Materialisierung, wie sie Foucault in *Archéologie du savoir* (1969) im Zusammenhang mit dem Begriff des *énoncé*, d. h. der diskursiven Formation der Aussagen, skizziert hat. Obwohl Foucault das *sub-jectum*, d. h. die Depotenzierung des Subjekts unter den Disziplinierungspraktiken, die die Selbstkonstitution begleiten, denunziert hat, kommt Butler doch wieder zu einer affirmativen Konzeption der Subjektivität. Im Raum der Wiederholungen der diskursiven Archive kann das Subjekt auch die Bedingungen der eigenen Konstitution ändern, so Butler mit Blick auf die Konstitution weiblicher oder ‚anderer' Subjekte.

[56] Herlinghaus / Moraña (2003: 14).

[57] Der Sprecher von Monsiváis' Chroniken hat ein nomadisches Bewusstsein, das nicht allein zur Überkreuzung von Identität und Alterität gelangt, sondern auch die Bewegung zwischen den Differenzen vollzieht und Differenzen beweglich werden lässt. Auch hierin finden wir einen Anschluss an Benjamins Denken der Diaspora.

deutet wurden (de Certeau, Merleau-Ponty und Derrida), hat Martín-Barbero die Spuren von Benjamin im Denken der Differenz und der Performativität deutlich gemacht. Im Zusammenhang mit dem inortodoxen Wissen, das im Ansatz von Benjamin impliziert ist, meint Martín-Barbero:

> [Es] un mundo descentrado, performativo, ambivalente, y un imaginario corporal a la vez traza del destino y el goce; pasó también por la ‚cultura del motín', las procesiones bufas, las canciones obscenas, y la ‚economía moral' de la plebe en que se basaron los primeros movimientos obreros.[58]

Néstor García Canclini hebt seinerseits ein – im Geschichtsbegriff von Benjamin ebenfalls impliziertes – Moment hervor, nämlich die temporalen Transformationen und die Montage heterogener Fragmente zwischen Archaismus und Modernität.[59] All dies hat auch Rückwirkungen auf die Konzeption des Gedächtnisses. Es bedeutet insgesamt die Verabschiedung der Figuren der Totalität zugunsten eines Gedächtnisbegriffs, der als *zona de litigio*, oder als *museo improbable* konzipiert ist, wie es Monsiváis formuliert hat. Auch beim ‚postkolonialen' Gedächtnis, das das Schreiben Fuentes' gestaltet, gelangt dieser Autor nicht zu einer metahistoriographischen Absage an die Omnipotenz des fiktionalen Erzählens. Es gibt für Fuentes keine Epoche nach Hayden White. Die verschiedenen Standpunkte und Stimmen, die sich wechselseitig durchkreuzen, transgredieren zwar die Lokalisierung von Geschlechtern oder von geopolitischen Räumen; die Transformationen sind aber nicht dem Kulturellen immanent sondern der Imaginationskraft des schreibenden Ichs.[60]

---

[58] Martín-Barbero (2000: 19).

[59] Néstor García Canclini geht von der Beobachtung der Koexistenz anachronistischer Zeiten in den modernen Kulturen Lateinamerikas aus; Homi Bhabha (1994) impliziert Übergänge und Übertragungen sowohl im zeitlichen Sinne wie auch hinsichtlich der psychoanalytischen Komponenten des Begriffs.

[60] Roberto González Echevarría hat dies in seiner Analyse des Neobarock von Severo Sarduys *Cobra* im Unterschied zu *Terra nostra* sehr deutlich gezeigt (González Echevarría 1993). Es geht weniger darum, kulturelle Räume zu verbinden, als mit einer auf epistemologischer Ebene erfolgenden barocken Enttäuschungsgeste den fiktionalen, performativen Charakter kultureller Verortungen (etwa zwischen Ost und West, Nord und Süd, Alter und Neuer Welt) aufzudecken. Auch bei den historischen Romanen von Carmen Boullosa gilt Ähnliches. Die immerwährenden Transformationsprozesse lassen die Lokalisierung von Geschlechtern oder von geopolitischen Räumen immer nur temporär, zufällig und fiktional erscheinen. Vgl. auch Borsò (2002a).

Schließlich möchte ich kurz auf die Metapher der Inszenierung eingehen. Die Theatralität der Texte von Carlos Fuentes tendiert dazu, den Sinn einer ‚multikulturellen' Gesellschaft ins Szene zu setzen. Die audiovisuellen Dispositive werden dabei für das kommunikativ geeignete Arrangement der Botschaft genutzt, denn die ‚theatralische' Dichte der Zeichen führt zu einer mimetischen und kommunikativen Transparenz, die die *mise en scène* authentifiziert. Carlos Fuentes selbst ist der Demiurg, dessen Blick entfernt ist vom Spiel der Blicke und von den ironischen Verdoppelungen des Theaterspiels.[61] Der Schriftsteller bleibt ein autonomes Subjekt, das mit seinem Blick auf die Welt Differenzierungen stiftet, um diese dann im globalen Raum zu überschreiten, aber schließlich Ausgrenzungen nicht überwindet.[62] Die Literatur Fuentes' verortet Zeit und Raum immer noch in die Ordnung des Sichtbaren. Nur sein Auge überquert die Grenzen zwischen Genders und Kulturen.

Bibliographie

BENJAMIN, Walter (1991). „Das Kunstwerk im Zeitalter seiner technischen Reproduzierbarkeit", in: *Gesammelte Schriften*, hg. von Rolf TIEDEMANN / Hermann SCHWEPPENHÄUSER, Bd. 1/3. Frankfurt am Main: Suhrkamp.

BHABHA, Homi K. (1994). *The Location of Culture*. London / New York: Routledge.

BORSÒ, Vittoria (2004): „La *performance* del espacio como perspectiva de futuro: Topografías culturales ‚entre' América Latina y Europa", in: Sonja M. STECKBAUER / Günther MAIHOLD (Hrsg.). *Literatura, historia, política. Articulando las relaciones entre Europa y América Latina*. Frankfurt am Main: Vervuert, 303–322.

BORSÒ, Vittoria (2003). „El petrarquismo – género literario, género sexual: una pareja perturbante", in: Walter Bruno BERG (Hrsg.). *Fliegende Bilder, fliehende Texte. Identität und Alterität im Kontext von Gattung und Medium / Imágenes en vuelo, textos en fuga. Identidad y alteridad en el contexto de los géneros y los medios de comunicación*. Frankfurt am Main / Madrid: Vervuert / Iberoamericana, 183–207.

BORSÒ, Vittoria (2002). „Carlos Fuentes, *peregrino entre dos mundos*. Zur Archäologie des XX. Jahrhunderts", in: Frank LEINEN (Hrsg.). *Literarische Begegnungen. Romani-*

---

[61] Anders dagegen ein selbstironischer Blick, der sich in das Spiel einbeziehen lässt, um das Regime der eigenen ‚Einstellung' offenzulegen und und Reflexionen über die Bedingungen des Kommunikationspakts (ethisch und kritisch) zu ermöglichen.

[62] Zu den impliziten Konzepten von Identität und Alterität vgl. Borsò (2002).

sche Studien zur kulturellen Identität, Differenz und Alterität. Berlin: Erich Schmidt, 299–318.

Borsò, Vittoria (2002a). „Literarische Moderne(n). Von Carlos Fuentes zu Carlos Monsiváis und Carmen Boullosa", in: Axel Besteher-Hegenbart (Hrsg.). *Atención México! Positionen der Gegenwart.* Berlin: Haus der Kulturen der Welt, 28–35.

Borsò, Vittoria (2001). „La memoria de Carlota y el modelo de una historiografía intercultural. Reflexiones acerca de la teoría historiográfica implícita en *Noticias del Imperio*", in: Susanne Igler / Roland Spiller (Hrsg.). *Más nuevas del imperio. Estudios interdisciplinarios acerca de Carlota de México.* Frankfurt am Main: Vervuert 119–138.

Borsò, Vittoria (1997). „Literatura y discurso o la mirada desde afuera. Impulsos de una ‚hispanoamericanística' internacional para la reorganización del saber en las ciencias humanas", in: Susanne Klengel (Hrsg.). *Contextos, historias y transferencias en los estudios latinoamericanistas europeos.* Frankfurt am Main: Vervuert, 183–212.

Borsò, Vittoria (1994). *Mexiko jenseits der Einsamkeit. Versuch einer interkulturellen Analyse – Kritischer Rückblick auf die Diskurse des Magischen Realismus.* Frankfurt am Main: Vervuert.

Braudel, Fernand (1976). *La Méditerranée et le monde méditerranéen à l'époque de Philippe II.* 2 Bde. Paris: Colin.

Butler, Judith (1998). *Haß spricht. Zur Politik des Performativen.* Berlin: Berlin-Verlag.

Butler, Judith (1997). *Excitable Speech: A Politics of the Performative.* New York / London: Routledge.

Butler, Judith (1995). *Körper von Gewicht. Die diskursiven Grenzen des Geschlechts.* Berlin: Berlin-Verlag.

Castillo, Debra A. (1988). „Travails with Time: An Interview with Carlos Fuentes", *The Review of Contemporary Fiction* 8/2, 153–165.

Certeau, Michel de (1988). *Kunst des Handelns.* Berlin: Merve.

Chomsky, Noam (1967). *Aspects of the Theory of Syntax.* Cambridge, MA: MIT Press.

Delden, Maarten van (1998). *Carlos Fuentes: Mexico and Modernity.* Liverpool: Liverpool University Press.

Derrida, Jacques (1980) „La loi du genre", *Glyph. Textual Studies* 7, 176–201.

Derrida, Jacques (1967). *L'écriture et la différence.* Paris: Seuil.

Fischer-Lichte, Erika (2000). „Vom *text* zur *performance.* Der *performative turn* in den Kulturwissenschaften", *Kunstforum International* 152, 61–64.

Foucault, Michel (1984). *Histoire de la sexualité,* Bd. 2: *L'usage des plaisirs.* Paris: Gallimard.

Foucault, Michel (1971). *L'ordre du discours.* Paris: Gallimard.

Foucault, Michel (1969). *L'archéologie du savoir.* Paris: Gallimard.

FUENTES, Carlos (1995). *Nuevo tiempo mexicano.* Mexiko Stadt: Aguilar.
FUENTES, Carlos (1993). *Geografía de la novela.* Madrid / Mexiko Stadt: FCE.
FUENTES, Carlos (1992). *El espejo enterrado.* Mexiko Stadt: FCE.
FUENTES, Carlos (1992a). *Valiente mundo nuevo. Epica, utopía y mito en la novela hispanoamericana.* Mexiko Stadt: FCE.
FUENTES, Carlos (1985). *Gringo viejo.* Mexiko Stadt: FCE.
FUENTES, Carlos (1975). *Terra nostra.* Barcelona: Seix Barral.
FUENTES, Carlos (1971). *Tiempo mexicano.* Mexiko Stadt: Joaquín Mortiz.
FUENTES, Carlos (1968). *La nueva novela hispanoamericana.* Mexiko Stadt: Joaquín Mortiz.
FUENTES, Carlos (1967). *Cambio de piel.* Mexiko Stadt: Joaquín Mortiz.
FUENTES, Carlos (1962). *La muerte de Artemio Cruz.* Mexiko Stadt: FCE.
FUENTES, Carlos (1958). *La región más transparente.* Mexiko Stadt: FCE.
GARCÍA CANCLINI, Néstor (1990). *Culturas híbridas. Estrategias para entrar y salir de la modernidad.* Mexiko Stadt: Grijalbo.
GIDE, André (1935). *Les faux-monnayeurs.* Paris: Gallimard.
GONZÁLEZ ECHEVARRÍA, Roberto (1993). *Celestina's Brood: Continuities of the Baroque Spanish and Latin American Literature.* Durham, NC / London: Duke University Press.
HERLINGHAUS, Hermann / MORAÑA, Mabel (Hrsg.) (2003). *Fronteras de la modernidad en América Latina.* Pittsburgh: Instituto Internacional de Literatura Iberoamericana.
HONOLD, Alexander (1992). „Zwischen Archäologie und Apokalypse. Die Zeit der Städte bei Carlos Fuentes", *Poetica* 1/2, 133–162.
HÖLZ, Karl (1992). „Carlos Fuentes. *La muerte de Artemio Cruz*", in Volker ROLOFF / Harald WENTZLAFF-EGGEBERT (Hrsg.). *Der hispanoamerikanische Roman.* Darmstadt: Wissenschaftliche Buchgesellschaft, 53–66.
HÖLZ, Karl (1992a). „Roman- und Erzählliteratur in Mexiko", in: Dietrich BRIESEMEISTER / Klaus ZIMMERMANN (Hrsg.). *Mexiko heute. Politik, Wirtschaft, Kultur.* Frankfurt am Main, 499–521.
KLEINERT, Susanne (1992). „Carlos Fuentes. *Terra nostra*", in: Volker ROLOFF / Harald WENTZLAFF-EGGEBERT (Hrsg.). *Der hispanoamerikanische Roman.* Darmstadt: Wissenschaftliche Buchgesellschaft, 181–192.
LEINEN, Frank (Hrsg.) (2002). *Literarische Begegnungen. Romanische Studien zur kulturellen Identität, Differenz und Alterität.* Berlin: Schmidt.
MALLARMÉ, Stéphane (1995). *Un coup de dés jamais n'abolira le hasard / Ein Würfelwurf niemals tilgt den Zufall,* üb. von Willy R. BERGER, hg. von Klaus DETJEN. Göttingen: Steidl.

MARTÍN-BARBERO, Jesús (2000). „Mis encuentros con Walter Benjamin", *Constelaciones. Revista de Comunicación y Cultura Contemporánea* 1, 16–23.
MARTÍN-BARBERO, Jesús (1987). *De los medios a las mediaciones. Comunicación, cultura y hegemonía.* Mexiko Stadt: Gustavo Gili.
MENTON, Seymour (1993): *La nueva novela histórica de la America Latina, 1979–1992.* Mexiko Stadt: FCE.
MONSIVÁIS, Carlos (2000). *Aires de familia. Cultura y sociedad en América Latina.* Barcelona: Anagrama.
MONSIVÁIS, Carlos (1995). *Los rituales del caos.* Mexiko Stadt: Ediciones Era.
MORENO-DURÁN, Rafael Humberto (1976). *De la barbarie a la imaginación. La experiencia leída.* Barcelona: Tusquets.
PAZ, Octavio (1987). *Los hijos del limo.* Barcelona: Seix Barral.
PAZ, Octavio (1970). *Posdata.* Mexiko Stadt: Siglo XXI.
ROLOFF, Volker (2000). „Macht, Medien und Maskierungen – zum Engagement lateinamerikanischer Autoren", in: Rolf GRIMMINGER (Hrsg.). *Kunst, Macht, Gewalt. Der ästhetische Ort der Aggressivität.* München: Wilhelm Fink, 179–192.
SCHULZ-BUSCHHAUS, Ulrich (1997). *Projekte des Romans nach der Moderne.* München: Fink.
WALDENFELS, Bernhard (1999). *Studien zur Phänomenologie des Fremden*, Bd. 3: *Sinnesschwellen.* Frankfurt am Main: Suhrkamp.

‚Interamerikanische Moderne': Amerika und Europa im
Dialog am Beispiel der Literatur und Kunst Mexikos*

> Wir Bewohner der verschiedenen Ameri-
> kas sind miteinander so wenig in Verbin-
> dung, daß wir uns höchstens über Dritte
> kennenlernen, auf dem Weg über Europa.
> In solchen Fällen pflegt Europa die Synek-
> doche von Paris zu sein.[1]

1 Interamerikanische Wahrnehmung:
Paris und das kulturpolitische Paradigma

Beginnen möchte ich mit einem Essay von Jorge Luis Borges: „El Otro Whitman" („Der andere Whitman") aus dem Jahr 1929. Mit dem gewohnt luziden, synthetischen Blick identifiziert Borges das Problem interamerikanischer Wahrnehmung und dementsprechend auch interamerikanischer Forschungen:

> Los hombres de las diversas Américas permanecemos tan incomunicados que apenas nos conocemos por referencia, contados por Europa. En tales casos, Europa suele ser sinécdoque de París.[2]

Die Menschen der verschiedenen Amerikas verfehlen den Dialog miteinander, weil sie sich nicht direkt, sondern nur vermittelt durch die Erzählungen der Europäer kennen. Sie nehmen sich auf dem Umweg von Erzählungen wahr, die aus Europa stammen. In Borges' Satzstruktur stehen sich die Menschen Amerikas und die Erzählungen Europas gegenüber. Zwischen ihnen ist eine Leerstelle, die durch die Blicke und Fiktionen der Europäer gefüllt wird. Die

---

* Dieser Artikel erschien zuerst in: Astrid Böger / Georg Schiller / Nicole Schröder (Hrsg.). *Dialoge zwischen Amerika und Europa. Transatlantische Perspektiven in Philosophie, Literatur, Kunst und Musik.* Tübingen / Basel: Francke 2007, 45–70. Wir danken dem Francke Verlag für die freundliche Druckgenehmigung.

[1] Borges (1981: 53).
[2] Ebd. (1975: 139).

konkreten und vielfältigen intellektuellen Zeugnisse der Menschen in Amerika werden damit von europäischen Phantasien überschrieben. Borges denunziert überdies die eurozentrische, gar frankozentrische Perspektive, denn er macht deutlich, dass selbst die Vielfalt Europas auf ein einziges Zentrum reduziert wird: Paris.

Die Auswirkungen eines in vielen Studien thematisierten euro- bzw. franko-zentrischen Blickes[3] auf die transatlantischen Studien wird Thema meiner nachfolgenden Überlegungen sein. Wie Borges weiter ausführt, verharrte die wechselseitige Wahrnehmung beider Amerikas bei der Vermittlung über europäische Blicke. Der Bezugspunkt war der Verlauf der europäischen Modernisierungsgeschichte, von ihrem Zentrum aus gesehen: Paris, Zentrum des cartesianischen, rationalistischen und später positivistischen Denkens – und also eines in sich zentralistischen Denkens. Tatsächlich wurde seit Ende des 19. Jahrhunderts im kulturpolitischen Diskurs diesseits und jenseits des Atlantiks die technologische und ökonomische Modernisierung zum Paradigma, das die Wahrnehmung bestimmte.

Lateinamerika galt demnach in den Augen der Europäer als die rückständige Seite der amerikanischen Kultur, wohingegen die USA zunehmend zur Inkarnation der modernen Gesellschaft wurde.[4] Dieses Bild wurde zwar bei der Suche nach einer eigenen Identität von den Lateinamerikanern selbst übernommen, doch versuchte man gleichzeitig, die Minderwertigkeit gegenüber dem Bruder im Norden durch Kompensationsmechanismen abzuwehren. Die Kultur der US-Amerikaner wurde deshalb als Verkörperung einer modernen Barbarei betrachtet. Aber auch diese moderne Barbarei wurde mit Bezug auf Europa bestimmt, nämlich mit Rückgriff auf das alte abendländische Motiv der Opposition zwischen Geist und Körper, Intellekt und Materie, Zivilisation und Barbarei, das in Shakespeares *The Tempest* vorgefunden wurde. Mit seinem im Jahre 1900 erschienenen Essay *Ariel* hat der Uruguayer José Enrique Rodó die Pole dieser Konstellation umgekehrt und den Weg zu einer ge-

---

[3] Vgl. Borsò (1994: Kapitel 1).

[4] U. a. dieser verspätete Anschluss an die Moderne hat um 1900 Lateinamerika mit Spanien versöhnt. Die USA und Europa waren für Lateinamerika bzw. Spanien die fortschrittlichen ‚Modernen': Das Verhältnis zu diesen gestaltete sich ambivalent.

samtlateinamerikanischen Identität aufgezeigt. Hier verkörperten die USA die Fortsetzung der negativen Traditionen Europas, wie Rationalismus, Materialismus und Positivismus. Demgegenüber repräsentierte Spanischamerika das Erbe der klassischen, griechisch-römischen Traditionen Europas. Ariel, der in Shakespeares *The Tempest* das Prinzip des reinen Geistes darstellt, bewohnt von nun an die südliche Hemisphäre des amerikanischen Kontinents, während Calibán, das barbarische Prinzip, den angelsächsischen Teil bestimmt. Rodó und den Modernisten[5] gelang damit ein kompensatorischer Herkules-Akt, durch den der befürchtete amerikanische Fortschritt als geistiger Rückschritt interpretiert werden konnte.

Octavio Paz benennt den nicaraguanischen Dichter Rubén Darío als den Begründer des Modernismo in Lateinamerika.[6] Darío schreibt ein Sonett auf „Walt Whitman" und entwirft ein Porträt, das man – mit Borges – die Simplifizierung von Whitman als das gigantische Bild eines „soberbio rostro de emperador" nennen kann. Es ist das Bild eines ‚Patriarchen', der das demokratische Amerika inspiriert, ein Gott, der mit seinem göttlichen Atem die Zukunft ankündigt und zum Emporsteigen ermuntert: „Dice al águila: ‚¡Vuela!', ‚¡Boga!' al marino / y ‚¡Trabaja!', al robusto trabajador."[7] Der Whitman von Darío ist die Inkarnation der missverstandenen Aufgabe des Dichters, wie sie für die Lateinamerikaner Ralph Waldo Emerson einleitet, worauf Borges ebenfalls hinweist. Ähnliches gilt für das Sonett „A Roosevelt". Es ist das über Europa vermittelte Missverständnis der Kultur der Vereinigten Staaten von Amerika.

---

[5] Es sei an das Gedicht „A Roosevelt" von Rubén Darío, dem Begründer des hispanoamerikanischen Modernismo, erinnert, das zum Emblem der neuen Identitätssuche wurde. Der Dichter wendet sich an den Präsidenten der mächtigen Nation im Norden: „Du bist die Vereinigten Staaten / Du bist der künftige Angreifer / des einfältigen Amerika, das Eingeborenenblut hat, / das noch zu Jesus Christus betet und noch spanisch spricht". Zu den kulturgeschichtlichen Hintergründen der Verankerung von Dichtung und Schriftkultur in Amerika und damit zur Entstehung eines neuen Europa-bezogenen und USA-feindlichen Bewusstseins Hispanoamerikas vgl. Ette (1994: 29).

[6] Neben Darío weist Paz zu Recht auf den Kubaner José Martí hin, der Whitman mit einem Artikel von 1887 in die hispanoamerikanische Welt einführt, vgl. Paz (1974: 161). Beim Modernismo handelt es sich um eine Bewegung, die die Fortsetzung einiger Momente des Symbolismus an der Jahrhundertwende darstellt.

[7] Darío (1967).

Dieses Paradigma findet sich in den großen Linien der kulturpolitischen Essays der amerikanischen Intellektuellen wieder, seien diese links orientiert (insbesondere nach der Kubanischen Revolution von 1959), oder eher liberal inspiriert wie die von Paz. Unabhängig von der jeweiligen politischen Position, regelte die alte europäische Polarisierung von Barbarei und Zivilisation die Bestimmung des Verhältnisses zwischen den Amerikas, aber auch zwischen den USA und Europa. Der andere Pol dieses Diskurses war in den Blicken zu finden, die die Amerikaner der nördlichen Hemisphäre auf Lateinamerika warfen. Die USA betrieben einen politischen bzw. ökonomischen Kolonialismus oder dessen Kehrseite, nämlich die touristische Feier indianischer Mythen und Utopien. Auch diese Wahrnehmungsform war über Europa vermittelt. Es waren die Blicke eines rationalistischen Westens, der im südlichen Kontinent Amerikas das vermeintlich Andere, nämlich die Magie antiker Welten in archaischen Utopien suchte. Dieses Verhältnis lässt sich diesseits und jenseits der Grenze zwischen Mexiko und den USA besonders deutlich feststellen. Ethnographische Werke von US-amerikanischen Autoren wurden ins Spanische übersetzt; die Mexikaner übernahmen den kolonialisierenden Blick und wendeten ihn auf sich selbst an.[8] Die USA sind zwar der Aufenthaltsort der bedeutendsten Dichter und Künstler der hispanoamerikanischen Moderne: Neben Alfonso Reyes sind auch Pedro Henríquez Ureña, Diego Rivera und Frida Kahlo, die von 1930–1934 in den USA leben,[9] von der Kultur dieses Landes beeindruckt. Doch definieren sich die offiziellen, politischen Identitätsdiskurse Mexikos in Absetzung zu den Amerikanern hinter der mexikanischen Grenze.

Diese Diskurskonstellation muss gewiss differenziert werden. Alfonso Reyes hat z. B. in einem noch heute relevanten Essay mit dem Titel „Notas sobre la inteligencia americana",[10] der die lateinamerikanische Weltsicht und die

---

[8] Einige Schriftsteller, insbesondere die Gruppe der *Contemporáneos*, denunzieren diese Autostereotypen der Mexikaner in den 30er Jahren, vgl. Borsò (1992).

[9] Im Jahre 1938 findet in New York die erste Einzelausstellung von Frida Kahlo statt (Galerie Julien Levy). André Breton schreibt den Text für den Katalog. Im Jahre 1940 heiraten Diego Rivera und Frida Kahlo in San Francisco, um nur wenige Beispiele zu nennen.

[10] Reyes (1956).

kulturellen Praktiken zu definieren versucht, die Besonderheit der Lateinamerikaner gerade in der Fähigkeit gesehen, die Vielzahl von Gegensätzen miteinander zu verbinden, so dass nicht die Opposition zu den anderen, sondern die kreative Kraft der kulturellen Aneignung und Transformation als besonderes Merkmal hervorgehoben wird. Unter den vielen Traditionen, die sich in den lateinamerikanischen Kulturen begegnen, wird der US-amerikanische Parlamentarismus genannt. Reyes optiert für die Überwindung jenes polarisierenden Denkens, das die Identitätsentwürfe bestimmt. Aber auch in zahlreichen anderen kulturellen Zeugnissen literarischer und visueller Art findet man schon Konzepte subversiver Durchquerungen der Grenzen. Modelle werden vorweggenommen, die den Zwischenraum zwischen den beiden Amerikas betonen. Eines der bekanntesten Bilder von Frida Kahlo, „Autorretrato en la frontera entre México y Estados Unidos" ('Selbstporträt an der Grenze zwischen Mexiko und den Vereinigten Staaten') von 1932, mag dies dokumentieren. Die Bildfläche ist in zwei Räume geteilt, die sich feindlich gegenüberstehen. Links und rechts stehen die Symbole von jeweils archaischen Kulturen und modernen Technologien. Es sind Allegorien nationaler Identitätsdiskurse, die sich wie zwei Blöcke gegenüberstehen: Natur, Ursprünglichkeit und archaische Ruinen vs. Zivilisation, Zukunft und Technologie; Mexiko vs. USA. Das Selbstbildnis Kahlos steht in der Mitte. Durch sie entsteht im Bild auch ein dritter Raum, der in den 30er Jahren noch unterhalb der sichtbaren Welt verläuft, quasi als subversiver *counter-discourse*. Kahlo imaginiert ein Ineinanderfließen der Dinge, ja vielleicht sogar ihre wechselseitige Attraktion. In dieser bipolaren Welt gehen die Kabel der modernen Fabriken über in die Wurzeln der tropischen Pflanzen und umgekehrt. Sie fließen ineinander.

Neben dieser eher subversiven Art der Entstehung eines Zwischenraums spielen zu Beginn des 20. Jahrhunderts die USA als Träger von Modernitätsutopien auch im Hinblick auf die experimentelle Kunst und Literatur der Moderne eine positive Rolle. Wie Paris für Europa ist New York die Inkarnation dieser Utopien für Amerika. Borges paraphrasierend, ließe sich auch die These aufstellen, dass die Kultur der USA oft auf New York reduziert wird, eine seit der Moderne als absolute Stadt geltende Metropole.[11] Romane wie *Manhattan Transfer* (1925) von John Dos Passos avancieren zu Ikonen der frühen Moderne und sind für den experimentellen mexikanischen Roman der 30er Jahre entscheidend. Dos Passos' Wahrnehmung der Stadt, insbesondere der Schock des Flüchtigen und Fragmentarischen oder die Abhängigkeit des Diskurses vom inneren Rhythmus der Erinnerung und des *stream of conciousness*, entsprechen der Wahrnehmungsstruktur der Moderne. Die Rhythmen der amerikanischen Metropole sind ein neues Umfeld für den Odysseus von Joyce oder den Proust'schen Wanderer in die Welt der Erinnerung. Die modernen Helden werden quasi demokratisiert. Die Kunst hat pathetische Sentimentalismen abgelegt. Besonders der krude Alltag der Metropole beeindruckt die mexikanische Avantgarde, sowohl die sogenannten *Estridentistas* (zu übersetzen in etwa mit ‚Schrillisten') als auch die sogenannten *Contemporáneos*.[12]

Angesichts des polarisierenden Paradigmas wundert es nicht, dass die interamerikanische Forschung entweder die Polarisierungen denunziert hat (in den 80er Jahren) oder die seit den 90er Jahren international einflussreichen postkolonialen Modelle thematisierte. Es ging darum, eine gemeinsame *counterculture*, eine Kultur der subversiven und hybriden Praktiken zu suchen, die gegen die Macht hier wie dort entgrenzend, transgressiv und öffnend sein sollten.[13]

Worin das Problem dieser europäisch vermittelten Art einer ‚interamerikanischen' Sicht auf die Moderne genau liegt, zeigt Jorge Luis Borges in dem anfangs zitierten Essay über Walt Whitman. Borges beklagt, dass das Denken

---

[11] So Paz: „Decadente y bárbaro, el arte moderno es una pluralidad de tiempos históricos, lo más antiguo y lo más nuevo [...]. No deja de ser una paradoja que, apenas nacida la poesía hispanoamericana, se declare cosmopolita. ¿Cómo se llama esa Cosmópolis? Es la ciudad de las ciudades, Nínive, París, Nueva York, Buenos Aires" (Paz 1985: 21).

[12] Goldammer (2010) hat die Romanexperimente der *Contemporáneos* untersucht. Es zeigte sich, dass die auch die Kultur der USA einschließende intertextuelle Dimension dieser Experimente eine identitätskritische Avantgarde und ein kulturelles Wissen über Subjekt und Erinnerung etabliert, welches als Erbe des kritischen Potentials der Moderne auch in die heutigen Kulturkonzepte eingegangen ist.

[13] Die gängigen Referenzmodelle sind die unabschließbare Differenz (Derrida), der Zwischenraum zwischen Differenzen (Bhabha) und – in Absetzung zum Begriff der Hybridität von Bhabha – die Transdifferenz (Breinig), vgl. z. B. Breinig / Lösch (2002).

Whitmans nicht verstanden werden konnte, weil die auf Paris referierende moderne Ästhetik weniger die Kunst als die politische Funktion der Kunst im Blick hatte. Borges sieht dies im Vokabular belegt, mit dem die verschiedenen Bewegungen bezeichnet wurden: Es ist entweder ein politisch-parlamentarisches Vokabular, mit dem die Links- oder Rechtsorientierung der Künstler charakterisiert wird – man denke an den für die gesamte erste Hälfte des 20. Jahrhunderts einflussreichen Jean-Paul Sartre –, oder auch ein militärisches Vokabular, z. B. mit Bezug auf die Avant- oder Retrogarde. Auf der Basis eines solchen Interpretationsrahmens konnte – so Borges – das ästhetische Ordnungsprinzip, das die Verse von Whitman rhythmisch anordnete, nicht verstanden werden. Die Ästhetik Whitmans wurde vielmehr in die politische Argumentationslinie integriert und auf die Revolution des freien Verses bezogen.[14] Was man aber nicht verstanden habe, seien die feinen verbalen Übereinstimmungen, die „Sympathien und Differenzen" zwischen den Worten: In der lateinamerikanischen Wahrnehmung von Whitman entsprach dieser Autor der Gestalt des amerikanischen Giganten im Sinne Victor Hugos. Nicht dieses, sondern ein geradezu konträres Bild hat aber Borges vor Augen: das eines minimalistischen, lakonisch und zaghaft kommunizierenden Dichters. Jenseits des politischen Paradigmas bzw. jenseits der notwendigen, aber keineswegs hinreichenden Positionen der postkolonialen Studien muss ein anderer Zugang zum interamerikanischen Dialog gefunden werden.

2 Borges und die amerikanische Philosophie – Jenseits der Metaphysik: Ralph Waldo Emerson und die ‚andere' Moderne

Zur Veranschaulichung der vorangehenden These übersetzt Borges drei Texte von Whitman: „Once I passed through a populous city", „When I read the book" und „When I heard the learned astronomer". Diese Texte haben nach Borges einen gemeinsamen thematischen Fokus: die Partikularität und Arbitrarität der Dichtung und die Zurücknahme des Subjekts (*privación*). Im ersten Text gehe es um die Unsicherheit der Erinnerung (letzter Vers), um die

---

[14] Borges (1980: 45–48).

Unkenntlichkeit und die Scham des Lebens; der dritte Text führe zur Negation intellektueller Schemata und zur Hervorhebung der elementaren und unvordenklichen Botschaften der Sinne. Die Welt ist unerwartbar, aber gerade ihre Kontingenz ist ein Reichtum. Weil alles eine Gabe und ein Geschenk ist, sind wir nie arm. Es ist, so Borges, eine Lektion der ‚Mystik der Nüchternheit'. Am Schluss des Essays fasst Borges seine Interpretation von *Leaves of Grass* zusammen:

> La historia mágica de los árboles que tapan el bosque puede servir, invertida mágicamente, para declarar mi intención. Porque una vez hubo una selva tan infinita que nadie recordó que era de árboles; porque entre dos mares hay una nación de hombres tan fuerte que nadie suele recordar que es de hombres. De hombres de humana condición.[15]

Borges spielt hier auf die metaphysische Fundierung des abendländischen Denkens an, die auch die Konstellationen der Wahrnehmung bestimmt und das Vielfältige der konkreten Welt mit Bezug auf das göttlich Unendliche interpretiert. Borges fokussiert das Problem mit phänomenologischer Schärfe. Das Subjekt ist im Abendland nicht in der Lage, sich von der Vielfalt und vom Reichtum der einzelnen Dinge (von der ‚Mystik der kleinen Dinge') beeindrucken zu lassen. Vielmehr werden die Dinge auf der Grundlage religiöser bzw. metaphysischer Diskurse in ein holistisches Modell integriert. Die Vielfalt erscheint wie ein Ganzes, dessen Referenzrahmen metaphysische Instanzen sind: Gott und – nach der Aufklärung – der Staat. Die Denkfiguren einer solchen Interpretationslinie haben im Abendland eine mächtige Überlieferung, von Dantes Allegorie der ‚selva oscura' zum Geheimnis des romantischen Waldes bis hin zur Umkehrung holistisch-kosmischer Modelle, d. h. zu ihrer Negation durch die Mystik der Unsagbarkeit in manchen Interpretationen der Postmoderne. Borges denunziert also das auf die abendländische

---

[15] Ebd. (142). „Die magische Geschichte der Bäume, die den Wald zudecken, kann – durch eine magische Umkehrung – dazu dienen, meine Intention zu klären: Denn einmal gab es einen so unendlichen Wald, dass niemand sich daran erinnerte, dass dieser Wald aus Bäumen bestand; weil zwischen zwei Seen (Ozeanen) eine Nation mit so starken Menschen besteht, dass sich für gewöhnlich niemand daran erinnert, dass sie aus Menschen besteht. Aus Menschen mit einer ‚conditio humana'." (Üb. von Vittoria Borsò.)

Metaphysik zurückgehende Missverstehen von Whitman. Es lohnt sich, diese Spur bis zur genealogischen Figur der amerikanischen Moderne zurück zu verfolgen, nämlich bis zu dem von Borges genannten Ralph Waldo Emerson. In beeindruckender Weise finden sich in dem Gedicht „Nature", das Emerson seinem Essay voranstellt, die zentralen Momente einer Umdeutung der europäischen Romantik:[16]

Nature
A subtle chain of countless rings.
The next unto the farthest brings;
The eye reads omens where it goes,
And speaks all languages the rose;
And, striving to be man, the worm
Mounts through all the spires of form.

Auf den ersten Blick teilen dieses Gedicht und der darauf folgende Essay die Motive der europäischen Romantik. Zu Beginn des Essays setzt sich Emerson von der Tradition ab, weil er darin den Grund für einen ‚retrospektiven' Blick sieht, der von der Welt ablenkt. Im Gegensatz dazu sucht er eine „original relation to the universe" und eine „poetry and philosophy of insight and not of tradition", also eine Wahrnehmung der Natur im Modus des Unvordenklichen. Es geht um jene Poesie und Philosophie, die Einsichten aus dem Sagen der Welt ‚für uns' gewinnen und nicht von der Geistesgeschichte hermeneutisch ableiten („a religion by revelation to us, not the history of theirs").[17] Entscheidend ist hier die Betonung der Situation des Erstdialogs zwischen Mensch und Welt („to us"), jener Situation, auf die die europäische Philosophie erst hundert Jahre später durch die phänomenologische Reduktion zurückge-

---

[16] Der Essay „Nature", der 1836 als eigenes Buch erschien, wurde in die von Emerson 1849 publizierten gesammelten Werke aufgenommen. Emerson galt bereits als der auch international anerkannte, wenn auch inoffizielle Leiter der intellektuellen Bewegung des ‚Transcendentalism', vgl. Spiller (1971).

[17] Der Beginn des Essays lautet: „Our age is retrospective. It builds the sepulchres of the Fathers. It writes biographies, histories, and criticism. The foregoing generations beheld God and nature face to face; we, through their eyes. Why should not we also enjoy an original relation to the universe? Why should not we have a poetry and philosophy of insight and not of tradition, and a religion by revelation to us, and not the history of theirs?" (Emerson 1971: 7).

hen sollte. Die Momente dieses Essays, die eine ‚andere Moderne' begründen, sind schon im Gedicht aufs Trefflichste zusammengefasst: Es ist die Attraktion zwischen den Dingen, ein Begriff, den auch die Korrespondenzenlehre Victor Hugos und Charles Baudelaires in die europäische Moderne einführen wird, jedoch mit wesentlichen Unterschieden besonders in Bezug auf die romantische *analogia entis*. Das Motiv der *coincidentia oppositorum*, d.h. die Annäherung des Verschiedenen, scheint sich auf den ersten Blick zu ähneln. Victor Hugos Korrespondenz ist aber, ganz im Sinne der luziden Analyse von Borges, das Instrument einer holistischen, kosmischen Einheit (des Waldes), in der die einzelnen Mitglieder die Unterschiede durch einen gemeinsamen Referenzrahmen ausgleichen, nämlich Gott. Gott ist es auch, der die Dinge zu sprechenden Symbolen macht, so dass Tote und Lebende miteinander sprechen können – so z. B. im Gedicht „Crépuscule" aus „Les contemplations".[18]

So gelingt es der Korrespondenzlehre nicht, zur Wahrnehmung zu kommen; sie bleibt vielmehr eine Kontemplation Gottes. Ähnliches lässt sich bei Novalis' *Hymnen an die Nacht* feststellen, wenn auch in der ‚nordeuropäischen' Romantik Gott säkularisiert und stärker in die Figur des Dichters verlegt wird. Erst das Sonett „Correspondance" von Charles Baudelaire negiert die symbolische Transparenz, die die Romantik der scholastischen Lehre der Einheit zwischen den Dingen entnommen und auf die Poesie bezogen hatte. Mit dem Beginn seines Sonetts schließt Baudelaire an die holistische Interpretation der Natur an („La nature est un Temple"), um sich von dieser jedoch ironisch – etwa durch das mit der Majuskel indizierte Zitat des Naturmythos – abzusetzen. Baudelaires sinnliche und synästhetische Wahrnehmung kommt

---

[18] So die zentralen Strophen aus „Crépuscule": „Que dit-il, le brin d'herbe? et que répond la tombe? / Aimez, vous qui vivez! on a froid sous les ifs. / Lèvre, cherche la bouche! aimez-vous! la nuit tombe; / Soyez heureux pendant que nous sommes pensifs. // Dieu veut qu'on ait aimé. Vivez! faites envie, / O couples qui passez sous le vert coudrier! / Tout ce que dans la tombe, en sortant de la vie, / On emporta d'amour, on l'emploie à prier. / Les mortes d'aujourd'hui furent jadis les belles. / Le ver luisant dans l'ombre erre avec son flambeau. / Le vent fait tressaillir, au milieu des javelles, / Le brin d'herbe, et Dieu fait tressaillir le tombeau... Aimez-vous! C'est le mois où les fraises sont mûres. / L'ange du soir rêveur qui flotte dans les vents, / Mêle, en les emportant sur ses ailes obscures, / Les prières des morts aux baisers des vivants" (Hugo 1964: 128 f.).

zu einer anderen Optik, die die sakrale Einheit des Tempels ‚verformt' und die Sprache der Symbole ‚kontaminiert', so dass diese verwirrende Worte spricht. Aus dem Riss des holistischen Modells entwickelt Baudelaire einen sinnlichen Zwischenraum, in dem es der Kunst und dem *artificium* obliegt, eine neue Sprache zu stiften.[19] Wir sind schon jener Moderne nah, die wir mit der amerikanischen Moderne im Blick haben, wenn auch immer noch mit erheblichen Unterschieden.

Anhand der „Erosion der Metaphysik"[20], die wir im bereits zitierten Gedicht Emersons gesehen haben, lässt sich unsere Argumentation über diese ‚andere Moderne' vertiefen. Im Bild der subtilen Kette, die entfernte Dinge einander annähert, liegt die Vielfalt unzähliger Ringe, die erst für den sinnlich Wahrnehmenden sichtbar wird. Auch die Vielfalt der Sprachen wird mit der Rose, dem Symbol der Poesie, angedeutet. Die Sprache ist ursprünglich eine sinnliche. Die Dinge bieten sich den Augen an. Im Gegensatz zu Victor Hugo, der das Einfache und das Hohe durch die gemeinsame Referenz Gottes verbindet, stehen im Gedicht Emersons die Dinge selbst im Vordergrund. Es ist ihr Handeln, das das Gespräch mit den Sinnen ermöglicht. Es ist ihr Streben, das selbst bei der einfachsten aller Kreaturen, dem Wurm, die Fähigkeit bestimmt, empor zu steigen. Und auch in diesem Bild ist es nicht die vertikale, auf das Jenseits bezogene Dimension, die zählt; es ist vielmehr die Immanenz und die Unendlichkeit des Vielfältigen in den Ornamenten der Form, die eine Rolle spielt („through all the spires of form").[21] Im Essay selbst – so meine

---

[19] Borsò (2004) und Borsò (2005). Die exzentrische Wahrnehmung stiftet im Gedicht Baudelaires neue, artifizielle, also widernatürliche Ähnlichkeiten, wie etwa im Gedicht „Correspondance" folgende durch den Bezug auf die Materialität des ‚Fleisches' beunruhigende Anspielung: „frais comme la chair des enfants" (frisch wie das Fleisch von Kindern), vgl. Baudelaire (1966). Giorgio Agamben betont die Bruchstelle, in der die Kunst zur Ware wird und von der ‚Natürlichkeit' auf den Fetisch-Charakter übergeht. Baudelaire betone selbst die neuen ‚Passagen' und neuen Analogien im Raum von Weltausstellungen. Die Aura werde dadurch wieder errichtet, dass die Echtheit des Gegenstands auf einer anderen Stufe neu geschaffen wird, vgl. Agamben (2005: 82).

[20] Dieser Begriff stammt von Herwig Friedl, der die hier angedeuteten Momente in Bezug auf mehrere Essays Emersons nachweist, vgl. Friedl (2004). Für die Absage an die Tradition zugunsten des Konzepts von Welt als Phänomenalität siehe besonders ebd. (60 f.).

[21] Die Schönheit der Vielfalt wird im Kapitel „Beauty" explizit betont: „But beside this general grace diffused over nature, almost all the individual forms are agreeable to the eye, as is proved

ich – nimmt Emerson alle Motive der europäischen Naturphilosophie auf, jedoch um diese neu zu schreiben: An die Stelle der Schönheit des Kosmos – so im Essay: „the ancient Greeks called the world kósmos, beauty"[22] – wird die Partikularität der Formen hervorgehoben, die durch ihren eigenen Charakter und ihr eigenes Zusammenspiel mit dem Umfeld, mit dem Licht, eine eigene Schönheit erlangen: „Even the corpse has its own beauty", heißt es im Essay.[23] Die Erwähnung des Leichnams führt nicht zum moralischen Exempel, wie dies die barocke Kultur im 17. Jahrhundert tut, oder zur Negation der Metaphysik, wie in der europäischen Moderne. Vielmehr bringt die Einbeziehung des toten Körpers in die Welt der Dinge eine entscheidende Wende in die Ontologie des Realen. Der Sinn des Realen ist nicht durch die segmentierende, polarisierende und hierarchisierende Ordnung der Sprache vorgegeben, die seit Aristoteles und in den neuzeitlichen Taxinomien zwischen Leben und Tod, Geist und Körper, Himmel und Erde unterscheidet.[24] Vielmehr ist das ‚Sinnloseste', der Leichnam, Teil der Interaktion mit den Dingen, die den Sinnen *delight* verursachen. Prinzipiell undifferenziert, hat der Leichnam, wie das Licht, seine eigene Schönheit. Gerade an dem für die Romantik zentralen Motiv des Todes lässt sich die andere Geste der amerikanischen Moderne schärfer fassen: Die Thematisierung des Todes hat seit der Moderne den Charakter der Transgression und der Negation eben jener religiösen Bindung der Poesie, um die es bei Hugo noch geht. Die Moderne wird dagegen die Ästhetik des Hässlichen behaupten, jene Ästhetik, die die vertikale Dimension des Blickes zwar beibehält, aber umgekehrt. Sie negiert das Hohe, um den Blick auf das Niedere, auf das Verdrängte zu richten. Die Bejahung des Todes drückt das Aufbäumen des modernen Menschen gegen die metaphysische Fundierung des Denkens und gegen die göttliche Bestimmung aus, um das

---

by our endless imitations of some of them, as the acorn, the grape, the pine-cone, the wheat-ear, the egg, the wings and forms of most birds, the lion's claw, the serpent, the butterfly, sea-shells, flames, clouds, buds, leaves, and the forms of many trees, as the palm" (Emerson 1971: 13).

[22] Ebd. (12).

[23] Ebd. (13).

[24] Darauf bezieht sich Emerson explizit im Zusammenhang mit der Sprache (z.B. mit Bezug auf Linné und Buffon) (ebd.: 19).

eigene Schicksal in die Hand zu nehmen. Das Satanische der Moderne, das von Charles Baudelaire, Arthur Rimbaud (*Une Saison en Enfer*), Georges Bataille und zuvor dem Marquis de Sade begründet wird, steht immer noch in diesem Diskurs und konstituiert sich durch die Geste der Negation, der Blasphemie und der Transgression. Emerson verabschiedet Gott als Referenz für den Sinn des Kosmos und begründet ein demokratisches Verständnis der poetischen Sprache – auch hier ganz im Gegensatz zum Genie-Kult der deutschen und französischen Romantik. Gott bleibt nur noch die Instanz, die die Autonomie, Freiheit und prinzipielle Gleichheit aller irdischen Wesen autorisiert. So Emerson: „This relation between the mind and matter is not fancied by some poet, but stands in the will of God, and so is free to be known by all men."[25] Die Funktion des Dichters ist also die Rekonstruktion der unvordenklichen Situation der Erstbegegnung mit der Welt, den emergenten Ereignissen und den Übergängen zwischen Bewusstsein und Wirklichkeit. Solche Übergänge sind in der Materialität der poetischen Sprache, in der Metaphorik, der Bildlichkeit, den vielfältigen Parallelismen aufgehoben. So sagt Emerson in „The Poet", seinem ersten Essay:

> Every line we can draw in the sand, has expression [...]. All form is an effect of character; all condition, of the quality of the life; all harmony, of health; and, for this reason a perception of beauty should be sympathetic, or proper only to the good. [...] We stand before the secret of the world, there where Being passes into Appearance, and Unity into Variety.[26]

Der Dichter begegnet der Welt, und seine Sprache ist das Medium der Reflexion dieser Begegnung. Im Ausdruck, also im Körper der Sprache, trägt sie den Eindruck dieses „encounter": „[...] as the form of the thing is reflected by the eye, so the soul of the thing is reflected by a melody."[27]

Diese Beobachtungen implizieren auch eine Theorie der Sprache. Der Prozess der sprachlichen Abstraktion gilt – im Sinne der Rückbesinnung auf die

---

[25] Ebd. (22), Kapitel IV: „Language".
[26] Ebd. (8 f.), Kapitel I: „The Poet".
[27] Ebd. (15), Kapitel III: „Beauty"

Metapher durch Nietzsche[28] – als Korruption. Die imaginative, ursprüngliche Sprache ist die Sprache der Dichtung. In dieser kommt es auf die materiellen Formen an, in denen sich die Begegnung mit den Dingen und die dadurch erreichten Eindrücke ausdrücken. Bilder sind nicht Träger eines Sinnes, sondern der Sinn ist im materiellen Bild selbst emergent.[29]

Bedenkt man die Aktualität eines solchen performativen Ansatzes[30] ist die *longue durée* dieser anderen ‚Moderne' ebenso frappierend wie ihre Vergessenheit im interamerikanischen Dialog. Die Vergessenheit dieser Linie der Moderne Lateinamerikas durch die gängige transatlantische Rezeption einer interamerikanischen Moderne geht auf den Rezeptionsrahmen zurück, den der mexikanische Dichter und Nobelpreisträger Octavio Paz durch seine Essays über die Romantik und die Moderne eingeführt hat. Auch für Octavio Paz trifft das Monitum Borges' hinsichtlich der Unterordnung des Ästhetischen gegenüber dem Politischen zu. Und auch in den ästhetiktheoretischen Essays von Paz ist Europa der Standort seines Schreibens und Blickens auf die USA und Lateinamerika. Vor dem Hintergrund der im Vorangehenden skizzierten ‚anderen' Moderne ist es lohnend, die höchst einflussreichen und faszinierenden poetologischen Essays Paz' über die Moderne, *El arco y la lira*[31] und *Los hijos del limo*[32] zu kommentieren. Hier werden wir auf das von Borges schon 1929 prophetisch erahnte Beharren auf Paris stoßen.

---

[28] Vgl. Friedl (1997).

[29] Dies impliziert eine Medientheorie, die auf der Basis verschiedener Essays von Benjamin, insbesondere jenen über die Reproduzierbarkeit von Kunstwerken, formuliert wurde, vgl. z. B. Borsò (2004a).

[30] Zum performativen Modell der Sprache im amerikanischen Pragmatismus, insbesondere in Bezug auf William James, vgl. Friedl (2002: 476).

[31] Paz (1956).

[32] Ebd. (1974).

3 Octavio Paz' poetologische Essays. Der europäische Blick auf die transatlantische Moderne

In *Cuadrivio*[33] analysiert Octavio Paz die Probleme der interamerikanischen Rezeption. Er bemerkt, dass sich die Rezeption amerikanischer Autoren durch die lateinamerikanischen Kulturen nur auf jene Seiten von Edgar Allan Poe bezieht, die gegen den Rationalismus der amerikanischen Welt gerichtet sind. Bei Poe habe man die poetische Intuition hervorgehoben, die die Struktur des Gesamtwerkes zusammenhält, und die ein analoges Denken gegen die rationale Segmentierung des Sinns vermittelt. Eine solche Rezeption von Edgar Allan Poe sei über Charles Baudelaire wieder in die lateinamerikanische Lyrik eingegangen. Auf der anderen Seite weist Paz auch auf den Vitalismus als kulturelles Identifikationsmerkmal hin.[34] Als Begründer einer kulturellen Identität erfülle Rubén Darío in Bezug auf Lateinamerika eine analoge Funktion, wie sie Whitman für die amerikanische Kultur innehat. So seien *Prosas profanas* von Darío in Entsprechung zu *Leaves of Grass* und – so Paz – auch zu *Les Fleurs du Mal* zu sehen, da es für Darío um die Poesie als Konstituente autonomer Welten gegangen sei. Doch sei Daríos Blick zu sehr von der Sorge der lateinamerikanischen Intellektuellen nach der Formulierung einer eigenen, lateinamerikanischen Identität geleitet, die auf polarisierenden Konstellationen gründet. Darío bewundere Poe, Whitman und Emerson, dennoch missverstehe er den prospektiven Bezug auf die Zukunft im Sinne eines materialistischen, kapitalistischen Optimismus. Paz deckt hier die Missverständnisse auf, denen er in seinen späteren Essays anheimfallen wird – wie übrigens auch Carlos Fuentes.[35] Im Sinne der einleitend dargestellten Diskurse muss Darío die Kultur der Vereinigten Staaten auf „technologischen Fortschritt und Materialismus" reduzieren, um in Opposition zu ihr die reine „amerikanische Seele" abzusetzen, eine Seele, die „träumt, vibriert und liebt" (so Darío in „A Roosevelt"). Gegen die vermeintliche Reduktion des Menschen auf einen ma-

---

[33] Ebd. (1985).

[34] Zur Kritik des Vitalismus, wie er durch die Philosophie Bergsons in die europäische Kultur eingegangen ist, vgl. Friedl (2001: 178) und ebd. (2001).

[35] Vgl. Borsò (2003).

schinellen *homo oeconomicus* sticht umso leuchtender die Vorstellung des lateinischen ästhetischen Idealismus hervor.[36] Paz' Kritik an Darío ist luzide. Ihm fehle, so Paz, der eigentliche Blick von Whitman, jener Blick, der mit dem Gesehenen ‚verschmilzt', der mit der erlittenen oder genossenen Realität eins ist.[37] Paz erkennt also durchaus die Besonderheit der fundierenden Geste des Pragmatismus und die im Augenblick der Begegnung mit der Welt emergente Sinnstiftung, und betont kritisch, dass Darío – wie Borges es für die lateinamerikanische Kultur diagnostiziert, vom europäischen Zentrum her auf Amerika schauend – den ‚neuen' Raum der Übergänge zwischen Geist und Materie nicht erkennen kann. Darío bleibt in der metaphysischen Dualität zwischen Geist und Materie, Seele und Körper, Leben und Tod, Heiligem und Profanen eingebunden, und kann deshalb nur im Sinne des französischen Symbolismus zur sinnlichen Wahrnehmung der Realität, zur erotischen Mystik inspiriert werden.[38]

Seit *Signos en rotación*[39] wendet sich Paz einer eigenen Konzeption der Moderne als Tradition der *ruptura* zu. Hier wird die Moderne als Aneignung und Durchbrechung der europäischen Romantik verstanden. Insbesondere Baudelaire schreibe sich in die nordeuropäische Romantik ein und sei durch das Denken der Analogie von William Blake, S. T. Coleridge und Novalis inspiriert. Baudelaire gewinne daraus die Einsicht in die Funktion der Sprache, denn die Welt werde durch die poetischen Rhythmen kreiert. Emanuel Swedenborg ist der Referenzautor, auf den Paz auch Emersons Sprachtheorie zurückführt, um diese jedoch romantisch zu interpretieren. Er finde sich, so Paz, auch im lateinamerikanischen Modernismus, etwa in Daríos programmatischem Sonett „Ama tu ritmo" (aus *Prosas profanas*).

Im mexikanischen sogenannten Posmodernismo, d. h. in der zweiten Phase des Modernismo, etwa bei Ramón López Velarde, führe jedoch die Rezeption von Baudelaire auf eine andere Dimension, nämlich auf eine reflexive, metapoetische Ebene, von der aus der Dichter das Sakrileg gegen die Mystik

---

[36] Paz (1985: 48 f.)
[37] Ebd. (55).
[38] Ebd. (57).
[39] Ebd. (1965).

des Symbolismus zu vollziehen sucht. Darüber hinaus sei der Posmodernismo in Bezug auf die Negation sakraler Mythologien der Dichtung durch den Prosaismus von T. S. Eliot beeinflusst[40] und enthalte ein kritisches Potential.[41] Diese zweite Phase des mexikanischen Modernismo, die Paz als eine die Avantgarden überlebende Moderne ansieht, wird in *Los hijos del limo*,[42] Paz' theoretischem Buch über die Moderne, wieder aufgenommen. In der für Paz typischen Mischung verallgemeinernder und überraschend luzider Beobachtungen schreibt er in diesem Buch die Geschichte der Moderne als eine transatlantische Bewegung. Allerdings ist hier der Standpunkt des Beobachtens definitiv Europa. In *Los hijos del limo* konzentriert sich Paz tatsächlich auf das durch eine teleologische Zeit begründete Konzept der Moderne als Negation vorangehender Bewegungen.[43] Obwohl schon Baudelaire in den Prosagedichten *(Petits Poèmes en prose)* eine neue Form des aus den inneren Rhythmen des Textes entstehenden Poetischen eingeführt hatte, beurteilt Paz den u. a. auf Ezra Pound und Eliot zurückgeführten Prosaismus als die Negation der Poetik der Analogie, und damit auch des Sakralen an der Poesie. Die ironisch gebrochene Analogie wird als Instrument der indirekten Reflexion verstanden, die auch zu anderen Visionen des Politischen führen kann. Interessanterweise bleibt auch hier Paz' Blick auf Europa bezogen. Der Dichter schaut von Frankreich aus auf Amerika, obwohl er mit dem Bezug auf Charles Fouriers *Théorie des quatre mouvements et des destinées générales* (1808) insbesondere auf das Prinzip der Attraktion als soziales Gesetz der Bewegung zwischen den Elementen[44] nahe der ‚anderen' Moderne ist, die wir bei Emerson beobachtet haben. Das von Paz skizzierte Bild von Baudelaire ist das Bild des satanischen, blasphemischen Dichters, dessen Ironie aus der abendländischen Dualität zwischen Himmel und Hölle stammt – so schon in Bezug auf die *Fleurs du mal*,

---

[40] Eliots *Waste Land* wird mit dem Titel *Páramo* durch die *Contemporáneos* übersetzt.

[41] „El sistema poético se ha convertido en sistema crítico" (ebd.: 75).

[42] Paz (1974).

[43] Die romantische Analogie war schon in *El arco y la lira* im Sinne der Negation des Rationalismus der Klassik interpretiert worden, wie auch der Mythos als die Negation der Geschichte galt, so die Grundthese von Paz in diesem früheren poetologischen Essayband.

[44] Paz (1974: 102).

auf das Oxymoron des Titels seiner Gedichtsammlung. Baudelaire ist für Paz der Antichrist, der in der christlichen Metaphysik tief verwurzelt ist, sich aber der ‚Obdachlosigkeit' der Moderne ausgesetzt sieht. Es ist jenes Bild Baudelaires, das Hugo Friedrich auf der Basis der Konzeption der Moderne durch György Lukács auch in die deutsche Rezeption eingeführt hat. Gewiss betont Paz die Modernität von Baudelaire, etwa wenn er auf die konstitutive Bedeutung der Sprache als Medium der Wahrnehmung der Welt hinweist.[45] Was heißt aber Modernität auf dieser Grundlage? Auch für Paz ist die Modernität das Fließen der Zeit. Als solche konstituiert die moderne Kunst die Schönheit stets von neuem, als jeweils partikuläre Schönheit[46] – wie Baudelaire auch die ‚Moderne' definiert –: „Gracias a la modernidad, la belleza no es una sino plural." („Thanks to modernity, beauty is not one but many.")[47] Das Schöne ist also schon durch den Wandel immer unterschiedlich und die Moderne ist die Ewigkeit des Flüchtigen, aber auch die Ewigkeit der Bewegung. Gerade hier verrät die Interpretation der Baudelaire'schen Moderne durch Paz seine eigene metaphysische Verankerung. Denn das Flüchtige der Zeit ist eine Schwelle. Die Deutung dieser Schwelle legt auch die philosophischen Implikationen des Interpreten offen. Versteht man Baudelaire im Sinne der Fortsetzung der romantischen Episteme, so ist diese Schwelle auf die Vergangenheit bezogen und meint die verlorene Einheit der Welt. Diesen Verlust meint Paz. Es ist ein Verlust, der moralisch sanktioniert ist: Denn, so fährt Paz fort, die Belebung des Schönen ist auch ein Verhängnis, eine Verurteilung zur Kapitalstrafe: dem Tod. „Si la modernidad es lo transitorio, lo particular, lo único y lo extraño, es la marca de la muerte."[48] Wir sehen hier, wie der Fluss der Zeit als Vergänglichkeit, als Verlust der Vergangenheit gedeutet wird, statt als die Passage der Gegenwart, als das Nicht-Mehr und Noch-nicht-Sein zu meinen.[49] Die

---

[45] Ebd. (105).

[46] Ebd. (129).

[47] Paz (1974a: 91).

[48] Ebd. (91). „Wenn die Modernität das Transitorische, das Partikuläre, das Einzigartige und das Fremde ist, ist sie das Indiz des Todes" (Üb. von Vittoria Borsò – dieser Satz fehlt in der englischen Version).

[49] Borsò (2005).

‚moderne' Negation der Metaphysik hat bei Paz immer noch einen metaphysischen Horizont. Die Negation des metaphysischen Bezugsrahmens und das Geworfensein in die Welt ist die Konfrontation mit dem Tod:[50] „Reaparece la paradoja amada por Baudelaire: detrás del maquillaje de la moda, la mueca de la calavera".[51] So oszilliere die Moderne zwischen Heidentum (Körper, Sensualismus, Natur) und Christentum, wobei gerade Letzteres jedoch den Menschen der Moderne als gefallenen Engel erfahren lässt. Auch in der Darstellung der Avantgarde herrscht also Dualität und Transgression, wobei Paz einräumt, dass die amerikanische Avantgarde weniger auf das Prinzip der Negativität rekurriere. Die Dualität von Magie und Politik sowie von Liebe und Humor wird paradoxal aufeinander bezogen. Ähnliches wiederholt sich bei der Darstellung der Sprachkonstellationen von Stéphane Mallarmé, die sich – so Paz – um ein leeres Zentrum bewegen.[52]

Umso frappierender sind zunächst Einsichten, die wie nebenbei auf eine andere Linie der Moderne hinweisen, etwa wenn Paz Whitman in *Los hijos del limo* als den Großvater der europäischen Avantgarde bezeichnet:

> Whitman exalta a la democracia, el progreso y el futuro. [...] Poeta del espacio, se ha dicho; habría que agregar: poeta del espacio en movimiento. Espacios nómadas, inminencia del futuro, utopía y americanismo. También y sobre todo: el lenguaje, la realidad física de las palabras, las imágenes, los ritmos. Su lenguaje es un cuerpo, una todopoderosa presencia plural.[53]

Paz deutet aber diese These gleich wieder jenseits von dieser. Denn kurz nach dem oben genannten Zitat versteht Paz mit dem Zeitfluss ‚Demokratie', ‚Fortschritt' und ‚Zukunft': „Whitman exalta a la democracia, el progreso y el futuro." Damit greift er auf die verkürzte Interpretation des Pragmatismus zurück,

---

[50] Im Sinne der existentialistischen Tragik interpretiert Paz auch Heidegger (Paz 1950).

[51] Ebd. (1974: 135). Vgl. auch ebd. (1974: 129, 147, 149). „The paradox beloved by Baudelaire reappears: behind the make-up of fashion, the grimace of the skull" (ebd. 1974a: 96).

[52] Paz (1965).

[53] Ebd. (1974: 161). „Whitman glorifies democracy, progress, and the future. [...] He has been called the poet of space – poet of space in movement, one should add. Spaces which are nomadic, an imminent future: Utopia and Americanism. But also, and primordially, language, the physical reality of words, images, rhythms. Whitman's language is a body, an all-powerful manifold presence" (ebd. 1974a: 117).

die eher dem europäischen Fortschrittsdenken entspricht. Die im Pragmatismus zentrale Figur der Bewegung wird durch Paz als funktionalistisches und rationalistisches Modell des Fortschritts gedeutet. Bewegung ist aber nicht ‚Fortschritt'. Sie ist die nicht abschließbare Tendenz zu Übergängen und zur Emergenz eines neuen Raumes, die Immanenz der Zukunft als die Zukunft einer unvordenklichen Zeit, wie Herwig Friedl bei der Lektüre der Vorsokratiker durch Emerson gezeigt hat.[54]

Dieses Verständnis der Zeitlichkeit ist näher an dem Begriff der Passage, die Benjamin bei Baudelaire gesehen hat, etwa im Sonett „A une passante". Sie ist die Beweglichkeit der Moderne, durch die auch die Konzeption von Wirklichkeit grundsätzlich anders zu verstehen ist: als ein emergentes Ereignis des Austauschs mit dem Umfeld. Die Moderne, die die Bewegung als konstitutives Moment des Wirklichen konzipiert, delegiert dem Medium auch die Konstitution der Wirklichkeit, denn im Medium ist die jeweilige ‚Erst'-Begegnung von Blick und Welt eingeschrieben. Diese Moderne, die wir in Baudelaire vertreten sehen, kann Paz in Folge seines metaphysischen Referenzrahmens nicht sehen. Es ist eine Moderne, für die der Raum eine unentscheidbare Schwelle ist. Polarisierungen sind der nachträgliche Eingriff in eine prinzipiell heterogene und multikulturelle Welt jenseits apriorischer Geltungsansprüche. Die erste Begegnung wird zum Modell des Umgangs mit Realität, die von ‚Vor-Stellungen' unberührt bleibt. Der Mensch gelangt zu seiner Kreatürlichkeit nur vermittelt durch die Möglichkeit der unmittelbaren leiblichen Erfahrung der Welt. Es ist ein leibliches Sehen, das sich durch die Expressivität des sprachlichen Materials ausdrückt. Diesem phänomenologischen Standpunkt entspricht eine Ästhetik des Buchstabens, der graphischen Oberfläche des Wortes.

---

[54] Vgl. z. B. den Beitrag von Friedl, „Ralph Waldo Emerson e i presocratici: Il futuro del più antico passato" beim *Convegno Internazionale di Studi Homo ex machina: storia, cultura, società e le innovazioni technologiche*, Universität Federico II zu Neapel, 16.–17. Oktober 2003.

4 Einblicke in eine andere Moderne – Jenseits und Diesseits des Atlantiks

Ich möchte nur einige Einblicke in diese ‚andere' Moderne geben. Baudelaire nennt in seiner Widmung der Prosagedichte an Arsène Houssaye seinen Text „le serpent tout entier". Der Text ist aus der Begegnung mit der modernen Stadt entstanden: „du croisement de leurs innombrables rapports". Statt vorgegebener Rhythmen sucht der Dichter die „ondulations de la rêverie", und der erste Text *L'Étranger* vollzieht einen Weggang vom Gewohnten und Beheimateten. Der Fremde, die Erzählfigur dieses Miniaturstücks, hat alle Bindungen hinter sich gelassen und ist auf der Suche nach den „nuages... les nuages qui passent... là-bas... là-bas... les merveilleux nuages!". Die Biegsamkeit und Substanzlosigkeit der Sprache bildet den neuen Raum der Suche. Dieser Raum entsteht gewiss in ständigem intertextuellen Spiel mit den Traditionen des Abendlandes, er gibt aber Antwort auf eine Anrufung, die von Außen kommt und die man – in einem dualistischen Modell – die Alterität nennen kann. Die Prosagedichte sind die Texte des Flaneurs der modernen Stadt, der in den neuen Technologien den Ersatz der kosmischen Metaphysik erkennt. Die Nacht ist der Raum des Traumes und des Ornaments: „les étoiles vacillantes d'or et d'argent, dont elle [la nuit] est semée, représentent ces feux de la fantaisie qui ne s'allument bien que sous le deuil profond de la Nuit",[55] so die Umdeutung des romantischen „crépuscule du soir". Die städtische Atmosphäre der Nacht ist auch das Umfeld der Erosion des metaphysischen Referenzrahmens. Zeit ist Bewegung, *deuil*, Trauer, ist ein Medium für neue Eindrücke, wie etwa die Farbe und die Stofflichkeit der Dinge.[56] Auf diesem Wege entdecken wir auch bei Baudelaire etwas, das jenseits der negativen Ontologie des Verlusts steht.

Ähnliche Spuren finden wir auch in der mittelamerikanischen und mexikanischen Moderne sowie in der südlichen Hemisphäre des Kontinents. Wenn man diesen Spuren nachgeht, erweist sich Paz' Vergessen des amerikanischen Pragmatismus zugunsten der sogenannten ‚nordeuropäischen' Romantik als

---

[55] Baudelaire (1962: 107 f.).
[56] Ich beziehe mich auf „A une passante", zu meiner Interpretation und den Bezug auf Benjamin vgl. Borsò (2005).

besonders frappierend. Selbst bei dem zitierten Darío wäre nach der Bedeutung des im gesamten Buch von Paz nicht genannten Emerson zu fragen. Eine derartige Linie der Rezeption des amerikanischen Pragmatismus durch Darío legt schon das Bild der Vielheit im Anfangsvers des programmatischen Sonetts „Ama tu ritmo"[57] nahe, in denen das Bild der Kette wieder aufgenommen wird:

> Ama tu ritmo y ritma tus acciones
> bajo su ley, así como tus versos;
> la celeste unidad que presupones
> hará brotar en ti mundos diversos;
> [...]
> engarza perla y perla cristalina.

In der deutschen Übersetzung:

> Liebe deinen Rhythmus und rhythmisiere deine Taten
> nach seinem Gesetz, wie auch deine Verse;
> Du bist ein Universum von Universen,
> und deine Seele eine Quelle von Gesängen.
>
> Die himmlische Einheit, die Du voraussetzt,
> wird in dir verschiedenste Welten keimen lassen,
> und im Widerhall deiner versprengten Zahlen
> Pythagorisiert sie dein Sternenbild.
>
> Lausche der göttlichen Rede,
> des Vogels der Lüfte, und das nächtliche
> geometrische Strahlen errate;
>
> Überwinde die stumme Gleichgültigkeit
> und reihe gläserne Perle an Perle
> wo die Wahrheit ihre Urne ergießt.[58]

Leopoldo Lugones (1874–1938), der argentinische Dichter, den Paz zusammen mit dem Mexikaner López Velarde als wichtigsten Vertreter der bereits genannten zweiten Phase des Modernismo (des sogenannten Posmodernismo) nennt, bildet ein weiteres Beispiel für das zuvor schon Ausgeführte. In einer

---

[57] Torres Bodet (1966: 37).
[58] Diese Interlinearübersetzung stammt von Johanna Wais. Das Original, auf dem die Übersetzung beruht, stammt aus Darío (1967).

Serie von Fragmenten mit dem Titel „El himno de las torres" („Hymne an die Türme') nimmt Lugones Stellung gegen den Mythos von Babel als christlich-orthodoxen Mythos der Sünde der Vielsprachigkeit. Von diesem Turm aus schaut der Dichter auf die Geschichte der Menschheit. Er sieht die Entstehung der materialistischen Naturwissenschaft, unter die er u. a. Roentgen, Pasteur, Edison, Nietzsche, Marx und zuletzt Ralph Waldo Emerson einreiht:

> Und sieht, wie sich das Metall mit Liebe füllt, wie die Seele durch die Strahlen berührt wird, wie sich die Harmonie der Atome ordnet, wie im Leib der Menschen die zukünftige Statue sich modelliert, welche die Krönung des Reiches sein soll: die dreifache Statue mit Fersen aus Stein, Gürtel aus Bäumen und eloquentem Kopf.[59]

Walt Whitman gehört zur nächsten Gruppe, jener Dichter, der fähig ist, aus dem Turm die Hymne der Seraphynen zu hören und diese sinnlich und expressiv umzudeuten. Diese Stimme nimmt man wahr, als würde sich die Sonne entzweien, um der Emergenz der Klänge Raum zu schaffen. Das Szenario seiner Dichtung beschreibt Lugones als einen friedlichen Sonnenaufgang, der die Erde versöhnt.

Das Prinzip des emergenten Lebens ist in *Poemas solariegos*[60] ganz besonders zu beobachten. „Los ínfimos"[61] (die Untersten) ist eine Poetik des Kontingenten und des Nüchternen. Der Käfer, die Grille, der Schmetterling liefern minimalistische Bilder, bei denen – ähnlich wie jene im japanischen Haiku – die Erleuchtung aus dem Kolloquialen und Alltäglichen entspringt. Hier kommt es auf den reinen Eindruck an, der u. a. optisch, v. a. aber akustisch ist.

Ähnliches findet sich auch in der ‚anderen' Avantgarde, die nach der Zeitschrift *Contemporáneos* benannt wurden.[62] Bei Jaime Torres Bodet (1902–1974)

---

[59] Lugones (1929: 343).

[60] Ebd.

[61] „Y el escarabajo magnífico, inmundo / Y redondo como el mundo. / Y el grillo / Con su sencillo / Violín / De negrillo / Saltarín / Y la mariposa sentimental / Que de flor en flor lleva su tarjeta postal / Y la solitaria violeta que basta para hacer un poeta / Y el sapo solterón / Que, instalado en el mismo rincón, / cazando moscas paga su pensión" (Jiménez: 1985).

[62] José Emilio Pachecho machte mit dem Begriff „La otra vanguardia" auf die Orientierung der *Contemporáneos* auf die USA aufmerksam. Einer dieser Schriftsteller, der bereits erwähnte Salvador Novo, nimmt Position zugunsten des *American English* als einer unabhängigen Sprache mit folgender Aussage: „Y por qué no han de componer su propio lenguaje los que han fabricado

sind es zunächst einmal die sinnlichen Erfahrungen und Eindrücke bei den Begegnungen mit den Dingen, Eindrücke, die von der Bewegung und Beweglichkeit der Umwelt herrühren. Das Fließen und die Synästhesie der Sinneswahrnehmungen in der konkreten Erfahrung werden auch graphisch inszeniert. Ähnliches gilt für die Tendenz zur Entmaterialisierung der Dinge und der Natur, die anklingt, wenn das Blaue durchsichtig, ja fast weiß wirkt. Diese Tendenzen der Lyrik werden durch das Genre *Japonerie* um die Jahrhundertwende in Mexiko verstärkt. Juan José Tablada versucht in seinen Haikus, den Augenblick als Impression auszudrücken – ganz nach der Lehre der Zen-buddhistischen Philosophie als Nicht-Erleuchtung. Der im gesamten Modernismo und in der späteren Lyrik von Paz zentrale Augenblick ist hier durch einfache, minimalistische Naturereignisse vermittelt, die zur Tuchfühlung angeboten werden. Die Umwelt bietet sich einem unvoreingenommenen Gegenüber an. Mit *Blanco* erprobt Paz selbst über den Bezug zur japanischen und buddhistischen Tradition der Mandalas eine Poetologie, mit der er sich einer *pure experience* nähert. *Blanco* ist damit mehr als die Verwirklichung seiner in *Los hijos del limo* vertretenen Poetologie der Leere und der sich auf die reine Negation gründenden Metapoesie.

Die in *Blanco* erfolgende Zerstörung des Sichtbaren zugunsten dynamischer Praktiken der Visualität verlässt die Poetik der Überschreitung der Grenzen konventioneller Symbole und Mythen. Es geht um die Wahrnehmung von emergenten Kräften und Bewegungen, sowie um die Erfahrung von Formen, die im Entstehen begriffen sind. Diese ‚andere Moderne' hat Paz allerdings auf dem Umweg über Japan und den Pazifik aufgenommen.

Trotz der transatlantischen Genealogie, die Paz vom europäischen Zentrum her beschreibt, steht die lateinamerikanische Moderne stärker im Dialog mit dem Pragmatismus, als man anfänglich vermuten würde, wie wir aus den

---

todo lo suyo? Europa inventó ladrillos y ellos (los norteamericanos) alzaron rascacielos. Italia les mandó a Caruso y ellos grabaron discos con sello rojo" (Novo 1933: 51 f.). „Why should those who have otherwise made their own things not also modulate their own language? Europe invented the building blocks, the North Americans built skyscrapers from it. The Italians sent Caruso, the Americans made records." Üb. von Vittoria Borsò, in: Borsò (1992: 354; FN 25).

wenigen Beispielen ableiten können. Ähnliches ergibt sich auch in Bezug auf die bildende Kunst Lateinamerikas.[63]

Die hier thematisierte Tradition des Pragmatismus bietet auch ein Erklärungsmodell für die experimentelle Malerei, wie etwa die von Rufino Tamayo. Der mexikanische Maler aus Oaxaca lässt sich weder durch die europäische Avantgarde (Surrealismus), die er selbst aus der Nähe kannte und die in Mexiko durch André Breton eingeführt wurde, noch durch regionalistische, indianische Modelle charakterisieren, wenngleich die indianischen Kulturen, mit den Zapoteken und Mizteken seines Geburts- und Wirkungsumfelds in der Stadt Oaxaca, deutlich in seine Malerei eingehen. In seinen Bildern beeindrucken vielmehr die aus der Bewegung der Farben emergenten Gestalten. Die Übergänge im Raum lernt Tamayo aus dem amerikanischen sogenannten *action painting*, ein Begriff, den Rosenberg in Bezug auf Willem de Kooning und Jackson Pollock geprägt hat.[64] Abgesehen von der Debatte über den Bezug dieses Begriffs auf die grundsätzlich verschiedenen Techniken von de Kooning und Pollock – etwa das Dripping-Verfahren von Pollock im Vergleich zu dem eher konventionelleren Verfahren von de Kooning –, ist beiden gemeinsam, dass nicht die Malerei der Ausgang ihrer Malpraktik ist, sondern vielmehr eine räumliche und körperliche Beziehung zur Leinwand, ganz gleich ob der Maler wie Pollock auf dem Boden malt und auf die Leinwand tritt, oder er – wie bei de Kooning – noch in vertikaler Position vor der Leinwand steht. Malerei ist jedoch für beide das Resultat eines neuen Bezugs zum Raum, und besonders das *action painting* ist die Befreiung von einer richtungsbestimmten Orientierung zugunsten eines Richtungspluralismus.

---

[63] Die Guggenheim-Foundation, die Solomon R. Guggenheim 1937 gründete, gab lateinamerikanischen Künstlern die Möglichkeit, in den USA tätig zu sein. In dem ab 1959 bestehenden Guggenheim Museum war z. B. der Kubaner Wilfredo Lam vertreten.

[64] In New York begegneten lateinamerikanische Maler in den 1940er Jahren denjenigen Künstlern, die das Museum of Modern Art der *New American Painting* zugeordnet haben. Wie die *Camera Work*-Bewegung von 1912, sucht auch die *New American Painting* drei Momente: (1) An infinite world of experience. (2) A man spiritually free from social Conventions. (3) An art free because devoid of concrete limitations, vgl. Ashton (1964: 11). Pollocks Inspiration durch den französischen Surrealismus betraf lediglich den Mut, offene Bilder zu entwerfen, deren Symbole ‚eingeräumt', ja ‚eingeschrieben' sind, und das eigene Temperament durch automatisches Schreiben zu ‚übersetzen'.

Rufino Tamayo, *Insomnia* (1958)[65]

Das Sichtbare ist nicht vorgegeben, vielmehr ist die sichtbare Form im Übergang zwischen Mythen emergent, und zwar durch die in den Farben zum Vorschein gebrachten Kräfte, Bewegungen, sowie durch die damit verbundenen stofflichen und ornamentalen Erfahrungen. De Kooning, so die Kunstgeschichte, hat Rufino Tamayo beeinflusst, der ähnliche Formen des Übergangs zwischen der Tiefe und der Oberfläche der Leinwand auf die Farben überträgt.[66] Dieses Prinzip kann etwa am Beispiel seines Gemäldes *Insomnia* von 1958 nachvollzogen werden.

Auch in den späteren Bildern Tamayos stehen die indianischen Traditionen, Farben, Stofflichkeiten im Zustand eines ständigen Ineinander-Übergehens. Nicht die Differenz zwischen Konträrem ist hier wie auch noch bei Frida Kahlo der Ausgangspunkt der Schwellenerfahrung, sondern ihre Attraktion. Dieses

---

[65] © D. R. Rufino Tamayo, Herederos / México / 2015 / Fundación Olga y Rufino Tamayo, A. C / VG Bild-Kunst, Bonn / 2015.

[66] So z. B. auch Tamayos „Infinite Road" (1949). Die Offenheit der Erfahrung und die Vitalität der Bilder von de Kooning stellen das Gegenmodell der geometrischen Starrheit eines Mondrian dar. Die Agonie der Existenz paart sich mit einer ständigen Wieder-Erfahrung, mit einem Fließen der Dinge ineinander, vgl. Cummings / Merkert / Stoullig (1984).

Modell, das wir ausgehend von Emerson beschreiben konnten, ist nicht nur ein poetisches, es ist zugleich ein politisches Programm. Die Attraktion der Differenzen ist nicht gleichbedeutend mit der Multikulturalität. Die Attraktion der Differenzen, das Prinzip der demokratischen Philosophie Amerikas, ist auch nicht das Prinzip der heutigen Politik der USA, die sich nur auf den Begriff der Demokratie beruft, diesen aber durch die Adaptation europäischer Nationalismen pervertiert.

Wir haben versucht, Spuren einer anderen interamerikanischen Moderne zu verfolgen, die ihren Ausgangspunkt nicht mehr in Paris nimmt. Diese andere Moderne kann auch andere Seiten der europäischen Moderne offen legen. Denn mit dem Verharren auf Paris hat man sogar gegen das erste Gebot des Dichters des modernen Paris verstoßen, der in „Le peintre de la vie moderne" sagt: „die Modernität fängt an, wenn ich mein Haus, meine Stadt, meine Heimat verlasse [...]." Wir können und müssen Baudelaire anders entdecken, als er in der transatlantischen Genealogie von Paz erscheint.

Bibliographie

AGAMBEN, Giorgio (2005). *Stanzen. Das Wort und das Phantasma in der abendländischen Kultur.* Zürich / Berlin: Diaphanes.

ASHTON, Dore (1964). *The Unknown Shore: A View of Contemporary Art.* London: Studio Vista.

BAUDELAIRE, Charles (1966). *Die Blumen des Bösen*, üb. von Friedhelm KEMP, Frankfurt am Main: Fischer.

BAUDELAIRE, Charles (1962). „Le crépuscule du soir", *Petits poèmes en prose (Le Spleen de Paris).* Paris: Garnier.

BORGES, Jorge Luis (1981). „Der andere Whitman", in: *Gesammelte Werke*, Bd. 5/1: *Essays, 1932–1936.* München / Wien: Carl Hanser, 53–57.

BORGES, Jorge Luis (1980). „El otro Whitman", *Discusión* (1932), in: *Prosa completa*, Bd. 1. Barcelona: Bruguera, 45–48.

BORSÒ, Vittoria (2005). „Baudelaire, Benjamin und die Moderne(n)", in: Bernd KORTLÄNDER / Hans Theo SIEPE (Hrsg.). *Baudelaire und Deutschland. Deutschland und Baudelaire.* Tübingen: Narr, 105–126.

BORSÒ, Vittoria (2004). „Baudelaire, Benjamin et la/les modernité/s", *L'Année Baudelaire* 8, 149–172.

Borsò, Vittoria (2004a). „Medienkultur. Medientheoretische Anmerkungen zur Phänomenologie der Alterität", in: Markus Klaus Schäffauer / Joachim Michael (Hrsg.). *Massenmedien und Alterität.* Frankfurt am Main: Vervuert, 36–65.

Borsò, Vittoria (1994). *Mexiko jenseits der Einsamkeit. Versuch einer interkulturellen Analyse – Kritischer Rückblick auf die Diskurse des Magischen Realismus.* Frankfurt am Main: Vervuert.

Borsò, Vittoria (1992). „Images of the United States in Mexican Discourses of Identity and in Literary Writing: The Contemporáneos", *Zeitschrift für Anglistik und Amerikanistik* 40/4 (=*Power, Counter-Power and Discourse: Case Studies on Inter-American Relations and Their Cultural Representation since the Late 19th Century*, hg. von Helmbrecht Breitling et al.), 346–355.

Breinig, Helmbrecht / Lösch, Klaus (2002). „Introduction: Difference and Transdifference", in: Helmbrecht Breinig / Jürgen Gebhardt / Klaus Lösch (Hrsg.). *Multiculturalism in Contemporary Societies: Perspectives on Difference and Transdifference.* Erlangen: Universitätsbibliothek, 11–36.

Cummings, Paul / Merkert, Jörn / Stoullig, Claire (Hrsg.) (1984). *Willem De Kooning, Retrospektive (1983–1984).* New York / München: Prestel.

Darío, Rubén (1967). „Walt Whitman", in: *Azul. El salmo de la pluma.* Mexiko Stadt: Porrúa, 86–87.

Darío, Rubén (1966). *Antología de Rubén Darío,* hg. von Jaime Torres Bodet. Mexiko Stadt: FCE.

Emerson, Ralph Waldo (1971). „Nature", in: *The Collected Works of Ralph Waldo Emerson,* hg. von Roberto E. spiller, Bd. 1. Cambridge, MA: The Belknap Press of Harvard University Press, 7–44.

Ette, Ottmar (1994). „Lateinamerika und Europa. Ein literarischer Dialog und seine Vorgeschichte", in: Ottmar Ette (Hrsg. / Übers.). *José Enrique Rodó. Ariel.* Mainz: Dieterich'sche Verlagsbuchhandlung, 9–58.

Friedl, Herwig (2004). „Ralph Waldo Emerson und die Erosion der Metaphysik", in: Volker Kapp et al. (Hrsg.). *Subversive Romantik.* Berlin: Duncker & Humblot, 53–78.

Friedl, Herwig (2002). „Thinking in Search of a Language: Pragmatism and the Muted Middle Voice", *Amerikastudien / American Studies* 47/4, 469–490.

Friedl, Herwig (2001). „Global Aspects of American Pragmatist Thinking: William James and Kitarô Nishida on the Purity of Pure Experience", *Amerikastudien / American Studies* 46/2, 178–205.

Friedl, Herwig (2001a). „Das Andere des Wachbewusstseins: Gustav Theodor Fechner und William James über den Traum", in: Rudolf Heinz / Wolfgang Tress (Hrsg.). *Traumdeutung. Zur Aktualität der Freudschen Traumtheorie.* Wien: Passagen, 25–52.

GOLDAMMER, Björn (2010). *Mexikos andere Moderne. Untersuchungen zum experimentellen Roman der ‚Contemporáneos'*. Frankfurt am Main / Madrid: Vervuert / Iberoamericana.
HUGO, Victor (1964). „Crepuscule", in: *Les contemplations*. Paris: Colin, 128–129.
JIMÉNEZ, José Olivio (Hrsg.) (1985). *Antología crítica de la poesía modernista hispanoamericana*. Madrid: Hiperión, 368–370.
LUGONES, Leopoldo (1929). *Poemas solariegos*. Buenos Aires: Biblioteca Argentina de Buenas Ediciones Literarias.
NOVO, Salvador (1933). *El joven*. Mexiko Stadt: Imprenta Mundial.
PAZ, Octavio (1985). *Cuadrivio*. Mexiko Stadt: Joaquín Mortiz.
PAZ, Octavio (1974). *Los hijos del limo*. Barcelona: Seix Barral.
PAZ, Octavio (1974a). *Children of the Mire. Modern Poetry from Romanticism to the Avant-Garde*, üb. von Rachel PHILLIPS. Cambridge, MA: Harvard University Press.
PAZ, Octavio (1965). *Signos en rotación*. Buenos Aires: Sur.
PAZ, Octavio (1956). *El arco y la lira*. Mexiko Stadt: FCE.
PAZ, Octavio (1950). *El laberinto de la soledad*. Mexiko Stadt: FCE.
REYES, Alfonso (1956). „Notas sobre la inteligencia americana", in: *Obras completas*, Bd. 5/4. Mexiko Stadt: FCE, 82–90.
SPILLER, Robert E. (1971). „Introduction", in: Ralph Waldo EMERSON. *The Collected Works of Ralph Waldo Emerson*, hg. von Robert E. SPILLER, Bd. 1. Cambridge, MA: The Belknap Press of Harvard University Press, XIII–XXXVIII.
TORRES BODET, Jaime (Hrsg.) (1966). *Antología de Rubén Darío*. Mexiko Stadt: FCE.

Mexikanische Profanierungen. *Cultura popular* oder die Kontingenz[*][1]

1 Die Herausforderung der Epistemologie durch das Populäre in Europa und Lateinamerika

Wie für viele andere Phänomene ist auch für die Analyse der Populärkultur Lateinamerika ein Laboratorium, mittels dessen nicht nur die Komplexität, sondern auch die Problematik epistemologischer Entscheidungen beobachtet werden können. Eins der Probleme bei der Analyse des Populären ist der Essentialismus, mit dem die Epistemologie immer wieder die Provokation dieses Phänomens domestiziert. So zeigt der Umgang mit Populärkultur in Lateinamerika die Konfigurationen einer souveränen Macht, die den Willen zum Wissen begleitet, denn sowohl kolonialistische Zugriffe als auch Selbstdefinitionen des Populären im Namen einer vermeintlichen ‚Authentizität' oraler Traditionen Amerikas haben stets eine asymmetrische Beziehung produziert, die der Populärkultur den Status eines Objekts für einen im besten Falle anthropologischen, jedenfalls kolonialistischen Blick zugewiesen hat.

Was sich in Lateinamerika in eklatanter Weise zeigt, gilt aber auch für Europa. So wurde auch diesseits des Atlantiks das Populäre als soziale Eigenschaft einer Unterschicht gesehen, der Begriffe wie ‚anonymes Volk' bzw. ‚amorphe Masse' oder bestimmte ästhetische bzw. kulturelle Eigenschaften als Wert oder Unwert zugeschrieben wurden. In diesem Zusammenhang müsste auch die apologetische These betreffend die gegenkulturelle Funktion der sogenannten Populärästhetik hinterfragt werden, insbesondere dann, wenn sie mit der Essentialisierung ihrer Medienformen einhergeht, etwa wenn dem Populären das orale Medium zugeschrieben, und dieses als ‚authentischer Aus-

---

[*] Dieser Artikel erschien zuerst in: Roger Lüdeke (Hrsg.). *Kommunikation im Populären. Interdisziplinäre Perspektiven auf ein ganzheitliches Phänomen.* Bielefeld: transcript 2011, 327–346. Wir danken dem transcript Verlag für die freundliche Druckgenehmigung.

[1] Der Titel ist eine Anspielung auf die Studie zur Kontingenz von Deleuze und Agamben am Beispiel von Melvilles *Bartleby* und von Beckett. Vgl. Agamben / Deleuze (1993) und Agamben (1998).

druck' des Volkes bewertet wird, während die Schriftlichkeit der ‚Elite' vorbehalten wird. Die hegemoniale Topographie, die eine Hierarchie von Wissensformen ontologisiert, wird mit Apologien der Authentizität kompensiert. In dieser Hinsicht wären auch einige politische Utopien der *cultural studies* marxistischer Prägung zu überdenken, die durch apologetische Argumente die Herausforderung des Populären nicht immer mit der nötigen Schärfe gedeutet haben, insbesondere dann nicht, wenn sie – der Literatursoziologie ähnlich – lediglich das zwar zu begrüßende, jedoch nicht hinreichende politische Ziel verfolgt haben, das Kulturelle gegen Elitebegriffe zu behaupten und die Kultur zu demokratisieren.

Viel operabler scheint mir die Konzeption des Populären als ein medialer Artikulationsraum zwischen Hochkultur und Massenkultur. Zu diesem Zwischenbereich könnten folgende jeweils zu untersuchende Komponenten gehören:

- Eine Semantik der Evidenz (etwa durch Archetypen, Mythen, Dinge und Orte des kulturellen Gedächtnisses).
- Eine ästhetische Materialität, die neben Präsenzeffekten[2] auch ein breites Angebot an Investitionsmöglichkeiten von Subjektivität umfasst. Wollte man Letzteres systemtheoretisch definieren, wäre dies eine inklusive Ästhetik, die jedoch wie die Summe aller Teile auch einen hohen Grad an Differenzen in sich trägt.
- Ein Begehren nach dem Medialen als Bedingung für den Erfolg von Popularität, denn es sind Mediatisierungsprozesse, die durch einen hohen Diffusionsgrad die Popularität erst ermöglichen, weshalb mit den Netzwerktechnologien das Ende des Pop nicht abzusehen ist.
- Bei den Mediatisierungsprozessen muss man den Materialitätsgrad differenzieren. In der medialen Nutzung können z. B. populärästhetische Materialisierungsformen zu eher abstrakten Stereotypen werden – etwa wenn die Materialität von *pictures* zurückgenommen wird oder von mentalen *images* überdeterminiert wird. Das Angebot von

---

[2] Vgl. Nancy (1994) und Gumbrecht (2004).

Möglichkeiten subjektiver Investitionen wäre in diesem Falle ebenso wie die Diversität der Zugriffe und der subjektiven Einschreibungen oder Verortungen eingeschränkt. In der historischen Dynamik können dann Normierungs- oder Institutionalisierungsdiskurse zu Bewertungen des Populären, als Trivialprodukt oder umgekehrt als Expertenwissen (z. B. *Graphic Novels*), führen.

Je nach Verhältnis dieser Dimensionen kann es zu verschiedenen Dynamiken und Ausdifferenzierungen des Populären kommen. In Bezug auf die ästhetische Dimension der Materialität gilt es ein weiteres Moment zu berücksichtigen, welches die Populärkultur als bestimmte Manifestation des Populären präziser zu fassen ermöglicht. Denn die Ästhetik der Populärkultur ist ‚amateurhaft' im Sinne von unorthodoxer wie aber auch leidenschaftlicher, deshalb intensiver Form der Aneignung hochkultureller Traditionen. Die Ästhetik der Populärkultur respektiert Grenzen nicht, kehrt Topographien um, ‚familiarisiert' mit dem Erhabenen und macht Entferntes nahe, wie wir von der berühmtesten Form der Populärkultur wissen, nämlich der Kultur des Karnevals.[3]

Aufgrund paradoxaler Inklusionen, die potentielle Differenzen in Identitäten stiften, erscheint Populärkultur hybrid, oder, topologisch ausgedrückt, heterotopisch, und beides stört die Ordnung der Dinge. Die ‚unreine' Ästhetik der Populärkultur hat eine profanierende Wirkung in Bezug auf die gesellschaftliche oder epistemologische Ordnung. Diese Störung ist aber auch eine Chance: Wie Michel Foucault im Falle der Heterotopien feststellte, funktionieren unreine mentale oder materielle Bilder wie opake Spiegel, die nicht nur die Kultur parodistisch oder verzerrt reflektieren, sondern die Ordnung zu Prozessen höchster Selbstreflektivität und zu Öffnungen im Geschlossenen führen können. Es ist also nicht verwunderlich, dass Populärkultur in postkolonialen Gesellschaften – zum Teil mit essentialistischen Apologien seitens der *postcolonial studies* – den Status von *counterculture* hat und gerade deshalb

---

[3] Vgl. Bachtin (1985).

auch einen in Bezug auf verschiedene Wissensgruppen erfolgreichen Popularisierungsprozess erreichte.

Ich spitze diese ersten Bemerkungen auf eine These zu: Das Populäre ist ein Phänomen von Unbestimmtheit. Die latente Opazität verlangt, dass man nicht nur ‚über die Populärkultur' reflektiert; es sollte vielmehr anhand der Populärliteratur oder Populärkultur über die geltenden epistemologischen Prämissen nachgedacht werden, hierbei der Geste von Roland Barthes im Zusammenhang mit der ‚Popularität' des zum Mythos gewordenen Jean Racine folgend. Barthes' Studie „Sur Racine" ist nämlich sowohl ein Essay ‚über Racine' als auch ein Experiment mit den eigenen epistemologischen Instrumenten anhand der Popularität von Racine, die Barthes dazu führt, den zeitgenössischen literaturtheoretischen Ansätzen – von der Literatursoziologie eines Lucien Goldmanns bis hin zur Psychoanalyse von Charles Mauron – einen Mangel an Selbstkritik und einen szientistischen Umgang mit dem literarischen Text vorzuwerfen, der dessen Pluralität reduziert.[4]

Weiterhin gilt es, das Populäre als einen epistemologischen Ort zu erfassen, von dem aus die Analyse des Kulturellen durchgeführt wird und nicht – wie ein Ethnologe – kolonialistisch auf das Phänomen blickt. Damit erhält die Populärkultur den Status eines andersartigen optischen Dispositivs, das ein ‚fremdes' oder verfremdendes Licht auf verbürgte Kulturkonzepte wirft. So scheint es mir notwendig und gewinnbringend, ästhetische Medienformen von Populärkultur in Kolonialgesellschaften als epistemologischen Ort aufzusuchen, der die Reflexionsfähigkeit über unsere eigenen europäischen Konzeptualisierungen steigert. Darin sehe ich die Funktion, über ‚mexikanische Profanierungen' nachzudenken, einen Ort der sogenannten Peripherie in der Topographie des Globus, wo seit 1968 die *cultura popular* zum Instrument selbstreflexiver Praktiken von visueller Kultur und Literatur geworden ist. Diese bringen auch die Ordnung von Zentrum und Peripherie direkt ins Spiel und demontieren sie.

---

[4] Vgl. Barthes (1963). Ähnliches führte Barthes auch im Zusammenhang mit „Mythologies" (ebd. 1993) auf, wo er den ‚Mythos Racine' als eine Normierung des Autors durch das Pariser Bildungsbürgertum bezeichnete, der die Sprengkraft Racines zerstört. Die Popularität der Literatur wird hier im Rahmen der Kritik des Bürgertums als eine bürgerliche Konsumform kritisiert: „La littérature est pour eux un vaste magasin d'objets perdus, où l'on va à la pêche" (ebd.: 746).

Dass die Populärkultur in Mexiko, wie in anderen postkolonialen Gesellschaften, diese Funktion übernehmen kann, wird nach der These der Subversivität der Mimikry in kolonialen Übersetzungsprozessen seitens Homi Bhabha nicht überraschen.[5] Tatsächlich ist selbst die Gründung dessen, was ‚lateinamerikanische Kultur' genannt wird, nämlich die im Kolonialbarock entstehende(n) Kultur(en), bereits eine ausgeprägte Form von *cultura popular*. Elemente der populären Mythologie prähispanischer Kulturen, insbesondere die Körperbezogenheit nicht-christlicher Traditionen, haben sich in die Details der Ornamentik im Innenteil und in den Fassaden barocker Kirchen eingeprägt. Zusammen mit der Verschiebung des Materials, das nicht nur aus Marmor, sondern auch aus Kalk besteht, hat die barocke Proliferation der Ornamentik die hegemoniale Kolonialarchitektur überlagert. Prähispanische Kulturelemente, die fortan als ‚populär' im Sinne von aus dem Kreis der Elite exkludierten Schichten des Kulturellen galten, haben sich in den barocken Details fortgesetzt. Tatsächlich erforderte der bei der Gründung von Nueva España unmittelbar einsetzende „sincretismo popular e instintivo"[6] vom überstarken Klerus die Akzeptanz individueller und spezieller Ausdrucksformen trotz einer gleichzeitig wirksamen, extremen Durchsetzung zentralistischer Strukturen und Stärkung der Inquisition zur Bekämpfung der Häresie. Unter diesen Bedingungen geschieht die Produktion von Kultur unter Einfluss extremer Spannungen: Als zentripetaler Plan in den unmittelbar nach der Eroberung durch Überschreibung von Mexiko-Tenochtitlán, der Hauptstadt der Azteken, entstehenden Stadtzentren und differentiellen Räumen in der materiellen Kulturproduktion.[7] In den konkreten Praktiken haben Elemente der Populärkultur den Ton mit angegeben. Ähnliches gilt für die Literatur. Durch die intensiven, konkreten Textübersetzungen und auch Übertragungen von Kulturtraditionen aus Spanien verwirklichten diese Kulturen schon in dieser ersten Phase der Globalisierung das Prinzip, welches wir in der heutigen

---

[5] Vgl. Bhabha (1994).

[6] Paz (1982: 71).

[7] Ich übernehme den Antagonismus von abstraktem Raum des Planes und dem differenziellen Raum nach Henri Lefebvre, in dem gesellschaftliche Praktiken auch subversive Funktionen übernehmen können, vgl. Lefebvre (1974) und Borsò (2007). Ich beziehe mich auch auf die Studie der Zentralisierungspraktiken der Kolonialkultur von Ángel Rama (1984).

globalen Popkultur feststellen. Sie sind nämlich eine Form von Kultur ‚aus zweiter Hand', die der in Mexiko lebende argentinische Soziologe und Kulturwissenschaftler Nestor García Canclini schon 1990, sprich ca. fünf Jahre vor Homi Bhabha, mit ähnlichen Implikationen *cultura híbrida* genannt hat.[8]

Damit ist bei der Analyse des Populären die Frage der Derivate von grundlegender Bedeutung. In der Moderne ist Kultur aus zweiter Hand der programmatische Modus einer Ästhetik, die nichts Neues schöpft, was den essentialistischen Apokalypse-Verdacht der Frankfurter Schule begründete, ein Verdacht, der ebenso problematisch wie die Apologie der Integrierten ist, wie es Umberto Eco 1967 in einer Kritik der Kritik der Massengesellschaft zu Recht diagnostizierte.[9] Gerade der Versuch, populäres Wissen zu definieren, zeigt, dass ‚die Wahrheit im Dazwischen' liegt. Tatsächlich wissen wir heute, dass Walter Benjamin mit der These Recht hatte, die besagt, dass mit der technischen Reproduzierbarkeit Kreation ein Phänomen der Umdeutung, Übersetzung und der wiederholenden Aneignung sei, bei der Subjektivierungsprozesse stattfinden. Sinnliche Investitionen sind dabei der Motor für Transformationen und Kulturproduktionen. Ebenfalls wissen wir, dass Medien nicht der Kultur äußerlich sind, weshalb wiederum Umberto Eco darin zu folgen ist, massenkulturelle Phänomene für eine kulturwissenschaftliche Analyse zu gewinnen, aber ohne Apologie, vielmehr um von diesem Ort aus die Kulturanalyse als eine Art semiotische *guerrilla* gegen Essentialismen durchzuführen. Kulturanalyse als *guerrilla* ist eine Metapher für hohe Mobilität und Flexibilität, für Agentialität aus dem Untergrund indirekter Kommunikation. *Guerrilleros* nutzen nämlich Ereignisse jenseits des Plans und sind, wie die Populärkultur, auf die Unterstützung der lokalen Bevölkerung angewiesen, die sie mit Nahrung und Informationen versorgt. Gerade in Mexiko ist die inhärente und produktive Verbindung von Populärkultur und *guerrilla* durch die Figur des zapatistischen *subcomandante* Marcos dokumentiert. Er schaffte es,

---

[8] Vgl. García Canclini (1990).

[9] Vgl. Eco (1964). Bei Ersteren, den Apokalyptikern, besteht das Heimweh nach einer Epoche, in der die Werte der Kultur das Erbteil und der Besitz einer einzelnen Klasse waren und noch nicht jedermann offenstanden, vgl. auch Duque (2001). Weiterhin sei hingewiesen auf Maase (2008).

durch popkulturelle Praktiken im Zeitraum von sechs Jahren (zwischen 1994 und 2000) die Partei der institutionalisierten Revolution (PRI) in die Knie zu zwingen, die bis dahin 71 Jahre ununterbrochen an der Macht gewesen war.[10] Wenn ich auf Mexiko näher eingehe, werde ich mit Carlos Monsiváis, dem am 19. Juni 2010 verstorbenen mexikanischen Schriftsteller, Mediensoziologen, Filmkritiker und intellektuellen Widersacher des Dichterfürsten Octavio Paz, die Frage des Populären auf eine epistemologische und topologische Ebene heben.

2 Mexiko, Carlos Monsiváis und die *cultura popular*: Von der *contracultura* zum epistemologischen Reflexionsort

Carlos Monsiváis hat in den 70er Jahren *cultura popular* zunächst als *contracultura* vorgeschlagen, also als konkrete Taktik[11] gegen das kulturelle System der nationalen Elite, um dann aber nach und nach die subversive Dimension auf eine metakulturelle Dimension zu heben und grundlegende Kategorien des Kulturellen umzudeuten. Er gilt für seine literarischen *crónicas* als Kultfigur des transversalen Widerstands mit den sprachlichen Mitteln des Witzes, und er meldet sich durch seine Interpretationen kultureller Alltagspraktiken als Agens im permanenten Umbau der Gesellschaft zu Wort. Auch schon vor seinem Tod gehörte er zu den führenden lateinamerikanischen, auch in den USA renommierten, Intellektuellen. In Deutschland ist die Rezeption seiner Schriften überaus schwierig. Zum einen entspricht er nicht dem popularisierten exotistischen Rezeptionsrahmen lateinamerikanischer Literatur; zum anderen sind seine Texte als hoch hybrides Genre zwischen Chronik, Erzählung und Essay schwer übersetzbar, da er die Kreativität des Sprachwitzes und den Spielraum des Essays intensiv nutzt. Durch die metaphorische Begrifflichkeit und das dichte Netz indirekter Zitate, Anspielungen, Übernahmen medialer Formate und verschiedener Sprachregister, nicht zuletzt durch seine ironische

---

[10] Vgl. z. B. Subcomandante insurgente Marcos (1995: 16). Zur Dokumentation der Praktiken des Ejército Zapatista de Liberación Nacional [,Zapatistische nationale Befreiungsarmee'] vgl. EZLN (1994).

[11] Im Sinne von de Certeau (1988).

und aphoristische Schreibweise,[12] ist er eine intellektuelle Herausforderung sowie – eben wegen populärer Anspielungen auf Evidenzen und wegen der Sprachspiele mit populären Registern – ein in Mexiko von jedermann konsumierter und nachgeahmter Popstar der Sprache. Wir sehen also mit Monsiváis das Beispiel einer materiellen Ästhetik des Populären, die ein breites Investitionsangebot enthält, dabei stets an semantischen Kernen der Evidenz arbeitet, Materialitäten und Sinnlichkeiten als Resultat einer höchst elaborierten und virtuosen Rhetorik praktiziert.

In seinen Schriften finden wir Anschauungsmaterial für eine Konzeption der *cultura popular* aber auch – umgekehrt – für die Transformation der Literatur durch populäre Massenmedien und für eine Materialitätsästhetik des Populären. Die *crónicas Días de guardar*[13] und *Entrada libre. Crónicas de la sociedad que se organiza*[14] reflektieren jeweils die Emergenz der *cultura popular* nach Tlatelolco (1968) und die Emergenz der Zivilgesellschaft in der Megalopolis Mexiko Stadt nach dem Erdbeben (1985). Beide Daten leiten Phasen des Autoritätsverlusts des Staates ein: die 68er Studentenbewegung im Vorfeld der Olympiade in Mexiko wurde durch die Staatsmiliz auf dem Platz von Tlatelolco (Platz der drei Kulturen) am 2. Oktober 1968 brutal niedergeschlagen, weil sie das für die internationalen Medien vorgesehene, politische Selbstbild eines modernen, prosperierenden Mexikos störten; nach dem Erdbeben von 1985 war der Staat unfähig zu Maßnahmen des Krisenmanagements oder des Wiederaufbaus des schwer beschädigten Stadtzentrums; die Stadt wurde von der Zivilbevölkerung rekonstruiert. *Amor perdido*[15] und *Escenas de pudor y liviandad*[16] behandeln die Migrationen medialer Formate in die Alltagskultur. Mit *Los rituales del caos*[17] liegt erneut eine zwischen Essay und *crónica* gespannte Textform vor, die den komplexesten Theorieentwurf im ganzen Œuvre Monsiváis' impliziert. Hier werden die Denkfiguren vorangehender *crónicas* auf ein

---

[12] Vgl. Borsò (2008); Moraña / Prado (2007); Egan (2010).
[13] Monsiváis (1971).
[14] Monsiváis (1987).
[15] Monsiváis (1977).
[16] Ebd. (1981).
[17] Ebd. (1995).

schwieriges Problem zugespitzt, nämlich die dem Populären inhärente paradoxale Beziehung von Chaos und Form, womit Monsiváis urbane Ressourcen an der Schwelle zum neuen Jahrtausend als Umschreibung von Figuren erfasst, die schon den Beginn der Philosophie des Abendlandes markieren. *Aires de familia*[18] ist eine Geschichte der Transformationen literarischen Schreibens in Lateinamerika aus dem Blickwinkel der Massenmedien – oder *Las tradiciones de la imagen*[19] und *No sin nosotros. Los días del terremoto 1985–2005*,[20] in dem Bilanz aus den kulturellen Entwicklungen seit 1985 gezogen wird. Theoretische Implikationen der *cultura popular* sind:

- Die Interrelation von Macht und Subjekten als Artikulation einer Beziehung, als Potentialität transversalen Widerstands.[21]
- Die Ressourcen und Transformationskraft kultureller Alltagspraktiken und Alltagsregister der Sprache.
- Produktivität durch Recycling von Resten im globalen wie lokalen Reservoir kultureller Materialien. Diese wird seit den ersten Chroniken inszeniert, die Fotographien integrieren und transmediale Bezüge zum Radio, Film, zur Musik, Malerei, Wandmalerei und Architektur inszenieren.
- Eine materielle Ästhetik, die Investionen auf mehreren Ebenen ermöglicht und das Populäre als Paradoxie von Inklusions- und Exklusionspraktiken inszeniert – es gibt Monsiváis-Fanclubs, populäre Nachahmer ebenso wie eine nun aufgrund seiner Popularität gezwungenermaßen entstandene, offene Akzeptanz der Elite, was den Status des subversiven Kritikers zwar gefährdet, ohne jedoch den populären Mythos eines Monsiváis als *luchador popular* gebrochen zu haben.

---

[18] Ebd. (2000).
[19] Ebd. (2005).
[20] Ebd. (2005b).
[21] Ich beziehe mich auf das Spätwerk von Michel Foucault: „Le sujet et le pouvoir" (Foucault 1994); „Espace, savoir et pouvoir" (Foucault 1994a). Zu den Implikationen in Bezug auf Monsiváis, Mexiko und Lateinamerika verweise ich auf Borsò (2005 [Artikel 5 im vorliegenden Band]). Zur Interaktivität in der medialen Kommunikation vgl. Sennett (1977).

3 Aires de familia und die massenmedialen Transformationen der Literatur

Im Vorwort zu *Aires de familia* definiert Monsiváis Modernität als „el derecho de todos."[22] Modernität ist in Lateinamerika ein Programm und nicht ein historischer Prozess oder ein historisches Narrativ. Während politische Demokratisierungsprozesse und kulturelle Modernität in Europa parallel emergente Phänomene waren, hat politische Demokratisierung in den postkolonialen Gesellschaften Lateinamerikas und auch in Mexiko trotz der Revolution von 1910–1917 nicht wirklich stattgefunden.[23] Dies erklärt die problematische Gleichsetzung des Modernitätsbegriffs mit gesellschaftlichem Fortschrittsgedanken in den Diskursen von und über Lateinamerika, oder auch die kritikwürdige Konzeption einer peripherischen Moderne.[24] Derartige Kategorien sind deshalb problematisch, weil damit kulturelle Phänomene am Maße europäischer Geschichtsteleologie beurteilt werden, wohingegen die Chance besteht, im diskontinuierlichen Gang der Modernisierung Lateinamerikas auch die Paradoxalität europäischer Moderne zu analysieren. Genau dies wollen wir hier im Zusammenhang mit dem Populären versuchen.

Was gesellschaftliche Prozesse im postkolonialen Kontext Mexikos nicht erreichen konnten, sieht Monsiváis in der Populärkultur als Chance gegeben. Die Chance des Populären besteht in der Möglichkeit des popkulturellen Imaginären, das durch die massenmediale Vermittlung ein unbegrenztes Recht auf Mobilität erhält und Subjekte dieser Chance bewusst macht. Auch jenseits der Elite können sich Subjekte im von Fotografie, Kino und Fernsehen erzeugten medialen Raum von der alleinigen Beherrschung durch die Mythen des *Nationbuilding* befreien. Das Imaginäre öffnet so Lateinamerikanern den Weg

---

[22] Monsiváis (2000: 11 f.).
[23] Vgl. ebd. (1976: 50, 54): Der ‚von Autoren als Individuen' produzierte kulturelle Raum scheiterte, meint Monsiváis. Denn solche bürgerlichen Autoren waren Interpreten der Bourgeoisie und damit lediglich der Ausdruck staatlicher Kulturpolitik. Dies beweise etwa der Fall von Alexander Jorodowski, der nach seiner Ankunft in Mexiko zuerst das Bürgertum erschreckte, dann nur noch gefällig war (ebd.: 54).
[24] Für diese Position vgl. z. B. den chilenischen Soziologen Brunner (1992). Für einen Überblick über die Diskussion vgl. Yúdice (2003).

zu partizipativen Prozessen, denn sie werden damit am internationalen Fluss der Bilder und an ihren kulturellen Migrationen beteiligt: „Los latinoamericanos son parte ya del proceso internacional."[25] Im medialen Artikulationsraum des Populären kann man Gewinner und Verlierer des Globalisierungsprozesses nicht definitiv festlegen. So Monsiváis ironisch: „Soy globalizado y nada de lo que es global me es ajeno."[26] In diesem Satz ist die personale Artikulation „me es ajeno" entscheidend, denn nur die sinnliche Dimension dieses Artikulationsraums erlaubt die subjektive Investition, jene performative Subjektivität, die eine Taktik der Diversität gegen die nicht nur in den sogenannten Schwellenländern apokalyptisch anmutende Expansion der machttechnologischen und ökonomischen Globalisierung sein kann. Genau in der Möglichkeit subjektiver Investition, in der Möglichkeit im medialen Raum der *cultura popular* singuläre Wege von Sinnlichkeit zu erfahren, ein singuläres Idiom zu materialisieren, sieht Monsiváis die Chance der Entgrenzung und Mobilisierung des Imaginären sowohl im Hinblick auf die Macht nationaler Mythen als auch die ‚normalisierenden' Tendenzen der Massenmedien. Mit dem Satz „Ich bin globalisiert und nichts was global ist, ist mir fremd" illustriert Monsiváis die einzig mögliche Taktik gegen die global bestehende Gefahr des Unterliegens gegenüber der Macht der Medien, und diese Taktik besteht in der, der Populärkultur eigenen, ironischen Dimension, die nicht überwinden, sondern deplatzieren, verschieben will.

> Hay que desmovilizar la censura, quizás el instrumento más efectivo de reducción del horizonte mental del público (en tanto público), y que sostiene a la modernización que no moderniza en medio de las tradiciones que se deshacen.[27]

Diese parodistische Transformation demobilisiert die Zensur, das vielleicht effektivste Dispositiv zur Schwächung der mentalen Ressourcen der Öffentlichkeit oder auch der Weitsichtigkeit des Publikums – so Monsiváis' Angriff gegen die mentale Beherrschung der Öffentlichkeit durch die Medien, für den

---

[25] Monsiváis (2000: 12).

[26] Ebd. (2005: 53). [‚Ich bin globalisiert und nichts was global ist, ist mir fremd.']. Übersetzungen der Zitate von Vittoria Borsò.

[27] Monsiváis (2000: 222).

er die militärische Metapher der Demobilisierung nutzt. Weiterhin adressiert dieses Zitat das bürgerliche Establishment, das die Medien beherrscht und in Mexiko (wie in anderen Ländern Lateinamerikas) eine problematische Rolle spielt. Das Junktim von Bürgertum und den Medien unterstützt eine ‚Modernisierung, die nicht modernisiert', und erklärt zugleich die Traditionen für nichtig – gemeint sind damit keine Archaismen, sondern lokale Ressourcen. Teil der Demobilisierung der Zensur und wichtigstes Prinzip des Angriffs gegen die Zwänge der medienpolitischen Oligarchie ist die Strategie, der Diversität der Geschmäcker und der Wertmaßstäbe Vorschub zu leisten („dar paso a la genuina diversidad del gusto y del criterio").[28] Die Paradoxalität der massenmedialen Populärkultur, nämlich die Gefahr der Kolonialisierung des Bewusstseins und zugleich die Chance der Diversifizierung des Geschmacks ist indes, so auch Monsiváis, kein auf postkoloniale Kulturen beschränktes Phänomen. Vielmehr ist auf globaler Skala zu beobachten, dass die technologische Macht in den globalen Massenmedien sowohl Uniformität und Alternativlosigkeit durch Konvergenzphänomene zuzuspitzen vermag,[29] als auch das Gegenteil erleichtern kann. Denn gerade auf dem Höhepunkt der Expansion der technologischen Medien im Sinne von kriegerischen Dispositiven können sich die Medien auch als Quelle von Diversität behaupten – eine Diagnose, die sich in Bezug auf das Internet als Raum eines beschleunigten Wechsels von technologischer Macht und subversiven Taktiken bestätigt hat, wie die Wikileaks-Ereignisse gezeigt haben.

Der Inszenierung einer partikulären Stimme, einer partikulären Geste, die sich nicht durch eine gesellschaftliche oder medienpolitisch globale Hegemonie einverleiben lässt, sondern im globalisierten Raum der Medien die partikuläre Verortung der eigenen Subjektivität sucht, ist die ästhetisch getragene planetarische[30] Ethik und militante *guerrilla cultural* von Monsiváis gewidmet. Es ist eine globale Staatsbürgerschaft (*ciudadanía global*), sagt Monsiváis,

---

[28] Ebd. (1976: 42).

[29] Dies ist Monsiváis' Diagnose zum Golfkrieg von 2003, der im Fernsehen fast wie eine Show aus James-Bond-Filmen aussähe: „y si se prende la televisión se atiende a un show casi extraído de un film de James Bond" (ebd. 2005: 53).

[30] Vgl. Spivak (1999).

„die sich gegen den Krieg durch zahlreiche Regierungen und gegen die große Mehrheit der nationalen Gesellschaften setzt."[31] Gerade hier haben wir das Prinzip einer neuen Urbanität in der ‚apokalyptischen' Megalopolis von Mexiko Stadt.

4 Transformationen der Literatur- und Kulturwissenschaft durch das Populäre

An diesem Prinzip, nämlich am Maß der subjektiven Investition, beurteilt Monsiváis in *Aires de familia* auch die gesamte Literatur Lateinamerikas seit Ende des 19. Jahrhunderts. Im ersten Kapitel mit dem Titel „De las versiones de lo popular"[32] schaut er auf die Literatur Mexikos vom Ort des Populären aus. Die Untersuchung der narrativen Rhetorik der Romane erfolgt anhand der Frage, inwieweit der Erzähler von der olympischen Höhe der Elite aus auf das Volk schaut und zu ihm für eine gleichgestellte Elite spricht, oder ob sich auch andere Stimmen, andere *timbres* und Körperlichkeiten autark – also nicht erst durch die erzählerische Mimesis – in dem narrativen Diskurs, oder besser durch die Buchstaben hindurch, Raum verschaffen. Monsiváis' Diagnose ist hart: Dem Populären wird in den großen Klassikern der mexikanischen Literatur bis zu *Pedro Páramo*, dem Roman von Weltrang von Juan Rulfo,[33] höchst bauchrednerisch eine Stimme verliehen – eine auch in manchen Fällen bis heute andauernde Methode. Das ‚Volk' ist dabei stets die unemanzipierte, gefährliche Masse', wie sie von Gustave Le Bons *Psychologie des foules* (1895) oder José Ortega y Gassets *La rebelión de las masas* (1929) beschrieben wurde. Die Populärkultur hat hier keine eigene Stimme, keine eigene Präsenz oder Körperlichkeit.

Gerade die körperliche Dichte der Sprache, aber auch die Sinnlichkeit der Populärkultur wird zu einem ästhetischen Prinzip der Chroniken von Carlos

---

[31] „Se opone a la guerra de numerosos gobiernos y de la gran mayoría de las sociedades." Monsiváis (2005: 53).

[32] Ebd. (2000: 13–50).

[33] Vgl. Rulfo (1955). Nach dessen Erscheinen im Jahre 1955 wurde dieser höchst experimentelle Roman in 19 Sprachen übersetzt. Die hervorragende deutsche Übersetzung besorgte Mariana Frenk (Rulfo 1975). Für die Analyse der Herausforderung dieses Textes vgl. Borsò (1994).

Monsiváis selbst. In seinen Texten ist deshalb der Chronist ein Flaneur. Sein Blick ist nicht panoptisch, der Sprecher schaut nicht aus einer sicheren Höhe in die Totalität des Raumes hinein. Der Ort, von dem aus Monsiváis schreibt, situiert sich inmitten der Menge, ähnlich wie ein interviewender Reporter. Der Sprecher befindet sich mitten in der Menge der Stimmen der Megalopolis Mexiko Stadt; seine Position im Raum ist beweglich. Blick und Ohr sind auf einer Höhe mit der Menge der Stadt; die Sinne sind offen, empfänglich für Dissonanzen. Durch Nachbarschaftsbeziehungen werden Räume durchlässig, etwa der Innenraum und der öffentliche Platz. Die urbanen Konstellationen von Mexiko Stadt sind sinnliche und synästhetische *parcours*, die der Leser erlaufen muss, und nicht Texte,[34] die man hermeneutisch durchdringen oder lesen kann, wie die Stadtliteraturforschung im Kontext von Moderne und Spätmoderne nahelegt.[35]

Die Stadtchroniken verwirklichen eine Art ‚neuen Urbanismus', bei dem die Diversität der ‚Nutzer' und ihre transversalen Kräfte und Widerstandsformen eine differenzielle Dynamik entfalten. Die Zentralität der Stadt und die planerische Einheit der Metropole werden durch die Präsenz der populären *barrios* fragmentiert. Die Stadt ist nicht mehr das Produkt der Elite, sondern das Œuvre der *cultura popular*. Hier wird Kultur ‚gebraucht', transformiert, in Szene gesetzt. Durch die Diversität der Nutzer erfolgt in der Stadt potentiell eine ähnliche Dezentralisierung wie bei den Wahrnehmungscodes von Fernsehen, Videos und Internet.[36]

Diese Analyse der *cultura popular* ist eine *guerrilla* gegen essentialistische Begriffe des Populären, so Monsiváis im Kapitel „Versionen des Populären". Hier werden der noch im Marxismus herrschende Begriff der anonymen Mas-

---

[34] Ich beziehe mich insbesondere auf den Begriff der „Textstadt" (Mahler 1999).

[35] Die *parcours* laufen quer durch die Normierung des Konsums, quer durch die Geographie der Stadtplaner (des Staates) und des Spektakels und verändern auch die Begrifflichkeit des Raumes, so die Quintessenz der Raumanalyse von de Certeau (*Arts de faire*) und Lefebvres ‚neuer Urbanität'.

[36] Für die medientheoretischen Implikationen solcher Thesen vgl. z. B. Borsò (2004). Ohne spezielle Nennung ist Benjamin für Monsiváis – wie auch für weitere lateinamerikanischen Medien- und Kulturtheoretiker – von eminenter Bedeutung. Dies betrifft z. B. den Begriff der Zerstreuung in der doppelten Funktion von (auch kritisch zu sehendem) Vergnügen und offener Sinnlichkeit.

se (*plebe*, *vulgo*) und dessen pejorative Varianten (*gleba, populacho*) kritisch beleuchtet. Die Masse wird in eine Menge der Koexistenz partikulärer Subjektivitäten in globalen Netzen verwandelt.[37] Menge als Moment des Populären betont Unbestimmtheit und Potentialität des Populären jenseits der exkludierenden Polarität von Elite und Volkstümlichkeit. Anders als Masse impliziert ‚Menge' Diversität, Differenz, lokale Kontextualisierung und situiertes Sprechen; Körnigkeit der Stimme, persönliche körperliche Präsenz sind dann Ereignisse im Netzwerk globaler Migrationen von Bildern. Das Imaginäre wird also von den Bilderflüssen in den Massenmedien entnationalisiert und erhält deshalb das Recht auf lokale und persönliche Investitionen. Eine solcherart verstandene ‚Populärkultur' macht weitere Polaritäten obsolet, insbesondere die aus der anthropologischen Kulturwissenschaft stammende Opposition von Mündlichkeit als Volkstechnik und Schriftlichkeit[38] als eine Technik der Emanzipation des Geistes. Wie auch in der von den technologischen Medien modulierten, europäischen Erzählliteratur seit den 80er Jahren, ist Mündlichkeit in der Textur von Monsiváis' Chroniken ein akustisches Material, eine besondere Art sinnlicher Aufmerksamkeit, die von einem anderen Kanal als der Sicht erzeugt wird, eine Kultur der Nähe etabliert[39] und Präsenzeffekte im Sinne existentiell wichtiger, wenn auch kontingenter Alltäglichkeiten bewirkt. Dies bezeichnet Monsiváis als „el son de lo vivido".[40] So ist *cultura popular* als Raum sinnlicher Zerstreuung auch der Raum einer Politik des Ästhetischen, die zu einer anderen Aufteilung des Sinnlichen – um Jacques Rancière zu zitieren – führen kann und schon auf diesem Wege eine ‚Einstellung' der Welt gegenüber vermittelt, d. h. ein anderer epistemologischer Ort ist.[41] Als Raum

---

[37] Die Bedeutung des Begriffs ist dem von Hart und Negri nicht unähnlich – allerdings ohne deren utopischen Zug, vgl. Hardt / Negri (2000).

[38] Vgl. Ong (1987).

[39] Zu Audiovisionen zur Unterscheidung zwischen dem Oralen und dem Akustischen vgl. Borsò (2011).

[40] Das Kapitel „El son de lo vivido" [„der Klang des Lebendigen / Gelebten"] beginnt mit der Frage: „¿A qué sueña una sociedad? ¿Cómo se oye?" [„Wonach klingt eine Gesellschaft? Wie hört sie sich an?"] (Monsiváis 2000: 37).

[41] Vgl. Rancière (2000).

ist *cultura popular* eine Einlassstelle für Ereignisse im alltäglichen Kontext urbaner Kulturen.

Allerdings fehlt in dieser kurzen Skizze das zentrale theoretische Element, das Monsiváis in *Los rituales del caos*, einem der anspruchsvollsten Texte, ästhetisch bearbeitet: Die Kontingenz des Populären als Ritual. Im Oxymoron des Titels „Rituale des Chaos" wird vielmehr die „Koextensivität"[42] von Chaos und Ritual postuliert. Damit werde ich schließen. Aber zuvor ein kurzer Exkurs zur Profanierung, die ich mit Bezug auf Giorgio Agambens *Profanierungen*[43] erklären werde.

5 Gesten und Lebensstile: Mexikanische Profanierungen

Profanierungen sind zuallererst Gesten im Sinne unbestimmter Öffnungen zur Nähe und zur Interaktion. Als solche schaffen sie Übergänge dort, wo Grenzen bestehen. Deshalb sind Gesten ‚profanierend'. Sie können die Strukturen entgrenzen, die sich durch die Absonderung des Dings in allen Bereichen des Alltags ergeben haben.[44] Denn durch die Absonderung des Dings in besonderen Orten wie dem Museum, touristischen Dörfern oder auch Shopping Malls konstituiert sich Kultur als das Unprofanierbare, das die Dinge ihrem Gebrauch entzieht. Vom quasi-religiösen Bann des Unprofanierbaren angezogen, verlieren Menschen die Fähigkeit zum Gebrauch. Profanieren heißt dann, die Dinge dem Gebrauch jenseits der Funktionalität zurückgeben. Giorgio Agamben entsprechend ist die materielle Aneignung eine transgressive Praktik, denn sie überschreitet die Grenzen, die den Menschen von den unantastbaren Dingen trennt. Profanierung verstehen wir auch als Praxis und zwar als diejenige mediale Praxis, in der sich das Medium vom Zweck emanzipiert und reine Medialität wird, oder, um mit Benjamin zu argumentieren, die Praxis der reproduktiven Aneignung, die die Möglichkeiten des Mediums ‚taktil' spielen lässt.

---

[42] Bolz (1994: 260).

[43] Agamben (2005).

[44] So Agamben in „Lob der Profanierung" (Agamben 2005) mit Bezug auf Benjamins Fragment „Kapitalismus als Religion" (Benjamin 1991).

Monsiváis profaniert in beide Richtungen, nämlich indem er die Dinge von atopischen Orten wie Museen oder von den katalogisierten Plätzen wie Malls befreit und in der transmedialen Textur der Chroniken respektlos vereint, verflicht, verändert. Dieses taktile Anfassen beginnt mit der Art und Weise, in der das Radio oder der Film nationale Narrative als Spektakel zum Konsum anbieten, damit aber auch neu kontextualisieren. In lokalen Kontexten werden Mythen ‚zum Anfassen angeboten' – etwa wenn historische Helden in ruralen Kontexten dargestellt werden – und damit profaniert. Im Film spielt das Melodram eine ambivalente Rolle als Vermittler der staatlichen und christlichen Moral und zugleich als Mittel zu ihrer Umkehrung oder Erosion.[45] Die parodistischen oder sentimentalen Transpositionen der Nutzer entziehen sich der Kontrolle des Staates.[46] Ikonen der massenmedialen, filmischen *cultura popular* wie Cantinflas – einer Charlie Chaplin gleichen Figur mit populärem Sprachregister[47] – autorisieren die Inszenierung lokaler Subjektivitäten, welche analog zum *pelado*, jenem Mexikaner, der in Kalifornien zur hybriden Gestalt wird, die Mythen der Elite parodieren. Mit dem Fernsehen[48] stellen die Nutzer eine jeweils persönliche ‚Familienszene' her. Die Diversität dieser Szenen fragmentiert die Einheit der ‚großen' Familie, die im *Nationbuilding*

---

[45] *Santa* (1931) von Antonio Moreno ist der erste Tonfilm im mexikanischen Film und eine Wiederaufnahme des auf den Roman von Federico Gamboa zurückgehenden Stummfilms (1918). Wie Moreno kam die Hauptdarstellerin, die Mexikanerin Lupita Tovar, aus Hollywood nach Mexiko zurück. Monsiváis setzt das sinnliche Kapital der Bilder gegen die moralisierende Fabel (eine Prostituierte, die an Krebs erkrankt und bei der Operation stirbt).

[46] In *Allá en el rancho grande* (1936) von Fernando de Fuentes wird das Hollywood-Motiv in eine ländliche Umgebung verlegt, in der die Cowboys wie mexikanische *Charros* erscheinen. Als erster international erfolgreicher und in Mexiko populärster Film dieses Regisseurs (der 1935 den Revolutionsfilm *Vámonos con Pancho Villa* gedreht hatte) markierte er einen Wendepunkt in der mexikanischen Filmindustrie.

[47] Cantinflas war ein auch von Chaplin geschätzter Schauspieler, Komiker, Sänger und Kinoproduzent. Die Mimesis des hybriden Sprechens im populären Register sowie auch der Sprachprobleme einfacher Menschen (etwa verhaspeln) hatte eine doppelte Funktion: Einerseits die Ironisierung der Elite durch Wortwitz; zum anderen die Autorisierung des sozial Schwachen. *Cantinflear* ist bis heute eine bedeutende Taktik, aber auch eine Praxis des Populären.

[48] Auch Monsiváis differenziert die Phänomenologie des Films vom Fernsehen. Im Film stellt sich das Individuum neu oder anders zur Kollektivität. Zu dieser Differenzierung vgl. auch Zielinski (1994).

als Metonymie der Einheit des Staates diente. Es wäre auch auf die in Mexiko nicht unbedeutende Verbindung von Religion und Fernsehen hinzuweisen, die eine Art Säkularisierung des Sakralen mit sich bringt und die Mediennutzung ‚profaniert'.

Spezifische Orte des Spektakels bringen ebenfalls Diversität hervor: Sport oder Musik. Der Sport macht das Vaterland zum Spektakel, das mimetische Vermögen der Fans passt den nationalen Mythos an die lokalen Ressourcen an und verändert ihn; außerdem erfahren emotional beteiligte Subjekte den Disput der Sportler als einen eigenen. ‚Sich zeigen' wird zur konstitutiven Bedingung des Existierens, was ein Weg der Autorisierung marginalisierter Subjekte sein kann. Ähnliches gilt für die Musik und die Reproduktion von Idolen durch Gestik, Kleidung etc. in Alltagssituationen der urbanen Szene.

Die Übergänge von Innen und Außen (Wohnzimmer und Straße) mittels des Fernsehspektakels oder die Übergänge von Individuum und Kollektiv im Kino verändern die topographischen Dichotomien u. a. in Folge kultureller Migrationen über die Nordgrenze oder von Migrationen der Bilder aus Hollywood. Medienbilder werden zu figurlichen Dispositiven der historischen Narration, das Sentimentale macht aus den nationalen Helden Idole, und konsumiert oder ‚verbraucht' diese. Bei dieser revisionären Arbeit an den Grundsätzen abendländischer Kultur bleibt auch die Ästhetik nicht unprofaniert. *Los rituales del caos* gründen eine Ästhetik der ‚industriellen Sensibilität'[49] die nicht nur die dissidenten Eigenschaften besitzt, die Susan Sonntag der Kultur des *camp* zuschreibt, sondern in viel radikalerer Weise als Produktion von Kultur durch Kitsch, d. h. als populäre, also dilettantische Kreuzung der Stile oder als respektlose Form der Vulgarisierung und Popularisierung der Sprache verstanden wird.[50] Als ästhetische Anschauungskraft der Massengesellschaft macht der Kitsch die urbane Kultur zum ‚Supermarkt der Stile', aber auch zur Quelle lokaler Diversitäten durch unterschiedliche Aneignungsformen. Das Lob der

---

[49] Innerhalb der Debatte zwischen dem Kulturpessimismus und dem Optimismus hinsichtlich möglicher Potentiale einer Kultur der Reproduzierbarkeit verweise ich auf den bedeutendsten Vertreter des Letzteren: Martín-Barbero (2000). Eine ähnliche Position findet sich bei García Canclini (1990).

[50] Im Mexikanischen ist *cursi* der Begriff für Kitsch.

Profanierung kommt in Monsiváis' Chroniken auch durch eine Ästhetik an die Oberfläche,[51] die die Dichte materieller Stimmen und Sprachregister im urbanen Raum inszeniert. Die literarische Ästhetik dieser Texte liegt somit gerade in der Profanierung des Systems der Literatur und dadurch in der Öffnung eines bewohnten und begehbaren Raumes der populären Repräsentation durch die Materialität des Textes. Hier ergibt sich aus dem Tod des Autors die transgressive Geste der Profanierung, indem Evidenzen ‚benutzt' und damit konsumiert und reformuliert werden.[52]

6 *Cultura popular* oder die Kontingenz: Unbestimmtheiten und Potentialitäten

Monsiváis' Essays *Rituales del caos* bringen die Kontingenz zur Aufführung. Die stabilisierende und normalisierende Wirkung massenmedialer Rituale und zugleich die profanierende Funktion massenmedialer Praktiken wechseln sich ständig ab, ohne dass jedoch eine der beiden Richtungen des Kulturellen definitiv obsiegt. Genau diese Unbestimmtheit macht das Populäre zu einer Potentialität, die ins Triviale verflachen würde, würde eine der Bewegungen zum Stillstand kommen. *Rituales del caos* ist eine Ästhetik der Unterbrechung. Die normalisierende Kraft des Rituals populärkultureller Formen wird durch das unterbrochen, was Monsiváis *relajo* bezeichnet, eine Art momentanes, unbestimmtes ‚Loslassen', was zugleich eine gewaltsame, aber auch temporär erlösende Entkoppelung von Ritual und Automatismus bewirkt. Nachstehend sollen einige programmatische Sätze die Kohäsion von temporärer Befreiung des populären Imaginären und normierender Funktion massenmedialer Kodifizierungen illustrieren. In „Parábola de las imágenes en vuelo" („Parabel der fliegenden Bilder") aus dem Beginn von *Rituales del caos* heißt es:

---

[51] Zur Ästhetik der Oberfläche vgl. auch Flusser (1993) und Deleuze / Guattari (1980).

[52] In einer Aneignung von Foucault deutet Agamben den Tod des Autors produktiv um: „Der Autor [...] ist ein bestimmtes funktionelles Prinzip [...] mit dessen Hilfe man in unserer Kultur eingrenzt, ausschließt, selektiert: kurz das Prinzip, durch das man der freien Zirkulation, der freien Manipulation, der freien Komposition, Dekomposition und Rekomposition der Fiktion Fesseln anlegt" (Agamben 2005: 59).

Y las imágenes iluminan el perpetuo Camino del Exceso (la *intimidad masificada*), y en las imágenes la gente se acomoda en el *espacio físico* que es, también, la *visión del mundo*. Todos juntos, aunque nadie lo quiera, en la *implosión* de recursos y la *explosión* de familias, en la *lujuria* y el *ascetismo*. La diosa de los modernos, la demografía, *expulsa y atrae, preserva y anega*, es un *diluvio* y es la *sequía que florece*.[53]

Die Paradoxie wird hier schon durch das Oxymoron einer massifizierten Intimität oder durch den materiell-physischen Raum ausgedrückt, der zugleich auch eine abstrakte Weltsicht ist. Die Serie weiterer, im obigen Zitat kursiv hervorgehobener, Paradoxien demonstriert das Prinzip, von dem die Rede ist, nämlich die Wirkung der ins Ekzessive erfolgenden Proliferation der Bilder in der Menge, zugleich die Fragmentierung der Metaerzählung der ‚nationalen Familie' durch die Vermehrung der konkreten Familien in massifizierten Gesellschaften, die Gegenbewegung von Schutz und Überschwemmung, die schließlich im Bild einer Dürre, die aufblüht, zusammengefasst ist:

> Pero en el Distrito Federal la obsesión permanente (el tema insoslayable) es la multitud que rodea a la multitud, la manera en que cada persona, así lo sepa o no lo admita, se precave y atrinchera en el mínimo sitio que la ciudad le concede. Lo íntimo es un permiso, la ‚licencia poética' que olvida por un segundo que allí están, nomás a unos milímetros, los contingentes que hacen de la vitalidad urbana una opresión sin salida [...]. El tumulto despliega sus propuestas estéticas y la ciudad popular entrega sus rituales.[54]

Wiederum wird in dieser Passage die Metapher des umkämpften Raumes der Megalopolis so materialisiert, dass sie zu einer pyhsischen Erfahrung der

---

[53] Monsiváis (1995: 17). „Und die Bilder beleuchten den permanenten Weg zum Exzess (die massifizierte Intimität) und in den Bildern richten sich die Leute im physischen Raum ein, der auch eine Sicht der Welt ist. Alle zusammen, obwohl es niemand wünscht, in der Implosion der Ressourcen und der Explosion der Familien, in der Wollust und der Askese. Die Göttin der modernen Menschen, die Demographie, exkludiert und zieht an, schützt und überschwemmt, ist eine Sintflut und eine Dürre, die aufblüht."

[54] Ebd. (18 f). „Aber in Mexiko Stadt ist die permanente Obsession (das Unvermeidbare) die die Menge umgebende Menge [*multitude*], die Art, in der jede Person, ob sie es weiß oder nicht zugibt, sich in dem kleinsten Ort, der ihr die Stadt gewährt, wie in einem Schützengraben abschirmt. Das Intime ist eine Genehmigung, die ‚poetische Freiheit', die vergisst, dass die Kontingenzen, die die urbane Vitalität zu einer Unterdrückung ohne Ausweg machen, ganz nahe sind, ein Paar Millimeter weit [...]. Der Tumult entfaltet seine ästhetischen Vorschläge und die populäre Stadt überreicht seine Rituale."

regelrechten Bedrohung durch die umgebende chaotische Menge oder der zufälligen Ereignisse wird, welche die urbane Vitalität zu einer erdrückenden Einbahnstraße macht. Ein solcher Albtraum kann, ja muss durch die Poesie des Vergessens unterbrochen werden, wie man die ironische Verwendung des Begriffs *licencia poética* interpretieren kann. Es gibt in der Tat kein Entrinnen aus der Apokalypse einer 21 Millionen-Megalopolis. Es besteht aber eine mit den Mitteln der populären Ästhetik erzeugte Unterbrechung, die vom Spektakel der Medien selbst ermöglicht wird, so Monsiváis, der sich im Vorwort von *Rituales del caos* auf *La société du spectacle* des situationistischen Künstlers Guy Debord bezieht.[55] Chaos ist die Unterbrechung des Automatismus des Spektakulären zugunsten transitorischer Öffnungen. *Cultura popular* ist also kein metaphysischer, kein utopischer, sondern ein krisenhaft-kreativer, kontingenter Ort. Gerade die Unbestimmtheit der kontingenten Ereignisse des Populären entfaltet aber das selbstreflexive Potential für die Analyse des Kulturellen. Denn Populärkultur bringt all dies ins Spiel, was die klassische Epistemologie verschmäht hat, Materie, Körper, Gegenwart, Transitorisches, Kontingentes und damit auch Tod, und transformiert die binomische Relation zu den Gegensätzen durch temporäre Übergänge. Das Inferno des umkämpften Raumes in der globalisierten Megalopolis ist durch keine Utopie zu heilen.

Schon am Ende von *Días de guardar*, der erwähnten Chronik über die Studentenbewegung von 1968 und ihrer brutalen Niederschlagung, imaginiert Monsiváis ein Spiel, das er ironischerweise *profundo* nennt. In diesem Spiel seien Fragen zu stellen – so die Regel –, welche die Realität ändern: Zwei dieser Fragen im Kapitel, das den Titel „Homenaje al espíritu lúdico de una década (del camp a la trivia)"[56] trägt, betreffen die Kontingenz:

¿Cómo se llama la contingencia que separa inequívocamente al ser del no ser?[57]

¿–Si el azar es la contingencia, entonces, la contingencia es el azar?[58]

---

[55] Vgl. Debord (1967).

[56] „Hommage an den ludischen Geist einer Dekade (vom *camp* zu ‚Trivia')" – letzteres im Sinne von Allgemeinwissen, ‚trivial'.

[57] „Wie heißt die Kontingenz, die unzweideutig das Sein vom Nicht-Sein trennt?"

[58] „Wenn der Zufall die Kontingenz ist, ist dann die Kontingenz der Zufall?"

¿–Desde el punto de vista epistemológico ¿es la existencia un devaneo, un delirio, un deliquio, un desastre?⁵⁹

Der erste Aphorismus spielt auf jene Kontingenz an, die definitiv entscheidet, nämlich den Tod. In Umkehrschluss ist die Auflösung der Unbestimmtheit kontingenter Ereignisse zugunsten einer unzweideutigen Unterscheidung zwischen Sein und Nicht-Sein tödlich. Im zweiten scheinbaren Syllogismus verbindet das Verb ‚sein' ein Subjekt mit einem prädikativen Nomen. Im ersten Teil des Satzes ist Kontingenz in prädikativer Stellung, im zweiten ist Kontingenz in Subjektstellung und der Zufall das Prädikat. Dies bedeutet, dass im ersteren Fall der Zufall kontingent ist, im zweiten die Kontingenz als Zufall definiert wird. Kontingenz als Zufall integriert den Zufall in die Matrix der Unterscheidung zwischen Zufall und Letztbestimmung.

Kontingenz ist pures Ereignis, das geschehen kann oder auch nicht. Sie ist die Gegenwart des sich Ereignens, die Unbestimmtheit der Schwelle. Kontingenz impliziert den Zufall nicht als (immer noch metaphysischer) Gegensatz der letzten Bestimmung, sondern als Teil des Sich-Ereignens, das auf das Handelnde zu- und nicht von diesem herkommt. Ja, mit dem Syllogismus betont Monsiváis die enge Verbindung des Geschehens und des Zufalls, aber so, dass die Ursachenreihe, aus der sich solch ein zufälliges Zusammentreffen ergeben kann, ins Unbestimmte verläuft. Zufall ist kontingentes Geschehen; Kontingenz ist Geschehen als Bewegung, welche die Potentialität des Werdens oder nicht Werdens erst ermöglicht. Nach Prigogine nimmt die Chaostheorie die Kreativität der Natur jenseits des thermodynamischen Gleichgewichts zum Modell, um die spontane Selbstorganisation und Entstehung von Ordnung in dissipativen Strukturen zu erklären.⁶⁰ Das Paradoxon Prigogines, nämlich die unbestimmte Relation von Chaos und Ordnung, ist das, was Monsiváis im Vorwort von *Los rituales del caos* angesichts der apokalyptischen Entwicklungen der Megalopolis ‚befreiendes' Moment nennt. Anhand der Chroniken der Stadt in *Rituales del caos* definiert Monsiváis die Megalopolis als postapoka-

---

[59] „Vom epistemologischen Standpunkt ist die Existenz eine Verwirrung, ein Delirium, eine Verflüssigung, ein Desaster?"
[60] Vgl. Prigogine (1979).

lyptisch. Postapokalyptisch ist der Zustand, in dem der Mensch nicht mehr an Erlösungsutopien des Konsums und seiner Ordnung (oder an das Gegenteil) glaubt: „No imagina detrás de cada show los altares consagrados al orden".[61] Dies ist die Chance der Unbestimmtheit von Kontingenz und Ereignis, eine Chance, die dem Populären in besonderer Weise inhärent ist.

Bibliographie

AGAMBEN, Giorgio (2005). *Profanierungen*. Frankfurt am Main: Suhrkamp.
AGAMBEN, Giorgio (1998). *Bartleby oder die Kontingenz: gefolgt von: Die absolute Immanenz*, üb. von Andreas HIEPKO / Maria ZINFERT. Berlin: Merve.
AGAMBEN, Giorgio / DELEUZE, Gilles (1993). *Bartleby, la formula della creazione*. Macerata: Quodlibet.
BACHTIN, Michail M. (1985). *Literatur und Karneval. Zur Romantheorie und Lachkultur*, üb. von Alexander KÄMPFE. Frankfurt am Main: Ullstein.
BARTHES, Roland (1993). *Mythologies* (1957), in: *Œuvres complètes*, Bd. 1: *1942–1965*. Paris: Seuil.
BARTHES, Roland (1963). *Sur Racine*. Paris: Seuil.
BENJAMIN. Walter (1991). „Kapitalismus als Religion" (Fragment), in: Walter BENJAMIN. *Gesammelte Schriften*, hg. von Rolf TIEDEMANN / Hermann SCHWEPPENHÄUSER, Bd. 6. Frankfurt am Main: Suhrkamp, 100–103 / 690–691.
BHABHA, Homi K. (1994). *The Location of Culture*. London / New York: Routledge.
BOLZ, Norbert (1994). *Das kontrollierte Chaos. Vom Humanismus zur Medienwirklichkeit*. Düsseldorf: Econ.
BORSÒ, Vittoria (2011). „Audiovisionen der Schrift an der Grenze des Sagbaren und Sichtbaren: zur Ethik der Materialität", in: Sebastian DONAT ET AL. (Hrsg.). *Poetische Gerechtigkeit*. München: Fink.
BORSÒ, Vittoria (2008). „La ciudad (post-)apocalíptica y la contingencia. Carlos Monsiváis o el gozoso, maldito arte de sobrevivir", in: Jenny HAASE ET AL. (Hrsg.). *El andar tierras, deseos y memorias. Homenaje a Dieter Ingenschay*. Madrid / Frankfurt am Main: Iberoamericana / Vervuert, 379–393.
BORSÒ, Vittoria (2007). „Topologie als literaturwissenschaftliche Methode. Die Schrift des Raums und der Raum der Schrift", in: Stephan GÜNZEL (Hrsg.). *Topologie. Zur Raumbeschreibung in den Kultur- und Medienwissenschaften*. Bielefeld: Transcript, 279–295.

---

[61] Monsiváis (1995: 16).

Borsò, Vittoria (2005). „Machtgrenzen und Körperschwellen. Zur performativen Macht des Populären in der Literatur und Massenkultur Mexikos (Rulfo, Monsiváis, Poniatowska)", in: Marianne Braig et al. (Hrsg.). *Grenzen der Macht – Macht der Grenzen. Lateinamerika im globalen Kontext.* Frankfurt am Main: Vervuert, 103–134.

Borsò, Vittoria (2004). „Medienkultur: Medientheoretische Anmerkungen zur Phänomenologie der Alterität", in: Joachim Michael / Markus Klaus Schäffauer (Hrsg.). *Massenmedien und Alterität.* Frankfurt am Main: Vervuert, 36–65.

Borsò, Vittoria (1994). *Mexiko jenseits der Einsamkeit. Versuch einer interkulturellen Analyse – Kritischer Rückblick auf die Diskurse des Magischen Realismus.* Frankfurt am Main: Vervuert.

Brunner, José Joaquín (1992). *América Latina. Cultura y modernidad.* Mexiko Stadt: Grijalbo.

Certeau, Michel de (1988). *Arts de faire. L'invention du quotidien.* Paris: Gallimard.

Debord, Guy (1967). *La société du spéctacle.* Paris: Buchet-Chastel.

Deleuze, Gilles / Guattari, Félix (1980). *Mille plateaux. Capitalisme et schizophrénie.* Paris: Minuit.

Duque, Félix (2001). *Arte público y espacio político.* Madrid: Akal.

Eco, Umberto (1964). *Apocalittici e integrati.* Milano: Bompiani.

Egan, Linda (2010). *Monsivaisiana. Aforismos de un pueblo que quiere ser ciudadano*, Vorwort Vittoria Borsò, Einführung von Elena Poniatowska. München: Meidenbauer.

EZLN (1994). *Documentos y comunicados.* Mexiko Stadt: Era.

Flusser, Vilém (1993). *Schriften*, Bd. 1: *Lob der Oberflächlichkeit. Für eine Phänomenologie der Medien.* Braunschweig: Bollmann.

Foucault, Michel (1994). „Le sujet et le pouvoir" (1982), in: *Dits et écrits, 1954–1988*, hg. von Daniel Defert / François Ewald, Bd. 4: *1980–1988.* Paris: Gallimard, 222–243.

Foucault, Michel (1994a). „Espace, savoir et pouvoir" (1982), in: *Dits et écrits, 1954–1988*, hg. von Daniel Defert / François Ewald, Bd. 4: *1980–1988.* Paris: Gallimard, 270–285.

Foucault, Michel (1994b). „Des espaces autres" (1967), in: *Dits et écrits, 1954–1988*, hg. von Daniel Defert / François Ewald, Bd. 4: *1980–1988.* Paris: Gallimard, 752–762.

García Canclini, Néstor (1990). *Culturas híbridas. Estrategias para entrar y salir de la modernidad.* Mexiko Stadt: Grijalbo.

Gumbrecht, Hans Ulrich (2004). *Diesseits der Hermeneutik. Die Produktion von Präsenz.* Frankfurt am Main: Suhrkamp.

Hardt, Michael / Negri, Antonio (2000). *Empire.* Cambridge, MA: Harvard University Press.

Lefebvre, Henri (1974). *La production de l'espace.* Paris: Anthropos.

Maase, Kaspar (2008). *Die Schönheiten des Populären. Ästhetische Erfahrung der Gegenwart*. Frankfurt / New York: Campus.

Mahler, Andreas (1999). *Stadtbilder. Allegorie, Mimesis, Imagination*. Heidelberg: Winter.

Marcos, subcomandante insurgente (1995). „La muerte nos visita vestida de verde olivo; cada segundo, un volado", *La Jornada*, 25. Februar, 16.

Martín-Barbero, Jesús (2000). „Modernidad y medios masivos en América Latina. Perspectivas comunicativas del análisis cultural", in: Jesús Martín-Barbero / Hermann Herlinghaus (Hrsg.). *Contemporaneidad latinoamericana y análisis cultural*. Frankfurt am Main: Vervuert, 63–83.

Monsiváis, Carlos (2005). *No sin nosotros*. Mexiko Stadt: Era.

Monsiváis, Carlos (2005a). *Las tradiciones de la imagen*. Mexiko Stadt: FCE.

Monsiváis, Carlos (2005b). *No sin nosotros. Los días del terremoto, 1985–2005*. Mexiko Stadt: FCE.

Monsiváis, Carlos (2000). *Aires de familia. Cultura y sociedad en América Latina*. Barcelona: Anagrama.

Monsiváis, Carlos (1995). *Los rituales del caos*. Mexiko Stadt: Era.

Monsiváis, Carlos (1987). *Entrada libre. Crónicas de la sociedad que se organiza*. Mexiko Stadt: Era.

Monsiváis, Carlos (1981). *Escenas de pudor y liviandad*. Mexiko Stadt: Grijalbo.

Monsiváis, Carlos (1977). *Amor perdido*. Mexiko Stadt: Era.

Monsiváis, Carlos (1976). „La dependencia de la cultura mexicana de los setentas", *Cambio* 4/1, 42–54.

Monsiváis, Carlos (1971). *Días de guardar*. Mexiko Stadt: Era.

Moraña, Mabel / Sánchez Prado, Ignacio (Hrsg.) (2007). *El arte de la ironía. Carlos Monsiváis ante la crítica*. Mexiko Stadt: Era.

Nancy, Jean-Luc (1994). *The Birth to Presence*. Stanford: Stanford University Press.

Ong, Walter J. (1987). *Oralität und Literalität. Die Technologisierung des Wortes*. Opladen: Westdeutscher Verlag.

Paz, Octavio (1982). *Sor Juana Inés de la Cruz o las trampas de la fe*. Mexiko Mexiko Stadt: FCE.

Prigogine, Ilya (1979). *La Nouvelle Alliance. Les métamorphoses de la science*. Paris: Gallimard.

Rama, Ángel (1984). *La ciudad letrada*. Hannover, NH: Ediciones del Norte.

Rancière, Jacques (2000). *Le partage du sensible. Esthétique et politique*. Paris: La Fabrique.

Rancière, Jacques (1995). *La mésentente. Politique et philosophie*. Paris: Galilée.

Rulfo, Juan (1975). *Pedro Páramo*, üb. von Mariana Frenk. Frankfurt am Main: Suhrkamp.
Rulfo, Juan (1955). *Pedro Páramo*. Mexiko Stadt: FCE.
Sennett, Richard (1977). *The Fall of Public Man*. New York: Faber & Faber.
Spivak, Gayatri Chakravorty (1999). *Imperative zur Neuerfindung des Planeten: Imperatives to Re-Imagine the Planet*, hg. von Willi Goetschel. Wien: Passagen.
Yúdice, George (2003). *The Expediency of Culture: Uses of Culture in the Global Era*. Durham, NC: Duke University Press.
Zielinski, Siegfried (1994). *Audiovisionen. Kino und Fernsehen als Zwischenspiele in der Geschichte*. Reinbek bei Hamburg: Rowohlt.

Bibliographische Nachweise

Die Beiträge sind erstmals in folgenden Publikationen erschienen. Sie werden hier abgedruckt mit freundlicher Genehmigung der Verlage.

„Mexikanische Profanierungen. *Cultura popular* oder die Kontingenz", in: Roger Lüdeke (Hrsg.). *Kommunikation im Populären. Interdisziplinäre Perspektiven auf ein ganzheitliches Phänomen.* Bielefeld: transcript 2011, 327–346.

„Tier und Maschine: Margo Glantz an den Schwellen der Differenzen", in: Claudia Leitner / Christopher F. Laferl (Hrsg.). *Über die Grenzen des natürlichen Lebens. Inszenierungsformen des Mensch-Tier-Maschine-Verhältnisses in der Iberoromania.* Wien: LIT Verlag 2009, 191–220.

„‚Interamerikanische Moderne': Amerika und Europa im Dialog am Beispiel der Literatur und Kunst Mexikos", in: Astrid Böger / Georg Schiller / Nicole Schröder (Hrsg.). *Dialoge zwischen Amerika und Europa. Transatlantische Perspektiven in Philosophie, Literatur, Kunst und Musik.* Tübingen / Basel: Francke 2007, 45–70.

„Die Schrift des Subjekts an den Grenzen der Macht. Sor Juana Inés de la Cruz", in: Yvonne-Patricia Alefeld (Hrsg.). *Von der Liebe und anderen schrecklichen Dingen. Festschrift für Hans-Georg Pott.* Bielefeld: Aisthesis 2007, 59–82.

„Jenseits der Polarität von Barbarei und Zivilisation: Von den Grenzen der Macht zur Entstehung neuen kulturellen Wissens in den urbanen Zentren von Mexiko und Peru", in: Enrique Rodrigues-Moura (Hrsg.). *Von Wäldern, Städten und Grenzen. Narration und kulturelle Identitätsbildungsprozesse in Lateinamerika.* Frankfurt am Main: Brandes & Apsel 2005, 163–198.

„Machtgrenzen und Körperschwellen. Zur performativen Macht des Populären in der Literatur und Massenkultur Mexikos (Rulfo, Monsiváis, Poniatowska)", in: Marianne Braig et al. (Hrsg.). *Grenzen der Macht – Macht der Grenzen. Lateinamerika im globalen Kontext.* Frankfurt am Main: Vervuert 2005, 103–134.

„Carlos Fuentes – Die globale Welt eines Kosmopoliten des 20. Jahrhunderts", in: Barbara Dröscher / Carlos Rincón (Hrsg.). *Carlos Fuentes' Welten. Kritische Relektüren*. Berlin: edition tranvía 2003, 125–152.

„Der Körper der Schrift und die Schrift des Körpers. Transpositionen des Liebesdiskurses in europäischer und lateinamerikanischer Literatur", in Vittoria Borsò et al. (Hrsg.). *Schriftgedächtnis – Schriftkulturen*. Stuttgart: J. B. Metzler 2002, 323–342.

„*Espejismos* in Literatur und Malerei der *Contemporáneos*. Eine intermediale Lektüre", in: Jutta Blaser / Wolf Lustig / Sabine Lang (Hrsg.). „*Miradas entrecruzadas*". *Diskurse interkultureller Erfahrung und deren literarische Inszenierung. Beiträge eines hispanoamerikanischen Forschungskolloquiums zu Ehren von Dieter Janik*. Frankfurt am Main: Vervuert 2002, 203–224.

„Begegnung von europäischen und präkolumbischen Zeiterfahrungen: Apokalypse im Jahre 1519 (Begegnung von Moctezuma und Cortés in México-Tenochtitlán)", in: Barbara Haupt (Hrsg.). *Endzeitvorstellungen*. Düsseldorf: Droste 2000, 291–311.

„Echo antwortet auf Narziss: Zum platonischen Topos bei Lyrikerinnen Lateinamerikas", in: Astrid Böger / Herwig Friedl (Hrsg.): *FrauenKulturStudien. Weiblichkeitsdiskurse in Literatur, Philosophie und Sprache*. Tübingen / Basel: Francke 2000, 155–176.

„Lateinamerikanische Literatur: Übersetzte Kultur und Ironie als Provokation der Geschichtsschreibung", in: Beata Hammerschmid / Hermann Krapoth (Hrsg.). *Übersetzung als kultureller Prozeß. Rezeption, Projektion und Konstruktion des Fremden*. Berlin: Erich Schmidt Verlag 1998, 97–119

„Der Mythos und die Ethik des Anderen. Überlegungen zum Verhältnis von Mythos und Geschichte im hispanoamerikanischen Roman", in: Karl Hölz et al. (Hrsg.). *Sinn und Sinnverständnis. Festschrift für Ludwig Schrader zum 65. Geburtstag*. Berlin: Erich Schmidt Verlag 1997, 252–267.

www.ingramcontent.com/pod-product-compliance
Lightning Source LLC
Chambersburg PA
CBHW050427240426
43661CB00055B/2300